世界現代史 上

王曾才——著

三民書局

三版序

現代世界的發展與變化，其快速、徹底和無遠弗屆的程度，使我們所居住的地球發生了很多根本的變化，而且在量變導致質變、和質變又造成量變的交互影響下，其外形與實質的轉變，均已超出世人的期盼或想像。用「面貌全非」來形容，當不為過。即以現代人際關係的複雜多變而言，有人指出：一個女性工廠作業員（女工）在一個星期內生活遭遇的緊張刺激，可能是珍·奧斯婷 (Jane Austen, 1775–1817) 的小說，如《理性與感性》(*Sense and Sensibility*, 1811) 和《傲慢與偏見》(*Pride and Prejudice*, 1813) 等當中的女主角一生所不曾有的。

多年以來，筆者一直想撰寫一本包含現代世界種種不可逆轉的變遷的現代史，把這些變遷，從其形成的原因、進行的過程、以及其所帶來的衝擊，作出交代和解釋。但是，因為瑣務纏身，到 1991 年才能如願。該年 8 月，由三民書局印行本書的上冊，接著下冊也於 1992 年 3 月問世。據書局人士告知，本書頗受讀者歡迎，如今增訂二版已經過五刷，正要推出三版，也說明了此一情況。本書容仍有不逮之處，還望大雅君子有以教之。

王曾才

2004 年 3 月於臺北華岡

世界現代史(上)

引論：世界現代史的性質與特徵

歷史的發展是連續性的，它是一個不可分割的整體，原無分期的問題。我們習慣上把歷史劃分為「上古」、「中古」、「近代」和「現代」等不同的「斷」代史，係為了研究上的方便。但是，誠如一些歷史學家所指出的，把歷史分期會造成兩種「誤解」：第一是容易使人覺得歷史發展不是連續的，而是有其階段性的；第二是可能會特別（而且有時甚或不太正確地）強調了某些歷史事件的重要性，此因分期必須有起迄點，而起迄點又必須以不同的歷史事件作為標準，這會使這些被選為歷史分期起迄點的歷史事件，有了看似具備有歷史發展中的「里程碑」的重要性，而這種重要性原是它們未必具有的。

不過，歷史分期，也就是「斷」代，仍然是有其必要的。

再者，「現代」史與「非現代」史之間的分野是相對的，而不是絕對的。這個道理，乾嘉時期的學者段玉裁 (1735–1815) 即已講得很明白：「古今者，不定之名也。三代為古，則漢為今；魏晉為古，則唐宋為今。」❶而且，人類歷史是一個永遠持續的歷程，再過若干時間，何時是「現代史」的起點，那就根本不易界定。另外，什麼是「現代史」？這也是一個值得探討的問題。義大利的歷史哲學家（也是美學家）克洛齊 (Benedetto Croce, 1866–1952) 曾經提出「所有的歷史都是現代史」的論點❷。英國歷史學家柯靈烏 (Robin G. Collingwood, 1889–1943) 認為歷史事實「不僅僅是過去的

---

❶ 段玉裁，〈廣雅疏證序〉。

❷ B. Croce, *Storia, cronaca, e false storie* (1912), p. 2, as quoted in *The New Cambridge Modern History*, Vol. I (Cambridge University Press, 1961), p. XIX.

事實，它們不是死的過去，而是活的過去」(They are not mere past facts, they are not a dead past but a living past)，「過去不是死的過去，而是繼續活在現在的過去」(The past is not a dead past but lives on in the present)，「它是現在對過去的知識」(It is knowledge of the past in the present)，「歷史是活的心靈的自我知識」(History is thus the self-knowledge of the living mind)❸。從對歷史的感受和對歷史事實的評價而言，每個時代的人都是以自身所處的立場與懷抱來瞭解過去和判斷過去。這個道理，晉人王羲之也曾經點出過，他說：「後之視今，亦猶今之視昔。」❹從最簡單的道理講，對歷史的理解和判斷是一種感受與反應，任何人都難以避免他所生存的時代的價值體系的影響。心理分析學派大師榮格 (Carl Gustav Jung, 1875–1961) 提出人有個別的和集體的潛意識的說法。他所說的集體的（或種族的）潛意識是指作為某一文化體系的成員所承襲的因素。他用「原型」(archetype) 一詞來說明人格受文化環境的影響，這是指許多人相似的潛意識當中的共同的部分。我們都熟知社會學的研究方法中有「科夥分析法」(cohort analysis)，此大致是指用分析生活在同一時期與環境的人的看法，來作為判斷的依據。以中國的史例來看，西漢的頭五、六十年，朝野在大亂之後，亟思安定，因而想「無為」，洛陽少年賈誼於是懷才不遇，晁錯的遭遇則更為不幸，可以說是忠而見殺❺。再就人所皆知的審美標準而言，漢代以苗條為美，唐代則以豐滿為美，因而有「燕瘦環肥」的說法。我們也都知道，每個社會的人都堅持神像肖人，或者是神（上帝）用祂自己的形象塑造人類。古希臘哲學家和史學家贊諾芬 (Xenophon, 434?–355 B.C.) 指出，衣索比亞人的神祇是黑皮膚和有獅子一樣的鼻子，色雷斯人 (Thracians) 認為他們的神有

---

❸ R. G. Collingwood, *The Idea of History* (Oxford University Press, 1956), p. 170, 175, 202.

❹ 王羲之，〈蘭亭集序〉。

❺ 《沈剛伯先生文集》，上集（臺北：中央日報社，民 72），頁 83。

藍眼和紅髮。他進一步地說，如牛或馬也有手，也有神的信仰，則牛所畫的神必然像牛，馬所畫的神必然像馬。一個類似的事例，便是黑人所建立的國家海地，所信仰的耶穌是「黑色基督」(猶大是白人)。現在很多信奉天主教的非洲國家，也有相當普遍的「黑色上帝」的情形。很多到過美國紐約哈林區的人都有印象，商店櫥窗中的「洋娃娃」是黑色的。民族學家也指出，美洲的印地安人儘管有不同的族群和語言群，但他們之間有一個共同的傳說：神（上帝）最初創人類的時候，是用麵粉烤製的，第一次因為火候不足，烤出來的是白人；第二次又因為用火過了頭，烤出來的是黑人；第三次經過完美無缺的過程，才烤製出完美無缺的印地安人。這些都是很鮮活的例子。

這一種源自共同的文化與社會環境的價值取向，對具有最開放的胸襟的人，也會有某種程度的影響。舉例言之，十八世紀的歐洲是一個重理性和輕信仰的時代，在這一種時代精神 (Zeitgeist) 的籠罩下，吉朋在他所著的《羅馬帝國衰亡史》(*The Decline and Fall of Roman Empire*) 之中，便把基督教的興起，視為羅馬帝國衰亡的原因。也就是因為這樣，美國歷史學者貝克 (Carl L. Becker, 1873–1945) 倡言「每個人是他自己的歷史學家」(Everyman his own historian)❻。

以上是闡釋為什麼「所有的歷史都是現代史」。

不過，本書所說的現代史，是指二十世紀的歷史。這也就是我們自己的時代的歷史。這個時代與其他時代不同，有它自己的特色。這個時代，被英國歷史學家湯恩比 (Arnold Joseph Toynbee, 1889–1975) 稱之為「殷憂時代」(Age of Anxiety)，其他學者也分別稱之為「動力時代」(Dynamic Age)、「全球時代」(Global Age)、「全球政治過程時代」(Era of Global Political Process)，以及「變遷與危機的時代」(Period of Revolutionary

❻ Carl L. Becker, "Everyman His Own Historian," *American Historical Review*, Vol. 37 (1932), pp. 221–36.

Change and Crisis)。有人從不同的角度看，認為二十世紀可以說是「死亡的時代」(Age of Death)，也可以說是「生命的時代」(Age of Life)。說它是「死亡的時代」，是從本世紀曾有兩次殺人盈野的世界大戰，也有納粹和共產主義的迫害（一個要滅絕整個的種族，一個要毀掉整個的階級），復有核子武器與洲際飛彈的陰影。說它是「生命的時代」，是指本世紀人口之多，以及平均壽命之長等等❼。這些說法仍不足概其餘，1989 年各國學者六十人集會於美國波士頓，其中包括英國劍橋大學教授格勒納 (Ernest Gellner) 和法國歷史學家雷杜瑞 (Emmanuel Le Roy Ladurie) 等，此即第三屆「文化與社會對話」(Conversation on Culture and Society) 年會，他們的任務便是為我們的時代找出一個適當的喻名 (metaphor for our times)，會中提出「脫序的時代」(Age of Disorder)、「後現代時期」(Post-Modern Age)，或「區域組合的時期」(Age of Regionalism)，但是並無定論，於是乃認為這是一個「自己為自己嘗試定名的時代」(Age that tried to name itself)❽。

我們的現代史，也就是二十世紀及其以後的歷史，具備幾個不同於其他時期歷史的性質。第一、它是世界史，塑造現代史的力量是世界性的，由於地球在地理距離和思想精神方面一直在高度的縮小，各個不同的人群社會之間彼此交互影響的頻繁，使現代的歷史不再是一邦一國的歷史，如果不能用全球性的觀點來透視它，則不僅看不到真相，甚至看不到全貌。第二、現代史包括了很多尚在發展中而尚未「塵埃落定」的部分。很多事件正在發展之中，其結局常難逆料。以第二次世界大戰以後的德國分裂而言，其分裂似已「定型」，但在 1990 年卻走向統一。東歐掙脫俄國與共黨制，也是非常出人意表。同時，即使是最有洞察力的史家，也很難看出蘇

---

❼ Roland N. Stromberg, *Europe in the Twentieth Century* (Englewood Cliffs, New Jersey: Prentice-Hall, Inc., 1980), pp. 461–62. 本書中譯本為王曾才譯，《西洋現代史》(臺北：正中書局，民 72 及民 75)，頁 443–44。

❽ Boston, Sept. 21, 1990 (AP), *China Post*, Sept. 22, 1990, p. 3.

聯會在 1991 年崩潰，乃至「灰飛煙滅」。另外，各國的政府檔案，即使是在最開放的國家，如美國、英國和法國等，也要三十年以後才開放，因此現代史的研究常祇能做臨時的剖析或暫且的判斷，這使現代史常需不斷的改寫。第三、現代史的研究，常較其他時期歷史的研究，更需要輔助科學的幫助。這是因為現代人的生活內容較過去繁複，層面亦較過去為多，需要做科際整合研究的地方，自然要比其他的階段的歷史要多得多，固然其他階段的歷史也同樣地不能自囿於「文史」的範圍。

世界現代史，又有下邊的幾大特徵。

第一是歐洲的衰落：歐洲是各大洲中的次小者，僅大於大洋（澳）洲，約佔地球陸地面積的十五分之一。從地緣結構的觀點看，它祇是歐亞大陸的一個自亞洲西北部延伸出來的半島。但是，自從十六世紀以來，歐洲便居於世界的主導地位，世界近代史的基調可以說是歐洲的擴大與世界的歐化 (Expansion of Europe and Europeanization of the world)。試看：歐洲歐化了美洲，瓜分了非洲，震撼了亞洲，也佔領了大洋洲。直迄第一次世界大戰爆發 (1914) 以前，歐洲是世界文化與權力的中心，世界上沒有任何其他地區，在政治、經濟、軍事、文化各方面的影響力而言，可以與歐洲一爭短長。而兩次後來演變為世界大戰的戰爭，亦主要地淵源於歐洲。相對於歐洲的領土大小與其在世界舞臺上所曾發生過的重大影響力的不成比例，法國詩人華萊里 (Paul Valéry, 1871–1945) 曾以「亞洲大陸上的小海岬」來形容它[9]。但是，十九世紀中葉以後，歐洲是不是可以永遠保持優勢，成為敏銳的觀察家關注的課題。法國的托克維爾 (Alexis de Tocqueville, 1805–59) 便是其一[10]。1898 年的美西戰爭 (Spanish-American War) 和 1904 至

[9] 轉引自 H. Stuart Hughes, *Contemporary Europe: A History*, 5th ed. (Englewood Cliffs, New Jersey: Prentice-Hall, Inc., 1981), p. 2.

[10] Alexis de Tocqueville 為十九世紀法國政治思想家，他於考察美國後寫成《美國民主》(*La Démocratie en Amérique*, or *Democracy in America*) 一書，於 1835–40 年間

1905 年的日俄戰爭，其結果與影響均具有世界史的意義。不過，直迄 1914 年，歐洲仍控有三分之一的世界，仍然是國際權力政治的重心。

無庸置疑地，經過第一次世界大戰之後，歐洲走向衰途，第二次世界大戰更加速了此一發展。當然，歐洲各國的力量和財富，就其自身來比較，仍然是與時俱增，但就相對意義而言，其在國際社會的發言力量，歐洲則已衰落。

衰落以後的歐洲，在殖民勢力方面的退潮，對內部事務的關注，以及統合運動的展開，對於世局均有重大的影響。

第二是戰爭性質的改變：自古以來，人類即懍於「兵凶戰危」。孫子更說：「兵者，國之大事；死生之地，存亡之道，不可不察也。」⓫但是，直迄二十世紀以前，戰爭對勝國而言，仍是有利可圖的「買賣」，因為隨著戰敗而來的割地和賠款，有其吸引力。但是，自從第一次世界大戰開始，戰爭的基本性質有了很大的改變。克勞賽維茨 (Karl von Clausewitz, 1780–1831) 在其《戰爭論》所提出來的「絕對」戰爭原是一種戰爭哲學的概念，自此成為一種「現實」。第一次世界大戰的發展，顯示戰爭已成為「絕對」(absolute)，也就是「全面」(total)。這也就是說，從事戰爭的國家必須毫無保留的，把全部的人力、物力、士氣和情感（所謂「物資戰力和精神戰力」）都要投入，始可勉強維持「不敗」。決定戰爭勝敗的因素，則以科學技術和戰爭宣傳為主，其他則屬次要。

尤其是在核子時代來臨以後，戰爭及戰略思想更是發生了根本的變化。全面性的核子戰爭的爆發，其結果是作戰雙方「相互保證的毀滅」(MAD: Mutual Assured Destruction)，是絕對不可嘗試的。於是，「嚇阻」(Deterrence) 乃成為最主要的戰略原則。此一戰略原則是建立在核子武器具有毀滅性的力量，以及對手仍擁有「第二擊」(second strike) 的能力上。這

出版，認為美、俄將成為世界霸權，歐洲會衰落。

⓫ 《孫子・始計篇》。

使有關戰爭的一些基本理念起了變化，克勞賽維茨說戰爭是政治的「延長」，是「執行國家政策的工具」。但是，無限的核子戰爭的結局是整個國家，乃至全人類的毀滅。試問那一個國家的政府會認為這是他們的「政策」？再加上超級強國都擁有摧毀對方若干次的核武攻擊力量，於是造成了「恐怖平衡」(balance of terror) 或「核子僵局」(nuclear stalemate)⓬的局面。這便是冷戰時期最高潮的景象。如今俄國的蘇聯雖已崩解，但核子擴散的陰影仍未消失。

局部性的戰爭雖然在二十世紀不斷地爆發過，而且所投入的軍力和武器亦甚可觀，但不足以解決問題。

另一現象是軍事費用的龐大開支，在世界各國均是非常沉重的包袱，其數字之高，叫人咋舌。1990 年因為世局趨於和緩，軍費支出已大約減少了 5%，但據斯德哥爾摩國際和平研究所 (Stockholm International Peace Research Institute) 估算，仍有九千五百億美元之多⓭。美國經濟學家蓋博瑞茨 (John Kenneth Galbraith) 曾用「軍事的凱恩斯學說」(military Keynesianism) 以說明之。

第三是國際關係的新變局：近代意義的國際社會 (family of nations)，係出現在結束歐洲三十年戰爭的《西發利亞和約》(*Peace of Westphalia*, 1648) 之後，其構成分子為民族國家，它們在主權平等的基礎上，以均勢（權力的均衡狀態，balance of power）為原則，以追逐各國自身的利益和執行自身的外交政策。這裡所說的「均勢」，係指歐洲各國之間，以及歐洲各國在歐洲以外地區的發展而言，故有時稱為「歐洲均勢」(European balance of power)，此為支配國際關係的重要標準。十九及二十世紀之交，由於歐洲以外的美國和日本漸成氣候，乃由歐洲均勢進入多元的世界政治時期。第二次世界大戰以前，由於歐洲和日本暫衰，美國和蘇聯成為兩個

⓬ Albert Wohlsetter, "The Delicate Balance of Terror," *Foreign Affairs* (January 1959).

⓭ Stockholm, May 24 (Reuters), *China Post*, May 25, 1991, p. 2.

互相敵對的超級強國，世局乃走向「兩極化」的情況。兩個超強之間的關係，頗似所謂的「囚徒困境遊戲」(prisoners' dilemma game)。它們在敵對之中，有三個選擇：一是屈服對方，並使其接受自己的制度和生活方式；二是屈服於對方，為其所控制；三是相互對抗。兩國在第二次世界大戰之後的關係，一直是不可能達成屈服對方，也不會屈服於對方，因此最好能有第三個可能，即降低雙方的敵對態勢，並進一步地尋求彼此合作。但是，第三個選擇亦因彼此缺乏互信的基礎而不易達成。1950 年代末期以後，情況開始發生變化：1955 年的萬隆會議，顯示第三世界正要逐漸浮現；1956 年的蘇伊士運河危機和匈牙利抗暴事件，意味著西方與東方集團的內部發生問題；1957 年《羅馬條約》的簽訂（歐洲共同市場成立）和中、俄共之間的對抗關係尖銳化，代表著西歐與中國大陸要自立門戶。到 1960 年代以後，五個權力中心逐漸明顯，似乎是世界又回到了多元的權力政治的狀況。1960 年代末期以來的世局變化，主要係因美國權謀家季辛吉 (Henry A. Kissinger, 1923–) 企圖以美國為中心來操縱其他四個權力中心。

1985 年以後，在蘇聯戈巴契夫 (Mikhail Gorbachev, 1931–) 當道，他刻意追求和緩的國際關係，而 1989 年以後，蘇聯和東歐的改革浪潮到了波瀾壯闊的程度，美國與蘇聯看來不再有那麼嚴重的對抗關係。1990 年以後，一種新的國際秩序在形成之中。同時 1989 年以後俄國雖仍為軍事超強，但內外交困。1991 年「波斯灣戰爭」和蘇聯的消逝後的美國頗為顧盼自雄，乃致有「一極」(unipolar) 之說，然而美國本身是否已經趨於衰落，也引起世人的關注。

國際政治的另一傾向，是區域性的組織的興起。其中較著名的有歐洲經濟社會（EEC: European Economic Community，歐洲經濟共同體）、美洲國家組織 (OAS: Organization of American States)、非洲團結組織 (OAU: Organization of African Unity) 和東南亞國家協會 (ASEAN: Association of Southeast Asian Nations) 等等。

另外，國際政治一直係以東西衝突的型態在開展，從古代的波（斯）希（臘）戰爭、中世紀的基督教和回教勢力的對抗，乃至1917年以後西方國家與共產勢力的對峙，均可做如是觀。目前，東西衝突仍是國際政治中不可忽視的因素，但是隨著俄國與東歐國家的改革，以及蘇聯的解體，東西衝突已經緩和很多。但是，在另一方面，南北對抗的國際關係和它所發生的影響，卻值得重視。就某種意義而言，東西衝突所涉及的，是國際政治秩序問題，南北對抗牽涉到的，是國際經濟秩序問題。

此種國際經濟秩序之所以被稱為南北對抗，係因進步而富有的已開發國家多集中於北半球，落後而貧窮的開發中國家多位於南半球，而北半球的富國又有很多在天然資源條件上不如南半球的窮國。在此情形下，南北對抗乃演為已開發國家與開發中國家之間的對抗，亦為工業國家與資源國家之間的對抗。簡而言之，則為富國與窮國之間的對抗。國家有貧富之別，原係自古有之，但至現代，則造成貧富的因素不同於往昔，其所造成的影響亦大不相同。此種對抗使國際關係緊張不安，而解決之道又極為困難。此種情況，固然在工業革命肇端後，即漸形成，然至二十世紀以後，才變得非常嚴重。

第四是第三世界的出現：由於歐洲的衰落、民族主義的興起、國際政治的發展，以及科技與武器的擴散等等因素，造成了殖民帝國的解體，而新的獨立國紛紛誕生。這些新獨立的國家多在亞洲和非洲，它們與在上一個世紀即已獲獨立的拉丁美洲國家，在政治、經濟、社會各方面有同樣或類似的難題，又都具有落後和貧窮的特性，於是乃共同被稱為「第三世界」(Third World)。又由於國家與國家之間雖有量的不同（如領土大小、人口多寡等），也有質的分野（如富強貧弱、工業化深淺等），但國際政治賴以運作的基本條件則為主權平等，這些國家容或落後貧窮，乃至多屬蕞爾小邦，但卻在國際組織與國際會議中有與大國、強國同等的代表權，它仍在數量上佔極大的優勢，又能在某些方面有一致的立場（如反西方、反殖民主義等），因而常能發生甚大的影響力，其重要性是不容忽視的。

第五是世界空間距離的縮小和資訊的發達而形成地球村：在過去，因為交通運輸及資訊傳播均甚為緩慢，世界顯得遼闊無邊，乃至許多地區之間可以「老死不相往來」。十五世紀末年以後，由於新航路和新大陸的發現而海洋時代肇端，乃有「天下一家」(one world) 的大勢。十六世紀時，羅馬到巴黎的行程需要十二天，威尼斯到倫敦（海程）則需二十天至三十天不等。1504 年，西班牙女王伊莎白拉一世 (Isabella I, 1451–1504) 死的時候，要三十天之久羅馬才自馬德里知道消息。十九世紀時的中國，廣州常居對外交涉的第一線，但是廣州發生的事，在北京的皇帝懵然無知，此因廣州到北京的單程交通恆需半個月左右。

時至今日，情形已大不相同。任何一個重大的消息，可以在三十分鐘以內傳遍全球，交通、運輸、武器投遞、經貿資訊和意識型態的轉移與傳送，均不再受國界的限制，具有高度毀滅性的武器可以在極短的時間內發射到世界的任何角落，比都市中的警察在接到報案電話後抵達出事現場還要迅速。偵察衛星可以從五百公里高空拍下柚子般大小的物體的清晰照片，訊號衛星也可以「攔截」到所有的電話與無線電通訊。至於電視廣播衛星 (DBS: Direct Broadcasting Satellite)，更已進入普通住家的電視。這種情形，真可以說是「天涯若比鄰」。

加拿大傳播學者馬克魯罕 (Marshall McLuhan, 1911–80) 用「地球村」(global village) 一詞來形容日益縮小的空間距離和愈來愈快速的資訊傳播。現在的世界真已變成一個小小的「村莊」：雞鳴狗吠，聲聲入耳；張長李短，事事煩心。舉例言之，1990 年 8 月 2 日伊拉克攻佔科威特，造成全球石油價格高漲和世界各地股票大跌。這些情況說明世界各地息息相關的程度。

第六是共產主義和共產運動的興起與衰落：自從 1848 年《共產主義宣言》(*Communist Manifesto*) 發表以後，「共產主義」的陰影便縈繞人心。1917 年在俄國發生共產革命，並建立了蘇聯。以「解放」為號召的意識型態和由指令型的「計畫經濟」體制在短時期內可以「強兵」的效果，非常具有吸引力，共產運動因而有很大的發展。1960 年代初期，共產陣營的領導中心成為「多元中心」(polycentrism)，但其聲勢與動力則未稍減，國際政治與國際關係的「低盪」(détente) 並未使其放慢擴張的步伐。共產國家所表現出的軍事強大、對外「革命」和對內鎮制的特色，也令世人迷惑。馴至 1980 年代初期，共產國家已有二十五個（俄國作家蘇忍尼辛一直主張蘇聯是十五個國家，如採此算法則有四十個），控有 40% 左右的全球人口。但是，在另一方面，完全標榜馬克斯主義的政黨，除在極例外的情況下，很難經過全民選舉的方式來執政。舉例言之，德國的社會民主黨 (SPD) 是西方第一個馬克斯主義的社會黨（1879 年建黨），直迄 1933 年也是西方最大的馬克斯主義的社會黨。但該黨於 1959 年在拜德・古德斯堡 （Bad Godesberg，亦稱古德斯堡，Godesberg）揚棄馬克斯主義，宣稱該黨不僅是勞動階級的黨，而是全民的黨；他們通過《拜德・古德斯堡黨綱》(*Bad Godesberg Program*)，把社會民主主義界定為根源於「基督教倫理、人文主義、古典哲學」(Christian ethics, humanism, and classic philosophy) 的價值體系，並宣稱其目標在「建立生活方式」(to establish way of life)，而非執行革命；在經濟體制方面，他們既反對經濟力量集中於私人之手，也不贊成其由政府控制，他們少談國有化，而多談共同負擔的分權決策，而以「盡量有競爭，必要時有計畫」(as much competition as possible, as much planning as necessary)⓮。該黨的脫胎換骨才有以後的發展。

1980 年代末期，共黨國家的本身，包括共產運動策源地的俄國，發生厭共和謀求基本體制改革的情況。美國思想家和經濟學家海耶克 (Frederick A. Hayek, 1899–1992) 曾經指出：共產主義在它已經實行，而且曾經容忍對它烏托邦式的信仰幻滅的地方發生，它祇在對它未曾有過親身經歷的西方知識分子和第三世界中的窮苦人民的心目中存活，而且第三世界的人民會

⓮ Alfred Grosser, *Germany in Our Time* (New York, 1971), p. 151.

將「解放神學」(liberation theology) 與民族主義混合在一起而產生強而有力的「新宗教」，對於在經濟困境中的人民常有災難性的後果⓯。1989–91 年期間，東歐國家紛紛脫離共黨統治，俄國也因蘇聯解體而陷入分崩離析的狀態，西歐各國的共黨更是消聲匿跡。1991 年 9 月 6 日，蘇聯總統戈巴契夫和俄羅斯總統葉爾欽 (Boris Yeltsin) 公開宣稱共產主義已經失敗⓰。蘇聯在 1991 年底「死亡」。第三世界的一些共產國家也紛紛改變方向，如比寧（1989 年 12 月宣布放棄馬列主義）、衣索比亞（1991 年 5 月共黨政權崩潰）、剛果（1990 年 10 月引進多黨政治）、安哥拉（1990 年 7 月放棄一黨專政）、莫三鼻給（1990 年 11 月引進多黨政治）。現在堅持共產主義的地方僅餘中國大陸、越南、北韓和古巴，而其情況也與前不同了。

筆者久欲撰寫此書，但因瑣務纏身，迄未如願，一年前擺脫行政職位後，乃埋頭著述。部分稿件因小兒王光宇的協助並擔任校對工作，得以順利進行。茲承三民書局董事長劉振強先生的盛意，得在三民出版問世。本書疏漏之處，在所難免，還望博雅君子有以教之。

1991 年 8 月王曾才記於臺北玉衡樓
（1991 年 12 月修訂）

⓯ Frederick A. Hayek, *The Fatal Conceit: The Errors of Socialism* (Chicago, 1989), pp. 137–38.

⓰ Moscow (AP, Sept. 6), *China Post*, Sept. 7, 1991, p. 1.

第一章
國際政治與世界大戰

第一次世界大戰的爆發，雖然看似晴天霹靂，實有其不得不然的因素。十九世紀後期以來所積聚的各種問題，終於藉著一宗政治性的暗殺事件而點燃起熊熊的戰火。但是，戰爭卻並沒有能夠解決這些問題。

這個習慣上被稱為「第一次世界大戰」的戰爭，其主要的淵源卻是歐洲的：俄、奧在東南歐的競爭，以及英、法疑懼德國控制歐洲。這個戰爭當時叫「歐戰」(the European War)、「歐洲內戰」(the European Civil War)、或「德國（日爾曼）戰爭」(the German War)，也叫做「大戰」(the Great War)。在歐洲以外，也殊少有激烈的戰鬥，中東與德屬東非的戰況，在規模上無法與歐洲相比。不過，這個戰爭到 1917 年，因為美國的捲入，而發展成世界性的戰爭，其影響之大，更是世界性的。

第一次世界大戰所造成的變遷是空前的，它削弱了原來的政治的、經濟的和社會的架構，而使之不再能夠承當新力量的衝擊。戰後雖有「回歸常態」(return to normalcy，此指恢復 1914 年以前的狀況)，但事實上一切都已隨戰爭而逝。戰後的世界，就各方面的意義來看，是一個新的世界。

戰爭爆發的直接原因，係由於國際秩序的失控。十九世紀末期以來國際關係的演變，利益衝突所導致的國際危機之層出不窮，最後乃走上了訴諸戰爭的不歸路。

第一節　戰前國際關係的演變

自德國統一至第一次世界大戰爆發的四十多年間，國際關係固然有多種變化，也有多種發展的可能，但有一項固定不變的因素，即德國與法國之間無法化解的仇恨。這個時期，可以劃分為三個不同的段落：1871–90 年，1890–1907 年，以及 1907–14 年，第一個段落，即所謂「俾斯麥體系」，以德國的強大、法國的孤立，以及英國的不介入為主要特色；俾斯麥失勢以後，情況生變，德國漸喪失優勢，法國擺脫孤立，英國也不再保持超然的地位，歐洲形成了互相敵對的兩大集團。

一、俾斯麥體系

德國的統一和強大，對於歐洲的國際局勢和外交關係發生極大的影響。

俾斯麥

德意志帝國是經過三次戰爭 (1864、1866、1870–71) 締造成功的。這三次戰爭雖經俾斯麥 (Otto von Bismarck, 1815–98) 的精心設計，沒有觸發全面性的衝突。不過，他瞭解德國再進一步的擴張，必然會導致全面的戰爭而摧毀他所苦心締造的帝國，因此他的政策便是維持和平。他極反對再有新的領土的轉移，但其他國家並未對各自的疆界感到滿足，問題並非如此簡單。德意志帝國建立以後，對歐洲局勢造成極大的衝擊❶，同時也

❶ Andreas Dorpalen, *Europe in the Twentieth Century* (New York, 1968), pp. 1–2; *An Encyclopedia of World History*, compiled & edited by William L. Langer, 4th ed. (1968), p. 779.

改變了既有的均勢。當時歐洲大國，在德國之外，還有英國、法國、俄國、奧匈帝國，以及義大利等國。俾斯麥認為，英國對於歐洲大陸仍大致會遵行「光榮孤立」(splendid isolation) 的政策，英國一向是殖民帝國，對於海外殖民地和所謂「帝國生命線」非常重視，德國不宜在海外殖民競爭上與英國為敵。另外，基於傳統的政策，英國為了自身的安全與利益，也一向堅持比利時的中立地位，德國最好不要忽視此點。對於奧匈帝國與俄國的關係，也必須小心處理。奧地利自十八世紀以來已逐漸衰落，十九世紀在民族主義與民主政治的影響下，其所受打擊甚大。普、奧戰爭（「七星期戰爭」）以後，俾斯麥在對奧和約的態度上相當寬大，而維也納政府在普、奧戰爭以後，也頗思向巴爾幹半島發展。在此需要下，不僅不能與德國為敵，反而需要爭取柏林的友誼與支持。在這種新的情勢下，自然有新的發展。

主持奧匈帝國外交的匈牙利貴族安德拉西 (Count Gyula Andrássy, 1823–90) 亦能掌握這種情況。1871 年 8 月及 9 月，奧皇法蘭西斯・約瑟夫一世 (Francis Joseph I, 1830–1916) 和德皇威廉一世（William I, 1797–1888，普魯士王 1861–88，德皇 1871–88）晤面三次，在兩國外相陪同下，廣泛地討論各種相關的問題。1872 年 9 月，奧、德二帝再度相會於柏林，此次俄皇亦參與其事，於是「三帝同盟」(Dreikaiserbund) 漸漸形成。固然，此種「三帝同盟」祇是一種諒解，而非有形的組織，但卻維繫了三個帝國的關係。

義大利是另一個值得注意的國家，但德國與義大利有非常友好的關係。固然，義大利與奧匈之間，因為奧匈境內有一些義大利人，義大利基於民族統一與領土完整的原則，亟盼將的里亞斯特港和特倫提諾 (the Trentino) 一帶所謂「未贖回的義大利」(Italia Irredenta) 納入義大利國境之內，這可能使德國夾在兩國之間而尷尬。不過，義大利剛剛統一不久，並不急於在這些方面有太積極的行動，情勢不會難以控制。

俾斯麥認為，問題最大的國家是法國。法國在普、法戰爭和《法蘭克福條約》中所受的傷害至大，其在歐洲的「大國」(la grande nation) 地位已幾告不保。法國舉國在普、法戰爭後的雪恥圖強 (revanche movement) 亦表現出相當的同仇敵愾精神。在此情形下，1875 年終於爆發了「戰爭驚嚇」(War Scare) 事件。這個事件是由很多原因所造成的。德國在《法蘭克福條約》中強迫法國允諾付出五十億法郎的大量賠款（約合二億英鎊或十億美元），其原來設計在於一方面壓榨法國的資源，另一方面作為德軍延長佔領法國部分國土之藉口。賠款應在 1874 年 3 月之前付清，這在當時被認為殊不可能。但是法國卻能提前繳清賠款，這使德軍不得不在 1873 年 9 月就撤離法國。另外意想不到的，由於法國在短期內付出巨額賠款，這使金錢大量流入德國，德國產生了通貨膨脹的壓力。法國在戰後亦大力從事軍事革新，使其軍隊的數量與裝備均有所增強。德國反而很不自安，有些德國人開始想展開先發制人的戰爭。

《柏林郵報》(*Berlin Post*) 有了「戰爭是否在望？」(Is War in Sight?) 的評論。法國外長笛卡茲 (Louis Charles Decazes, duc de Glucksberg, 1819–86) 乃利用情勢向列強申訴，奧匈未有表示，英國與俄國則透過駐柏林使節向俾斯麥表示關切。俾斯麥否認有攻擊法國之企圖，不久法國由於馬克麥洪 (Marie Edme de MacMahon, 1808–93) 的保王黨色彩的政府日趨衰落而反教士甚濃的共和黨人逐漸得勢，使此危機逐漸化解。不過俾斯麥為此大為警覺：俄國友誼並不可靠，法國終將為大患，不過他認為法國本身的力量不足威脅德國，必須防止法國獲得盟友。

繼之而來的國際危機來自近東。俄國在近東的擴張政策曾在克里米亞戰爭中受到挫折，亞歷山大二世時期又想有所作為。1870 年俄國趁普、法戰爭機會而片面廢除《黑海條例》，列強於事後勉強認可。另外，泛斯拉夫主義 (Pan-Slavism) 的論調響徹雲霄，1867 年泛斯拉夫會議且在莫斯科召開。1871 年丹尼列夫斯基 (N. Y. Danilevsky) 出版其《俄國與歐洲》一書，此書的論點在強調斯拉夫民族性不同於西歐，斯拉夫民族有他們應該完成的歷史使命。泛斯拉夫主義者一向主張俄國是斯拉夫各民族的長兄 (big brother of the Slavic peoples)，俄國負有解救在土耳其帝國和奧匈帝國統治下的斯拉夫民族的責任，俄國也該取得伊斯坦堡和博斯普魯斯以及達達尼爾兩個海峽。曾經於英、法聯軍時期為俄國謀得很大利益的伊納提耶夫 (Nikolai Ignatiev, 1832–1908) 亦為泛斯拉夫主義者，他在 1864 年至 1877 年擔任俄國駐土耳其大使。1875 年時，南斯拉夫人所居住的土耳其兩個省，即波斯尼亞 (Bosnia) 和赫最哥維那 (Herzegovina) 的農民（塞爾維亞人為主）起而反抗土耳其的統治，南斯拉夫人所建立的國家塞爾維亞自然支持塞爾維亞人反抗土耳其統治的行動。俄國當然不能放棄支持斯拉夫人的立場，而奧匈帝國則顧慮此事可能對奧匈境內的斯拉夫民族發生誘導作用，而不願見。為了使問題不致擴大到不可收拾，俄國也願與奧匈合作，期能使此衝突不致擴大，他們也認為土耳其必須革新，並善待境內各民族。奧匈外相安德拉西並向 1856 年《巴黎和約》簽字國提出具體建議：波、赫兩地區實行宗教自由、廢除包稅制、當地財賦用於當地之建設和組成基督教及回教徒混合委員會以監督改革。列強與土耳其在 1876 年 1 月皆同意，但因塞爾維亞人反對而未果。不久，奧、俄、德在柏林集會，並在會後草成《柏林備忘錄》(*Berlin Memorandum*)。其內容為原先奧方建議的擴大，並主張兩個月休戰和安置起事者以及由列強領事負責監督改革等。法國與義大利接受，但英國（狄斯雷理政府）則不表贊同，此因除技術上有困難外，倫敦政府對於事前未與之磋商而不滿❷。

接著此年 5 月至 9 月，保加利亞境內復有起事，而土耳其正規軍在平亂時非常殘酷，平定以後又有大規模的屠殺，即使是婦孺亦未能倖免。於是塞爾維亞（認為必將獲俄國支持且冀戰後取得波、赫兩省）向土耳其宣戰，蒙特尼哥羅 (Montenegro) 繼之。7 月，奧匈外相安德拉西與俄國首相

❷ *An Encyclopedia of World History*, compiled & edited by William L. Langer, 4th ed. (1968), pp. 779–80.

兼外相高查可夫 (Aleksandr Gorchakov, 1798–1883) 在雷斯塔特 (Reichstadt) 達成協議。此一協議之主要內容為：如果塞、蒙戰敗，兩國堅持恢復戰前原況和《柏林備忘錄》所規定的波、赫二省的改革項目；假如塞、蒙勝利，兩國各得波、赫部分土地但二省大部歸奧而俄可以恢復在 1856 年喪失的比薩拉比亞 (Bessarabia)；一旦土耳其崩潰，則保加利亞與羅馬尼亞或為自治邦或為獨立邦，希臘取得部分領土和君士坦丁堡成為自由市。發展至 9 月初，塞爾維亞失敗並向列強呼籲調解而土耳其則拒停戰。俄國亟欲趁機對土耳其作戰，不過俄國也很關切一旦俄、奧之間發生戰爭，則德國將採取何種態度的問題，俾斯麥的答覆為德國不願見任一方（奧或俄）嚴重受創。12 月間，英、俄等國集會於君士坦丁堡商籌對策和促土改革，但 1877 年 1 月 18 日土耳其拒絕列強的解決方案。土耳其宣布《憲法》，並堅持任何基本改變必須由制憲議會同意，但卻並不召開制憲議會。1 月 15 日俄、奧亦達成《布達佩斯協約》：俄、土一旦發生戰爭時奧中立但可在適當時機佔領波、赫二省，塞爾維亞、蒙特尼哥羅以及赫最哥維那成為中立區。兩國在 3 月 18 日又達成另一協約（但倒寫日期為 1 月 15 日），此協約主要內容為處置土耳其領土的問題，兩國並同意不在巴爾幹建立斯拉夫民族的或其他的大國❸。

1877 年 4 月 24 日，俄國向土耳其宣戰。英國於 5 月 6 日照會俄國，警告不得封鎖蘇伊士運河和佔領埃及，並申明英國反對任何國家攫取君士坦丁堡（伊斯坦堡）及海峽的態度。

俄軍經羅馬尼亞越過多瑙河，土耳其軍隊在普勒維那 (Plevna) 曾對俄軍有堅強的抵抗而使戰爭一度膠著。不過此後俄軍進展順利，1878 年 1 月底君士坦丁堡已可能不保，土耳其要求停火。3 月 3 日，俄國與土耳其簽訂《聖斯特法諾條約》(*Treaty of San Stefano*)。該約主要內容為：塞爾維

❸ *The New Cambridge Modern History*, Vol. XI, "Material Progress and Worldwide Problems," edited by F. H. Hinsley (Cambridge University Press, 1967), pp. 548–49.

亞、蒙特尼哥羅和羅馬尼亞獨立，塞、蒙兩國且獲擴大；土耳其向俄國付出巨額賠款並割讓亞美尼亞之一部及多布魯甲 (Dobruja) 予俄國（俄國擬用多布魯甲與羅馬尼亞交換比薩拉比亞）；波、赫二省實施改革；保加利亞變為自治邦並得自選君侯，它並獲擴大使之包括馬其頓 (Macedonia) 大部和巴爾幹南端的魯米利亞 (Rumelia) 以及一部分愛琴海沿岸地帶。條約內容披露之後，英、奧等國大加反對。英國認為「大保加利亞」會因包括馬其頓濱海（愛琴海）地帶而使俄國滲入地中海從而危及其「帝國生命線」，奧國認為此條約使斯拉夫民族獲得太多而可能促使奧匈境內斯拉夫民族的騷亂。他們認為此條約已使近東局勢發生基本性的改變，堅持必須得到 1856 年《巴黎和約》簽字國的同意。英國的艦隊在土耳其作戰不利之後即已馳往君士坦丁堡，並將印度軍隊調往馬爾他。奧匈雖婉謝與英國訂盟，卻也不肯再向俄國承諾如再有戰爭發生仍會守中立。在此種壓力下，俄國在 5 月 30 日終同意召開國際會議來討論《聖斯特法諾條約》。於是 1878 年 6 月 13 日至 7 月 13 日乃有柏林會議 (Congress of Berlin) 的召開。

俾斯麥以東主國的政府首長的身分來擔任他所說的「誠實的經紀人」(honest broker)。這個會議冠蓋雲集，包括德、俄等國首相以及他國的外交部長，英國首相狄斯雷理和甫於 3 月擔任外相的莎斯保理 (Lord Solibury, 1830–1900) 均出席。俾斯麥表示他個人對巴爾幹問題毫無興趣但遺憾於友邦為此震盪。他雖以「誠實的經紀人」自居，實則偏袒奧匈，而獲益最多。總之，《柏林條約》取代了《聖斯特法諾條約》。在均勢原則下，列強對近東問題重作安排。大致情形是塞爾維亞、蒙特尼哥羅和羅馬尼亞的獨立獲得承認；大保加利亞則三分，保加利亞本部（巴爾幹山脈以北）變為自治邦而以土耳其皇帝為宗主，馬其頓仍歸土耳其，至於東魯米利亞（Eastern Rumelia，位巴爾幹山脈以南的巴爾幹半島南端）變為土耳其的自治省；俄國取得比薩拉比亞而以三分之二的多布魯甲予羅馬尼亞為償；奧國取得波、赫二省的行政權；英國不僅打消了俄國欲滲入愛琴海和地中海的企圖而且

也取得塞普洛斯島 (Cyprus)。法國也得到將來可以佔領突尼斯 (Tunis) 的許諾。義大利、塞爾維亞、保加利亞和希臘則不滿於無所收穫。

柏林會議的主持者與參加者均自認他們使歐洲得以免除一場大戰，並且解決了近東問題。但是，從另一角度來看，在會議召開之前，俄國就已經決定不再作戰。另一方面，會議雖以均勢為著眼點，並未能使土耳其恢復其獨立自主的大國。1875 年至 1878 年間的發展已使土耳其不能再振雄風，後來雖又苟延三十餘年，實則已注定衰亡。因之，柏林會議並無任何成就可言。此後直迄俄帝國崩解，英國艦隊亦未曾再度進入黑海。1885 年羅馬尼亞就吞併了東魯米利亞，另外柏林會議決定把馬其頓劃入土耳其，以及把波斯尼亞交付奧國，都是不當的做法，因為把馬其頓劃入土耳其對 1912 年巴爾幹戰爭的爆發以及將波斯尼亞交付奧國與第一次世界大戰前的波斯尼亞危機，有極大的關係。

情勢發展到 1878 年，俾斯麥深覺必須在奧、俄之間選擇其一。他最後決定選擇了奧匈，而未取俄國，這是因為奧匈可以居於較為從屬的地位，而俄國勢必要求同等權利。1879 年 10 月德、奧兩國簽訂《兩國同盟》(*The Dual Alliance*)，為期五年但屢次延長，直迄 1918 年時仍有效。這個盟約的主要內容是：締約國之一方遭受俄國攻擊時另一方全力援助，如遭受他國攻擊時則至少遵守中立，如果他國係受俄國支援而進行攻擊時，另一方亦應加支持❹。俾斯麥認為德國地處中歐，極不宜兩面作戰，此一同盟可以加強德國對法國的防衛地位。這個條約之所以能夠簽訂，實因其以去留力爭，始獲威廉一世的同意。他相信如果俄國知道在巴爾幹進攻奧國會導致德國干預，則必然不致貿然從事，此盟約亦特別規定「受到攻擊」始生效，目的在使奧國不致首先進攻，因而反可約束奧匈在東南歐的行動❺。

---

❹ 《兩國同盟》條約全文英譯見 Milton Viorst, *The Great Documents of Western Civilization* (Philadelphia, 1965), pp. 308–09.

❺ Brison D. Gooch, *Europe in the Nineteenth Century: A History* (New York, 1970), pp. 444–48.

另一方面，俾斯麥亦不願使俄國誤解。他覺得德、俄疏離並非導因於兩國間有什麼直接衝突，而係為了其他次要的原因。1881 年 6 月，俾斯麥交涉成功了德、奧、俄三國之間的一項較為正式而又秘密的《三帝同盟》。此同盟以三年為期，至 1884 年期滿後又延長一次（三年）。這個同盟協定的主要內容為：如果締約國之一方與第四國（土耳其除外）發生戰爭時，其他兩國遵行友善中立；土耳其境內任何領土與現狀的變更應經由三國的同意；締約國任何一方如須與土耳其作戰時須與盟友磋商。同時，1882 年 5 月義大利因感到孤立和對 1881 年法國佔領突尼斯的仇恨，而加入了德、奧集團，於是《兩國同盟》一變而為《三國同盟》(*Triple Alliance*)。

《三國同盟》係在維也納簽訂，其主要內容是：如果義大利受到法國攻擊，則德、奧兩國加以援助；如果德國受到法國攻擊，則義大利加以援助；如果締約國之一方或兩方遭受到或捲入另外兩國或更多國家的攻擊或戰爭時，則未受攻擊的一國或兩國應立加援助；如果締約國之一方與其他國家發生戰爭時，則其他國家遵行友善中立。此約使德國自義大利取得奧匈所不肯承諾的對付法國，但義大利所獲更多，因為德國或奧匈僅遭受到俄國攻擊時，義大利至多不過遵行中立。1882 年法國又因埃及問題與英國交惡，完全孤立。

1884 年《三帝同盟》結束後雖又續訂一次，同時俄、奧在巴爾幹的競爭亦日益激烈，俄國覺得其在巴爾幹地區的地位大受威脅。於是俄、奧關係日壞，至 1887 年《三帝同盟》竟不能再續下去。盟約中所規定的就土耳其問題互相磋商的條款，自始至終並無實際意義。但是，俾斯麥深恐俄國此後會自行其是，俄國則建議德、俄可作一雙邊安排。這就是 1887 年 6 月 18 日雙方所簽的一項秘密的《俄德條約》，這就是一般所稱的《再保條約》(*The Reinsurance Treaty*)。其主要內容為：締約國之一方如與第三國交戰時，則另一方遵守友善中立，但此不適用於德國攻擊法國或俄國攻擊奧匈；雙方致力於維持巴爾幹半島的原況和德國承認俄國在保加利亞享有優越地位。此一安排固不如《三帝同盟》的續訂，但已為當時所能得到的最佳安排了。尤其此時正是法國資金流入俄國之際，此舉自甚符合德國利益。不過《再保條約》亦被評為不符道義原則，蓋對奧匈為不忠實也。此約雖不違反德國的國策，如果俄、奧在此約有效期內一旦兵戎相見，則德國立場殊甚尷尬也。不過俾斯麥亦表現其誠實無欺的作風，他特別把德、奧同盟的條款讀給俄國駐德大使舒維洛夫 (Count Petr Andreevich Shuvalov, 1827–89) 聽悉。俾斯麥的外交政策自以維護德國的利益為重。

至於其他列強，特別是奧、英等國，對於地中海的局勢亦甚關切。於是 1887 年 2 月和 12 月有兩次《地中海協議》(*The Mediterranean Agreements*) 的簽訂。兩次《地中海協議》均係以英國與義大利為主，奧國均參加，德國則參加第一次協議而未簽署第二次協議。兩次協議均以維持地中海區域（包括愛琴海、亞得里亞海和黑海）的原況為主旨。這當對俄國在巴爾幹半島的擴張有所限制，也使俾斯麥不必為承認俄國有何特殊地位而不安。他認為《再保條約》加上《地中海協議》有助於德國的安全❻。

俾斯麥在 1890 年去職，不再掌理德國的外交政策，這表示「俾斯麥時代」的結束。

二、兩大集團的形成

俾斯麥去職以後，情況發生了很大的變化。1890 年 3 月 23 日的德國內閣會議決定，在 6 月 18 日屆期後，不再續訂與俄國的《再保條約》。所以當俄國派出代表來柏林商洽續約時，所得到的答覆是德國對俄國的友誼不變，但不再續約。俄國外相格爾斯 (Nikolai Karlovich de Giers, 1820–95) 仍企圖與德國達成某種協議而終未成功❼。至是，俄國脫離了俾斯麥的系

❻ Ibid., pp. 451–53.

❼ J. K. Munholland, *Origins of Contemporary Europe: 1890–1914* (New York, 1970), pp. 175–76; *An Encyclopedia of World History*, compiled & edited by William L.

統，而德國所最引為憂慮的事——法國突破孤立與俄國締盟——也從此種下根苗。俄國因為有鑑於《再保條約》不獲續訂而《三國同盟》又於不久後延長（1891 年 5 月 6 日），另一方面英、德關係又甚良好❽，而俄、德關係即是在《再保條約》時期也甚為冷淡，所以也準備另覓盟友。俄國的自然盟友即為法國，儘管俄、法兩國在思想和政制上南轅北轍，但在戰略和經濟的考慮上卻有共同的利害關係❾。俄國需要外資孔亟，法國資本大量流入，至 1914 年大戰爆發時法國資本佔了俄國境內外國資本總額的 53% 以上。法國資本也在俄國的銀行業有舉足輕重的地位，華俄道勝銀行 (The Russian-Chinese Bank) 為一顯例❿。

《法俄同盟》(*The Franco-Russian Alliance*) 對於第一次世界大戰前的國際局勢，頗有影響，它是由兩國間軍事人員的互訪、談判和簽約逐漸而成的。1891 年 8 月，兩國達成《八月協約》(*The August Convention*)，規定當和平受到威脅或一方遭受侵略的威脅時互相磋商應行採取的步驟。法國原本想能有更進一步和更具體（如動員等）的安排，未能如願。1892 年 1 月法國參謀總長布瓦道菲 (General Le Mouton de Boisdeffre) 訪問聖彼得堡，攜有《軍事協定草案》，但俄方反應並不十分熱烈，提出若干修正，最後僅「原則上」同意，並無何效力。《法俄同盟》之所以未能有進一步發展因法國發生巴拿馬醜聞案而拖延。1893 年 12 月 27 日至翌年 1 月 4 日，兩

Langer, 4th ed. (1968), p. 785.

❽ 1890 年 7 月兩國受簽之《英德殖民協定》(*Anglo-German Colonial Agreement*)，亦稱《海姑蘭條約》(*Heligoland Treaty*)，德國放棄在東非桑吉巴 (Zanzibar) 的權利，以與英國交換海姑蘭島（1815 年英國自丹麥取得該島）。當時海姑蘭島並無實際價值，此一協定被認為是德國向英國示好的舉動。

❾ *The New Cambridge Modern History*, Vol. XII, “The Shifting Balance of World Forces, 1898–1945,” edited by C. L. Mowat (Cambridge University Press, 1968), p. 112.

❿ Heinz Gollwitzer, *Europe in the Age of Imperialism* (London, 1969), pp. 78–79.

國政府終於用交換照會的方式批准了 1892 年 8 月完成的《軍事協約》。這個協約實不僅為軍事的，更有其濃厚的政治色彩。它之所以用《軍事協約》(*Military Convention*) 的名義，係因逃避《第三共和憲法》所規定的條約須經代議院通過。它的有效期間與《三國同盟》相同，其條款為秘密，一直到 1918 年第一次大戰結束後才洩露。它共有七款，其主要內容為：(1)如果法國遭受到德國或在德國支援下的義大利的進攻，俄國竭力支持法國；假設俄國遭受到德國或在德國支援下的奧國的進攻，法國竭力支持俄國；(2)如遇《三國同盟》或其中任一成員國動員時，則法、俄兩國亦立即動員⓫。

至此法國擺脫了孤立，而德國成為被包圍之勢。不過德國政府對於俄、法交好並未呈現驚惶，此因英國仍然未介入歐陸紛爭，而且英國對《三國同盟》的態度遠較對俄、法為友善，法、俄兩國皆為英國在殖民競爭方面的宿敵，英國與法國在非洲與亞洲屢有糾葛，在近東與印度邊境以及遠東更常與俄國短兵相接。德國則與英國並無殖民上的重大摩擦，兩國間的一般關係並不壞，而且甚至兩國間可能有締盟的說法。德國在歐洲的地位，仍然並未受到嚴重的挑戰。不過法、俄合作使德國必須設計其軍事企劃，蓋德國的地理位置使其不適宜於兩面作戰。1892 年德國參謀總長希利芬 (Count Alfred von Schlieffen, 1833–1913) 乃重新設計戰略以應付新的情勢⓬。

此後歐洲分裂成兩個互相敵對的同盟體系，但並未表示此後即無縱橫捭闔的餘地。英國仍然在同盟體系之外，但是英國自從 1890 年代以來逐漸覺得「光榮孤立」已非善策。英國也感覺到它素以自豪的海軍實力也漸受

⓫ 盟約全文英譯見 Milton Viorst, ed., *The Great Documents of Western Civilization* (Philadelphia, 1965), p. 310；關於《法俄同盟》的締訂，可參看 William L. Langer, *The Franco-Russian Alliance, 1890–1894* (Harvard Univ. Press, 1929); Christopher Andrew, Théophile Delcassé and the Making of the Entente Cordiale (London, 1968).

⓬ 見第二章第一節。

威脅，俄、法之間的合作以及俄國海軍預算日增均使英國軍方關切。因為法國是第二海軍國，俄國為第四海軍國，他們的聯合會使英國海軍有如芒刺在背。1893 年俄國海軍訪問法國海軍基地土隆 (Toulon) 顯示出兩國海軍合作可能威脅到英國通達印度的地中海航道。因此，在 1889 年英國海軍部提出了所謂「兩國標準」(Two-Nation Standard) 政策，也就是說英國的海軍在實力方面要保持可以阻擋任何兩個強國的海軍聯合力量。1894 年《法俄同盟》正式成立之後，英國擴充海軍愈亟，乃至在 1897 年前後又有「三國標準」(Three-Power Standard) 的說法。1890 年代英國的海軍預算倍增，自一千三百萬鎊增至二千六百五十萬鎊。海軍競賽問題到 1898 年以後由於德國的參加而更形複雜，後來轉變成英國和德國之間的競爭，而彼此間的惡感亦因之昇高。

儘管德、英海軍競賽，直迄 1890 年代末期，英、德兩國仍尋覓合作的可能。英國與法、俄向有殖民競爭，尤其是在遠東經中日甲午戰爭之後，俄國在中國的侵略行為使英國極感焦慮。英國希望保留中國市場，因而反對瓜分中國。1898 年俄國取得旅、大之後，英國益覺事態嚴重。英國在向美國與日本試探無效之後，殖民部長約瑟夫・張伯倫 (Joseph Chamberlain, 1836–1914) 等遂力主與德國取得諒解，而且兩國之間也有了若干接觸。此種接觸後來終因德國欲藉俄國向外發展以削弱《法俄同盟》在歐洲的影響力，兩國對世界政治的觀點不同（英國主要為維護其世界帝國，德國則注重其在歐洲的霸權而冀將歐陸各國注意力轉移到歐洲之外）等而未有具體成果⓭。不過到 1900 年，兩國仍然達成了一項協定，申明「在兩國影響力所及的範圍之內」維持中國門戶開放的原則⓮。1900 年底，德皇及德相布

⓭ 王曾才，《中英外交史論集》(臺北，民 68)，頁 67–226。

⓮ 王曾才 (Tseng-tsai Wang)，“The Anglo-German Agreement of 1900,” *Chinese Culture*, Vol. VIII, No. 2 (June 1967), pp. 108–32；《清季外交史論集》（臺北，民 67，2 版），頁 141–78。

婁 (Bernhard von Bülow, 1849–1929) 訪英，與英國政府領袖廣泛地討論世局，不過雙方均未有締盟的準備。稍後英國殖民大臣(殖民部長)約瑟夫・張伯倫提出條頓民族與盎格魯・撒克遜民族互相訂立同盟(這是指德國、英國與美國)的建議，沒有成功。1901 年英國維多利亞女王病危，德皇威廉二世表現了很大的孝思(維多利亞女王是他的外祖母)，此使英國人民對他發生好感，連帶地兩國間的關係也朝向敦睦的方向發展，但是兩國政府都不肯主動地表示好感，使此一契機未能發展為轉機。此年維多利亞女王死，她的兒子愛德華七世(Edward VII, 1841–1910，在位期間為 1901–10)不喜歡威廉二世，而且對法國素有好感。在此情況下，英國和德國之間無法產生良性的互動關係。

另一方面，英國已決定不再遂行「光榮孤立」的政策。莎斯保理勛爵以後的政策制訂者尤其體認到這種需要，因為主客觀情勢均已改變，英國如果仍執意「孤立」，那就不能「光榮」了。在與西方國家結盟時機尚未成熟的情況下，英國希望爭取日本的合作來制衡俄國在中國的擴張。自從 1901 年的夏天開始，英國與日本展開談判。1902 年 1 月 30 日，兩國簽訂了《英日同盟》(*The Anglo-Japanese Alliance*)。這個同盟原有邀請德國加入的構想，但後來決定放棄。《英日同盟》的有效時期是五年，其主要內容是維護中國與朝鮮(韓國)的獨立，但又承認日本在朝鮮有特殊的利益，如果締約國的一方與第三國發生戰爭時，另一方遵守中立，但如又有他國參加戰爭時，則另一方亦加入戰爭。這個同盟的目的，在於維持遠東的原況，同時也減輕英國在亞洲的負擔。《英日同盟》之所以在國際政治上有其意義，在於英國承認它已不能獨力維持其在世界各地的利益，英國的「光榮孤立」正式落幕。

英國也深切地感覺到有與歐洲國家改善關係的必要，對德國的關係既不能發展下去，乃屬意法國。英國與法國原是殖民競爭的對手方，兩國無論在亞洲，還是在非洲，都有嚴重的衝突。兩國自從 1882 年後，由於在埃及和蘇伊士運河的衝突，更使兩國關係惡化。法國因係多黨制的國家，內閣改變頻仍，但對英國與法國在非洲的關係，歷屆內閣均有共識，那就是英國如不自埃及退出，也應該對法國有所補償。兩國在亞洲，本來就是老對頭，法國在埃及事件後不久吞併了越南，1893 年又取得寮國，使英國統治下的緬甸受到威脅。兩國為了避免直接衝突，同意保持暹羅（泰國）的獨立，作為雙方的緩衝地帶。但是，兩國的關係並未改善，接著在非洲又有 1898 年的法紹達危機 (the Fashoda Crisis)，使兩國陷於劍拔弩張的情況。

不過，在摩洛哥 (Morocco)，兩國漸有互相諒解的可能。緣因摩洛哥與法屬阿爾及利亞 (French Algeria) 有很長的未定界，而 1894 年摩洛哥蘇丹穆萊・哈山 (Muley Hassan) 死後，摩洛哥有崩解的可能。法國外長德勒加賽 (Théophile Delcassé, 1852–1923) 甚慮其他國家會控有摩洛哥，從而造成對阿爾及利亞的威脅，他決定設法與各國達成協議。1900 年 12 月，法國與義大利達成協定，義大利承認法國在摩洛哥有自由行動權，法國則承認義大利在底黎波里 (Tripoli) 有自由行動權。1902 年法國開始與西班牙談判，但至 1903 年初談判陷於停頓。英國則表示願意與法國談判以解決若干紛爭。1902 年 8 月起，法國外長德勒加賽因獲法國駐英大使剛彭 (Pierre Paul Cambon, 1843–1924) 的得力協助，而英王愛德華七世又素親法，所以談判進展尚稱順利。1903 年 5 月愛德華七世訪法，7 月法國總統盧貝 (Émile Loubet, 1838–1929) 答聘而外長德勒加賽偕行，乃有認真的談判。兩國商談的範圍甚廣，因為兩國欲藉此解決兩國間世界性的殖民競爭問題。1904 年 4 月 8 日《英法諒解》(*Anglo-French Entente*) 正式締訂，它最主要的內容便是法國承認英國在埃及的優越地位，以換取英國承認法國在摩洛哥有自由行動權。此外，法國放棄在紐芬蘭沿岸的權利（《烏特勒克條約》所予者）來換取法屬甘比亞 (French Gambia) 附近和尼日河 (The Niger River) 以東的土地，同時兩國也劃訂了在暹羅的勢力範圍以及在馬達加斯加 (Madagascar) 和紐赫布里迪斯群島 (New Hebrides) 的界線。它也包括若干秘密條款（1911 年後始透露），如規定一旦摩洛哥喪失獨立則法國與西班牙可瓜分之等等。因此在同年 10 月 3 日，法國與西班牙也簽訂條約，此約表面上申言保障摩洛哥的完整，實則含有秘密協定，即將來兩國瓜分摩洛哥時，西班牙可以取得地中海沿岸地（較 1902 年所許予者為小），而且未經法國同意前不得有所行動。至是法國在摩洛哥的地位已取得三國（義、英、西）的承認，但德勒加賽未與德國磋商，後來乃有摩洛哥危機，此處暫且不提。

《英法諒解》的內容僅限於殖民事務，但一旦兩國解決殖民爭端之後在歐洲便有了合作的基礎。同樣的，《法俄同盟》的約文也未觸及英國，雖然當時法國與英國在埃及和俄國與英國在俄國的南疆發生衝突的機會甚大，不過如與兩國在歐洲的根本問題相比，終屬次要。總之，《英法諒解》使兩國間的海外競爭獲得平息，它並未提及締盟，而且除了摩洛哥問題外也未談到外交上的合作。它的目標是有限度的，與從前的英、德談判之大而無當不同，此或為其成功的原因。同時，另外也有促進英、法合作的因素。由於德國海軍的擴張，使英國看重法國在地中海的海軍實力（儘管自 1902 年起法國海上力量漸衰）。此外，兩國政府亦對日、俄戰爭同表關切，並盼勿擴大。《英法諒解》因為受到德國的挑戰考驗而益為堅強。此因法國突破孤立之後，德國的外交情勢轉為不利：義大利已非可靠的盟友，奧匈因內爭而削弱，而《法俄同盟》與《英法諒解》對德國形成包圍之勢。這種情況，與「俾斯麥時代」相比，真是不可同日而語。

德國亦曾希望爭取俄國以改善情況。德皇鼓勵俄國對日本作戰，而且當 1904 年日俄戰爭爆發時，德國對俄國極表友善。1904 年 10 月 21 日俄、英發生道格海岸事件 (the Dogger Bank episode)，緣因俄國海軍在經北海前往遠東作戰時，在北海中部的道格海岸遇英國漁船，因誤認係日本驅逐艦而開火射擊，結果有一艘漁船沉沒和數人喪生。俄國艦隊仍繼續進軍而俄國政府亦無滿意答覆，一時英、俄關係大告緊張而英國海軍奉令在直布羅陀附近截留俄艦隊，後以法國調解始未爆發衝突。10 月 27 日至 11 月 23 日，德、俄一度有締盟的談判。蓋德皇致送一項《防禦同盟》的草約予俄皇（10 月 30 日），建議在一方遭受另一歐洲國家攻擊時互相援助，但俄國認為進行談判之前須先與法國磋商而停頓。不過德國對俄不斷表示友好，並不惜破壞中立予俄國艦隊加煤等方便。1905 年，威廉二世與俄皇尼古拉二世相會於芬蘭的邊雅閣 (Björkö)，在遊艇上簽訂了一項《防禦同盟》。此約在大體上是 1904 年 10 月的草約，祇是其範圍限在歐洲而且規定在日、俄簽訂和約後生效。由於兩國君主簽約時並無國務大臣在側，德相布婁反對「限於歐洲」（一旦一方受另一歐洲國家攻擊則另一方在歐洲予以支援）的規定，他乃至以辭職相脅。在俄國，外相蘭斯道夫 (Count Vladimir N. Lamsdorf, 1845–1907) 亦力加反對。當俄國向法國徵詢擴大《法俄同盟》以使之包括德國時，法國予以拒絕。最後俄皇以書函向德皇建議在此條約內另加一項條款規定在法、德發生戰爭時本條約應不適用。德國認為如此不符合其利益，而不再熱心推進，於是《邊雅閣條約》，未能成為兩國間的盟約⓯。

至於英、俄關係，終十九世紀之世一直處於敵對的情況下。兩國在土耳其帝國、波斯和中國等地競爭激烈，1904 年的道格海岸事件幾至動武。但自 1905 年俄國敗於日本而國內又為革命所震撼，這使俄國對英國的威脅看來減緩不少。1906 年 5 月以後，較具有自由胸襟的伊佐伏斯基 (Aleksandr P. Izvolski, 1859–1919) 出任俄國外相，使兩國關係漸趨和緩。自從日俄戰爭結束後，英、俄之間便有談判。此因雙方均覺如果能達成諒解可有若干優點，俄國因財政困難，甚盼在倫敦和巴黎的國際金融市場獲得借貸，俄國亦有感於如果與英國的關係不能獲得改善亦有害於他們的對法關係。英國非常關心歐陸勢力的均衡，認為英、法、俄合作可以抑制德國的擴張，同時對德國的海軍發展甚覺不安。兩國間的認真談判則在 1907

⓯ *The New Cambridge Modern History*, Vol. XII, pp. 129–30.

年夏天，到 8 月 31 日《英俄諒解》(*The Anglo-Russian Entente*) 終告完成。這個協定並不如《英法諒解》的範圍廣泛，它的主要內容是：波斯（兩國競爭最烈之處）劃分為三部，北部較大的面積為俄國的勢力範圍，中部為中立地帶，東南部（較俄國所得北部為小）則屬英國的勢力範圍；俄國承認英國在阿富汗 (Afghanistan) 有優越的地位和屬英國的利益範圍，俄國如對阿富汗有何交涉均透過英國行之；兩國承認中國對西藏的宗主權和維持其領土完整。英國在一項單獨照會（1907 年 4 月）中同意海峽問題可作對俄國較為有利的改變，俄國在一項單獨照會（1907 年 8 月）中承認英國在波斯灣有優越的地位。這些協議解除了印度在西北邊界的威脅（西藏及阿富汗），也使印度西邊（波斯）較前安全。

總之，《英俄諒解》在性質上為消極的，它並不含有特別的保證與合作，它在英、俄兩國受歡迎的程度遠較當年《英法諒解》在英、法受歡迎的程度為遜。它也並沒有阻止俄國與德國改善關係的可能。但德國則視它為反德行動。另外，《英俄諒解》尚有另一不良影響，蓋俄國在遠東受阻於日本之後又在巴爾幹半島採取較積極的態度。不過，更嚴重的是歐洲從此形成了兩個互相敵對的集團，而此種同盟制度係建立在恐懼與猜疑之上，盟約上僅有一旦戰爭爆發應如何互相援助的規定，卻沒有如何以協調的行動來防止戰爭發生的辦法⑯。這使國際關係與國際政治日趨緊張。

第二節　國際危機的頻仍

自從兩個相互敵對的國際同盟集團出現以後，本來就已經競爭激烈的國際關係更趨白熱化。第一次世界大戰爆發以前，國際危機層出不已，

---

⑯ Munholland, op. cit., pp. 191–94; *An Encyclopedia of World History*, 4th ed., p. 797; *The New Cambridge Modern History*, Vol. XII, pp. 131–32. 本節參考王曾才著，《西洋現代史》(臺北：東華書局，民 78，7 版)，頁 2–21。

1905 至 1914 年間是所謂國際混亂的時期 (international anarchy)。在此期間，儘管也有和平運動，但卻於事無補。一次又一次的危機，此起彼落，相互激盪，最後終於推向了全面性的戰爭。

一、第一次摩洛哥危機

《英法諒解》達成之後，德國政府在外表上力持鎮靜，首相布婁且在帝國議會中表示祇要德國在摩洛哥的商業利益受到尊重，則對英、法協議不必驚惶。實則德國政府極端惱怒，而且準備伺機考驗《英法諒解》的實力。1905 年 3 月，布婁與霍斯坦因力勸德皇威廉二世往訪摩洛哥的丹吉爾 (Tangier)，此因摩洛哥的蘇丹阿勃德・奧・阿澤滋 (Abdal-Aziz) 深感來自阿爾及利亞的法國壓力愈來愈大，而亟思引進德國力量以為抗衡。法國既在摩洛哥問題上採取一種無視德國的態度，德國政府乃決定採取摩洛哥獨立的保護者的姿態予以杯葛。德國政府認為此時為出手的良機，蓋法國軍隊因德雷福事件 (the Dreyfus Affair)⓱而士氣不振，俄國新敗於日本而且在國內陷於革命之中，英、俄關係亦因道格海岸事件而緊張，而法國處境又左右為難。德國認為此為行動的良機，於是說服本來不願行動的德皇乘地中海冬令遊巡之便而於（1905 年）3 月 31 日抵達丹吉爾。德皇此行係為表示德國有決心保護其在摩洛哥「龐大而日益增長的利益」(great and growing interests in Morocco)。他在丹吉爾發表演說，他聲稱德國要保障摩洛哥的獨立與完整，而他個人的親來訪問便是德國意願的最佳表示，他也

⓱ 德雷福事件為法國第三共和的政治醜聞，自 1894 年喧鬧至 1906 年，為一藉排猶運動幾乎動搖第三共和的事件。緣因猶裔陸軍上尉德雷福 (Alfred Dreyfus, 1859–1935) 被控叛國，以軍事機密出賣給德國人，儘管後來證明無辜，軍方卻堅持不肯認錯，最後因全國輿論壓力終獲平反。自 1894 年判罪，至 1906 年正式撤銷判決，為一舉國捲入的巨案。此案使法國軍方、教會和政府均遭受甚大傷害，也促成了 1905 年法國《政教分離法規》。

倡言摩洛哥應對各國機會均等和門戶開放。於是局勢驟然緊張，英國唯恐德國在摩洛哥沿岸懷有野心而在 5 月初向法國表示願有進一步的合作，法國外長德勒加賽主張與英國發展為同盟，但法國總理魯維雅 (Pierre Maurice Rouvier, 1842–1911) 及其他閣員對英國並無太大信心而法國參謀本部亦告知政府準備不足，內閣會議一致否決德勒加賽與英國聯盟對德的計畫，而德氏乃於 6 月 6 日辭職。德國既堅持召開國際會議以討論摩洛哥問題，法國政府最後讓步⓲。

於是 1906 年 1 月 16 日至 4 月 7 日乃有雅爾吉塞拉斯會議 (the Algeciras Conference)。在這會議中德國並未能獲得預期的效果，義大利並未支持德國，祇有奧匈堅決地擁護德國的政策，俄國則因極需一筆法國的貸款而全力支持法、英（也就是說，與會的列強之中除奧匈外，皆支持法國）。儘管會議重申摩洛哥的獨立與完整和經濟機會均等，但法國被授權維持摩洛哥與阿爾及利亞邊境的警察任務（在西班牙協助下），在摩洛哥則由法、西兩國負責維持秩序（警察組織），並且組成一個政府經營的銀行（法國影響力較他國為大）。自始至終，在此會議中德國居於防衛的地位，堅持國際會議顯為失策。這個會議也暴露了《三國同盟》已大非俾斯麥時代的情況。義大利在會議上的態度顯示其對《三國同盟》的不滿。事實上，1898 年義大利即與法國停止了貿易競爭而互簽《降低關稅協定》。1900 年雙方又就摩洛哥與底黎波里問題達成協議，結束了在地中海的爭端。1902 年時《三國同盟》又告續訂，義大利繼續承諾德國如受到法國攻擊時即予援助的義務，但在同時義大利外相與法國駐羅馬大使交換信函表示義大利不會介入與法國作戰的糾紛。義大利的不再忠於《三國同盟》已在外交圈

⓲ *The New Cambridge Modern History*, Vol. XII, "The Shifting Balance of World Forces, 1898–1945" (Cambridge University Press, 1968), pp. 128–29; J. Kim Munholland, *Origins of Contemporary Europe, 1890–1914* (New York, 1970), pp. 188–89.

中傳聞甚久，布婁仍以婚姻關係不會因妻子與別人跳舞而破裂來解嘲。但雅爾吉塞拉斯會議以後德國對義大利的態度不能再視若不見，德國的忠實盟友祇有奧匈。德國沒有能達成阻撓英、法交好的計畫，而且在摩洛哥危機中德國駐英國大使館有英國輿論過分親法的報告。英、法兩國亦展開了軍事合作的討論，英、俄關係亦因共同支持法國而接近[19]，這種情況自然對德國不利。

二、波斯尼亞危機

俄國在遠東的擴張受日俄戰爭的挫折之後，又在巴爾幹採取較為積極的行動。1908 年左右，俄國外相伊佐伏斯基又欲重提俄國軍艦可以通過博斯普魯斯和達達尼爾二海峽的話題，蓋其時英、法均與俄國交好而時機較為適當。另一方面，奧國自 1878 年在柏林會議中取得波、赫二省的行政權以後，認為如果能將兩省正式合併則不僅可以釐清與土耳其的曖昧關係，而且更可藉以切斷塞爾維亞對在兩省居住的塞爾維亞人（在兩省內佔絕大多數）的滲透，從而使大南斯拉夫王國（即兩省成為塞爾維亞領土）成為夢幻。另外，1908 年土耳其發生「少年土耳其」(the Young Turks) 的革命，民族情緒激昂，奧國如逕併波、赫二省也可以使土耳其死了收復二省的心願。

1908 年 9 月 16 日，俄國外相伊佐伏斯基與奧外相阿倫泰爾 (Count von Aehrenthal, 1854–1912) 會晤於波希米亞境內的布克勞 (Buchlau)。兩人究竟達成何種協議，後來爭議甚多。不過看來二者似乎就奧併波、赫和博、達二海峽對俄艦開放已達成協議。伊佐伏斯基認為二事均需國際會議認可，於是乃啟程前往各國探聽風聲。但在他甫抵巴黎即獲悉奧國已採取片面行動而宣布併波、赫二省（10 月 6 日）。這使伊佐伏斯基頓感措手不及，而開放海峽之請又為英國所拒。於是俄國希望乃告落空。

---

[19] C. E. Black & E. C. Helmreich, *Twentieth Century Europe*, 4th ed. (New York, 1972), p. 31.

奧國的行動在塞爾維亞和蒙特尼哥羅引起極大的震盪。俄國亦深覺被欺騙了，於是乃主張召開會議加以討論。但是，奧匈卻不肯同意，塞爾維亞境內發生反奧運動，而奧軍亦動員嚴陣以待。看來情勢危急，另一次嚴重的危機又告形成，儘管奧國早在二省行使行政權，但誠如英國外相葛雷（Sir Edward Grey, 1862–1933，後封 Viscount Grey of Fallodon）認為「一個國家未經其他國家同意而擅自改變一個歐洲條約」(arbitrary alteration of a European Treaty by one power without the consent of others) 為對國際秩序的嚴重打擊⑳。因此，英國亦譴責奧國行動。對於德國而言，亦覺奧國行動（事先並未經諮商）為鹵莽，但德國不能坐視奧匈再受削弱而祇有全力支持。奧匈毫無妥協態度，1909 年 2 月土耳其亦接受二百四十萬英鎊以為失去二省主權的補償，奧匈的勝利可以說是完全的。此年 3 月，德國以一項措詞嚴厲的照會致送俄國，要求俄國放棄對塞爾維亞的支持並承認合併，德國並要求俄國予以明確的答覆，否則便聽憑事態自然發展。俄國因軍力不足，祇有讓步。3 月底，塞爾維亞態度亦軟化，致送照會予奧國政府承認合併並允許取締境內反奧宣傳和在未來保持和睦的友好關係，於是危機乃告消失。波斯尼亞危機代表德、奧的勝利，但馬札兒人 (the Magyars) 卻為奧匈境內又增添了若干斯拉夫人而不滿。同時，德國首相布婁與參謀總長小毛奇對奧國的全力支持改變了德、奧同盟的性質，蓋俾斯麥時代此同盟係著重其防禦性質而不願支持奧國在巴爾幹採取過於積極的態度，現在德國的態度有了改變㉑。這也使國際衝突的危險又增加了許多。

三、第二次摩洛哥危機

雅爾吉塞拉斯會議並未使摩洛哥從此安定，境內的政況騷亂隨著法國

---

⑳ Viscount Grey, *Twenty-Five Years, 1892–1916* (London, 1925), Vol. I, p. 175.

㉑ *The New Cambridge Modern History*, Vol. XII, pp. 134–35; C. E. Black & E. C. Helmreich, op. cit., pp. 31–32; Munholland, op. cit., pp. 327–31.

勢力的滲透而加劇。1907 年摩洛哥蘇丹被內亂驅出首府而境內混亂不已。1909 年時德、法皆為波斯尼亞危機所困擾，且一度達成協議，德國承認法國在摩洛哥的政治利益來換取法國同意兩國共同發展摩洛哥的經濟資源。但是由於摩洛哥境內不安，各部落叛亂，使阿爾及利亞近摩洛哥的邊區常受騷擾。1911 年春天，摩洛哥首府費茲 (Fez) 發生排外的暴動，法國出兵，並於 5 月 21 日佔領。德國自始即反對法國此舉，誠然法國的行動違反了《雅爾吉塞拉斯協議》，但法國估量其他歐洲國不致反對此項無可避免的行動。德國政府有鑑於摩洛哥即將變為法國的保護領而頗為不悅，他們乃派出砲艦潘特號 (the Panther) 於 7 月 1 日抵達摩洛哥的阿格迪爾 (Agadir) 港口。德國政府採取此項行動的表面理由為保護德國的商業利益，實則欲藉以向法國要求補償㉒。

於是第二次摩洛哥危機乃告造成。英國深恐德國會自法國取得摩洛哥大西洋沿岸的海軍港口，財相勞合・喬治 (David Lloyd George) 乃於 7 月 21 日在倫敦市政廳 (Mansion House) 發表了一篇措詞強硬的演說。他聲言英國的利益不容忽視，他的警告雖同時對德、法而發，事實上則表示英國將在法、德爭執中支持法國。同日，英國外相葛雷亦向德國駐英大使表示嚴重關切，並要求德國解釋。勞合・喬治一向主張和平而且被柏林認為是英國內閣中親德派的首腦，他的言論自有若干影響。不過俄國因甫於 1910 年 11 月與德國達成有關近東鐵路承築權的《波茨坦協定》(德承認俄國在波斯北部有自由行動權，俄國不再反對巴格達鐵路)，頗不欲與德國決裂。俄國乃以自己軍備未足為理由勸法國讓步，法國與德國在 1911 年 11 月 4 日達成協定，由法國割讓法屬剛果之一部以及兩片連接德屬喀麥隆 (German Cameroon) 和剛果河以及烏班齊河 (The Ubangi River) 相連接的土地，以換取德國承認法國在摩洛哥有自由行動權。

㉒ 阿格迪爾當時僅有兩個信譽並不甚佳的德國商人，當無何商業利益可言。

四、巴爾幹戰爭

第二次摩洛哥危機的一個副作用，便是促成了義大利與土耳其之間的底黎波里戰爭 (Tripolitan War)。義大利人早已與法國有約各在摩洛哥與底黎波里有自由行動權，現見法國在摩洛哥得手而少年土耳其黨人又鼓吹民族大義。另外，1909 年 10 月義、俄亦達成協定，俄國不反對義大利在底黎波里的行動而義大利則同意俄國對博斯普魯斯和達達尼爾兩個海峽的願望（此舉甚違反奧匈利益）。於是在 1911 年 9 月 25 日義大利不宣而戰，旋即併奪底黎波里和塞里奈加 (Cyrenaica)。土耳其的失敗使巴爾幹半島上的國家再度欲趁機行動。1912 年 3 月，保加利亞與塞爾維亞簽訂同盟條約，5 月希臘又與保加利亞簽同盟條約。10 月，第一次巴爾幹戰爭因保、塞、希進攻土耳其而爆發。土耳其頻頻失敗，在歐洲土地僅餘下伊斯坦堡（君士坦丁堡）一隅。巴爾幹各國與土耳其在倫敦展開和議，奧、俄等列強亦嚴重關切局勢發展且在倫敦舉行大使級會議。但勝利各國旋因馬其頓問題而自己陣營發生爭論。保加利亞認為希臘與塞爾維亞所得過多，而於 1913 年 6 月 29 日舉兵進攻兩國（二者已於 6 月 1 日締結同盟對付保加利亞），是為「第二次巴爾幹戰爭」。戰爭發生後，土耳其與羅馬尼亞亦投入希、塞方面對保加利亞作戰，結果保加利亞大敗，8 月 10 日在羅馬尼亞的布克勒斯 (Bucharest) 簽訂《布克勒斯條約》，保加利亞割讓大部土地而大受削弱。保加利亞固痛恨《布克勒斯條約》，奧國在此戰爭中支持保加利亞，亦屬失策。戰後與奧國交惡的塞爾維亞則擴大一倍，而且即將變成一個很大的斯拉夫國家。在此情形下，塞爾維亞更加強了它欲混一所有的南斯拉夫人而建立統一的南斯拉夫國的願望，它以義大利的「皮德蒙」(Piedmont) 自居。於是塞爾維亞與奧國的關係，因為奧匈境內有南斯拉夫民族而日益緊張。

五、軍備競爭與和平運動

隨著國際局勢的緊張與危機頻仍，軍備競賽亦成為司空見慣的現象。德國的海軍預算日益增加，對英國海軍的優勢形成挑戰，尤其是在 1906 年以後與英國競造無畏級戰艦 (Dreadnought-type battleships) 更為嚴重。德國參謀本部更致力於提高德國陸軍的數額與素質，加強其火力（尤其是砲兵)。當 1894 年《法俄同盟》成立時，德國陸軍由四十八萬七千人增至五十五萬五千人；當 1904 年《英法諒解》成立時，德國陸軍更增至六十萬五千人。此後隨著國際局勢的緊張，德國陸軍數字亦日增，1910 年時已為六十一萬七千人，1911 年時為六十三萬一千人，1912 年時為六十六萬六千人，至 1913 年時更增為八十二萬人。此外尚有為數更多的預備役。德國的參謀總部為有高度獨立性的組織，在理論上它受命於德皇，但實際上決策仍在它自身[23]。

其他各國亦大肆擴張軍備。法國代議院在第二次摩洛哥危機後通過延長二年服役為三年的法律，法國陸軍，即使是不包括殖民地軍隊在內也有七十五萬人，也就是說儘管法國人口不及德國人口三分之二卻有與之數量相伯仲的陸軍。俄國的陸軍也日擴，至 1914 年前已有一百八十萬人。奧匈已大肆擴軍，使一旦戰爭爆發可以動員一百五十萬左右的兵力。其他國家無不以擴軍為務，祇有英國未能行徵兵制，在 1914 年時仍是募兵制。但英國亦作了若干軍事改革，並訓練成六師左右的遠征軍可以立即投入歐洲戰場[24]。

英國對於海軍力量的擴充則更為注意。1906 年英國設計成功無畏級戰艦，它配有十具十二吋口徑的巨砲並且裝甲堅固，使所有現存軍艦均不足

---

[23] Geoffrey Bruun & Victor S. Mamatey, *The World in the Twentieth Century*, 5th ed. (Lexington, 1967), p. 48.

[24] Munholland, op. cit., pp. 335–36.

與之抗衡。此一發展並未為英國海軍帶來優勢，蓋從此第一線戰艦均須重新換成此種巨艦，而英國的對手德國則以「後來居上」的方式可從此種重型軍艦著手製造。1906 和 1908 年，德國兩次通過鉅額的海軍預算，立意與英國一爭海洋霸權的短長。英人堅信其海軍為必需品，而德國海軍，如邱吉爾所言，則屬奢侈品。英國非常希望使德國削減海軍預算，1909 年春天，德國海軍部長提出兩國噸位為 3：4 的建議而不為英國所接受。不過 1909 年柏特曼・荷勒衛 (Theobald von Bethmann-Hollweg, 1856–1921) 繼任德國首相後，英、德關係又有轉機。英國很想就海軍問題與德國達成協議。1912 年 2 月，霍爾登 (Viscount Haldane, 1856–1928) 以英國政府代表身分訪問柏林，就海軍問題有所談判。霍爾登提議英國支持德國在非洲的殖民發展來換取德國削減海軍預算，德國則欲達成政治性的協定（否則不擬對海軍問題讓步）。德國乃建議一旦一方陷於戰爭時，另一方宣布中立，但英國認為如此有違其與法、俄的協約。於是霍爾登的任務失敗，而德國於 3 月公布 1912 年的海軍新預算，對艦隻、人員等大事擴張。英國則與法國於 7 月間達成一項《海軍諒解》，英國撤退地中海的艦隊而集中於北海，地中海則由法國海軍負責。11 月間，英外相葛雷與法國駐英大使剛彭互換信函，同意雙方中的一方遭受攻擊的威脅時互相磋商㉕。英國與德國交惡，另外還有商業競爭的因素，1900 年左右德國的產鋼量已是英國的兩倍，1914 年前後更為其三倍。德國對外貿易的總額已達英國的三分之二，而若干德國製品且已出現於英國市場。這種商業競爭的白熱化，自然亦使兩國互相敵視。

隨著軍備競賽的加劇，在歐洲興起和平運動，希冀以國際法和仲裁方式消弭軍事衝突。十九世紀以來，各國就救護（紅十字會）、電訊、電話、

㉕ C. E. Black & E. C. Helmreich, op. cit., pp. 35–36; *An Encyclopedia of World History*, compiled by William Langer, 4th ed. (1968), pp. 801–02. 本節參考王曾才著，《西洋現代史》（臺北：東華書局，民 78，7 版），頁 23–33。

版權、專利等問題達成了若干議定。國際仲裁的方式也解決了不少爭端而各種和平主義者所組成的協會更是日益增多。這種運動受到大工業家的支持，瑞典籍的諾貝爾 (Alfred Nobel) 和美國的卡內基 (Andrew Carnegie) 均為顯例。

俄皇尼古拉二世（Nicholas II, 1868–1918，在位時間 1894–1917）邀請各國參加海牙和平會議。這通稱第一次海牙和平會議 (First Hague Peace Conference)，召開時間為 1899 年 5 月 18 日至 7 月 29 日。現在我們知道俄皇此舉主要係因為俄國在軍備競賽下感到很大的財政壓力，而極思紓解。當然他也有部分人道主義的因素在內。結果有二十六個國家出席該會，但並不熱烈。但是該會議也有若干成就，簽訂了和平解決國際爭端的協約，同時也對《戰爭法》有若干規定（如禁用瓦斯戰和開花子彈以及善待戰俘和傷患等等）。會議對裁軍或限制軍備並未有何成議，強迫仲裁亦未達成，但常設仲裁法庭 (Permanent Court of Arbitration) 或稱海牙法院 (The Hague Tribunal) 終告設立。這個海牙法院對於國際爭執雖無強制管轄權，總算對國際秩序的維護，邁出了一步。

第二次海牙和平會議係由美國總統迪奧多・羅斯福 (Theodore Roosevelt) 所召開（1904 年 10 月）。但因日、俄戰爭而延緩到 1907 年 6 月 15 日至 10 月 18 日舉行。此次會議有四十四國參加，在裁軍問題上，英國雖然大聲疾呼，德國則深恐英國係別有用心（縮減其海軍發展）而大加反對，未有若何成就。不過，有一些國家，包括英、法、義以及北歐諸國同意以仲裁方式解決他們的爭端。各國同意對於戰爭進行的規則（可謂《戰爭法》）要有所規範。於是規定在開戰之前必須要經過正式的宣戰，中立國家的權利與義務均不應忽視。在此情況下，和平運動人士曾經一度覺得樂觀。他們認為一個以海牙為首都，定期集會，有其特殊的法律及法院的國際社會即將出現。如果德意志帝國、美利堅合眾國和瑞士聯邦可以防止內部的戰爭或衝突，各國當亦可以逐漸發展出一個沒有戰爭的世界性的國際聯盟。常設仲裁法庭在成立之後，也解決過不少國際爭端。第三次海牙和平會議亦擬訂於 1915 年舉行。但 1914 年第一次大戰爆發，使國際和平運動陷於停頓。

第三節 大戰的爆發

大戰在 1914 年爆發。這個大戰有其錯綜複雜的因素，也有其直接的導火線。

一、大戰的原因

第一是國際同盟的對峙：前面一節已經敘述過《三國同盟》(*Triple Alliance*) 和《三國協約》(*Triple Entente*) 形成的經過。無論是《三國同盟》還是《三國協約》，其基礎均係建立在恐懼與猜忌之上，盟約所規定的，多是一旦戰爭發生，彼此將會如何互相支援，而此將導致戰局的擴大，而非著眼於如何用協調的方式來局部化戰爭，或者消弭衝突。在 1908 年以前，彼此尚可有所節制，如法國在 1908 年的波斯尼亞危機中，並未予俄國有力支援，即為一例。但各國逐漸覺得自身的安全有賴其盟邦的保持強大。以德國而言，在義大利的盟誼愈來愈不足恃以後，便與奧匈結為一體；法國亦深感面對德國的軍事壓力，不容再喪失俄國的同盟關係，因而必須予俄國堅定的支持。即使是英國，亦漸覺如果沒有一個強大而友好的法國，自身的安全和利益均受威脅。再加上當時沒有任何國際組織可以調解爭端，而使問題益為嚴重。尤甚者，其時秘密外交盛行，不僅一般人民無法監督外交事務，甚至內閣同僚有時亦不知外交機密。即使以民主開放著名的英國，外相葛雷在 1912 年時曾向法國保證，一旦戰爭爆發時將予以海軍支援，但他並未通知英國國會此項承諾。其他代議功能不彰的國家，更不必說了。

第二是民族主義的畸形發展：民族主義原為塑造歷史的原動力之一，它以民族領土統一和國家主權完整和建立民族國家為訴求，而各個民族國家則在主權平等的基礎上互相對待其他國家。但是，十九世紀末期以後，由於各國競相擴張，民族主義有演為黷武的民族主義 (militant nationalism) 之勢。泛斯拉夫主義 (Pan-Slavism) 之鼓吹，泛日爾曼運動 (Pan-German movement) 之叫囂，德國強取亞爾薩斯 (Alsace)、洛林 (Lorraine) 兩州，以及法國的復仇運動 (revenge movement) 等等，均是足以威脅國際秩序的因素。此外，還有一些日益衰落的多民族的大帝國，其內部所激發的民族主義運動亦有推波助瀾之勢。以土耳其帝國而言，法國和義大利逼取其北非屬地，而新興的巴爾幹諸國如保加利亞 (Bulgaria) 和塞爾維亞 (Serbia) 則蠶食其歐洲領土。另一瀕臨崩解的多民族帝國為奧匈帝國 (Austria-Hungary)，其民族危機並未能因 1867 年經過「妥協」體制 (Ausgleich) 建立為兩元帝國而解除。此一帝國在維繫統一方面雖較土耳其人成功，但境內民族眾多，如捷克人、斯洛伐克人 (the Slovaks)、魯特尼亞人 (the Ruthenians)、克魯特人 (the Croats) 和塞爾維亞人 (the Serbs) 等等，均有不同程度的民族願望。以此觀點看，大戰的爆發係導源於巴爾幹地區的擾攘，此種擾攘與土耳其的衰退和奧匈境內的民族運動有關，而民族運動中又以受塞爾維亞支持（背後又有俄國）的塞爾維亞人的民族運動最有密切的關係。

第三是商業與殖民競爭：1914 年以前，有大約三十年各國在商業方面的競爭，對戰爭的爆發有相當的關係。俄共頭子列寧 (Nikolai Lenin, 1870–1924) 在其《帝國主義：資本主義的最後階段》(*Imperialism: The Highest Stage of Capitalism*) 即謂當資本主義制度進入壟斷階段時，其利潤下降，因而便向國外尋求更高的效益，從而造成世界性的追逐競爭，乃導致戰爭。現在姑不論馬克斯學派的論點，事實上，經濟與商業利益的競爭確為導致國際關係緊張的因素。緣自各國次第走上工業化的道路以後，原料與市場的爭奪便日趨熾熱，而各國又競相採取保護政策（如德國於 1879 年，法國於 1892 年，美國於 1890 年和 1897 年再提高關稅，後來僅英國與荷蘭等國仍維持自由貿易)，使問題益發嚴重。第一次世界大戰以後，美國國會組成調查委員會調查美國何以參戰，亦指出商業動機 (commercial motive) 為主要原因之一，而軍火工業的介入，更形成所謂「死神商人論」(the Death Merchant theory)㉖。許多工業國家內的軍事・工業集團 (military-industrial complex) 恆能影響軍國大計。

工商競爭在第一次大戰之前，以英、德兩國最為嚴重。事實上，德國一直認為自身受到其他國家的阻撓和包圍，致其工業品無法暢銷海外。德國認為，英國阻擋了其在東非、南非，以及東南亞的發展，法國阻擋了其在西非、巴爾幹和俄國的道路，美國把守著拉丁美洲的大門，而日本和俄國又堵著遠東的出路。此種經濟包圍，在德國看來，又為英國、法國、美國、日本在其他地區的壟斷所強化㉗。德國史學家貴契 (Fritz Fischer) 在其《德國在第一次世界大戰中的目標》(*Germany's Aims in the First World War*, 1967) 一書中，便指出德國在歐洲向東和向南商業擴張所受的挫折，使其領導階層在 1914 年左右認為德國受到包圍。德國戰史專家伯恩哈迪 (General Friedrich von Bernhardi, 1849–1930) 亦於 1912 年著論指出，德國的抉擇祇有「世界強權或衰落」(World Power or Decline) 之間選其一㉘。

殖民競爭亦為因素之一，戰前各國對殖民地的爭逐，以及它所造成的國際關係的緊張，當屬有目共睹之事。

㉖ U. S. Senate, *Munitions Industry: Preliminary Report of the Special Committee on Investigation of the Munitions*, 74th Cong., 1st sess, Sen., Rep. 944 (Washington, D. C., 1935), p. 2, 6.

㉗ William R. Keylor, *The Twentieth-Century World: An International History* (New York: Oxford University Press, 1984), pp. 47–48.

㉘ Robert O. Paxton, *Europe in the Twentieth Century* (New York: Harcourt, 1975), pp. 68–69.

第四是軍國主義：十九世紀後期以來，社會達爾文學說 (Social Darwinism) 盛行，這種思想把生物學上的優勝劣敗的理論運用於人類社會中，同時一種輕視理性和協調，主張「直接行動」(direct action) 的反智論 (anti-intellectualism) 的氣氛瀰漫於社會。再加上十九世紀後半期以來的各個重大爭端多係用武力解決者，這包括 1848 年的革命運動，1861 至 1865 年的美國內戰，1859 至 1871 年間的義大利與德國的民族統一，以及 1871 年的巴黎公社 (Paris Commune) 事件等。於是各國均趨於惟「力」是視，乃有「戰爭崇拜」(war cults) 的情況。

這種情形下，乃有激烈的軍備競賽，1890 至 1914 年間各國軍費的支出到了前所未有的程度，約當全國收入的 5%㉙。另一方面，隨著科技和工業的發展，戰爭也工業化了，而這又造成新的情況。舉例言之，1860 年代鐵路運輸開始用之於作戰，這使軍事行動增加了一個速度的變數，但舊的強調數量的觀念並未改變。於是大量的軍隊、槍砲、彈藥、補給均改用火車，而鐵路運輸原是為和平狀況而敷設和使用的，因此動員必須盡速，才能做出必要的調適。這種情形，使軍事行動有潛在可能時，便必須做出動員的行動，而此舉會使危機更形尖銳化。而且，必須照原來設計的計畫執行，即使是情況不盡配合原來設計的情況，也不能改變。因為，臨時的變動會造成混亂，而演為不可收拾的局面。

第五個因素是內政的因素：此為以前較少注意到和討論到的。蓋在十九和二十世紀之交，民主政治表現在選舉權的擴大和代議制度的進步等方面雖有所進展，各國卻遭到困難。這個時期，無論是保守勢力較大和民族

㉙ 1914 年以前的軍事經費，雖屬空前龐大，仍較後來為少。1937 年各大國的軍費開支接近國家收入的 10%。1950 年代，冷戰甚激烈時，兩個超強的軍費支出，曾達國民生產毛額的 10%–15%。見 Quincy Wright, *A Study of War*, 2nd ed. (Chicago, 1964), pp. 667–72; Charles J. Hitch & Roland N. McKean, *The Economics of Defense in Nuclear Age* (Cambridge, Mass., 1965), p. 37, 98. 轉引自 Ibid., p .71.

危機較深的東歐各國，還是自由傳統力量較強及和平轉變的西歐各國，亦不論其國體或法理基礎如何，各國政府都受到了左右兩種力量的攻擊。代表左派力量的，是勞工、社會主義分子和激進分子；代表右派力量者，則為保守主義分子及民族主義分子。兩種力量的交互激盪使各國的當政者倍感壓力的沉重，各國的政治與社會呈現了緊張與抗爭，最後對外作戰成為一種出路，轉移人民的視線。這是在專制國家和民主國家同樣都有的情況，也說明民主國家一如專制國家，會捲入國際戰爭[30]。我們試看：法國在第一次世界大戰爆發以前，政黨內鬥不已，政況不穩，勞工騷亂和罷工之事層出不窮；義大利工潮頻仍，1914 年 6 月且有「流血週」(Red Week)；奧匈帝國境內民族危機不斷；俄國自 1905 年革命以來，一直醞釀著革命而不安；英國既有愛爾蘭問題，又有女性爭取參政權運動 (suffragism, or suffragist movement)，工潮也擾攘不休；德國自從社會民主黨 (Social Democrats) 於 1912 年成為國會最大政黨後，一直要求改革，並力主廢除普魯士的三級選舉制 (three-class voting system)。

但是，對外戰爭爆發以後，人民便轉移了注意力，國內的抗爭便沒有了。以德國為例，戰爭爆發後政府召開帝國會議以爭取撥款時，連平時反對政府最力的社會民主黨人士也投票（絕大多數）支持。德皇威廉二世曾經慨乎言之地說，他再也看不到紛爭的黨派，而看到的則是團結的德國人。在法國，戰爭也使各政黨達成了「神聖的聯合」，此之所謂政治的休戰。在英國，亦因大戰的爆發，而擱置了有關愛爾蘭問題的爭論[31]。

二、大戰的導火線

大戰的導火線點燃在東南歐洲。在東南歐，各國的競爭一向劇烈，使

[30] Quincy Wright, op. cit., pp. 841–42.

[31] J. Kim Munholland, *Origins of Contemporary Europe, 1890–1914* (New York, 1970), pp. 123–68, 283–326.

此一地區充滿了危機，最後終於因為南斯拉夫人的民族主義運動的問題，而觸發了戰端。哈布斯堡王室統治下，奧帝國自十八世紀便漸走下坡，十九世紀之後更因民族主義與民主政治的衝擊而有不振之勢。為了應付時艱，帝國在 1867 年蛻變為兩元帝國 (Dual Monarchy)，帝國由奧地利帝國 (the Austrian Empire) 和匈牙利王國 (Kingdom of Hungary) 所組成，兩國完全平等，其共同元首稱「帝王」(Emperor-King)，仍由哈布斯堡王室擔任。兩元帝國在維也納和布達佩斯各有其政府，共同事務由帝國政府負責。這種做法雖使奧地利的日爾曼人與匈牙利的馬札兒人平等，也就是改善了匈牙利的馬札兒人的地位，其他民族卻仍然不滿，特別是帝國境內有非常多的形形色色的斯拉夫民族，尤為憤恨。1878 年以後奧匈帝國又取得波斯尼亞和赫最哥維那兩省的行政權，使之成為帝國直轄區 (Reichsland, or Imperial province)，而這兩省又以南斯拉夫人（特別是塞爾維亞人）為主，而由財政部（奧、匈所共同的政府部門之一）所管轄（1908 年更正式併取）。這使斯拉夫人的數字更為增加。根據 1908 年的人口普查，奧匈帝國共有五千一百三十六萬五千餘人，其中奧地利有二千八百五十四萬餘人（其中日爾曼人有九百九十五萬餘人，但各種斯拉夫人，包括捷克人、斯洛伐克人、莫洛維亞人、波蘭人、魯特尼亞人、斯洛伐尼亞人、塞爾維亞人、克魯特人等等有一千六百九十五萬餘人)，匈牙利人口有二千零八十八萬餘人（其中馬札兒人有一千零五萬餘人，但各種斯拉夫人亦有五百三十八萬餘人)，此外帝國直轄的波斯尼亞和赫最哥維那二省斯拉夫人亦有一百八十三萬餘人[32]。由此可見斯拉夫人之多，奧帝國自來就有「具有日爾曼外型的斯拉夫房舍」(Slav house with a German façade) 之稱。

在民族主義和民主政治潮流高漲的現代，斯拉夫民族的問題不容忽視。如何才能提昇斯拉夫各民族的地位，使其安於留在帝國內部？解決方案是

---

[32] 採自 C. E. Black & E. C. Helmreich, *Twentieth Century Europe: A History*, 4th ed. (New York, 1972), p. 38. 按此時之匈牙利包括 Croatia & Slovenia。

三元說 (Trialism)，這也就是把兩元帝國 (Dual Monarchy)，經由斯拉夫民族地位的提昇，而成為三元帝國 (Triple Monarchy)。這種主張，在帝國內部爭議頗多。即使是三元說可行，將以何一斯拉夫民族為主，也是問題。後來南斯拉夫人日益重要，乃有締造一個南斯拉夫人的國家，使其與奧地利和匈牙利平等。但是，這個主張卻遭到匈牙利的反對。南斯拉夫人的問題有其歷史淵源。早在中古時期的前期，南斯拉夫人的各個部落便散居在東南歐。其中斯洛伐尼亞人和克魯特人信奉羅馬公教，受西歐的影響較深。保加利亞人居住在巴爾幹的樞紐地區，血液中有蒙古人的血液，但後為當地的斯拉夫人所混融。至中世紀後期，這些斯拉夫人大部被併入鄂圖曼土耳其帝國，蓋土耳其帝國在極盛時控有巴爾幹全部和多瑙河中央盆地幾達維也納的門戶。十七和十八世紀土耳其勢力雖退出中歐，斯拉夫民族的絕大部分仍在土耳其人統治之下。十九世紀後，兩個南斯拉夫人所建立的國家，即塞爾維亞和蒙特尼哥羅漸起，1878 年柏林會議時且被承認為獨立國家。同時，俄國在十九世紀大肆擴張其在巴爾幹半島的利益，與土耳其帝國發生衝突，十九世紀有四次俄土戰爭 (1806–12, 1828–29, 1854–56, 1877–78)。俄國並鼓吹泛斯拉夫主義和維護東正教的利益，同時也扶植塞爾維亞。前面已談到，塞爾維亞也以南斯拉夫人中的「皮德蒙」自居，希望有一天可以做到當年皮德蒙在領導義大利各邦完成義大利半島的統一的事。隨著土耳其帝國的衰微，土耳其帝國境內的斯拉夫人多已脫離其統治，塞爾維亞把目標轉向奧匈帝國，致力於「解救」在奧匈境內的同胞㉝。

三元說的有力人士之一是奧皇儲法蘭西斯・裴迪南大公 (Archduke Franz, or Francis Ferdinand, 1863–1914)㉞，他是一個性格突出而具有能力的人。他對於兩元帝國的制度並不滿意，認為這種建制徒然造成馬札兒人在

㉝ Ibid., pp. 40–46.

㉞ 按法蘭西斯・裴迪南大公為查理路易大公 (Archduke Charles Louis) 之子，奧皇法蘭西斯・約瑟夫之侄，自 1896 年起被立為皇儲。

匈牙利高高在上並統治其他民族（主要為斯拉夫各民族）的權力。他很同情斯拉夫人，並以身作則娶捷克女人蘇菲亞・卓娣克 (Countess Sophie Choteck) 為妃。由於奧匈帝國是一個非常重視血統和譜牒的社會，他的妃子常在社交場所中受窘辱，這使他不滿。他將來極可能會成為改革的君主。據說，他主張建立三元帝國，認為如能在哈布斯堡王室統治下建立一個自治的、經濟繁榮的斯拉夫國家將會比貧窮而落後的塞爾維亞或蒙特尼哥羅對斯拉夫人更具有引誘力。樂觀者甚至指出：如此一個斯拉夫國家可能對其他國家的斯拉夫人民具有引力。這是塞爾維亞政府所最引為戒惕的，塞爾維亞政府對於法蘭西斯・裴迪南大公尤覺芒刺在背，不除不快。他的遇刺是三元主義與「大塞爾維亞」(Greater Serbia) 交相激盪下所產生的。

早在 1913 年 9 月，法蘭西斯・裴迪南大公即擬訂計畫將以奧匈帝國總監軍的身分來波斯尼亞視察駐軍情形。這對塞爾維亞民族運動分子而言自是一種挑釁。於是在 1914 年 6 月 28 日，當大公夫婦到波斯尼亞的首府塞拉耶佛 (Sarajevo) 訪問時便發生了雙雙遇刺身亡的暗殺事件！

這個暗殺事件使舉世震驚。主兇是普林西比 (Gavrilo Princip)，為奧籍的波斯尼亞的塞爾維亞人。暗殺計畫係在塞爾維亞的首都貝爾格勒 (Belgrade) 策動的，策動機關為塞爾維亞人的民族運動組織「誓死統一黨」(Union of Death)，這個組織主張用恐怖的手段對付奧匈官員，通稱「黑手黨」(the Black Hand)。塞爾維亞政府支持這個組織，其軍事情報局局長狄米特里耶維上校 (Colonel Dragutin Dimitrijević, 1876–1917) 更以化名「阿比斯」(Apis) 參加該組織，並為其首腦。暗殺案實係由塞爾維亞軍事情報局設計，當時塞爾維亞總理巴塞 (Nikola Pasić, 1845–1926) 因與狄米特里耶維不睦，曾在知曉

遇刺前的法蘭西斯・裴迪南大公夫婦

其事後警告維也納當局，但以其措詞過於審慎，以致未能被瞭解。當暗殺案（1914 年 6 月 28 日上午 11 時 15 分）發生後，世人對於塞爾維亞政府介入的程度並不十分瞭解，不過由於塞爾維亞境內的輿論和民族組織一直仇奧，使奧國政府覺得有理由可以歸咎於塞爾維亞。奧國認為這是一個懲治塞爾維亞以制止仇奧煽動的好機會。況且，兩次巴爾幹戰爭的結果使奧國在東南歐洲的地位大受損傷。如果奧國政府未能採取行動，則奧匈帝國將會喪失一個大國所受到的尊敬。奧匈外相貝克圖爾德 (Leopold Graf von Berchtold, 1863–1942) 便是基於這些考慮而主張對塞爾維亞採取軍事行動。

如果奧匈當局能夠迅速地採取軍事行動，造成一些既成事實，也許其他國家僅循例抗議或喧鬧一陣，或者召開一次國際會議來解決爭端。但是，問題並非如此單純，奧匈當局一直未有行動。奧匈軍隊尚未做好動武的準備，而且他們必須與盟國德國磋商。奧匈代表因於 7 月 5 日抵達柏林，他們晉見了德皇威廉二世和拜會了德國首相柏特曼・荷勒衛。德皇及首相均應允予奧匈以充分支持。德國政府在予以此種支持時已考慮到奧匈會對塞爾維亞採取軍事行動，但也假定奧匈會迅速行動，而且也相信俄國不會有極端的行動。不過，這些均屬不可確定的變數。德國所開出的「空白支票」(the blank check)，奧匈政府卻遲遲未能持往兌現。

先是，匈牙利方面認為軍事行動的結果必然使帝國又增加若干斯拉夫人而導致更多的麻煩，因而反對。最後經貝克圖爾德保證絕不佔領塞爾維亞的領土，匈牙利方面始讓步。另外，亦需要若干時間來調查塞爾維亞與暗殺案相關的程度，雖然黑手黨與此案大有關連，當時卻未能找到充分的證據。至是，軍事行動的有利時機已漸喪失。

俄國政府向奧國提出警告，說俄國不會坐視塞爾維亞被辱。俄國外相沙佐諾夫 (Sergei Dmitreyevich Sazonov, 1861–1927) 更堅信如發生危機可以獲得英國與法國的支持。自從 1912 年以來，俄、法關係頗為加強。

俄皇尼古拉二世與法國總統朋加萊

1914年7月20日至23日，法國總統朋加萊 (Raymond Poincaré, 1860–1934) 和總理芮凡尼 (René Riviani, 1863–1925) 正在俄國作官式訪問，顯示法、俄兩國盟誼的堅固。同時，朋加萊為一性格激烈的洛林人，為了怕他會煽動俄國人的情緒，故奧國決定在法國總統及總理離俄後再有所行動。所以，行動一拖再拖，直到7月23日晚，已是在暗殺案發生後近一個月的時間，奧政府以最後通牒致送塞爾維亞政府並要求在四十八小時內獲得滿意的答覆。通牒所要求的各項有意弄得非常嚴苛，以便在塞爾維亞政府拒絕之後奧政府可以有宣戰的藉口。它要求塞爾維亞政府取締所有的反奧刊物；解散從事反奧宣傳的所有塞爾維亞的愛國組織；停止在學校中對奧國不友善的宣傳教育；加強雙方邊境的人員與武器過境檢查；懲處與暗殺案有關的人員，而奧國官員得參與調查工作㉟。通牒係在7月23日下午6時遞交塞爾維亞政府外交部，四十八小時以內答覆的時限是25日下午6時以前。塞爾維亞政府先是要求寬延時限以便細研通牒的內容，奧匈斷然拒絕。

塞爾維亞政府乃於7月25日近下午6時時提出答覆。答覆的措詞非常友善，乍看之下也似乎是盡允奧方的要求，但實際上則為規避。它儘管答允了奧方的某些要求，卻拒絕了奧政府派遣官員來共同調查。塞爾維亞的答覆在歐洲各國引起很好的反應，即是德皇威廉二世也認為相當滿意，他在7月28日早晨寫下的眉批是：

㉟ 此最後通牒之英文全文，見 Milton Viorst, ed., *The Great Documents of Western Civilization* (New York, 1967), pp. 316–38.

德皇威廉二世（左）與英王喬治五世，在大戰爆發前最後的晤面。二人皆為維多利亞女王的孫子（德皇為外孫），時在 1913 年，地點在德國波茨坦皇宮

在僅有四十八個小時的時限內，這是很好的表現。此實非當初所可預料！這真是維也維的一大精神成功；戰爭應不會發生了，吉斯爾（按 Baron Giesl 為奧駐塞爾維亞公使）應安靜地留在貝爾格勒！經此一事，我不必再下動員令！——W㊱

塞爾維亞之所以敢予拒絕可能是認為會得到俄國的支持，而且此時也已經對軍隊下達動員令。奧政府對此種答覆自然視為不滿意。奧駐塞爾維亞公使在收到塞爾維亞政府的答覆並與所收到的訓令詳加比較之後，即宣布不滿意塞爾維亞的答覆而斷絕了兩國的關係。他並即率領使館人員乘坐 6 時 30 分的火車離開貝爾格勒。7 月 28 日，奧政府即向塞爾維亞宣戰了。本來，當奧政府向塞爾維亞提出最後通牒時曾訓令其駐外人員通知各該駐在國政府謂將提供一有關案卷以證明塞爾維亞的責任。此一包括四十頁左右的案卷係於 7 月 25 日由維也納寄出，但當它抵達各國外交部時，奧國向塞爾維亞宣戰的消息已傳播周知，這些文件就成了明日黃花。

奧匈向塞爾維亞宣戰以後，德國原望戰爭能局部化，但因列強無法置身事外而未果。英國外相葛雷建議由四個尚未捲入奧、塞之爭的國家——

㊱ 引譯自 Black & Helmreich, op. cit., p. 52.

德、法、義、英——負責調處。德國拒絕，蓋認為此等於將其盟友付諸歐洲法庭審訊。及至奧向塞宣戰後，德皇威廉二世仍盼奧軍能「和平地」佔領貝爾格勒，用之以為質押，如此一方面「懲治」了塞爾維亞，一方面可以使列強能夠有時間找到解決危機的最後辦法。英國亦贊成此議。但為時已晚，而奧、俄之間意見一直未能達成任何諒解，而俄國亦一直支持塞爾維亞。早在7月18日，俄國外相沙佐諾夫即警告奧國，說俄國不容塞爾維亞受到屈辱。7月24日，沙佐諾夫更對德國大使說：「我不仇恨奧國，我輕視奧國。奧國在尋找藉口來吞沒塞爾維亞，如此，則俄國會對奧國作戰。」[37]發展至7月30日，俄國終下令總動員。7月31日，德國宣布進入「戰爭脅迫之危的情況」(drohendes kriegsgefahr, or state of threatening danger of war)，並向俄國提出最後通牒限其於十二小時之內取消動員令。同日，德國亦向法國提出要求，請其允諾一旦在德、俄發生戰爭時遵守中立並割兩要塞，即圖爾 (Toul) 和凡爾登 (Verdun)，作為信守的保證。德國參謀本部因預料俄、法回答將為否定的，已著手動員。同日，奧國下總動員令（奧政府原下對塞爾維亞動員令）。

法國政府仍擬勸俄國勿採取挑釁行動，但法駐俄大使巴立奧洛格 (Maurice Paléologue) 卻較其在巴黎的上級更同情俄國，而促俄國外交部強力應付。8月1日，法國對德國的答覆是：法國將依其自身的利益需要而行動。同日，法、德相繼動員，德國因未收到俄國對其最後通牒的回覆而向俄國宣戰。8月2日，德軍侵入盧森堡。是日晚，德國駐比利時大使向比利時外交部提出德軍假道比利時領土的要求，限比利時在十二小時內回覆，如作否定答覆，則德國政府將視比利時為敵人。8月3日，比利時拒絕所求，並向列強呼籲維持其中立，但德軍實已入侵比利時。同日，德國捏造法國飛機轟炸紐倫堡 (Nuremberg) 為口實而向法國宣戰，此因德國認為法國在任何情形下終必支持俄國，不如先下手為強。

[37] Sidney B. Fay, *The Origins of the World War*, Vol. II (New York, 1930), p. 300.

至此僅有英國尚未捲入。英、德兩國有複雜的關係，大戰以前，也有許多的接觸與談判。前已談及，在奧、塞決裂之後英國外相葛雷曾於 7 月 26 日建議召開國際會議以調處爭端，未為各方所接受。德國非常希望英國保持中立，7 月 29 日向英國建議以不併取法國在歐洲的領土（不包括殖民地）為條件以換取英國的中立，同時德國亦表示在戰後願意尊重比利時的中立（但以「如果比利時不採取與德國敵對的立場」為條件），英國未接受。英國所重視者為比利時的中立問題，此係 1839 年國際訂約所保障者。英國外相葛雷於 7 月 30 日向法國和德國提出勿破壞比利時中立之請求，法國同意而德國拒絕（7 月 31 日）。8 月 1 日，德國仍以不攻擊法國為條件希望換取英國中立。8 月 2 日，英國內閣會議經多次集會與爭論之後議決向法國保證當法國海岸受到德國攻擊時予以保護。英國外相葛雷直至最後時刻仍盼英國能安排解決爭端的辦法，他一方面警告德國勿希望英國會守中立，同時也警告法、俄不要依賴英國的支持。他的態度一度引起法國的猜疑。但及至德國入侵破壞了比利時的中立（8 月 3 日）而德國首相又向英國大使說 1839 年的條約為「一束廢紙」(scrap of paper)，英國乃義無反顧而向德國致送一項最後通牒，限令德國軍隊在五小時之內撤出比利時。此項要求為德國所拒絕，英國在 8 月 4 日向德國宣戰。至此，歐洲大國均已介入戰爭的漩渦。

英國外相葛雷在英國參戰前的態度，曾經引起很多的爭議。有人認為，如果英國能夠及早明確地表明態度與立場，也許戰爭可以避免。不過，這個說法並不正確。德國參謀本部早已擬妥了經由比利時攻擊法國的計畫，這並不是英國所可嚇阻的。實際上，他們一直就假定英國會參戰；他們對英國的陸上軍事力量並未放在眼內，而海軍問題則未為他們所關切。德國首相柏特曼・荷勒衛希望用英國中立來打擊比利時和俄國，但當發現在任何情形下比、俄均會參戰時便不甚措意於英國的政策。在情感上他不願與英國決裂，但他並未致力於避免此事的發生，而且他也不能影響德國的軍方。另一方面，法國與俄國則不計英國將如何而決定戰鬥，英國即守中立也不足影響他們。而且，葛雷認為法、俄應當自行決定和戰大計。更有進者，葛雷並不認為英國的干預有若干威力。他所想到的是海軍行動，看來他不認為英國派軍赴法為不可能的事，他更沒有想像到在整個歐陸作戰。當 8 月 2 日英國內閣決議授權他警告德國海軍不得在英法海峽進攻法國。情況至是未定，德國人將會樂意接受來換取英國的中立。後以德國強行假道比利時進攻法國才使英國有激烈的反應。此點葛雷亦為人批評，說他應該及早嚴正地表示以比利時的中立不容破壞來作為英國中立的條件。但此說亦不足恃，因為德國致比利時的最後通牒係於 7 月 26 日擬就的，其時奧國尚未對塞爾維亞宣戰。假道比利時進攻法國是德國戰略的主要部分，祇有法國投降德國才會不強行假道比利時。葛雷如果過早就對德國採取行動，可能不僅無濟於事，而且有使自由黨內閣分裂的可能㊳。

而且，英國是否純粹為了比利時問題而參戰，也有值得討論的地方。英國事實上，有其更深入的考量。英國外交部的柯羅 (Sir Eyre Crowe, 1864–1925) 在 7 月 25 日所草擬的《柯羅備忘錄》(*The Crowe Memorandum*)，以供決策的參考。這個備忘錄對於英國對德政策，以及歐陸爆發大戰後的可能發展，作了很周詳的考量。它指出：如果德國、奧匈勝利，法國海軍將被殲滅，德國將佔領英法海峽沿岸，則英國將陷於孤立，如果法國、俄國勝利而英國又未加入戰團，則兩國將如何對待英國？印度及地中海地區的英國利益又將如何㊴？

這裡也許可以看出英國何以參戰。

大戰至此已全面爆發。

㊳ A. J. P. Taylor, *The Struggle for Mastery in Europe* (London, 1954), pp. 524–26.

㊴ G. P. Gooch & H. Temperley, eds., *British Documents on the Origins of the War 1898–1914*, Vol. II., p. 101.

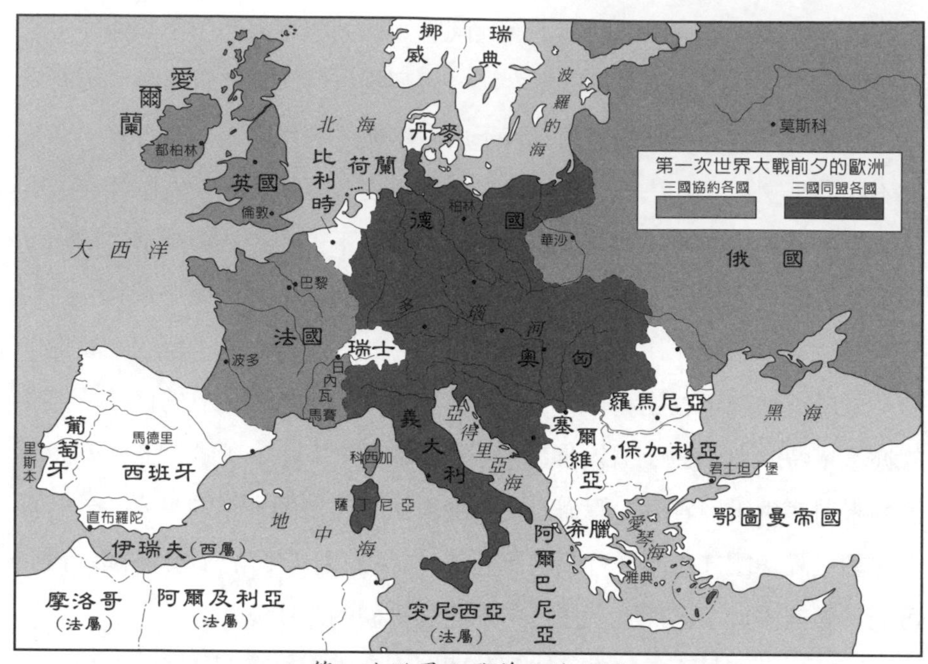

第一次世界大戰前夕的歐洲

第二章
戰爭與和平

國際政治和國際關係的不良發展，終於演為全面的戰爭。

戰爭常常是因為錯誤的估量而導致爆發的。第一次大戰交戰的雙方均認為自己勝券在握，也都認為戰爭不會拖太久。古代雖經常發生長期的戰爭，但工業革命以後，戰爭也傾向於速戰速決。近代很多具有決定性的戰爭，費時往往甚少，例如 1866 年普奧七星期戰爭，1870 至 1871 年的普、法戰爭（實則自 1870 年 7 月至 1871 年 1 月），均屬顯著的例子。在此情形下，雙方均認為在 1914 年的聖誕節以前，戰爭就會結束，而自己正待享受勝利的成果。德國參謀本部估算這是一場大決戰；法國軍政當局也相信戰爭很快就會結束，法軍制服一直是鮮亮的藍、紅兩色，剛好成為機關槍射擊的目標，但參謀本部認為戰爭不會持久，故數月未改，以致傷亡慘重。

這個戰爭持續了四年三個月，使所有的觀察家都跌破了眼鏡。

另外，這個戰爭也是西方國家的人民，還為戰爭歡呼的最後一次大規模的戰爭。在德國，興奮的群眾圍繞著德皇，熱情的人歡送軍隊開拔，高唱著《德意志高於一切》(*Deutschland über alles*) 和《守望萊茵》(*Wacht am Rhein*)；在法國，巴黎充滿了人潮，到處唱《馬賽曲》(*Marseillaise*)；在英國，群眾站在白金漢宮前，表示支持；在俄國聖彼得堡，萬眾歡騰，毫無拘束與保留。

戰爭的災難，使人要消除戰爭，這種努力表現在巴黎和會，以及戰後對新國際秩序的追求上。但是，這些期盼，由於各種主客觀條件不能配合，最後還是沒有能夠防止戰爭，保著和平。

1914年11月柏林群眾歡送開拔士兵上火車情形

第一節　戰局的檢討和大戰的影響

這個被稱為「第一次世界大戰」的大戰，其根本淵源在歐洲：奧、俄在東南歐的競爭，以及英、法恐懼德國會控制西歐❶。不過，它所牽扯到的國家之廣，則為世界性的。我們試看下面各國相互宣戰的先後次序：

1914年

7月28日　奧向塞宣戰。

8月 1日　德向俄宣戰。

8月 3日　德向法宣戰。

8月 4日　德向比利時宣戰。

英向德宣戰。

8月 5日　蒙特尼哥羅向奧宣戰。

8月 6日　奧向俄宣戰。

❶ *The New Cambridge Modern History*, Vol. XII, "The Shifting Balance of World Forces, 1898–1945" (Cambridge University Press, 1968), p. 171.

	塞爾維亞向德宣戰。
8月 8日	蒙特尼哥羅向德宣戰。
8月12日	法向奧宣戰。
	英向奧宣戰。
8月23日	日本向德宣戰。
8月25日	日本向奧宣戰。
8月28日	奧向比宣戰。
11月4日	俄向土耳其宣戰。
	塞爾維亞向土耳其宣戰。
11月5日	英向土宣戰。
	法向土宣戰。

1915年

5月23日	義向奧宣戰。
6月 3日	聖・馬利諾 (San Marino) 向奧宣戰。
8月21日	義向土宣戰。
10月14日	保加利亞向塞宣戰。
10月15日	英向保宣戰。
	蒙特尼哥羅向保宣戰。
10月16日	法向保加利亞宣戰。
10月19日	俄向保宣戰。
	義大利向保加利亞宣戰。

1916年

3月 9日	德向葡萄牙宣戰。
3月15日	奧向葡宣戰。
8月27日	羅馬尼亞向奧宣戰。
8月28日	義大利向德宣戰。
	德國向羅馬尼亞宣戰。
8月30日	土耳其向羅馬尼亞宣戰。
9月 1日	保加利亞向羅馬尼亞宣戰。

1917年

4月 6日	美國向德國宣戰。
4月 7日	巴拿馬向德宣戰。
	古巴向德宣戰。
4月13日	玻利維亞斷絕與德關係。
4月23日	土耳其斷絕與美國關係。
6月27日	希臘向奧、保、德、土宣戰。
7月22日	暹羅向德、奧宣戰。
8月 4日	賴比瑞亞向德宣戰。
8月14日	中國向德、奧宣戰。
10月6日	秘魯斷絕與德關係。
10月7日	烏拉圭斷絕與德關係。

10月26日	巴西向德宣戰。
12月7日	美國向奧宣戰。
12月8日	厄瓜多爾斷絕與德關係。
12月10日	巴拿馬對奧宣戰。
12月16日	古巴對奧宣戰。

1918年

4月23日	瓜地馬拉對德宣戰。
5月 8日	尼加拉瓜對德宣戰。
5月23日	哥斯達黎加向德宣戰。
7月12日	海地向德宣戰。
7月19日	宏都拉斯對德宣戰[2]。

戰局儘管不斷擴大，主要的交戰者仍是英、法、俄與德、奧兩個集團。英、法、俄集團在人口數字和潛力方面均超過對手方。在人口方面，英、法、俄約有二億四千五百萬，德、奧集團則為一億一千五百萬，超過二比一。此外，英國以其海軍優勢，控制國際水道，而又可以在其海外屬地得到人力和物力的供應。至於雙方的兵力：在陸軍方面，德國具有最精銳的戰鬥部隊，其徵兵制度甚為完備，有二百萬以上的軍隊，配有精良的大砲與機關槍。再加上龐大的後備役 (Landwehr)，必要時可以動員五百萬人。德國的參謀本部為其軍隊的「樞紐」，由優秀的軍人組成。德軍既以攻堅見長，又因其地理位置處在法、俄之間易陷於兩面作戰，奧匈亦非可恃的盟友，故最適宜於速戰速決。

奧匈帝國不如德國有組織力，其軍隊可動員二百七十萬人以上，其軍備裝備重砲甚佳，但缺點在訓練不足、補充不繼、指揮欠靈活。至於戰爭爆發後參加德、奧方面的土耳其與保加利亞因其軍隊訓練不足和器械不精，並無太大的軍事力量。法國僅有德國 60% 的軍事潛在人力，在 1914 年時動員軍隊數字為一百六十五萬人，因而恆需動用預備役，法軍裝備雖不如德軍但鬥志高昂。俄國雖在戰爭的第一年動員軍隊就超過四百萬人，實則完全以數字取勝，軍隊訓練不足、裝備惡劣。英國因一向偏重海軍，其陸軍此時僅可動員十二萬五千人，不過有若干殖民地軍隊可用。至於比利時

[2] 取自 *An Encyclopedia of World History*, compiled & edited by William L. Langer, 4th ed. (1968), p. 805.

與塞爾維亞，各有陸軍十八萬五千人左右，裝備不佳。總計自 1914 年至 1918 年各交戰國所動員的總人力略計如下：在協約國（即英、法、俄集團），俄國有一千二百萬人，法國（包括殖民地軍隊）有八百四十一萬人，英國（包括殖民地軍隊）有八百零九萬餘人，義大利有五百六十一萬餘人，美國有四百三十五萬餘人，日本有八十萬人，羅馬尼亞有七十五萬人，塞爾維亞有七十餘萬人，比利時有二十六萬餘人，希臘有二十三萬餘人，葡萄牙有十萬人，蒙特尼哥羅有五萬人，總計約有四千一百三十七萬九千人；德奧集團方面，德國有一千一百萬人，奧匈有七百八十萬人，土耳其有二百八十五萬人，保加利亞有一百一十萬人，共約有二千二百七十五萬人。

一、戰局的檢討

四年三個月的戰爭，在此不擬逐年逐月地敘述，僅提出若干重點，加以探討。

第一是戰爭計畫的問題：托爾斯泰 (Count Aleksei Tolstoi, 1817–1945) 在其《戰爭與和平》(*War and Peace*) 描述波羅狄諾 (Borodino) 之役 (1812) 的情形：戰場上一片混亂，命令不能貫徹，計畫失敗，最後是在「戰爭之霧」(fog of war) 的機遇中決定一切。但是，德國參謀本部卻認為他們已將戰爭變成一種精確的科學，一切可以掌握。事實上，他們所進行的歷史上最大的豪賭祇證明了托翁觀點的正確❸。

在德國方面，自從法國與俄國締盟以後，德國參謀本部便有鑑於未來德國所面臨的戰爭，將是一種兩面作戰的態勢，也就是說東邊有俄國和西邊有法國，而且法、俄兩國的兵力在數量上佔優勢（譬如說，在 1914 年 8 月時，俄國有一百零二個正規師，法國有七十二個正規師，而德國有九十八個正規師，奧匈有四十八個正規師）。關於此點，歷任的德國參謀總長有

---

❸ Roland N. Stromberg, *Europe in the Twentieth Century* (New Jersey: Prentice-Hall, 1980), p. 75.

過不同的看法。曾經在德國統一戰爭中總綰兵符的老毛奇（Count Helmuth von Moltke, 1800–91，1857 至 1888 年間為參謀總長）見到法國軍力已重組和防衛工事已增強，懷疑仍能執行普法戰爭時期的攻擊戰略來打擊法國，乃主張德國先在西線採守勢，而全力先打垮俄國。他的繼任者瓦德西（Count Alfred von Waldersee, 1832–1904，1888 至 1891 年間任參謀總長）持相類的觀點，但主張對俄國作更有力的攻勢。但是希利芬（Count Alfred von Schlieffen, 1833–1913，1891 至 1905 年間擔任參謀總長）則持相反的看法。

他認為，法國的堅強防衛工事，可以藉著通過比利時而越過，而且在打垮法國，德國在西邊獲得安全之後，可以更有力地重創俄國。在 1905 年，希利芬卸職前，他已完成了「希利芬計畫」(Schlieffen Plan)，其重點為：德國面臨兩面作戰的態勢，戰爭分為兩個階段來進行，先結束西線的戰鬥，然後再進兵東線。他所設計的作戰計畫，是一個巨大的輪形攻勢，德軍不僅經過比利時，而且為了越過比利時在繆思河谷地如列日 (Liège) 和納穆爾 (Namur) 的堡壘，也要經過荷蘭；同時，德軍右翼在里耳 (Lille) 附近攻入法國，然後繼續以反時鐘方向前進，以切斷法軍自東部邊疆向南的退路，最外邊的輪弧經由巴黎之西前進。這個計畫的布署是以強化右翼（也就是輪形攻勢的邊緣），希利芬把西線接近八分之七的德軍放在右翼，而僅以約當八分之一的兵力來應付法軍可能對德國西疆的進攻。計畫的最大要求，是要在六週內擊潰法國。希利芬最後亦對德國是否有足夠的力量來補充人力以執行其計畫，不無懷疑。他也考慮過兩點修改：一是德軍右翼可以轉為向內（向東南），繞過巴黎之北，而非其西；再就是左翼也許要增強。這些修改，也許有其必要，而且在小毛奇（Helmuth von Moltke, 1848–1916，即老毛奇之侄，其人於 1906 至 1914 年擔任參謀總長）時期，做了一些改變，大致是認為列日和納穆爾並非不能攻克，決定不再破壞荷蘭的中立，左翼的兵力也獲加強。

至於東線，俄羅斯帝國最西的部分是俄屬波蘭，像是一塊厚重的舌頭，包在一片北是東普魯士，西是波茲南尼亞（Poznania，即德屬波蘭）和西里西亞 (Silesia)，南是加里西亞（Galicia，奧屬波蘭）的土地之中。因此，最容易受德、奧兩面的夾擊。但是，德國既以先行擊潰法國為優先考慮，又認為俄國交通運輸系統落後，衹要俄軍不致迅速大量集結，不想先行進攻此地區。不過，奧匈帝國，因為與俄國國界較德國更東，又恐自己境內斯拉夫民族不穩，對義大利亦無信心，乃力主先行進攻俄國。小毛奇因而同意必要時向東北進軍，攻入俄屬波蘭，而法國亦力促俄國進攻東普魯士❹。

至於西方盟國的作戰計畫，法國在普法戰爭後一直未排除德國再行進攻的可能。法國指揮部乃擬訂出一個先守後攻，即在德軍來襲時先採防衛策略，然後大舉反攻的做法。但是，法國與俄、英達成諒解後，漸漸改變這種戰略，而傾向於採取攻勢作為。1911 年，主張此種戰略的霞飛 (Joseph Jacques Césaire Joffre, 1852–1931) 擔任參謀總長，他決定了「第十七計畫」(Plan XVII)。此一計畫爭議甚多，它不僅嚴重地低估了德國來襲的兵力，也錯估了來襲德軍的方向和規模。雖然，它估量德軍將自比利時來襲，卻假定會自亞爾丁 (the Ardennes)❺而來，使其交通運輸易受攻擊。此計畫乃重視法國右翼及中央，自麥茨 (Metz) 進攻德國，以逼取洛林。同時，此計畫亦錯誤地假定德軍主要行動將在繆思河以東，以及認為俄國進擊會引德軍在東線進攻。

雙方的作戰計畫均有偏失。「希利芬計畫」建立在兩個基本假定上：德國對法國掌握最優勢的兵力，以及俄國不能有所作為。但在 1914 年左右，情況已在改變。法國在 1913 年通過《延長服役法》，將役期由二年改為三

---

❹ *The New Encyclopedia Britannica* (Chicago, 1987), Vol. 21, p. 733.

❺ 亞爾丁 (the Ardennes) 亦稱亞爾丁森林區 (Forest of Ardennes)，為一叢林高地，平均高度不及一千六百呎。位於繆思河以東，地在比利時、盧森堡和法國之間。

年，使其儘管人口並未增加，卻能在第一線具有與德國相當的兵力；再者，俄國在法國的協助下，修建戰略鐵路，使中央俄羅斯與西界連為一體，而俄軍數量本來就甚大❻。另外，它所預料的還有：比利時不堪一擊，俄國不會提早在東線動手等等，亦均未如所料。

德國於開戰後，即集結一百五十萬大軍，分成七路進擊。最初，一切大致能依計畫進行。比利時堅守了兩週多（8 月 4 日至 20 日），列日要塞守了十一天。8 月 20 日布魯塞爾失陷後，法國戰役便開始了。此時英軍所派的遠征軍 (BEF: British Expeditionary Forces) 已抵歐陸，數量雖不多（不到十萬人），但訓練良好，裝備精銳，且對法國為很大的鼓舞。霞飛下令法軍和英軍向德軍進擊，此時仍過於低估德軍右翼實力。法國邊境之役 (Battle of the Frontiers)，自 8 月 20 日至 24 日，法軍戰敗。8、9 月之交，德軍已可遙見巴黎的埃菲爾鐵塔 (Eiffel Tower)。至此，小毛奇認為已經勝利，為了東線需要，乃自西線派遣兩個軍團前往支應。

但是，德軍開始犯錯。由於進軍迅速，德軍最高指揮部距野戰地區太遠，不易掌握實況。逼向巴黎的德軍第一路軍偏轉東南，而與其左邊的第二路軍失掉密接的連鎖，在此情形下，霞飛乃大加利用，他在巴黎以東集結兵力，動用一切可用的交通工具（包括徵用出租汽車），趁著在馬恩河 (the Marne River) 地區的德軍兵力暫呈虛弱狀態，而法軍（包括英國遠征軍）的兵力略勝此區域之德軍（略為 4：3 之譜）時，於 9 月 6 日下令其所統轄的全部左翼兵力向德軍右翼攻擊，至 9 月 9 日，德軍第一路軍及第二路軍均暫時後退，9 月 13 日德軍在撤退四十哩以外的艾奈河 (the Aisne River) 地區穩著陣腳，此為法國北部最可防守的地區。此後法、英軍隊雖屢次進攻，德軍均屹立不搖。但是，德軍亦未再能向前挺進。

此為馬恩河戰役，或稱第一次馬恩河戰役。此役最具關鍵性，因它使

❻ William R. Keylor, *The Twentieth-Century World: An International History* (New York, 1984), pp. 48–49.

德國的「希利芬計畫」完全失敗。

第二是戰局的膠著：馬恩河戰役使德國參謀本部的豪賭失敗，它改變了戰爭的性質，德國軍方原先設計的運動戰變成了據點戰，德國無法一舉擊潰法國，也未能控制海峽諸港，英、法之間的交通仍得維持。此役之後，德軍參謀總長改由法根漢揚 (Erich von Falkenhayn, 1861–1922) 擔任。他企圖加強右翼來包圍法、英軍隊的左翼以使「希利芬計畫」復活，而法軍與英軍亦進擊德軍。雙方的戰鬥使戰線向北擴展直迄英法海峽。雙方皆損失慘重而莫可如何，遂是衹好挖掘壕溝，布以鐵刺，駐守以戰，整個戰線跨法、比而由海峽至瑞士長逾六百哩（約為九百七十公里），雙方之間的距離不過一百碼，有的地方僅有三十碼，中間即所謂「無人地帶」(No Man's Land)。這便是壕溝戰 (Trench Warfare)，一直持續到戰爭告終。英國歷史學家泰勒 (A. J. P. Taylor) 乃謂「機關槍和圓鍬改變了歐洲歷史的進程」❼。德國作家雷馬克 (E. M. Remarque) 的《西線無戰事》(*All Quiet on the Western Front*) 即以此為背景。

德軍固然是世界上最精銳的軍隊，但法軍亦非善與之輩。德國控有了約當法國十分之一的土地，但包括法國工業化最高的地區，以及五分之四的煤產和十分之九的鐵礦，再加環繞著里耳的鐵路網。德國也佔領了比利時的大部，其中包括奧斯登 (Ostend) 港，成為其重要的潛艇基地。西線最長時達六百哩，從英法海峽以迄瑞士邊境。東線的長度超過一千一百一十哩（約當一千七百七十公里），自波羅的海的里加 (Riga) 至黑海沿岸（約為 1914 年時德國及奧匈的東界）。南線自瑞士沿義大利邊境至亞得里亞海的的里亞斯特港（Trieste，簡稱的港），約有三百二十哩（約五百一十五公里）。此外，戰火亦延至巴爾幹半島南部、埃及、美索不達米亞（今伊拉克）、巴勒斯坦和德國在亞洲、非洲和太平洋的屬地。

---

❼ A. J. P. Taylor, *The Struggle for Mastery in Europe 1848–1914* (Oxford, 1954), p. 531.

興登堡以戰地潛望鏡視察坦能堡戰役(1914)，右二為魯道夫

其他戰線均為輔助戰場。西線最具重要性和關鍵性，但這並不是說，其他戰線並無發展，或者沒有敘述的價值。我們試看東線的情形。「希利芬計畫」原定直迄贏得對法戰爭的勝利之後再發動東線的攻勢。奧匈的作戰計畫是假定在俄國充分動員和另闢戰場之前就已解決了塞爾維亞的問題。不意俄國卻不待完成準備而於 8 月 17 日即兵分兩路由東及南進攻東普魯士，而且在岡比年 (Gumbinnen) 之役（8 月 19 日至 20 日）擊敗德軍。俄國此舉係應法國之請，蓋自十九世紀末年以來法國在俄國投資已逾一百億法郎。於是德國最高指揮部乃起用年高六十七歲且已退休之興登堡 (Paul von Hindenburg, 1847–1934) 為東線統帥，而以幹練的魯道夫 (Erich Ludendorff, 1865–1937) 為其參謀長。魯道夫在列日之役顯露頭角，興登堡更是以善於統馭部屬著稱。（同時，德軍指揮部亦加派兩個軍團自西線來此，唯到達時俄軍攻勢已被遏止。）俄軍並無充分準備，也沒有很好的作戰計畫，於是德軍在坦能堡 (Tannenberg)❽戰役（8 月 26 日至 30 日）大敗俄軍，俘俄兵十萬以上。繼之，又有馬蘇利亞湖澤區 (Masurian Lakes)❾之役（9 月 6 日至 15 日）再敗俄軍，俘虜十二萬五千人。俄軍乃敗退，1915 年 2 月再進攻東普魯士，又被逐退。俄軍裝備不良和作戰力薄弱的缺點，暴露無遺。

奧匈對塞爾維亞的戰爭並不順利，8 月間一度被塞爾維亞軍隊逐出塞境，遲至 12 月初始攻下貝爾格勒。俄國發動攻勢後，更於 1914 年 9 月侵入加里西亞，不過俄軍因指揮系統不良，再加上訓練及裝備均不夠水準，

❽ 坦能堡原在德境東普魯士，第二次世界大戰後屬波蘭。

❾ 馬蘇利亞湖澤區原在德境東普魯士，現屬波蘭。

故未能重創奧匈，但是對於奧境斯拉夫民族仍有很大的影響，使捷克人和波蘭人逃亡日增。

德軍在把俄軍逐出東普魯士後始能分遣部分兵力去支援奧軍。但俄軍縱然裝備不佳，卻尚能抵抗，他們在 12 月初遏止了德軍對華沙的攻勢。1915 年 5 月，德、奧於獲得人力及物力補充後又展開攻勢，全線挺進兩百哩左右，由波羅的海進入黑海。此時，保加利亞已加入德、奧方面（1915 年 10 月）而塞爾維亞早被佔領，德、奧軍隊主宰了巴爾幹半島，並與土耳其（1914 年 11 月已與協約國交戰）打通陸上交通，英國在東地中海區的利益乃大受威脅。

另外，戰爭亦逐漸擴大。日本於 1914 年 8 月向德國宣戰，不過對戰爭的幫忙並不大。日本祇是派出少許部分海軍參加地中海的護航工作和提供一些補給品予俄國，其主要的動機係為了奪取德國在中國山東的利益。義大利是當時最受注目的國家，蓋義大利雖參加《三國同盟》，並未介入大戰，其國內意見亦不一致，不過大多數主張和平，天主教人士與社會黨尤然。但是民族主義分子卻叫囂著趁機收復「未贖回的義大利」(Italia Irredenta)，這是指在奧國統治下義大利人佔多數的一些地區。最後在 1915 年 4 月 26 日義大利與法國、英國和俄國簽《倫敦密約》(*Secret Treaty of London*)，同意在戰後義大利可得南提洛爾 (Southern Tyrol)、的港、伊斯特里亞半島 (Istrian Peninsula)、達爾馬西亞 (Dalmatia) 之一部，將來如瓜分土耳其時亦可得到小亞細亞的阿達利亞 (Adalia) 以及將來如英、法取得德國在非洲屬地時可取得若干補償。義大利在此條件下加入戰團，又因義大利亟於自奧匈奪取土地故先向奧國宣戰（1915 年 5 月），一年餘始向德國宣戰（1916 年 8 月）。義大利參戰後殊少有何貢獻，蓋義大利自身備戰不足而其敵人又控有易守難攻的山岳據點。結果二十五萬奧軍卻牽制了三倍的義軍達兩年之久，至 1917 年 8 月義大利軍已在易索佐河 (the Isonzo) 進行了第十一次戰鬥而難越雷池一步，可笑的是該處也正是義軍首次發動攻擊之處。至 1917 年 10 月在德、奧聯合進攻下，義軍終在卡波里圖 (Caporetto) 潰敗。義大利軍隊經過威尼西亞平原撤退的悲慘情景在美國作家海明威 (Ernest Hemingway) 的《戰地春夢》(*A Farewell to Arms*) 有很傳神的描寫。不過義大利軍隊在威尼斯以北集結補充後一年內終打了勝仗。

德、奧集團亦同樣地爭取與國甚力，土耳其在 1914 年 10 月加入（其敵人為俄國），繼之保加利亞於 1915 年 10 月加入（保加利亞因在 1913 年巴爾幹戰爭中受挫而仇視塞爾維亞）。土耳其加入德、奧方面後，俄國在海上和陸上均受威脅。英、法對俄國的援助亦不易，此因德國堵著波羅的海入口和土耳其阻其黑海入口，必須經北極海至白海港口阿克吉爾 (Archangel) 或經太平洋至海參崴方可。俄國乃向英國要求設法減緩高加索地區所受的壓力，英國遂決定對達達尼爾海峽 (the Dardanelles) 採取行動而以君士坦丁堡為目標。如此希冀在控制海峽後迫土耳其退出戰局，從而去除對蘇伊士運河和英屬中東地區的威脅，海軍大臣邱吉爾 (Winston Churchill, 1874–1965) 主張尤力。於是乃有海、陸行動以攻佔加利坡里半島 (Gallipoli Peninsula) 以控達達尼爾之舉。此役動員英軍、澳軍、紐（西蘭）軍與法軍，最後達四十五萬之眾。但師老無功（1915 年 4 月至翌年 1 月），最後放棄，傷亡近二十萬。邱吉爾亦因此憤而掛冠，此一事件幾乎毀掉了他的政治生命。

另一方面，顯示出大戰是全面戰的一端，是雙方也針對對方的弱點而進行統戰。譬如說，雙方皆有少數民族問題。德國方面為擾亂俄國而允許波蘭獨立，亦在烏克蘭煽動民族主義，在比利時發動法蘭德兒人的親德運動 (Pro-German Flemish Movement)，遊說土耳其蘇丹發起在北非的聖戰 (Holy War) 以圖使回教徒逐英、法出埃及和阿爾及利亞（未成），德國人員亦在愛爾蘭製造暴動，於是乃有 1916 年的復活節起事，但為英國所平定。在這方面，協約國較為成功，因為德、奧方面不滿的民族分子更多。法國要收復亞、洛兩州固不在話下，英、法、俄均支持斯拉夫人的獨立運動。

英國人煽動阿拉伯人的獨立運動，勞倫斯 (Thomas Edward Lawrence, 1888–1935) 在沙烏地阿拉伯西北地區的海志 (Hejaz, or Hedjaz) 鼓勵胡笙 (Hussein of Hejaz) 以「阿拉伯人之王」 (King of the Arabs, 1916) 為號召，尤為膾炙人口的故事。猶太復國主義者亦謀在巴勒斯坦 (Palestine) 復國，1917 年英國外相巴福爾 (Arthur James Balfour, 1848–1930) 更發表《巴福爾宣言》(*the Balfour Declaration*)，表示戰後將支持猶太人在巴勒斯坦建立「民族家園」❿。

凡爾登之役中，法國士兵在壕溝中作戰的情況。右邊的屍體可能是前次戰鬥中所遺下者，因為屍體常未被掩埋

索穆戰役後的情景

這些發展，固然對戰局有若干影響。但是，任何決定性的發展仍在西線，而西線卻是相持不下的僵局。交戰的雙方均想有所突破。於是，1916 年雙方均企圖發動決戰性的攻勢，以求打破僵持的情況。英、法方面選定以法國北部的索穆河地區 (the Somme area)，而德、奧則挑定以凡爾登 (Verdun) 作為決戰的地點。凡爾登之役，自 1916 年 2 月至 12 月，該地為一位於繆思河上的要塞，是法國抵抗的象徵。德國認為攻下它，可以在心理上重創法國，並藉以恢復運動戰。法軍守將是貝當 (Henri

❿ R. R. Palmer & Joel Colton, *A History of the Modern World*, 4th ed. (New York: Knopf, 1971), pp. 737–39.

Philippe Petain, 1856–1951)。同時，俄國為了舒解法國所受的壓力，也在納洛齊湖區 (Lake Naroch) 發動攻勢；義大利在易索佐河開始第五次攻勢；英國接管了西線的亞拉戰區 (the Arras sector)，此戰區的範圍自義左河 (the Yser) 向南延至索穆河。這個戰役空前慘烈，貝當以「不准他們過來」(Ils ne passeront pas) 為口號，德、法兩國雙方死傷人數高達七十萬人左右（德國三十四萬餘，法國三十五萬餘），德國終未攻下凡爾登，貝當亦成為戰爭英雄。

索穆河地區的戰役，係由英、法發動者，英國尤為主導。此役自 1916 年的 7 月至 11 月，為了配合行動，俄國亦由布魯斯羅夫 (Aleksei Alekseevich Brusilov, 1853–1926) 在東線發動攻勢相呼應。英國徵召的新軍也派出場，並且推出一種新的武器——坦克 (tank)⓫——露面。整個的索穆河地區之役，進行得非常慘烈，但也毫無突破。交戰雙方傷亡的數字之大，超過百萬（英國約為四十二萬，法國約為二十萬，德軍約為四十四萬至五十萬之間）。這種高昂的代價，以及毫無決定性的結果，說明了戰局的膠著。

在西線尋求突破的構想一直存在，霞飛在 1916 年 11 月即擬定 1917 年 2 月再由法、英在西線發動攻擊。在英國，1916 年 12 月，勞合・喬治擔任聯合內閣（1915 年 5 月即已為聯合內閣）閣揆，銳意有所作為；在法國，聶維爾 (Robert Georges Nivelle, 1856–1924) 繼霞飛為法軍統帥。但是，攻勢延至 1917 年 4 月，始能展開。此一延遲，使德國的魯道夫（在 1916 年興登堡為參謀總長後掌大權）強化了德軍在香檳 (Champagne) 的守衛力量，也完成了東自亞拉和西迄阿尼澤 (Anizy) 的「興登堡線」(Hindenburg Line)，所以在 4 月至 5 月間，法國軍隊在亞拉和香檳的攻勢，蒙受到很大的傷亡，而幾無進展，法軍呈叛離狀態，乃至有五十四師抗命。5 月間，貝當繼為法軍統帥，採取穩定軍心，以待美軍的措施。但是，英軍總司令海格 (Douglas Haig, 1861–1928) 則又堅決主戰，因而又有易普爾之役

⓫ 當時稱為「坦克」(tank)，係為保密，以水箱車稱之。

(Battle of Ypres or Ieper，⑫7 月至 11 月，主要戰鬥在 10 月至 11 月)。易普爾亦名普臣代爾 (Passchendaele)，位比利時西北部，英軍雖曾出動四百輛坦克，並未重創德軍，自己損折卻在三十萬人左右。不過，1917 年由於俄國革命而退出戰局，使德國沒有東顧之憂。總結 1917 年，德國在東線大勝，在西線無成，其潛艇亦未成功，但英、法亦力竭而待美軍。雙方皆為無可如何之局。

1918 年 2 月初，自東線西調的德軍集結起來，在西線有了暫時超過法、英 10% 的兵力，而且還有其他兵力可恃。於是德國決定在美軍大量抵達以前，作孤注一擲的攻擊 (Friedenssturm)，德方計畫對亞拉以南縱長六十哩左右的英軍陣線作一連串的攻擊，逼之向西邊的海邊撤退以求突破僵局。經過秘密準備後，乃以六千門巨砲和毒瓦斯，趁著濃霧自聖昆丁 (St. Quentin) 出擊，於是展開了 3 月 21 日至 4 月 5 日的索穆地區的攻勢戰，或稱「三月大攻勢」(The Great March Offensive)。5 月 27 日，德軍挺進了十三哩，此為自從戰爭形成僵局以後，單日最大的進度。5 月 29 日，蘇瓦松 (Soissons) 陷落，翌日德軍又推進到馬恩河，距離巴黎僅有三十七哩，巴黎中央政府已開始撤退。但德軍攻勢僅為戰術上的成功，德方損失亦大，且人力、物力均難以補充。另一方面，英、法等國決定加強合作，為了取得指揮統一，乃以法將福煦 (Ferdinand Foch, 1851–1929) 為「法境聯軍總司令」(Commander in chief of the allied armies in France，1918 年 4 月 14 日)。由於統轄各國聯軍有其事實上的困難，此一名稱的象徵意義大於實質意義。

德國仍未放棄在西線的突破戰，此後又在西線發動若干次攻擊，均無結果。其中最著名的一次為第二次馬恩河戰役 (Second Battle of the Marne，7 月 15 日至 8 月 7 日)。德軍雖渡過了馬恩河，卻遭到法、美軍隊的強力

---

⑫ 易普爾 (Ieper) 在今日比利時西北部，為一小城。第一次世界大戰時，此地曾有三次戰役，分別為 1914 年 10 月 19 日至 11 月 22 日，1915 年 4 月 22 日至 5 月 25 日，1917 年 7 月 31 日至 11 月間，此處係指第三次戰役。

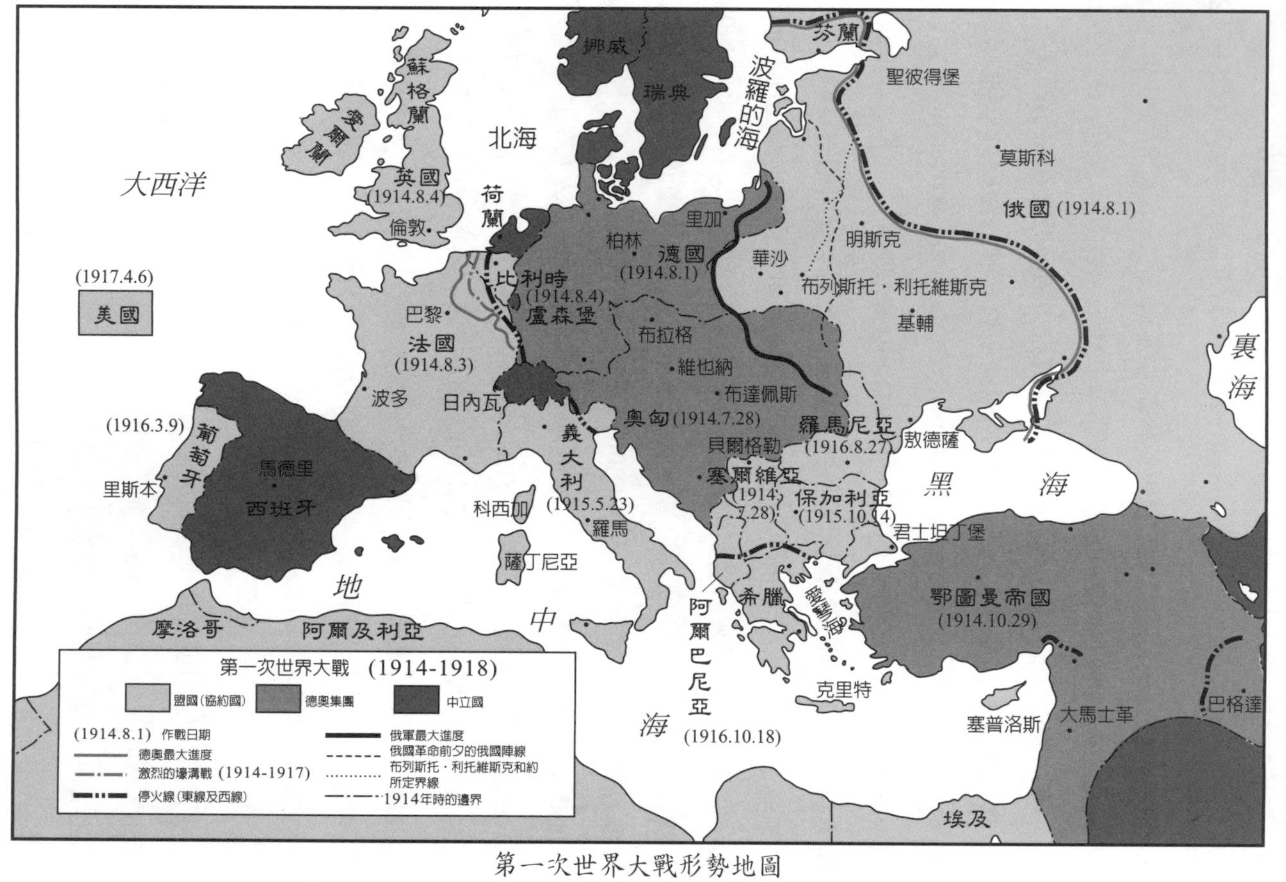

第一次世界大戰形勢地圖

反擊。福煦也趁機下令執行已有計畫的反攻，德軍退回馬恩河，而法軍在8月2日收復蘇瓦松。美軍以每月超過二十五萬人的速度至法國，協約國在第二次馬恩河戰役後已改守勢為攻勢，並於9月至11月展開大規模的反攻。德國的軍力呈現出不能維持的頹勢。

從上敘述，可知整個的戰局是一種膠著的戰局，在雙方均告力竭之後，外力 (美國參戰) 乃有決定性的作用。這是因為此時騎兵在猛烈的砲火下，已無攻堅之力，固然有新武器出現，但效果不彰。英國雖然發展出了坦克，但因到1916年才開始使用，而且數量太少，德軍雖然駭異，但發現仍可以大砲剋制。主要的武器是機關槍和大砲，機關槍可以高速連續發射，是主要的武器；大砲有德製七十七公釐及中等的五點九吋，法國製的有七十五公釐口徑的。巨砲 (Big Bertha) 是德國火力很強的武器，第一次使用是1914年進攻比利時要塞列日時，第二次則係於1918年，在七十五哩（一百二十一公里）以外轟擊巴黎。潛艇也是在第一次世界大戰時第一次大規模的應用，曾經對英國海權構成威脅，但無限制潛艇政策卻導致美國的參戰。空戰也開始見於第一次大戰，但此時的飛機（1917年時已可製造出時速一百五十哩，即二百四十一公里的飛機），亦多用於偵察、照相、投擲宣傳品、轟炸（可載兩噸炸彈），但空中戰鬥並不多見，而無決定性的作用。此外，1915年德軍第一次使用毒瓦斯，此為生化戰的肇端，各國亦繼之使用。但是，效果亦不大。這種武器上雖有發展，卻無大突破的情況，是造成戰爭僵持不下的原因之一。

第三是海權的因素：直至1917年，德、奧集團仍控有中歐自北海至土耳其海峽的地帶，其本土尚未被侵入，但已漸漸成為被包圍的城堡，海洋交通被切斷而又為俄、義、法、英所環繞。馬罕 (Alfred T. Mahan, 1840–1914) 的海權理論獲得證實。海權的爭奪集中在協約國封鎖德、奧集團和對方的反封鎖上。1914年7月底，當塞爾維亞危機加深時，英、德即動員海軍並集結在領海之內。英國的海上戰略為預防德國入侵不列顛地區，制止德、奧從海上取得補給和在北海及英法海峽駐守艦隊以圍堵德國公海艦隊 (German High Seas Fleet)。德國的戰略則為用突襲、潛艇攻擊及水雷來削弱英國的海上實力，然後在有把握打勝時，再與英國的海軍作最後的勝負之爭⓭。

1916 年 5 月，德國公海艦隊司令席爾 (Reinhard Scheer, 1863–1928) 乃欲誘使部分英國海軍至開放的海面上作戰，然後利用德國海軍暫時的數量優勢以殲滅之。他派巡洋艦攻擊英國海軍後，果然激怒英國艦隊司令哲理珂，使之派出部分英國艦艇（第五艦隊）攻擊德國海軍，而席爾則計畫在這部分英國艦艇脫離大艦隊後予以殲滅。但此一計畫在 5 月 30 日下午為英方所截獲，該日午夜前，哲理珂乃命整個英國大艦隊開航至日德蘭外海。於是乃有 5 月 31 日至 6 月 1 日的英、德海軍決戰。戰役結束後，英國損失三艘戰鬥巡洋艦、三艘巡洋艦、八艘魚雷艇，以及六千二百七十四名官兵，德國方面損折一艘戰艦、一艘戰鬥巡洋艦、四艘輕巡洋艦、五艘魚雷艇，以及二千五百四十五名官兵。英國噸位損失較多，但仍可保持優勢，仍能封鎖德國。這個戰役，雙方均聲稱勝利。英、法既在海上佔優勢，對德、奧等國封鎖甚嚴。

國際法把戰時貨物分為兩類，一為違禁品 (contraband)，包括軍械、彈藥以及其他可為軍用之物資；另類為非違禁品 (non-contraband)，包括食物、生棉等等。一個國家即使與別國處於戰爭狀態仍有權利進口非違禁品（非戰爭用物資），禁運品則由封鎖國予以制止，如在敵國船隻上則可予沒收，如在中立國船隻上則僅有船上文件可證明係運往敵國時方可沒收。此為 1909 年倫敦國際會議規定者，其主旨為即使在戰時海權國家亦無權餓斃敵國人民，或干預正常的民間生產。交戰國如果嚴格遵守，則封鎖將無何績效可言，協約國因而決定不予遵守，而對德、奧等國實行完全封鎖，於是違禁品與非違禁品漸無分別。英、法海軍阻止運往德國及其盟邦的任何

⓭ *The New Cambridge Modern History*, Vol. XII, p. 177.

物品，中立國家如美國、荷蘭和斯堪底那維亞半島各國損失甚重，不能馳入德國港口。中立國家之間仍可相互貿易，而運往德國之貨物仍可由鹿特丹 (Rotterdam) 和哥本哈根 (Copenhagen) 運輸　(此為德軍未佔領荷蘭與丹麥的原因)。協約國為防止物資經這些國家流入德國，乃規定配額辦法，即准許各國進口相當於戰前各類物品的數量。協約國甚至希望阻止荷、丹等國本身產品輸往德國。舉例言之，如德國常需進口相當數量的丹麥魚類食品，而丹麥漁船需要英國出口的煤，也需要進口錫 (用以製罐頭)，於是英國可以藉配額丹麥的煤而防止丹麥魚類流入德國，中立國的船隻要經檢驗給予證明後方准放行。在此情形下，德國甚難取得所需要的物資。

德國自然希望能打破封鎖，但其海軍不強，祇好依賴潛艇。潛艇即所謂 U 艇 (U-boats, or Undersea boats)，因其無法分辨貨船、客船和軍艦等而祇有一律擊沉。德國以英、法等國違反國際法為藉口，而於 1915 年 2 月 4 日宣布以潛艇封鎖英國，劃英倫三島附近水域為戰區。英國亦命令沒收所有可能運往敵國的貨物，棉花亦被宣布為違禁品。但是德國的潛艇攻擊常因傷及中立國的船隻，而導致國際糾紛。例如，5 月 7 日發生路西坦尼亞 (Lusitania，註冊英籍的輪船) 在愛爾蘭附近海域被擊沉的事件，有一千一百九十人喪生，其中包括一百三十九名美籍乘客。該船在出航之前，德國駐美大使館曾在《紐約時報》刊登廣告警告勿乘該船，不過德國並未特別派遣潛艇去攻擊該船，該船船長未能遵守訓令曲折航行以避開潛艇，以致出事。此船亦載有若干小型武器及軍火[14]。

路西坦尼亞事件使美、德關係大為惡化，美國固然也與協約國就封鎖與違禁品問題上多有摩擦，但從未如此嚴重。9 月 1 日，德國政府提出保證，謂將來如無警告及為非戰鬥人員做某種安全措施，不再攻擊班輪，但輪船不得抵抗或企圖逃脫。此後德國有一段時間未再大量施用潛艇，危機

[14] *An Encyclopedia of World History*, compiled and edited by William L. Langer, 4th ed. (1968), p. 951.

稍見和緩。1916年下半年後德國又加強潛艇攻勢，此年最後的幾個月德國潛艇每月平均擊沉商船噸位三十萬噸。德國指揮部計畫用切斷英國食糧補給來贏得戰爭，因而主張無限制潛艇戰爭。德國首相柏特曼・荷勒衛和外相雅歌 (Gottlieb von Jagon, 1863–1935) 認為此有把美國激怒而參加戰爭的可能而反對。但興登堡及魯道夫等軍人堅持，認為在陸上已無法勝利，唯一轉機為把英國餓降。他們估計無限制潛艇政策可以在五個月內達成目的，美國參戰則需一年至二年的準備，屆時戰爭當已結束。

但是，潛艇戰並不能代替海權。德國因別無他法，乃積極進行潛艇戰，1917年2月德國潛艇擊沉五十四萬噸商船噸位，3月擊沉五十七萬八千噸（一說五十九萬噸）商船噸位，4月創最高紀錄為八十七萬五千噸（一說八十六萬五千噸），這超過了德國軍方原先的估計甚高（原預定每月六十萬噸為目標）。中立國家的船隻亦拒航經危險區，英國所受損失及壓力最大（在4月損失的八十七萬五千噸中英國佔了五十二萬六千噸），1917年4月底英國存糧僅足維持六個星期，官方統計指出如果糧食情況不獲改進，則英國的忍受力將在11月初崩潰。在此情形下，英國首相勞合・喬治力主採取護航辦法 (convoy system)。在他的堅持之下，5月10日開始使用。同時亦加強反潛戰術（如增加驅逐艦、掃雷艇、深水炸彈及水上飛機的偵察等），而美國陸上戰備雖未充分，海軍則可立即加入此類工作。結果成效顯著，沉船噸位銳減，從4月份的八十七萬五千噸降到5月份的五十七萬四千噸，至6月份又一度上揚至六十六萬噸，但此後一直下降。總計到1917年10月左右，德國潛艇共擊沉八百萬噸左右，但損失了五十艘潛艇，而其潛艇戰亦愈來愈不見效，到1918年3月以後從未再達到三十萬噸的關口，1918年以後協約國造船的速度遠比沉船的速度為大，德國無限制潛艇政策的豪賭已告失敗。

德國不能控制海權，與其最後戰敗有很大的關係。

第四是外力的因素：隨著西歐的走向衰途，非西歐的因素，也就是俄國和美國逐漸具有重要性。1917 年發生兩件大事：俄國的崩潰結束了東線的戰爭，使德國頓感壓力大減；另一方面，美國參戰使英、法聲勢大振，雙方均認為有勝算的把握。

俄國革命後的一連串發展，使俄國共產黨取得政權。1918 年 3 月 3 日，俄國與德國簽訂《布列斯托・利托維斯克和約》(*Treaty of Brest-Litovsk*)，放棄波蘭、立陶宛、波羅的海各邦、芬蘭及外高加索，亦准許德國佔領白俄羅斯，同時亦割卡爾 (Kars)、阿達罕 (Ardahan)、巴圖 (Batum) 予土耳其。此外，俄向德賠款六十億馬克。此年 5 月，羅馬尼亞亦被迫在布克勒斯 (Bucharest) 簽訂很嚴酷的和約，其要點為羅馬尼亞割多布魯甲 (Dobruja) 予保加利亞，把喀爾巴阡山諸隘道 (Carpathian Passes) 交予奧匈和德國取得羅馬尼亞油井的九十年租用權。

總之，俄國的退出戰場為德國一大成功，使其完成了部分的戰爭目標，在東歐取得了絕對的優勢。德國不必再從事兩面戰爭，可以把軍隊調到西線來決戰。

美國對歐洲各國進行的大戰，原置身事外。美國為一個包括各種不同的移民的國家，對於歐洲各國均有不同的人士願意支持。而且就美國觀點看，交戰的雙方均屬一丘之貉。美國固然不贊同德、奧之所為，但對協約國的封鎖亦認為損及中立國家的權利和破壞公海自由原則，1915 至 1916 年間，英、美關係並不友好。美國總統威爾遜 (Woodrow Wilson, 1856–1924) 認為美國公眾並不希望捲入戰爭，他先是力求維持不偏不倚的中立，1916 年 11 月競選第二任時，仍以不加入戰爭相號召。不過威爾遜很想調解戰端。他的密友兼顧問豪斯（Edward Mandell House, 1858–1938，即豪斯上校）為一均勢主義者，認為協約國如戰敗固屬不幸，亦認為德國如完全喪失力量而俄國控制歐洲亦非好事。豪斯主張合理而公平地解決爭端，他於 1916 年 1 月至 2 月訪問歐洲並與英外相葛雷多次會談，會談結果便是 2 月 22 日所擬成的《豪斯備忘錄》(*House Memorandum*)，該備忘錄之主要內容為：在英、法認為時機適當時由美國出面建議召開和平會議，如此項建議為協約國所接受，但為德國所拒絕時，則美國「可能」加入戰團對付德國。至於美國調解的方案則包括恢復比利時與塞爾維亞原況，法國收回亞、洛兩州，俄國得到君士坦丁堡和把奧國統治下的義大利人地區交付義大利。另外則為波蘭獨立和德國可保留若干殖民地[15]。12 月間，德國政府向美國政府照會表示德、奧集團願意談和，但因此時德國在軍事形勢上很佔優勢（尤其在東線）而照會中亦未提及何種和平條件，此舉似無太大誠意，以致無任何結果。同時（12 月 18 日）美國總統威爾遜亦將其和平建議通知各交戰國，促其說明和平條件以及防止未來戰爭的辦法。

德、奧、土政府答覆（12 月 26 日）為召開會議交換意見而未提及明確的條件。協約國的答覆（1917 年 1 月 10 日）則提出特別條件，這包括恢復比利時、塞爾維亞、蒙特尼哥羅；德軍退出法國、俄國和羅馬尼亞領土並予補償；以民族分布為基礎重組歐洲；歸還所佔協約國土地；外國統治下的義大利人、斯拉夫人、羅馬尼亞人和捷克人獲得自由；土耳其統治下的外人亦獲自由並逐土耳其人出歐洲。協約國在軍事情況並不有利之下提出此種條件，使威爾遜本人亦覺意外，因威爾遜在 1 月 22 日對參院的演說詞中仍主張「不求勝利的和平」(peace without victory)。威爾遜仍致力於探詢德方的和平條件，1917 年 1 月 29 日所獲確切條件為：歸還部分德軍佔領下的亞爾薩斯；德國在德國與波蘭之間與德國和俄國之間取得經濟與戰略地帶；歸還德國原有的殖民地並依照人口比例與經濟需要分配德國應得之殖民地；撤出佔領法國的軍隊；消除妨害正常商業的經濟障礙；補償德國企業與人民的戰爭損失；公海自由等等。

這些條件當然無法令人樂觀，但威爾遜與德國駐美大使本斯道爾夫 (Count Johann von Bernstorff) 仍保持接觸。當時認為協約國如無美國支援

---

[15] Andreas Dorpalen, *Europe in the Twentieth Century* (New York, 1968), pp. 40–41; *An Encyclopedia of World History*, 4th ed., p. 969.

可能已漸不能抗爭，如此則美國可出面調停。但當德國決定進行無限制潛艇政策時，所有商談便成為過去[16]。當 1917 年 2 月 1 日德國宣布無限制潛艇政策時，2 月 3 日美國即與德國絕交。同時，1 月 17 日英國情報人員截獲德國外相芝邁曼 (Arthur Zimmermann, 1864–1940) 拍發給德國駐墨西哥公使的密電，建議一旦美國與德國發生戰爭，則德國應與墨西哥締盟，德國予墨西哥財政支援並許以恢復德克薩斯 (Texas)、亞利桑那 (Arizona) 和新墨西哥。此密電亦建議要求墨西哥試圖勸日本改變立場。英國待至 2 月 24 日始將此電轉給美國，美國國務院在 3 月 1 日方予披露。此即《芝邁曼電報》(*Zimmermann telegram*)，當時在美國造成很大的轟動。這件事情對於造成美國社會和人民的仇德情緒，有相當大的作用。

另外，導致美國對德、奧集團作戰的，還有經濟和商業的因素，這可能是非常重要的因素。英、法等國的海權所作的有力的封鎖，使德、奧對外貿易大見萎縮。而且，封鎖儘管造成中立國如美國等與德、奧貿易的不便，但也逐漸造成美國與英、法等國經貿關係日益密切的情況。這種情形，可以參看下表：

美國遵守中立期間對交戰國及中立國的輸出情形（百分比）

	1914	1915	1916	1917
英、法、俄等及與德國斷絕邦交的國家	64.62	74.17	87.34	88.67
中立國家	16.15	23.55	12.26	10.38
德國及其盟國，以及被佔領的國家	19.23	2.28	.40	.95

資料來源：Yves-Henvi Nouailhat, *La aout France et les Etats-Unis 1914-avril 1917* (Lille, 1977), p. 267.

如果從數據上看，戰前德國對外貿易曾達到五十億美元，僅次於英國的七十億美元，戰爭發生以後則大見低落，僅與鄰國有若干交易。在此情

[16] Heinz Gollwitzer, *Europe in the Age of Imperialism* (London: Thames and Hudson, 1969), p. 76; Andreas Dorpalen, op. cit., pp. 39–40.

形下，美國的對外貿易亦是主要的與協約國之間進行。1914 年美國與協約國間的貿易為八億二千四百萬美元，至 1916 年增加四倍而為三十二億一千二百萬美元，同一時期對德、奧貿易額則從一億六千九百萬美元降為一百萬美元。美國對協約國的小麥出口總值也從 1913 年的三千九百萬美元增為 1917 年的三億美元，軍火出口則自五百萬美元增至超過八億美元。美國人民則購入大量的協約國政府發行的債券，美國對協約國的貸款更刺激了美國的鋼鐵業、生棉業和糧食業。此外，1913 至 1914 年頃，美國歷經一個週期性的經濟萎縮，而與英、法等國的貿易是重要的恢復因素。美國政府命令開放紐約華爾街的資本市場，讓英、法等國可以取得金融財政上的周轉和信貸。美國的金融投資和銀行家摩根公司 (J. P. Morgan & Company) 成為英、法等國在美國採購、訂立商務契約，以及貸款的代表。到美國參戰時，美國私人銀行及金融機構，對英、法等國的貸款達到二十三億美元之多，摩根公司也為英、法等國政府訂立了三十億美元的商業合約，美國對德、奧等國的貸款不過僅有二千七百萬美元[17]。美國人民更是大量購入英、法等國政府所發行的債券，使人民希望英、法等國勝利，而美國對英、法等國的貸款，以及這些國家在美採購的訂單，刺激了美國的鋼鐵業，生棉業和糧食業的發展和成長。這些都是美國參戰的因素。

不過，美國雖然參戰，但為了保持較多的自由行動權，並未加入為英、法的盟國，而是以「參戰國」(the associated power) 加入戰局。

美國的加入戰團，以其廣大的人力、物力，發生了決定性的結果。德國終於不能抗爭。德國的盟國更是不必談了。德國軍事大權後期集中在魯道夫之手。他在 9 月 29 日建議德國政府趁德軍尚未潰敗前與協約國談和。在德國之內，自由黨人與社會黨人早已主張締和。於是德國首相哈特林 (Count Georg von Hertling, 1843–1919) 辭職 (9 月 30 日)。10 月 4 日自由派的麥克斯親王 (Prince Max of Baden, 1867–1929) 出組內閣並獲中央黨、進

[17] William Keylor, op. cit., p. 71.

步黨和社會黨的支持。德、奧政府向美國呼籲願以威爾遜總統所宣布的十四點為議和基礎，10 月 4 日至 23 日間柏林與華盛頓之間函電交加，因美國政府堅持新的德國政府須為民主政府且真能代表人民，而英、法等國亦不願以十四點為媾和基礎。此時，魯道夫又恢復了若干鎮靜力而亟主防禦戰，但德國內部反戰氣氛甚濃，他於 10 月 27 日辭職。繼之，德國人民漸覺德皇為和平障礙，11 月初海軍在基爾 (Kiel) 叛變，波及德國西北部，而革命亦在巴伐利亞的慕尼黑爆發。德皇威廉二世於 11 月 10 日逃往荷蘭，德國在 9 日即宣布成為共和國。

至於和平談判，美國以單獨議和為威脅而使英、法等國於 11 月 4 日同意以十四點為和談基礎，但提出兩項保留即公海自由問題留待和會討論和德國賠償損失。美國政府於 11 月 5 日把這些條件交付德國，此後實際交涉改由福煦主持。德國乃派出一個停戰代表團至法國東北部康庇涅 (Compiègne) 附近的火車專廂（福煦的指揮部）與福煦談判。該團由中央黨領袖艾茲堡 (Matthias Erzberger, 1875–1921) 率領，談判的時間為 11 月 8 日至 11 日。協約國所提出的休戰條件係故意設計使德國無法不接受未來和平條件者，其主要內容為：德國撤出所有的佔領地區；退出萊茵左岸並在梅因茲 (Mainz)、科隆 (Cologne)、柯布林茲 (Koblenz) 建立橋頭堡而由協約國軍隊佔領；歸還所有的協約國軍民俘虜；繳出軍艦、潛艇與武器。福煦予德國代表團七十二小時的時限來考慮，德方終於在 11 月 11 日上午 5 時簽了《停戰協定》，福煦代表協約國，艾茲堡以不管部內閣閣員身分代表德國。福煦下令自該日上午 11 時起停止各線的戰鬥。戰爭在 1918 年 11 月 11 日上午 11 時正式宣告結束。

二、大戰的影響

自維也納會議 (1815) 至第一次世界大戰爆發 (1914)，一百年間，雖然有些局部性的戰爭，卻未見全面性的衝突，這一百年間，也是歐洲稱雄世界的時期。這個世界大戰，又是以歐洲國家為主，自然發生極大的影響。茲分述如下：

第一是它造成了極大的生命與財產的損失，和導致戰爭性質的改變：各國為戰爭共動員了七千四百萬人，其中有一千萬人左右死於戰場[18]，每日平均六千人。被俘者亦達一千萬人左右，其中又有約十分之一的人（一百萬人）死於監禁。受傷之人更多，可能是死亡人數的三倍。最後在 1918 年至 1919 年間發生了一場橫掃歐洲的流行性感冒又奪走了大約二千萬人的生命。總之，第一次大戰死亡的人數為西方自 1790 年至 1913 年間所有主要戰爭的兩倍，在陣亡的每一百個軍人中有六十三人係屬協約國方面[19]。至於戰爭所耗費的金錢，戰爭的直接耗費據估約為一千八百億美元，間接耗費為一千五百六十一億美元[20]。總費用為三千三百餘億美元（另一說法為三千三百七十億美元）。在戰爭的頭三年，交戰國每分鐘約費八萬五千元，1918 年平均耗費更倍於此。這些數字尚不包括對傷殘軍人的給付、戰

[18] 第一次大戰傷亡人數說法不一。以陣亡人數而言，C. R. Crutwell, *A History of the Great War* (London, 1939), p. 630 則說共為一千三百萬人。又 William L. Langer, ed., *An Encyclopedia of World History*, 4th edition (1968), p. 976 對傷亡人數，則就主要交戰國別粗略列表如下：

	死	傷	被俘
英國	947,000	2,122,000	192,000
法國	1,385,000	3,044,000	446,000
俄國	1,700,000	4,950,000	2,500,000
義大利	460,000	947,000	530,000
美國	115,000	206,000	4,500
德國	1,808,000	4,247,000	618,000
奧匈	1,200,000	3,620,000	2,200,000
土耳其	325,000	400,000	

[19] Eugen Weber, *A Modern History of Europe* (New York, 1971), p. 858.

[20] *An Encyclopedia of World History*, 4th ed., p. 976.

債的利息和退役軍人及其家屬的養老金等。二十世紀戰爭之耗費驚人可從下列看出，英國在 1793 年至 1814 年抵抗法國戰爭的二十年中其國債增加八倍，但在第一次大戰的四年中則自三十億美元增至三百五十億美元，國債增長十倍有奇，不過由於人口、生產和物價均已上昇，故亦難作確切的比較㉑。戰爭所造成的財產損失亦至為驚人，法國北部與比利時某些地區一片廢墟，僅法國即有三十萬座房屋，八千座工廠和礦場，五萬二千公里的道路，六千公里的鐵路被毀，且有超過七百萬英畝的耕地荒棄㉒。

另一值得注意之處為戰爭性質的改變。早在 1900 年一位華沙銀行業者布魯克 (Ivan S. Bloch) 在其《未來戰爭及其與技術、經濟與政治的關係》（*The Future of War in Its Technical, Economic and Political Relations*，六卷）中指出：由於火力的加強使防衛者的力量改進，未來戰爭中步兵將躲在壕溝堡壘之內，否則必有極大的殺傷，未來的戰爭為一種經濟戰，而以饑荒為最後的決斷因素。1909 年英人安吉爾 (Norman Angell) 在其《大幻滅》(*The Great Illusion*) 一書中指出：貿易、商業與金融已趨國際化使戰爭變得無利可圖，對勝利者與失敗者同樣有害。他們兩人均認為戰爭已變得不可能——除非是在自殺的代價下——因為即是勝利者也要冒資源破壞與社會解體的危險㉓。

大戰所呈現的另一性質為消耗戰 (war of attrition)，需要極龐大數量的物資來供應，因而在生產的設計與分配上必須大費心思。英國在 1915 年 5 月成立軍火部 (Ministry of Munitions) 便是政府干預工業的突出例子，也說明英國人所珍重的自由放任原則不能維持。各國更是相繼行之，未能如此

㉑ Geoffrey Bruun & Victor S. Mamatey, *The World in the Twentieth Century*, 5th ed. (Lexington, Mass.: D. C. Heath & Co., 1967), p. 156.

㉒ Eugen Weber, op. cit., p. 860.

㉓ *The New Cambridge Modern History*, Vol. XII, “The Shifting Balance of World Forces, 1898–1945” (Cambridge University Press, 1968), p. 171.

做的國家不是失敗（如俄國）即是瀕臨失敗（如義大利）。以俄國來看，更證明消耗戰的情況：俄國加入戰團時有五千座砲及五百萬發砲彈，在作戰的頭三個月每日耗用四萬五千發砲彈，但兵工廠每月僅能生產三萬五千發，至 1914 年 12 月俄國僅餘下三十萬發砲彈，也就是僅餘有一個星期的用量㉔。其情況之窘迫，可以想見。

兵學大師克勞賽維茨有謂戰爭是推向極限的暴力行為，如無大量流血無從獲勝。現代戰爭則趨於「絕對」（整體或全面）卻為克勞賽維茨時代所始料不及。現代的大戰或全面戰爭必須把全部的人力、物力與技術資源整個投入，和全國上下不分男女老幼均在精神上與情感上，介入其事方可望勝利。新的術語稱國內為「國內陣線」或「後方」(home front) 說明了這一意義，也就是一國之內非軍事人員也投入了戰爭。在此情形下，戰爭宣傳乃有其必要。宣傳有雙重的目的：鼓舞自己一方的軍心民氣，使之同仇敵愾而萬眾一心，用以打擊對方紀律和組織使之離心離德。此種戰爭宣傳，法國人稱之為「填腦」(bourrage de crâne, or brain-stuffing)。在這一方面，協約國做得較為成功，使自己人民甚至外人相信他們對德、奧集團的鬥爭為民主對專制和民族自衛對暴力征服。因此輿論與新聞在戰爭中發揮的作用之大以致成為主要的戰爭工具㉕。事實上，每一交戰國家的政府都用法國歷史學家阿萊維 (Elie Halévy) 所說的「有組織的熱忱」(organization of enthusiasm) 的手法來激發情緒，促使人民獻身。在英國，戰爭爆發後，在倫敦東區婦女組成的「白羽毛」巡街隊 ("White feather" patrols)，看到仍然穿著平民服裝的青年男子，便給他們標上白羽毛（按：此為怯懦的象徵），後來，政府更用宣導的方法，來激勵男人從軍，這在英國因應戰時需要，

㉔ R. W. Harris, *An Introduction to the Twentieth Century* (London: Blandford Press, 1966), pp. 7–8 引邱吉爾語。

㉕ F. P. Chambers, *The War Behind the War 1914–1918* (London: Feber, 1939), pp. 494–537.

實行徵兵制以前，頗有用處。有兩個廣告佳作，一個是國防部長吉青納 (Horatio Kitchener, 1850–1916) 指著看廣告的人說，「不列顛需要你」(Britain needs you)，另一則是一個小女孩坐在一個男子的懷中，問：「爸爸，大戰中你做了些什麼？」[26]

1915 年英國男人響應招兵的熱烈情景

另外，對於民族成分龐雜而又士氣低落的國家，如奧匈帝國，更常常是宣傳戰攻擊最佳的目標。英、法等國用帝國內各民族不同的語文，寫成宣傳小冊用空投的方法傳送帝國境內，攻擊奧匈帝國的暴虐並鼓動種族仇恨。這種工作收效頗大，此可從逃亡者日增看出，而且在 1918 年 4 月羅馬舉行的「被壓迫民族大會」(Congress of Suppressed Nationalities) 便是由協約國政府贊助的。在英國宣傳戰係由北巖勛爵（或譯諾斯克里夫，Lord Northcliffe, Alfred Charles William Harmsworth, 1865–1922）和比佛勃魯克勛爵 (Lord Beaverbrook, 1879–1964)[27]所主持。英人經常向德國空投小冊子，載有德國政府新聞檢查所過濾的資料，附有協約國軍隊進向的地圖，並強調每日抵達法國戰場上的美軍數字。此外，並把戰爭罪惡歸諸普魯士軍國主義者，指出唯有民主的德國始有獲致公正和平的希望。戰爭末期，

[26] Robert O. Paxton, *Europe in the Twentieth Century* (New York: Harcourt, 1975), pp. 120–21.

[27] 二人皆為英國新聞業巨子，前者創辦《每日郵報》(*Daily Mail*)、《每日鏡報》(*Daily Mirror*) 並於 1908 年購入《泰晤士報》，後者創辦《每日快訊》(*Daily Express*)、《星期日快報》(*Sunday Express*)、《標準晚報》(*Evening Standard*)。

英國一國在德軍陣線上所空投的小冊子每日達十四萬冊，對於德軍士氣的打擊很大[28]。

第二是社會方面的影響：在四年多的時間內，戰爭所造成的傷亡之多，為十四世紀中葉黑死病流行以來所未有。這自然對歐洲各國的社會造成極大的影響，傷亡的人口包括各階層的精英，因為戰爭有時是一種反淘汰、勇敢公義的人所冒的危險較一般普通人為大。戰爭使社會趨於一致化和平等化，死亡對大家一視同仁，而徵兵制也使社會各階層的權利和義務不分軒輊（英國徵召了三百萬人，法國更高達八百萬人，此為全法國男性人口的 62.7%）。戰爭所造成的物資匱乏，也使人不尚浪費和奢侈，衣著趨於簡單，貴族式的或繁複的古典式的服飾不再當道。再者，婦女地位的提昇，尤其值得注意。戰爭期間，婦女接替了很多原先屬於男人的工作，特別是書記、秘書和教學之類。她們在工業界也代替了很多的男人的工作。1918年前後，德國克魯伯兵工廠 (K̈rupp Armaments Firm) 有 36.7% 的作業員是女性。在英國，戰爭時期婦女從事公共交通（車掌人數自一萬八千人至十一萬七千人）、銀行業（自九千五百人至六萬三千七百人）和商業（自五十萬五千人至九十三萬四千人）大增。戰爭時期和此後，單身婦女擁有單獨的住所，不再需要陪媼參與社交活動，甚至在公眾場合抽煙，衣服不再必須蓋著踝骨，均為可以被社會接受的事。同時，婦女也開始從政，戰後 1919 年，第一位入選英國下議院的女議員亞斯都夫 (Lady Astov, 1875–

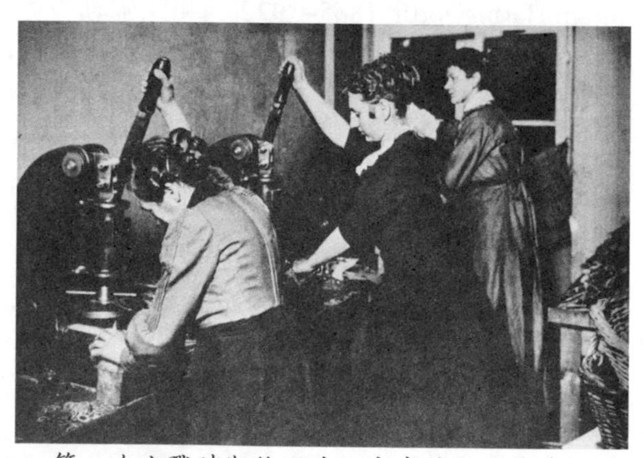
第一次大戰時期德國兵工廠中的女性作業員

[28] *The New Cambridge Modern History*, Vol. XII, p. 207.

1964)，在下院服務甚久 (1919–45)。

另外，工人的地位也提高，工人可以組織工會是十九世紀後半期才逐漸被許可的，直迄 1914 年前後，雇主仍盡量設法排擠工會組織分子。但在戰爭期間，為了爭取工人的向心力，使其忍受較長的工作時間和發揮較高的生產力，便不得不拉攏工會，於是英國、法國和德國等國的工會便參與了有關經濟生產和物資分配的決策。這些可以說是大戰對社會的一些正面影響。大戰對於社會也有負面的作用，譬如說，技術工人和有良好關係的人都有較安全的工作地方，冒生命危險最大、犧牲也最高的，是不熟練的工人和低層軍官與士兵。戰後退役的軍人，更是心懷不滿，戰後成為社會動盪的因素之一[29]。

第三在經濟方面：第一次大戰耗費之巨，堪稱天文數字。而各交戰國又係以借貸（如發行債券等）方式募集戰費（各交戰國十分之八的戰費係借貸而來)。戰爭結束後乃發生通貨膨脹與物價高漲的現象，此在戰敗國情況尤為嚴重。而且，戰時經濟是一種很奇特的經濟：大量需求迫使大量生產，而生產的又是戰爭物資，造成消費物品的短缺，又因勞力需求大，幾乎每個有工作能力的人都做工。這種混合了高度需求、物資匱乏、充分就業的型態，使物價飛漲，每一交戰國均有通貨膨脹之苦。

戰爭使計畫經濟得以大行其道，為了爭取勝利，必須全力以赴，生產與分配均須計畫周全，而補給要配定，物價要控制，人力要調整，於是整個經濟必須劃一行事。這種辦法在德國行之最力，顯示自由經濟不足以應付時艱。本來在 1850 年代及 1860 年代，由於有限責任的合股公司對於爭取投資甚為有效，許多人願意購人不記姓名與不負責任的股票，亦不參與實際的管理。但 1880 年代因經濟衰退而使以壟斷生產與分配為目的的托辣斯組織盛行。資本主義制度乃由競爭而趨壟斷，有的政府已在干預，如 1890 年美國通過《石門反托辣斯法》(*the Sherman Antitrust Act*)，此時已逐

[29] Robert O. Paxton, op. cit., pp. 110–14.

漸認為經濟是可以控制和調節的，而非由完全自然律支配，於是計畫經濟之說漸起而政府職權亦趨擴大。迨至1919年之後，即是在自由貿易最後堡壘的英國亦有保護關稅與內部計畫的呼聲。這並非限於工黨人士，即是自由人士勞合・喬治和凱恩斯 (John Maynard Keynes, 1883–1946) 亦主張政府在經濟事務方面採取較為積極的行動。凱恩斯在其講詞中鼓吹這些觀點，講詞的題目即為《自由放任的終結》(*The End of Laissez-Faire*, 1926)[30]。

大戰所帶來的另一經濟方面的影響當為歐洲與美國經濟地位的改變。1914年7月時，美國的對外債務超過其國際資產額近四十億美元（一說三十七億美元），但1919年12月時其國際資產已超過負債額一百億美元以上（一說一百二十五億美元）。這也就是說，美國由債務國變為債權國。美國不僅變成有最大的生產力的國家而且也變成了握有最大的財政資源的國家。美國保持此種優勢甚久，到1985年以後，美國才又變成債務國。

第四是對內政方面的影響：戰爭爆發以後，人民在愛國的激情之下，平息了很多的爭端，政黨間的政爭和工人的罷工，都有了顯著的趨於緩和的現象。但是，在1916年以後，有組織的反戰活動又開始出現，從事反戰和主張和平的人，大體上是自由主義分子和社會主義分子。另一方面，各國政府因為戰爭而擴大了權力，常採取有力的措施來對付異議分子。在俄國，政府固然經常用暴力和恐嚇的手段，但現在即使是在民主或代議制度的國家也動用警察力量和控制輿論，以對付反對分子。以英國而言，1914年8月，國會通過《保衛國家條例》(*DORA: Defence of the Realm Act*)，授權政府可以依據《戒嚴法》逮捕和處罰反對分子，也就是根據這個條例，處死了1916年愛爾蘭之亂的領導分子。此後，這個條例更曾屢經擴大，使政府得以查禁報刊和介入人民的日常生活，諸如室內的燈光、食品的消耗，以及在公共場合的時間等。在法國，政府本來相當寬大，但1917年5月和6月以後，由於軍心不穩，罷工之事又有增加。在此情形下，克理孟梭

---

[30] Andreas Dorpalen, op. cit., p. 87.

(Georges Clemenceau, 1841–1929) 出任總理（1917 年 11 月 16 日），他以鐵腕對付、逮捕反對分子並查封他們的報刊，1918 年春天儘管德軍攻勢凌厲，前方吃緊，他仍保持四個騎兵師以加強維持秩序。這個期間，各國亦有新聞檢查和控制言論之事㉛。

不過，最後戰爭還是促成了民主化的進展。以婦女參政（投票權）而言，在第一次世界大戰以前，婦女可以行使參政權的國家不過有紐西蘭 (1893)、澳洲 (1902)、芬蘭 (1906)、挪威 (1913)，以及在 1914 年以前美國西部十二個州㉜。但在戰後，英國婦女在 1918 年有投票權，此外在威瑪共和時代的德國、捷克、奧地利、荷蘭、比利時，以及北歐各國均然。1920 年美國的《憲法第十九條修正條款》，使婦女在全國性的事務和地方選舉上都有投票權。戰前，歐洲大國中僅法國一國為共和政體；戰後，由於德、奧、俄三國王室俱隨時代消逝，大國中僅有英國一國為君主政體。固然，共和政體不一定有真正的民主，而君主政體也不見得不民主，但此究竟有其時代的象徵意義。而且，戰後政治領導階層也有了一些變化，不再那麼強調「成分」。1924 年英國工黨在自由黨的支持下出組內閣，首相麥克唐納 (James Ramsay MacDonald, 1866–1937) 出身為家庭僕人的私生子，其內閣中的財相為一文書員，內相（內政部長）曾為鐵匠。在德國，1919 年的國民大會選舉艾伯特 (Friedrich Ebert, 1871–1925) 為總統，艾氏為一裁縫之子，其本身職業原為修理和出售馬鞍的人。此外，由於戰爭的影響使原有社會秩序不能再繼續維持，中上層人士仍醉心「回到正常狀態」（即戰前狀態），而工人等則堅持社會改革，再加上參政權（投票權）日擴，使各國社會更多了緊張與衝突。這也有國別性的差異，在德國、義大利與西班牙較為嚴重，法國與奧國次之，英國、荷蘭、比利時與北歐各國又次之。這與各國的穩定性的高低也大有關係。

㉛ Robert O. Paxton, op. cit., pp. 119–20.

㉜ M. N. Duffy, *The Emancipation of Women* (Oxford, 1967), pp. 44–45.

第五是國際結構與國際政治方面的變化：大戰使奧、土、德、俄四個大帝國瓦解，因而中歐與東歐長期受挫的民族主義得到出路，於是芬蘭、立陶宛、拉脫維亞、愛沙尼亞、捷克、波蘭與南斯拉夫得到獨立。同時，民族主義在世界各地亦有了進一步的發展。

在世界政治方面，大戰的影響更為顯著。也許我們可以說，大戰加速了本來就已經在發展中的趨勢。歐洲本在國際政治上居於領導的地位，用凱恩斯的話說，它是「樂隊的指揮」(conductor of orchestra)。但自俄、美興起之後，情況已在變化。俄國的擴張至《中俄北京條約》(1860) 已見顯著的結果。美國則在取得西及西北沿岸地帶於加州及奧勒岡 (Oregon) 州之後即為太平洋政治時代之肇端，早在 1815 年時波特艦長 (Capt. David Porter, 1780–1843) 致函美國總統麥迪生 (James Madison, 1751–1836) 說：「我們與俄國、日本和中國為鄰。」[33]這種態勢在 1883 年即為英國史家西萊 (John Seeley, 1834–95) 所察覺，他指出有朝一日法國與德國等將成為二流國家。至於英國，他認為必須結合殖民帝國，藉「聯邦組合」(federal union) 轉變為「大大不列顛」(Greater Britain) 始可望與美、俄抗衡，否則將變成「不安全、不重要、第二流」(unsafe, insignificant, second-rate)[34]。

論者有謂自 1898 年至 1905 年，也就是從美西戰爭 (Spanish-American War) 到日俄戰爭，為世界政治史上的轉捩點。蓋此期內的若干發展，如歐洲國家不再能如瓜分非洲那樣來瓜分中國，日俄戰爭由美國調處（顯示歐洲國家與亞洲國家作戰而由一個美洲國家出面善後）均有其意義。同時，美國與俄國的關係也發生了本質性的改變。本來，自從美國獨立以來，美國與俄國在若干方面合作，以抵制英國的擴張。現在則因為兩國的發展與

---

[33] R. W. van Alstyne, *The Rising American Empire* (Oxford University Press, 1960), p. 125.

[34] John R. Seeley, *The Expansion of England* (London, 1883 & 1917), pp. 18, 87–88, 334, 349–50.

擴張，而使它們在太平洋造成了「面對面」的態勢，此種態勢自然會導致雙方的競爭。美國在十九世紀晚期尚未直接與俄國衝突，在東亞，美國採取暗中支持日本，以及與英國漸趨諒解的方式來進行對俄國的抵制（二次大戰後二者在世界各地均對峙而競爭白熱化，則為後話）。

史家亦有把第一次與第二次大戰就德國面臨美、俄兩個跨洲大國的坐大而欲集結歐洲力量以為對抗的觀點來解釋者，亦不為無見。美國的參加歐戰並發生決定性的作用，則更進一步地表明歐洲已不能（即是包括英國介入）憑其自身的力量解決其問題。總結言之，自約當 1898 年起世界政治便進入「後歐洲期」(the Post-European Age)，也就是說從歐洲均勢 (European Balance of Power) 的時代進入世界政治的時代 (Age of World Politics)。第一次大戰更為加速發展了此種情態，因為它毀滅了歐洲均勢的基礎，1815 年時為恢復歐洲均勢而建立新的權力均衡以求穩定，到 1919 年的巴黎和會則不復有此類努力，因為情況不同，此說已不切實際。不過在戰後俄國因革命和內戰一度退出國際政治舞臺，美國也曾經又回到孤立主義，予人以歐洲均勢又已恢復的觀感，實則為錯覺[35]。因此，就此一意義而言，歐洲各國均為失敗者，無任何一國贏得了大戰的勝利。

第二節　巴黎和會

1919 年 1 月，大戰剛剛結束後九個星期，為了解決戰爭所造成的問題，以及奠定戰後的和平，乃有巴黎和會的召開。這個和會因為戰敗國和中立國均未獲邀請參加，因而是個勝利國的和會，而勝利國又有大、小之別，它又是個大國操縱的和會。和會及後續的活動先後完成對各戰敗國的

---

[35] Hojo Holborn, *The Political Collapse of Europe* (New York: Knopf, 1964), p. 69; Geoffrey Barraclough, *An Introduction to Contemporary History* (London: C. A. Watt & Co., 1966), pp. 100–06.

和約，其中《對德和約》的《凡爾賽條約》(*Treaty of Versailles*) 最關重要，也對日後的國際關係影響至巨。

一、和會與和約的決定因素

和會召開以前，世人普遍地寄以期望。大戰爆發時，英國歷史學家威爾斯 (Herbert George Wells, 1866–1946) 曾以「以戰止戰的戰爭」(the war that will end war)㊱，來鼓舞民心士氣。隨著戰爭的進展，為了爭取人民的支持，在內政與國際秩序方面，均有新的理想：德國人民希望戰後有民主的改革，廢除普魯士（土地與人民均佔全德一半以上）的三級選舉制 (three-class voting system)；英、法、美等國更宣稱為民主而戰；俄國革命以後，俄共勾勒新的世界秩序，並且公布外交秘約，揭發秘密和強權外交「眾暴寡」和「強凌弱」的一面。

另一方面，美國總統威爾遜於 1918 年 1 月 8 日，以國情報告 (State of the Union address) 的方式，向美國國會提出了《十四點原則》(*the Fourteen Points*)，這十四點的內容是：(1)廢除秘密外交；(2)戰時及平時公海交通均須自由，但如為執行國際約章而以國際行動封閉者例外；(3)消除經濟壁壘；(4)縮減軍備；(5)合理處置殖民地問題；(6)撤出被佔領俄國的土地俾使俄國得自由決定其政治與民族政策；(7)恢復比利時原況；(8)恢復法國原況並歸還其亞、洛兩州；(9)重劃義大利邊界使之符合民族要求；(10)予奧、匈帝國各民族自治發展的機會；(11)恢復羅馬尼亞、塞爾維亞與蒙特尼哥羅，塞爾維亞並得出海口；(12)鄂圖曼帝國之土耳其部分得享主權，其他民族應獲自治發展機會，達達尼爾海峽則應在國際保證下對各國船隻開放；(13)波蘭獨立並應有出海口；(14)創立國際組織以確保各國（不分大小）的政治獨立與領土完整。這些主張固有陳義過高之處，代表崇高的理想；但如果能夠真

㊱ 見 *Daily News*, August 14, 1914, see also A. D. Lindsay, *The War to End War* (London, 1915).

正的實現，則當可建立世界永久的和平[37]。

但是，和約的條件很難由抽象的理想來釐訂。真正決定和會動向及和約內容的，是三項因素：(1)戰時的秘密協定；(2)各交戰國戰略和經濟利益的考量；(3)防堵共產勢力在中歐與東歐的擴張。在戰時密約方面，1915 年的 3 月和 4 月，英國和法國為了防止俄國單獨與德、奧締和，同意在戰勝後，允許俄國控制伊斯坦堡 (Istanbul) 和兩海峽，以換取俄國同意英國在埃及的地位和法國收回亞、洛兩州；為了爭取義大利的參戰，1915 年 4 月 26 日的《倫敦密約》，英、法同意戰後義大利可以取得布列納隘道 (Brenner Pass) 以上的阿爾卑斯山地區、亞得里亞海頭端海岸及附近各島的大部，以及將來如果瓜分土耳其時，可得土耳其南岸和擴大義大利在利比亞和非洲其他地區的殖民地。英、法為了拉攏羅馬尼亞，於 1916 年 8 月 18 日同意將來羅馬尼亞可以在特蘭西凡尼亞 (Transylvania) 擴張，但 1918 年 5 月 7 日羅馬尼亞與德國單獨締和，此一承諾，當可取消。同時，1916 年 5 月，英、法達成協議（此即 the Skyes-Picot Agreement），劃分在近（中）東的殖民勢力範圍，法國在地中海北岸及其腹地（敘利亞、黎巴嫩）有優先地位，而英國則在兩河流域（今伊拉克）和約旦河流域（今以色列及約旦）有特別地位。

另外，民族成分龐雜的奧匈帝國，早已搖搖欲墜。早已亡國的波蘭人是雙方都爭取的對象，由於俄屬波蘭佔地甚大，德國在 1916 年 11 月曾宣布戰後使俄屬波蘭建立為獨立王國；俄國在 1918 年春天脫離戰團以後，英、法、美等國遂宣布將來合併德屬、奧屬和俄屬波蘭，建為統一的波蘭，而威爾遜的《十四點原則》中的第十三點，更以波蘭獨立並取得出海口為號召。英、法、美等國也承認奧匈境內其他民族的權利，設在巴黎的捷克－斯洛伐克國家會議 (the Czecho-Slovak National Council)，以及在札格拉布

---

[37] 關於威爾遜的《十四點原則》及各演講，詳見 Arthur S. Link, ed., *The Papers of Woodrow Wilson* (Princeton University Press, 1973).

(Zagreb) 的南斯拉夫國家會議 (Yugoslav National Council) 均已有相當的發言權，這兩國人民的獨立建國，已為英、法、美等所接受。事實上，在 1918 年 10 月末，奧匈帝國除了在日爾曼人和馬札兒人居住的地區以外，已經不再存在。此外，由於土耳其帝國瀕臨崩潰，阿拉伯人和猶太人也都湧到巴黎和會遊說建國㊳。

至於大國利益和防堵共產主義勢力擴張，也是主持和會及和約的人所考慮的事。由於各國立場和利益要求不同，主張也就有異。法國方面，因西線戰區主要地在法國，而且戰爭期間幾乎崩潰（1917 年 5 月在內部，1918 年 7 月在前線），法國人也充分瞭解他們是靠盟國的力量才能獲勝，而這是可一不可再的，同時他們也明白他們的勝利是短暫的。有鑑於德國的工業力量較法國為高，在人口方面德國有六千萬而法國僅有四千萬，種種情況均對法國不利。因此，法國非常堅持今後的安全與保障。法國的民族主義勢力和右翼人士乃有割取德國的萊茵地區 (Rhineland) 以建立一個德、法之間的緩衝國的主張。此種主張，法國總理克理孟梭固未堅持，但他可以藉此拒絕其他的讓步。

英國則不想重創德國，英國首相勞合・喬治與美國總統威爾遜聯合反對法國肢解德國萊茵地區的企圖，但同意保障法國的安全，贊成萊茵地區中立化。英國亦欲取得德國在非洲屬地，以及土耳其在近（中）東的某些地區。美國總統威爾遜也毫不猶疑地為美國利益而奮鬥，他的厚愛波蘭，與爭取美國境內的波蘭裔選民的支持（1920 年總統大選），有很大的關係。他在《十四點原則》中所主張的「公海自由」（第二點），以及消除國際貿易壁壘（第三點），均與美國商業利益的擴張有關。此外，威爾遜也在美國參議院的堅持下，在《國際聯盟約章》(*League of Nations Covenant*) 中加入國聯「不得取代像門羅主義一類的區域性的諒解」（第十一條）。其他國家，如日本和義大利均以擴張土地為念。日本執意取得德國在中國（特別是在

㊳ Robert O. Paxton, *Europe in the Twentieth Century* (New York, 1975), pp. 168–70.

山東）的利益，以及德屬太平洋島嶼，義大利則以在義、奧邊境，以及非洲地區的擴張為目的[39]。

防堵共產勢力的擴張，是另一項考慮。1917 年共產革命後，共產黨人並不以取得俄國的政權為滿足，他們所要建立的，是世界新秩序，而且 1919 年春天，「革命」在歐洲此起彼落，令人觸目驚心。所以，儘管在《第一次世界大戰停戰協定》中要求德軍撤退，德軍仍駐防從前俄國的土地，他們一直到 1919 年 2 月才從烏克蘭和前俄屬波蘭撤退。儘管《凡爾賽條約》使德國國界西移，但俄國在與德國所簽的《布列斯托．利托維斯克和約》中所喪失的土地並未恢復。德軍一直掌握著波羅的海地區的一些主要的鐵路線，直到 1919 年夏天，愛沙尼亞 (Estonia)、拉脫維亞 (Latvia) 和立陶宛 (Lithuania) 的新政府能夠穩定著局面為止。因之，在《停戰協定》已簽訂了八個月以後，一支為數三萬人的德國自願軍 (Freikorps) 在戈爾茲 (Rudiger von der Goltz, 1865–1930) 的統帥下，儼然以西方國家抵禦布爾賽維克黨人的姿態出現。不過，德國祇是短暫地被利用，西方國家目前尚無

被戰爭破壞的教堂（凡爾登附近，1918）

美國總統威爾遜（左）於巴黎和會時對歡迎群眾致意，其右為法國總統朋加萊

[39] Ibid., pp. 170–71.

用德制俄的意思。他們要做的，是強化新獨立的東歐各國以為東拒俄和西抗德的力量，這是為什麼波蘭被厚愛，不但擴土而且獲得海港，以及羅馬尼亞取得比薩拉比亞（自俄國手中）和特蘭西凡尼亞（自匈牙利手中）的原因。這些東歐新國的任務，是成為俄、德之間的防疫帶 (cordon sanitaire)[40]。

二、凡爾賽條約

在此情形下，各國代表於 1919 年 1 月抵達巴黎。巴黎和會有三類國家未獲參加：第一類為中立國，第二類為正處於內戰和在 1917 年即已退出戰團的俄國，第三類則為前敵國或戰敗國，即德、奧、匈、保、土。參加和會的國家共有三十二國。中立國、俄國和戰敗國的未出席和會後來發生很重大的影響。有謂中立國家未獲邀請參加和會，削弱了中庸穩健的力量，以致使和會未能有明智的決定，此說並無太大道理，因為中立國家並不比其他國家更無私；但是，中立國家也曾遭受大戰的影響至深，他們有權利出席討論世界善後的集會則為不爭之論。俄國的缺席，在當時認為較為便利於討論東歐的領土問題，並在歐洲建立防共地帶。不過戰敗國（特別是德國）的未獲參加，則使和約憑添了強制的色彩，並使接受和約的新德意志共和蒙受屈辱。這些結果，證明當初的措施甚為失策[41]。其他如召開和會的時間與地點，亦有若干影響。

在時間方面，因為美國總統威爾遜決定一反美國過去的慣例而躬親參加，便必須等待 12 月他向國會發表《國情咨文》(*State of Union Message to the Congress*) 之後。在英國，因為自從 1910 年 12 月以來已有八年未舉行大選，勞合・喬治甚為殷切地盼望舉行大選來加強其政府的地位。於是 12 月中旬的英國大選中，因被勝利沖昏了頭，政黨競選的口號光怪陸離，從

[40] Ibid., pp. 171–72.

[41] David Thomson, *Europe Since Napoleon*, 2nd ed. (New York, 1965), pp. 577–78.

「吊死德皇」(Hang the Kaiser)、「使德國付出整個的戰爭費用」(Make Germany Pay)（不僅是賠償損失而已）和「榨乾檸檬」(Squeeze the lemon until the pips squeak)。這次「卡其選舉」(khaki election) 對英國代表團的行動頗有不良的影響，也增加了他們欲勸阻他國作過分要求的困難。至於集會地點，原有在中立國瑞士日內瓦之議，但威爾遜力主巴黎，遂使法國對和會的影響加大。如後來堅持《對德和約》必須在明鏡殿（1871 年德意志帝國宣布成立的地點)，基於禮貌推舉法國總理克理孟梭為大會主席等等。又由於威爾遜與勞合・喬治均不擅長於法語，而克理孟梭則又可操英語，再加上地主國的方便，於是這個「法蘭西之虎」(Tiger of France) 的地位便自然地更為增強[42]。

參加和會的國家，因為「有普遍利益的交戰國」(belligerent powers with general interests) 和「有特殊利益的交戰國」(belligerent powers with special interests) 之別，前者為「五強」(Big Five) 即美、英、法、義、日，後者則指其他交戰國家，包括英國各自治領、印度、波蘭、塞爾維亞及捷克。五強中的每一國派出五名代表，比利時、塞爾維亞與巴西派出三名代表，其他國家則各派一至二名代表。每一代表團又有顧問、技術及助理人員，英、美代表團各有兩百人左右。全部共有二十七個正式代表團，如果把英國各自治領（加拿大、澳洲、紐西蘭、南非聯邦）與印度合計在內，則有三十二個。和會的一切實由大國操縱。在第一次全體大會（1919 年 1 月 18 日）時便已甚為明顯，小國很難有為。大會的指導機關為十人會 (Council of Ten)，此由美、英、法、義、日五國各派二名代表所組成。但十人會旋即為五人會 (Council of Five) 和四人會 (Council of Four) 所取代。五人會係由五國外交部長所組成，四人會則由美國總統威爾遜、英國首相勞合・喬治、法國總理克理孟梭和義大利首相奧蘭多 (Vittorio Emmanuele

[42] C. E. Black & E. C. Helmreich, *Twentieth Century Europe: A History*, 4th ed. (New York: Knopf, 1972), p. 84; David Thomson, op. cit., pp. 575–77.

巴黎和會三大巨頭——自左至右：法國總理克理孟梭、美國總統威爾遜、英國首相勞合·喬治

Orlando, 1860–1952）所組成。不過，日本及義大利漸脫離，至 1919 年 4 月末時，實際上一切均由「三巨頭」（Big Three，威爾遜、勞合·喬治及克理孟梭）來處置。這種參與遞降的程度，說明大國及權力政治操縱一切。

1815 年的維也納會議和 1919 年的巴黎和會，是兩個重要的和會，也是決定政治重建和領土分配的兩大會議。這兩個和會常被人拿來相提並論。不過，這兩個和會的相同之處，完全是表面的。這兩個和會，不僅在組成分子上有異（維也納會議限於歐洲各國而巴黎和會則包括全世界），而且在基本目標上也不同。維也納會議的諸人主要目標在重建一個平衡的歐洲列國制度，恢復均勢政策。在巴黎和會的主要人物之中，祇有克理孟梭希望建立歐洲均勢，威爾遜所考慮的則為世界秩序，勞合·喬治則想到英國對歐洲和對自身帝國的責任而猶疑和搖擺在二者之間。至於義大利的奧蘭多與日本的牧野顯紳則完全為自己國的領土擴張而貫注全神。三個主要人物的不同便表現在對十四點內容的適用與解釋的爭論㊸。

「三巨頭」各有其不同的一面，威爾遜的神采曾為凱恩斯形容為「一如長老會的牧師」。他代表著上一個世紀民主、自由、進步和民族主義運動的成果，也代表啟蒙運動和法國革命以來的諸種理想。當 1917 年 4 月美國向德國宣戰時他就指出美國人民並無自私的目的，「不渴求征服，也不渴求支配」，美國人民不為自己要求賠償，而要擔任「人類權利的保衛者」

㊸ Andreas Dorpalen, *Europe in the Twentieth Century* (New York: Macmillan, 1968), pp. 54–55.

(champions of the rights of mankind)。威爾遜出身知識分子，他曾任普林斯頓大學教授及校長，為一憲法及歷史學者，他嚴峻不苟而具有信念，為理想主義者。

勞合・喬治為一現實的、能幹的和機會主義的人物。他似乎表現了兩面的手法，他一方面呼籲以 1871 年的經驗為鑑，不要容復仇、貪婪和慾望勝過了「公義的基本原則」(fundamental principle of righteousness)，並指出任何違反永恆公正的解決辦法均不能長久，但「公義」畢竟是難以界定的。另一方面，他在 1918 年的大選中卻又表現了另一種嘴臉[44]。克理孟梭則為冷硬的和嘲弄的，他曾用譏諷的警句說：「和平祇是用另外的手法所進行的戰爭。」他也曾抨擊威爾遜說：「上帝祇有十誡便已滿足，威爾遜卻要十四誡。」

此時克理孟梭已年高七十八歲，他清楚地記得普、法戰爭的仇恨，如今又見德軍蹂躪法國，他自然要為法國的過去要求補償，也為法國的未來要求保證。威爾遜也不能因勞合・喬治和克理孟梭的主張與十四點內容相悖而予以擯斥，因為他們都有國內的支持：勞合・喬治甫贏得英國的大選而法國代議院也以三百九十八票對九十三票通過了對克理孟梭的信任。倒是威爾遜自己在美國國內的地位受到削弱，他是民主黨籍的總統，但 1918 年 11 月的國會選舉中卻是共和黨人贏得了在參、眾兩院的多數。而他又至為珍視國際聯盟的約章，不得不在其他問題上妥協。

巴黎和會中最重要的問題，是討論對德國的和約，最重頭的戲也是《凡爾賽條約》的制訂。法國的著眼點在於以後的安全。1918 年 11 月 11 日在法籍的聯軍統帥福煦的主導下，由法方所擬訂的停戰條件便以以後的布署為念。於是聯軍（主要為法軍）進至萊茵河，佔領了三個萊茵地區的橋頭堡，即梅因茲、柯布林茲和科隆，並在河的另邊建立了中立地帶。法國軍

[44] R. W. Harris, *An Introduction to the Twentieth Century* (London: Blandford, 1966), p. 30.

方此時企圖把萊茵地區從德國割裂出來，建為一個緩衝國，而此一地區的部分工業界人士（有的害怕嚴酷的和約，有的不喜此時控制巴伐利亞的蘇維埃政權），以及天主教徒（不喜德國新教徒）的合作，甚至當時年輕的科隆市長天主教徒愛德諾（Konrad Adenauer, 1876–1967，1949–63 年間的西德總理）就是其中之一。福煦並力促法國總理克理孟梭接受此議。但是，在萊茵地區分離主義者未佔多數，再加上英、美的堅決反對，克理孟梭不能堅持。最後決定萊茵地區由英、法、美國軍事佔領十五年，並永遠解除武裝，不得設防。薩爾盆地併入法國關稅區，並由國際聯盟治理，十五年後由公民投票來決定其歸屬（1935 年公民投票時絕大多數人民決定屬德）。至於亞、洛兩州，則歸還法國。另外，德國與比利時之間的邊界也稍作調整，比利時得到少量的割地。總而言之，德國西界和西歐的變化並不大[45]。

德國在劃定東界所蒙受的領土損失最大，協約國欲在東邊建立較強的緩衝國以防制共產主義的擴張，而時人對波蘭最寄予同情，於是決定恢復波蘭獨立並予擴大。本來很想使德、波邊界符合民族分配的原則，但德人及波蘭人在這些地帶雜居難分，結果波蘭所獲領土如西普魯士（West Prussia，主要城市有但澤，Danzig）、波森 (Posen) 和中西里西亞 (Middle Silesia) 和東普魯士的一部包括了相當數字的德國人。至於波蘭人佔大多數的上西里西亞經公民投票於 1921 年歸波蘭。又為了使波蘭在波羅的海得到出海口，在地理上看這個出海口祇有是維斯朱拉河口的但澤，不過但澤的人口有 90% 為德人，無法割予波蘭，乃決定使之成為自由市，在海關系統上屬波蘭而行政則由國聯所委的高級專員 (high commissioner) 司理。為了使波蘭與但澤相連，乃有波蘭走廊 (Polish Corridor, or Pomorze) 之設。其法為沿維斯朱拉河下游割予波蘭以接但澤而使東普魯士因而與德國分開[46]。

---

[45] Robert O. Paxton, op. cit., pp. 177–78.

[46] 這片地區，大致上相當於前波屬波美隆尼亞 (Polish Pomerania)，但澤則為波美瑞利亞 (Pomerelia) 之古首府。但澤現屬波蘭，改名格旦斯克 (Gdansk)。

走廊內因有相當多的德人，日後成為德、波衝突的原因。

總計德國割予波蘭而未舉行公民投票的地區與人口略如下：西普魯士在總人口九十一萬餘人中，德國人佔了三十八萬五千人，東普魯士的二萬五千人總人口中，德國人有一萬人，波森總人口一百九十五萬餘人中，德國人佔了六十八萬餘人，中西里西亞的三萬八千名總人數中，德國人也有一萬人。總計在這些地區的二百九十三萬餘總人口中，德國人佔了一百零八萬七千人，波蘭人有一百八十四萬四千人[47]。如果合計在一起，德國割讓波蘭、比利時、丹麥（敘列斯威北部及中部由公民投票）和立陶宛等國的土地佔 13% 的面積與 10% 的人口，失去的土地佔德國 15% 的可耕土壤、75% 的鐵礦、26% 的煤藏和 25% 的鋼鐵生產。損失不可謂小。

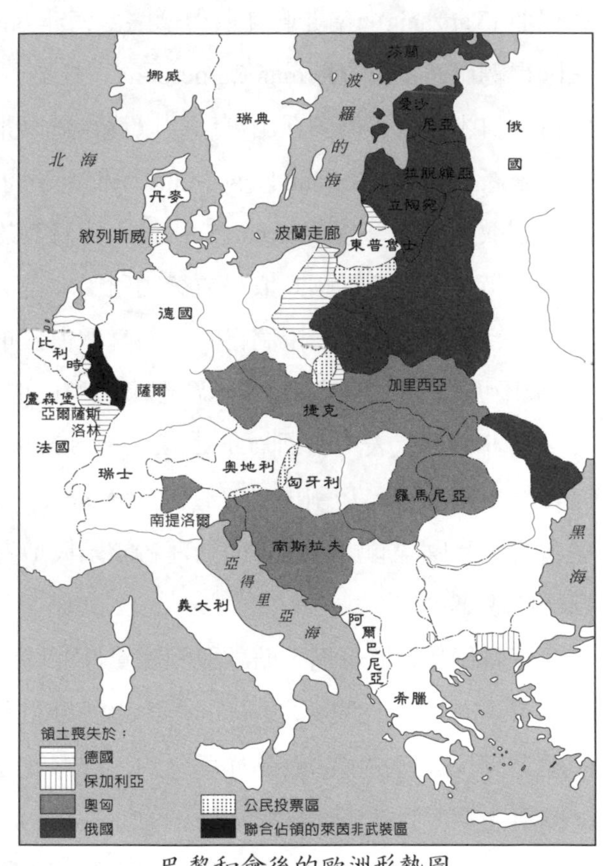

巴黎和會後的歐洲形勢圖

隨著這些領土上的變遷，歐洲的政治地圖也有了變化。德國向西退縮，俄國向東退縮，而奧匈則已不再存在，於是在北邊和中部有了新的國家誕生，即芬蘭、拉脫維亞、愛沙尼亞、立陶宛、

[47] H. W. V. Temperley, ed., *A History of the Peace Conference of Paris*, 6 vols. (London, 1920–24), II, p. 214.

波蘭、捷克，奧地利和匈牙利也以新的姿態出現。在巴爾幹半島，羅馬尼亞也從匈牙利、俄國和保加利亞獲得土地。至於塞爾維亞，則連同斯洛伐尼亞 (Slovenia)、克羅埃西亞 (Croatia)、蒙特尼哥羅、馬其頓 (Macedonia)，再加上波、赫二省，成立了一個新的南斯拉夫人的國家，也就是南斯拉夫。這些國家之中，除奧地利和匈牙利以外，其餘七國皆為新國。

在海外殖民地方面，德國全部喪失。英、法取得了德國在非洲的殖民地，如英國取得德屬東非而成為坦干伊喀 (Tanganyika)，也就是今日的坦尚尼亞 (Tanzania)，南非聯邦取得德屬西南非 (German South-West Africa)，法國得德屬喀麥隆 (German Cameroon)，比屬剛果亦稍獲擴大，義大利無所得。日本則取得德國在山東利益以及赤道以北德屬太平洋各島，澳洲則得德屬新幾內亞 (German New Guinea) 和所羅門群島 (Soloman Islands)，紐西蘭則取德屬薩摩亞 (German Samoa)。土耳其的阿拉伯屬地亦為英、法所分得。英、法、日等國既取得前德國殖民地自不肯讓出，但戰時宣傳曾一再譴責帝國主義並標榜崇高目的，而蘇俄復公布若干外交檔案暴露秘密外交，威爾遜的十四點內容也宣示合理處置殖民地問題並尊重當地人民意志。於是南非聯邦代表史慕斯 (Jan Christiaan Smuts, 1870–1950) 為使遷就事實而又能自圓其說，乃創出「託管制」(Mandate System) 的理論，即各國係在名義上受國際聯盟的託管而治理各該殖民地者。總算替赤裸裸的佔領找到一些說辭。

接著便是裁減軍備、賠款與戰爭責任的問題。裁減軍備原為當時一致的要求，亦為《十四點原則》的內容之一。和會乃決定先從德國做起，在此點上英、美與法國的觀點亦不一致，德國究竟可以有服役期一年的二十萬徵召士兵（此為英、美所反對，蓋憎徵兵制），或有一支小型的長期志願兵（此點法國反對，認無異為德國培養軍官幹部）。最後決定德國可有一支十萬士兵的職業軍隊，但為防範德國用短期服役的辦法來訓練預備人材，故規定士兵服役期為連續十二年而軍官則為二十五年。參謀本部一類的組

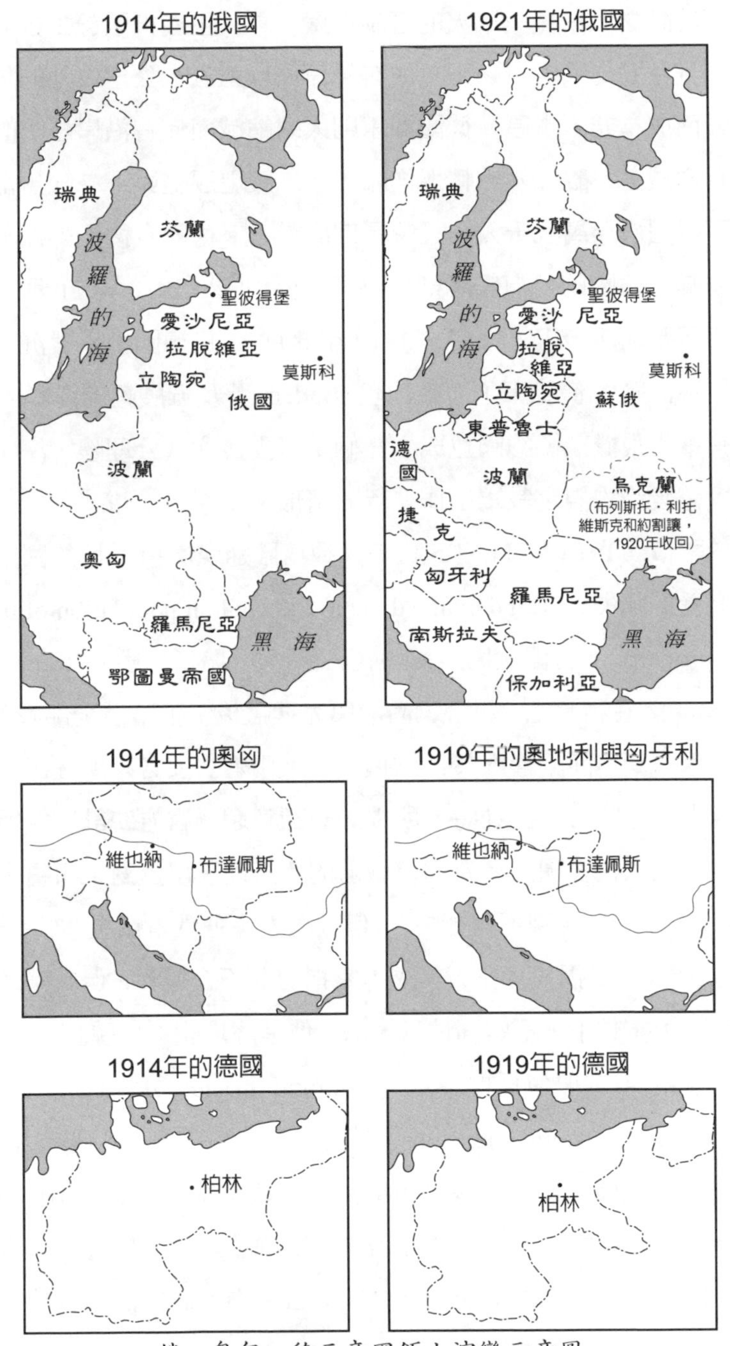

俄、奧匈、德三帝國領土演變示意圖

織一律不准設立，軍械與軍火的管制甚嚴，軍火生產祇限於少數的種類和工廠，而且在協約國監督之下。所有萊茵河以東五十公里以外的防衛設施均須拆毀而成為非軍事區。德國海軍則大肆縮減而僅有沿岸巡防的能力，祇能保有六艘主力艦，六艘輕巡洋艦，十二艘驅逐艦與十二艘魚雷艇。海軍人員不得超過一萬五千人，且須長期服役者。德國今後不得擁有軍用或商用的潛艦。德國的公海艦隊則早已交予協約國（1918 年 11 月）而停泊在英國海軍基地斯卡巴・夫婁。1919 年 6 月 21 日德國水手鑿沉了所有的主力艦和巡洋艦，僅餘下主力艦巴登 (Baden) 號及五艘輕巡洋艦。德國亦不得擁有軍用飛機。協約國並成立三個軍事委員會（分理陸、海、空）駐在柏林以監督條約規定裁軍工作執行的情形。

至於賠償，1918 年 11 月 5 日美國致德國通牒原指「協約國平民及其財產所遭受的損失」 (all damage done to the civilian population of the Allies and their property)，《停戰協定》 則已寫成：「賠償損害」 (reparation for damage done)。在和會上，勞合・喬治與克理孟梭主張賠償全部戰爭費用，亦即全部軍事費用而不僅限於民間損失。威爾遜對於各國所提出來的帳單數字之龐大為之咋舌，比利時人所提的數額竟超過官方統計數字所載的全國總財富。美國代表團乃以有違停戰前的協議而予以反對。事實上，此議亦不切實際，於是各國不再堅持。但英國力主把戰爭恤金（恩俸，war pensions）列入平民損失項下，美國專家指出此不合邏輯，但威爾遜認為美國所受戰爭災害較小，不妨同情英、法。他咆哮地說：「邏輯！邏輯！我不管他媽的邏輯。我要包括恤金。」 (Logic! Logic! I don't give a damn for logic. I am going to include pensions.) 英國經濟學者凱恩斯（英國代表團的一員）引論謂威爾遜說此語時，可能為其道義立場崩潰的決定性時刻㊽。加上恤金後德國所要付出的便要加倍，英國除船運噸位損失外，直接戰爭損失實較他國為小，如果不加上恤金則勞合・喬治將無法收取他在英國大

㊽ John M. Keynes, *The Economic Consequences of the Peace* (New York, 1920), p. 52.

選時所許諾的數字。

美國代表團亟欲確定的兩件事：一為德國究應賠償若干，再則此一數字必須是在德國支付能力之內。關於賠款總額，法國人一度說要二千億美元，英國人說要一千二百億美元。不過英、法等國的最權威的財政專家從未提出過如此巨大的天文數字，戰前官方所發表的法、比等國的全部財富（農場、建築、工廠等）亦從未達到此種現在提出的數字。最後乃決定不在條約內訂明德國應賠款的數額而另組賠款委員會 (Reparations Commission) 於 1921 年 5 月 1 日前決定之，該會在兩年後（美國已因國會未批准條約而不再對此有影響力）決定總額應為三百三十億美元（六十六億英鎊），這個數字超出任何一個國家的支付力量。條約並規定，在 1921 年 5 月 1 日之前，德國應先行賠償五十億美元，其餘則在三十年之內付清。

英、法等國既向德國要求天文數字的賠款，又擔心德國將來拒付。於是為了塞國內輿論悠悠之口和加強德國付款的道義責任，克理孟梭與勞合・喬治乃建議在條約內加上強調德國及其盟邦應負戰爭責任的條款，此即所謂第二三一條「戰罪條款」(War Guilt Clause)。該條款內容為：

> 協約國政府斷定並經德國接受，協約國政府及各國國民因此次戰爭所遭的損害，德國及其盟國應負全部責任，蓋戰爭係因德國及其盟國發動侵略而強加於協約國政府及人民者[49]。

本來和會已於 1919 年 1 月 25 日成立戰責委員會 (Commission on

---

[49] 《凡爾賽條約》第二三一條英文作：

The Allied and Associated Governments affirm and Germany accepts the responsibility of Germany and her allies for causing all the loss and damage to which the Allied and Associated Governments and their nationals have been subjected as a consequence of the war imposed upon them by the aggression of Germany and her allies.

Responsibility of the War) 而以美國國務卿藍辛 (Robert Lansing, 1886–1928) 為主席。該委員會已肯定戰爭係因德、奧及其盟邦土耳其和保加利亞蓄意造成，以致使之無可避免。這種論點固為當時協約國一方所一致接受者，如果該委員會能夠細讀新的《德國白皮書》所載的檔案，也許會另有結論。當時對戰爭責任既作此論斷，英、法領袖又主張載諸條約以加強德國賠款的道義責任，威爾遜自表同意。於是第二三一條戰罪條款便變為賠償一節的首條。此條款後來引起無盡的爭論，而且成為企圖修正或推翻《凡爾賽條約》者的最大依據。它的本身是不合理的[50]。

另一問題便是審訊戰犯 (war criminals) 的問題。這主要指前德皇及其他人員（包括興登堡、魯道夫、柏特曼・荷勒衛等）由協約國軍事法庭審判而言。美國代表團認為此類審訊並不載諸當時所行的國際法規，但勞合・喬治曾向選民宣示「吊死德皇」，於是乃希望荷蘭政府同意引渡，但協約國中無一國與荷蘭訂有引渡政治犯的條約，荷蘭政府遂信守傳統拒絕引渡。事實上該協約國發現荷蘭政府此舉等於為他們解決了難題。1920 年協約國向德國政府提出一個包括九百名戰犯的臨時名單，德國政府表示在政治上無法交出該批人士受審，但建議由德國設在萊比錫的最高法院審訊，此舉亦為協約國接受。最後乃敷衍了事，僅有十二名被起訴，最高量刑不過四年監禁，算是對審訊和處分戰犯作了交代。

以上為《凡爾賽條約》的主要內容[51]，該和約係在三個月內完成。締約時德國並無代表參加，威爾遜為了國聯問題又在很多方面妥協，對德國頗有有失公允之處。協約國先是在 4 月 25 日通知德國政府派代表至凡爾

[50] 有關《凡爾賽條約》第二三一條「戰罪條款」之各種解釋，可參看 Philip Mason Burnett, *Reparation at the Paris Peace Conference from a Standpoint of the American Delegation*, Vol.2 (New York, 1940), pp. 142–57.

[51] 《凡爾賽條約》之英文全文可見於 Milton Viorst, ed., *The Great Documents of Western Civilization* (New York: Chilton, 1967), pp. 324–30.

賽「接受」(receive) 和約，德人頗為「接受」一詞所傷害，乃擬不派全權代表到會。協約國第二個通牒稍較婉轉，改用「協商」(negotiating) 字樣，德國政府乃派外交部長布魯克道夫・灤佐 (Count Ulrich von Brockdorff-Rantzau, 1869–1928) 率代表團到會。德國代表團於 4 月 29 日抵達凡爾賽，並帶領許多專家、譯員，也帶著大量資料。5 月 7 日 3 時，布魯克道夫・灤佐在十名團員與兩名譯員陪同下抵達特亞農飯店 (Hotel Trianon) 會晤和會代表，克理孟梭之右為威爾遜及藍辛，左邊則為勞合・喬治與鮑納・勞 (Andrew Bonar Law, 1858–1923)，克理孟梭簡短致詞。布魯克道夫・灤佐本已決定利用此一各主要國家代表均在場的時機來回答若干指控。克理孟梭致詞完畢後，和會秘書長便把英文與法文書就的條約交付給他，他起立接受，然後坐下。他不願起立致詞，蓋如此猶如法庭的罪犯。他沉著地，但不屈服地發言：德國並不否認失敗，但如果承認要負起發動戰爭的全部責任，則猶如 「謊言」。他繼之指出威爾遜所宣布的原則為雙方議和的基礎，德國將本此基礎來審查和約的內容。他推崇國際聯盟的理想，最後並預言祇有公正的和平始為永久的和平。

和會給予德國十五天的時間來草擬書面答覆 (用英文及法文)，他們必須立即把厚達兩百頁的條文譯成德文。德國代表團起初尚恐協約國在他們的住所裝有秘密麥克風，乃用鋼琴干擾彼此談話的聲音而益增工作的困難。為了使工作加快，他們採取逐項答辯的方式，而協約國也立予回覆。協約國也作了兩項小的讓步，一為德人再購薩爾產煤問題，另一為允許在德國參加國聯前先行參加國際勞工局。最後德國又得七天的延期，而於 5 月 29 日提出總答覆和一連串的對案 (反建議)。德國代表團表示如無重大讓步將拒簽約，但協約國態度堅定，協約國所作的唯一的較重大的讓步為在上西里西亞舉行一次公民投票。德國代表團於 6 月 16 日收到協約國通牒，以七天為限作答。德國代表團主要分子乃遄返德國向內閣請示，他們在赴威瑪 (Weimar) 途中再研究條文而主張不予簽字。內閣在辯論條約內容時因意見衝突而無法有一致的結論，因為沒有任何德國人願意簽字於使其本人、他的黨派，或他的原則蒙羞的文件。新閣的組成甚難，直到時限的前一天才勉強由社會民主黨及中央黨湊成。然後把條約交付國民會議，結果以二百三十七票對一百三十八票通過簽約，但有兩項所謂「榮譽保留」(honor reservation)，即保留第二三七條（戰犯）和第二三一條（戰罪）。但協約國回覆拒絕接受任何保留，並謂如果二十四小時內不簽約則協約國軍隊即攻入德國。德國政府無可奈何又交付國民會議，在時限結束的前一個半小時，德國在凡爾賽的代表終表示德國毫無保留而簽約[52]。

在此情形下，在 1919 年 6 月 28 日（法蘭西斯・裴迪南大公遇刺五週年），《凡爾賽條約》終在明鏡殿簽字。祇有中國因反對和約對山東問題的處理而拒簽約。

至是，巴黎和會的重頭戲已告閉幕。對奧、保的締約正在加速，而主要代表已作摒擋歸國之計。美國參院後雖拒絕接受《凡爾賽條約》和同日簽訂的《英美法共同防禦條約》，德、法、義、英終在 1920 年 1 月 10 日互換《批准書》，而條約已告生效。巴黎和會於 1920 年 1 月 21 日正式宣布結束，而對匈、對土和約尚未簽訂。至於美國，參、眾兩院於 1921 年 7 月 2 日通過一項聯合決議宣布對德戰爭告終。美國與德國於 8 月 25 日另簽和約，德國允許美國享有《凡爾賽條約》所規定的全部權益。

三、其他和約

除了《凡爾賽條約》以外，《巴黎和約》還包括其他和約。《對奧和約》簽訂於巴黎郊外的聖日曼因 (St. Germainen-Laye)（1919 年 9 月 10 日）。這個和約等於是註銷了奧匈帝國的存在，和把奧地利視作舊政權的代表而予懲處。奧國承認捷克[53]、南斯拉夫、波蘭與匈牙利的獨立，奧國割蘇臺德

[52] C. E. Black & E. C. Helmreich, op. cit., pp. 87–89.

[53] 捷克 (Czechoslovakia) 在 1918 年 10 月建立，由前奧國統治下的波希米亞

區予捷克，割東加里西亞 (Eastern Galicia) 予波蘭，割的港一帶地區與布列納隘道的提洛爾地區 (the Tyrol) 予義大利。羅馬尼亞與南斯拉夫亦獲若干奧國原在巴爾幹的土地。奧國變成純粹的日爾曼人國家，約為原帝國的十分之一，約有六百五十萬人口，條約復禁止奧國與德國合併 (Anschluss) 以免使德國強大。奧國亦須付出賠款，其軍隊不得超過三萬人。這對曾經不可一世的奧地利而言，真是令人感慨。

對保加利亞的和約簽於涅宜（Neuilly，1919 年 11 月 27 日）。保加利亞割西色雷斯 (Western Thrace) 予希臘使之不再臨愛琴海，割一些邊界地區予南斯拉夫，南多布魯甲 (S. Dobruja) 亦肯定予羅馬尼亞。此外，保加利亞要付出四億四千五百萬美元的賠償和其軍隊數字限額為二萬人。

匈牙利因在 1919 年 3 月 8 日一度為以貝拉・孔 (Béla Kun, 1886–1938) 為主的共產政權所控制而與鄰國作戰，羅馬尼亞且一度攻佔布達佩斯，所以和約到 1920 年 6 月 4 日始在大特亞農（Grand Trianon，凡爾賽公園內）簽訂。匈牙利被剝奪了近乎四分之三的領土與三分之二的人口。匈牙利向捷克（斯洛伐克亞及魯特尼亞）、羅馬尼亞（特蘭西凡尼亞等）和南斯拉夫（克羅埃西亞）等割讓土地，付出賠款和軍隊限為三萬五千人。

至於對土耳其的和約，情況較為複雜。先是協約國與土耳其在巴黎近郊的色佛爾 (Sèvres) 訂立條約（1920 年 8 月 10 日）。在此之前，蘇俄公布了協約國欲瓜分土耳其的秘密條約。1919 年 5 月，希臘人在協約國支持下登陸斯邁爾那（伊茲密爾，Smyrna, or Izmir），義大利人亦在安那托利亞 (Anatolia) 西南登陸。1920 年 8 月 10 日，在國際軍隊佔領與保護下的在君士坦丁堡的土耳其政府與協約國在色佛爾簽訂了和約。在此條約下，土耳其帝國崩解，土耳其成為在亞洲安那托利亞半島和歐洲君士坦丁堡附近一點地區的一個小國。亞美尼亞 (Armenia) 成為單獨的共和國，海峽地帶在

(Bohemia) 與莫洛維亞 (Moravia) 和前匈牙利統治下的斯洛伐克亞 (Slovakia) 組成，但亦包括蘇臺德區（Sudetenland，日爾曼人居地）。

美國拒絕託管後予以國際化，沿岸成為非軍事區，色雷斯及土屬愛琴海諸島歸希臘，土耳其在中東領地為英、法所分。但土耳其在凱末爾 (Kemal Atatürk, or Mustafa Kemal, 1881–1938) 領導下發生民族復興運動，拒絕承認和約。他們罷土皇穆罕默德六世 (Mehmed VI, 1922) 而改建共和。1923 年 7 月 24 日，各國乃在瑞士洛桑 (Lausanne) 與土耳其另訂新約：土耳其收回東色雷斯、斯邁爾那（伊茲密爾）、海峽地區（不得設防）；免除賠款；取消外人勢力與領事裁判權。不過土耳其在中（近）東的屬地仍為英、法所分：法國得敘利亞及黎巴嫩，英國得巴勒斯坦、外約旦及伊拉克（美索不達米亞)。

四、對和會與和約的批評

巴黎和會所訂立的和約有五個之多，通稱《巴黎和約》(*Peace of Paris*)，有時亦稱《凡爾賽諸條約》(*the Versailles Treaties*)，這五個條約均分別以巴黎附近的宮殿（即簽約地點）為名，其中最主要的，同時也是關係日後的國際政治最大的，是《凡爾賽條約》。《凡爾賽條約》為現代史上常被批評的條約之一。它與另外的四個條約構成《巴黎和約》而為其中最重要的一個。它僅保持了二十年的和平，而且在這二十年中，國際政治一直並不穩定。對於《凡爾賽條約》一直有「過寬」和「過嚴」兩種極端不同的評論，這都是指對德國處置究竟是嚴酷，還是寬大所造成的。當然，「寬大」和「嚴酷」也是相對的，不是絕對的。德國是一個重要國家，如何處置德國，對歐洲乃至對世界都會有很大的影響，就德國的觀點看：《凡爾賽條約》是一個被強壓德國之上的和約 (Diktat, or dictated peace)：它既違反雙方協議為締和基礎的《十四點原則》，德國未派代表參與，而且德國受封鎖（因而缺乏食物）直迄 1919 年 7 月，最後更是在協約國以重啟戰端為威脅的情況下，德國被迫簽字。

英國經濟學者凱恩斯指出此條約有關經濟條款之窒礙難行，並稱此和約為「迦太基式的和約」(Carthaginian peace)。對德國而言，它構成一項「慢性的民族冤情」，發生不良的作用，最後乃致為野心家所利用。大致言之，說它「嚴」，係指德國受到很大的傷害，使之不能在國際社會中做一個自重自愛的會員國；說它「寬」，則是說德國被損傷的程度並非致命，法國所堅持的一些條件並未列入，仍未摧毀其大國的地位和其政治與經濟力量。在巴黎和會上對這個和約的基本目標並沒有完全一致的協議。此種對基本目標缺乏協議表現在條約上的是一方面載有崇高理想的《國聯約章》，另一方面則同時包括嚴酷異常的賠款規定。這也完全是現實政治使然。

我們從另一觀點看，可以說和會決策者缺乏前瞻性的眼光與胸襟，締和時的德國已非戰爭時的德國，蓋帝國與德皇已隨戰爭而俱逝，新的德國共和政府似可受到較為寬大的待遇。試看拿破崙戰爭以後的勝利國曾對波旁王室復辟後的法國以較為寬大的處置，蓋各國認為復辟後的法國政權與他們自身較為接近。但第一次大戰後的勝利國對於新的德意志共和國卻無此胸襟，他們把本來要加諸德帝國的條件迫令德國共和政府接受[54]。勝利的協約國計不及此，後來乃有不良的發展，終使「以戰止戰」(war to end war) 的目標不僅未能達成，卻平添了「為和平送終的和約」(peace to end peace)。這是可嘆的。

《凡爾賽條約》及其他和約的締訂顯示出民族主義的勝利，此亦為民族自決原則的昂揚。七個新的獨立國家的出現改變了中歐與東歐的政治地圖。這七個國家是：芬蘭、愛沙尼亞、拉脫維亞、立陶宛、波蘭、捷克與南斯拉夫。此舉雖被評譏為「歐洲的巴爾幹化」(Balkanization of Europe)，因為在這些地區民族混雜的情況很普遍，和約締訂者並未遷徙人口以調整之，結果每一國家均有少數民族問題，其中較著者如捷克境內有匈牙利人、

[54] R. R. Palmer & Joel Colton, *A History of the Modern World*, 4th ed. (New York: Knopf, 1971), p. 759; H. Browne, *World History 2, 1900–1968* (Cambridge University Press, 1970), p. 35.

波蘭境內有魯特尼亞人、立陶宛境內有波蘭人、羅馬尼亞境內有保加利亞人。捷克境內的蘇臺德區有三百萬左右的日爾曼人，後來尤為亂源。德國人亦認為波蘭人、捷克人等均可自決，祇有日爾曼人不准自決，最顯例便是禁止奧國與德國合併。儘管有這些問題，我們仍不能不承認中歐與東歐長期受挫的民族主義總算吐了口氣。西方國家的用意固在自羅馬尼亞經波蘭、立陶宛、拉脫維亞、愛沙尼亞直到芬蘭構成一個「防疫帶」(cordon sanitaire, or sanitary zone) 以防俄國共產主義的西傳，從而使資本主義的民主政治不要受到赤色的威脅。

我們也要承認儘管《凡爾賽條約》甚為嚴酷，仍較德、俄所訂的《布列斯托・利托維斯克和約》為寬大。

論者有謂《凡爾賽條約》固有若干缺點，但最大的弊端仍不在此而在各國未能真正執行這些條款。在此點上，美國拒絕批准和約所負責任實大。美國共和黨控制下的國會杯葛民主黨籍的總統，但威爾遜總統既未能派組兩黨人士合組的代表團參加和會，又拒絕稍事修改《凡爾賽條約》以緩和國會的反對，遂使參議院否決了和約使美國未能加入國際聯盟，也否決了《英美法共同防禦條約》使法國的安全保證落空[55]。英、法兩國為《凡爾賽條約》的兩個主要的執行者，而兩國對德觀點並不相同：英國在德國海軍被毀與德國商船大部交她後在安全方面的顧慮已告消除，英國對德國的恐懼已為對共產主義的勢力的恐懼所取代，而希望用德國為反共堡壘。在此情形下，英國對德態度已趨不嚴厲，但是沒有美國的支持與參與，他們實覺孤掌難鳴。法國則仍主壓抑德國，不令使之強大。尤其是後來美國國會未批准《凡爾賽條約》與《英美法共同防禦條約》而又放棄了萊茵地區設立緩衝國之計畫，法國乃有被出賣的感覺。法國乃忙於布置自己的安全體系，與波蘭、比利時和「小協約國」(Petite Entente，南斯拉夫、捷克與

---

[55] Crane Brinton, John B. Christopher & Robert Lee Wolff, *Civilization in the West* (New Jersey, 1969), pp. 580–81.

羅馬尼亞）結為一體，並擬在德國尚未站起來時削弱它。但事實上，戰爭已使法國衰弱，法國並無足夠的自信與力量來達成目標，結果所採的辦法均是足以羞辱新的德國民主政府而不足以消除其真正的力量。這使德國人民受到創傷，也使民主政治無法在德國建立，德國對於和平的秩序是很大的威脅者。

第三節　新國際秩序的追尋

經過四年多的犧牲慘重的大戰，人類對於新的國際秩序益為憧憬。於是，戰後乃有國際聯盟的成立，並且希望建立一個以國際聯盟為中心的國際社會。但是，此一憧憬並未成功，此因國際聯盟的廢弱無力，以及國際政治環境的惡劣。

一、國際聯盟

國際聯盟 (League of Nations) 的建立，是人類崇高理想的具體實踐。對於此一國際組織的成立，在當時各國均表贊成。美國方面，威爾遜總統是出力最多的人，他認為國際聯盟可以維持國際和平與伸張公理正義。英國也對於新的國際秩序表示支持。法國亦接受國際聯盟，而其動機則在藉以防止德國的復起，並鞏固《凡爾賽條約》所建立的國際體系。日本亦冀藉以達到人種平等的要求。其他國家接受國際聯盟均各有不同的理由，不過總而言之均認為是一種希望[56]。

威爾遜在巴黎和會上為國際聯盟而力排眾議，也為國際聯盟放棄了一些應爭的事物。巴黎和會在 1919 年 1 月 20 日終一致通過創立國際聯盟的決議，並任命委員會草擬其憲章。這個憲章便是《國際聯盟約章》

---

[56] Milton Viorst, ed., "Introduction to the Covenant of the League of Nations," *The Great Documents of Western Civilization* (Philadelphia , 1967), p. 330.

(*Covenant of the League of Nations*)[57]。《國聯約章》包括在每一個和約的第一部分，所以當《凡爾賽條約》（巴黎和會所訂和約之一）在 1920 年 1 月 10 日生效之後，此一國際組織亦即宣告成立。

國際聯盟的宗旨與組織均見諸其約章[58]，它是以促進國際合作和達成國際和平與安全為目的。在基本精神上，它是一種集體安全的措施。它的主要組織包括大會 (Assembly)、理事會 (Council)、秘書處 (Secretariat) 和一些專門委員會等等。大會係由全體會員國所組成，在會籍方面美國本力主普遍，使之包括全世界各國；法國則持不同的看法而主張會員國的資格應限於協約國，或至多再加上中立國。法國也主張國際聯盟應有一支國際軍，且有其參謀本部。英、美對法國的建議，均持反對的態度，蓋他們對於常備徵兵不能無疑懼，而且認為法國的建議隱含著政治與軍事的承諾與責任。不過為了順應法國的意願，乃在會籍方面有所讓步，於是德國及其在大戰期間的盟國均被擯斥門外，一直到他們能證明自己為「文明國家」為止。最初國聯會員國祇有三十二個參加和會的國家和十三個中立國家獲邀參加。其他國家則需要大會三分之二以上票數的通過始可加入。事實上，國際聯盟在 1920 年 1 月 10 日正式成立時，它祇有二十三個會員國，同年 11 月增至四十二國，埃及在 1937 年入會時為最後一個會員國，也是第六十三個會員國。不過也有一些國家退出，如巴西於 1926 年，日本於 1933 年，義大利於 1937 年退出。另外，世界重要的國家從未在同時期內皆停留在國際聯盟之內。美國固因國會未批准和約而未曾加入，德國則於 1926 年始加入但 1933 年退出，俄國到 1934 年始加入但 1939 年被排除，日本參加國聯的時期為 1920 年至 1933 年，義大利則為 1920 年至 1937 年，祇有英、法兩國自始 (1920) 至終 (1946) 均在國際聯盟之內。

---

[57] Covenant 一詞頗富宗教意味，含有誓約之意。此名詞為威爾遜堅持而終被採用者，他曾向西賽爾勛爵 (Lord Cecil) 說因為他是老長老會信徒而主用此字。

[58] 《國際聯盟約章》英文主要條款，可見 Milton Viorst, ed., op. cit., pp. 331–38.

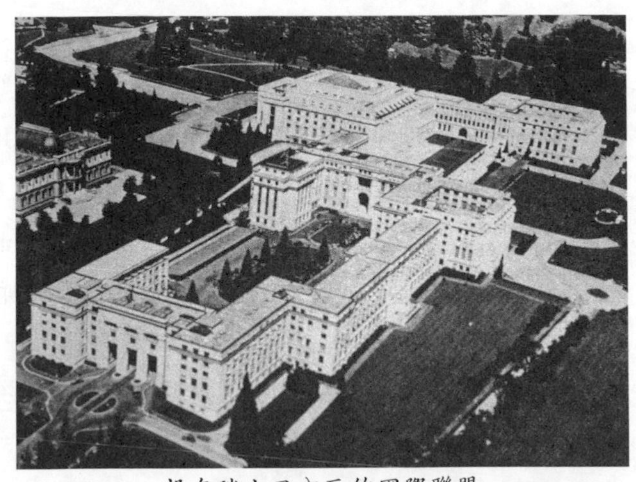
設在瑞士日內瓦的國際聯盟

大會每年至少要召開一次，召開的地點習慣上是在國聯所在的瑞士日內瓦。大會的權限甚為廣泛，但《國聯約章》並未明確地說明大會與理事會的關係，二者均有權處理「國聯職權權限內的和影響世界和平的任何事端」[59]。在大會中每一會員國權利平等，各有投票權一票，除掉程序問題和決定新會員入會之外，其他問題則需一致之同意 (complete unanimity)，也就是說，每一會員國都有否決權，這固然彰顯了國家主權，但卻使國際聯盟難以發揮力量。理事會是國際聯盟的執行機構，其地位至關重要。它是由常任理事國和非常任理事國兩類理事國組成的，常任理事國先是由英國、法國、義大利和日本擔任，1926 年德國加入國際聯盟後亦為常任理事國；至於非常任理事國，則係由大會選出，先是有四個，1922 年增為六個，1926 年又增為九個。另外，如任何一個會員國在理事會討論有關其利益的問題時得派代表以會員國地位出席。理事會每年至少集會四次，習慣上以日內瓦為集會地點。議事規則除程序問題外，其他實質問題須一致通過的約規 (unanimity rule)，此使每一理事國均有否決權，大國更是經常否決違反其自身利益的議案。這是國家與超國家組織之間的矛盾，而且不易排除。

國聯的秘書處則為其處理日常業務的機構，在秘書長之下有各種不同階級的行政人員，再加上各種專家與譯員，其人數超過五百。秘書處的人

[59] 見《國聯約章》第三條及第四條。

員不是依照各國代表團的方式來分配，而是全體人員皆為國際公務員而其效忠的對象亦為國際聯盟。國際聯盟秘書處的人員在素質上相當不錯。

還有，常設國際法庭 (The Permanent Court of International Justice)，此法庭必須稍加解說以免誤解。國際法庭代表國際正義的追求。緣在 1899 年第一次海牙和平會議時有常設仲裁法庭 (Permanent Court of Arbitration) 之建立，當時四十餘國同意每國提名法學家四人，如此構成法官名冊 (Panel of Judges)，當兩國有爭議而願提交仲裁時即可在名冊內選人組成仲裁會 (board of arbitration)，法庭設在海牙。1907 年第二次海牙和平會議時乃有在仲裁法庭之外另設國際法庭之議，不過由於對法官產生的辦法未獲協議（大國堅持派任法官而小國亦力主平等待遇，致無結果）。常設仲裁法庭至今仍存在。《國聯約章》第九條予理事會建立常設國際法庭或世界法庭 (World Court) 之責，最後乃決定設立一個包括十五名法官（任期九年）的常設國際法庭。法官產生的辦法係在常設仲裁法庭仲裁員中依民族集團提名而由國聯大會及理事會以多數通過，法庭在 1922 年 1 月正式成立。常設國際法庭並無強迫管轄權，它的管轄權限於同意交付裁決，或訂約載明如有爭議可交付裁決的國家，且僅受理國家與國家間的案件。此外，根據《國聯約章》第十二條常設國際法庭可向國聯大會或理事會提供顧問意見。美國雖支持成立常設國際法庭甚力，但因參院在 1922 年 1 月批准常設國際法庭的規約 (statute) 曾附有五項保留，此為其他會員所不接受。常設國際法庭在 1946 年 4 月 16 日解散，後來成為《聯合國憲章》下建立的國際法庭 (International Court of Justice)。

國際聯盟最主要的職責在維持國際和平。《約章》的第十條至第十七條載有和平解決爭端的程序，一旦任何會員國的領土完整與主權獨立受到外在的侵略或威脅時，理事會便要研究對策。任一會員國可以促請理事會注意「任何威脅國際和平的情況」，而理事會亦應立即集會來研討。各會員國同意將外交不能解決的爭端交付仲裁或國際法庭判決，而且不得在仲裁或理事會報告提出後不足三個月內訴諸戰爭，否則便要受到其他國家的經濟制裁。國際聯盟並無國際警察力量，但如各會員國能同心協力、共同合作，則其制裁力量仍相當可觀。另外，大會與理事會雖皆有權處理有關世界和平的案件，實際上在 1920 年至 1939 年的六十六項政爭糾紛中祇有七項同時也為大會所處理。這說明理事會的重要性。

國際聯盟之所以未能產生很大的作用與美國的拒絕加入有相當的關係。美國人民對戰後的情形頗感幻滅，於是孤立主義又起，同時又懷疑《國聯約章》侵及美國主權和剝奪了美國國會宣戰媾和的權力。威爾遜總統乃與參議院之間就美國參加國聯的條件上有了爭執。威爾遜堅持應照案通過和約以免其他國家趁機要求修正，而且他拒絕在他認為牽扯到原則的地方讓步，但是參議院中反對他的人也同樣的強硬，力主在和約上加上若干保留以重申美國主權與國會的權力。在此情形下，再加上威爾遜與共和黨領袖洛奇 (Henry Cabot Lodge, 1850–1924) 又有不睦之處，乃使問題更難圓滿解決。所以威爾遜雖在 1919 年獲得諾貝爾和平獎金而聲望正高，卻無法克服國會的反對。他決定巡迴演說把爭端訴諸國民，但在途中精神崩潰（1919 年 9 月 25 日），繼之又受心臟病打擊而癱瘓（10 月 1 日至 2 日）。1919 年 11 月和翌年 3 月，《凡爾賽條約》兩度提交參院，均未能通過。

當美國為《凡爾賽條約》及國際聯盟入會問題而爭論不休時，歐洲各國至感關注。英國希望美國入會藉以分攤負擔，法國視美國入會對自身安全至為重要。小國家更認為美國可以成為歐洲糾紛的調處者。這些國家知道不便介入美國的內政，但為了爭取美國加入國聯，他們向美國總統及參院表示他們會同意參院所提議的保留條款。英國亦派葛雷赴美企圖說服威爾遜採取較為有彈性的態度，葛雷既為國聯原始的提議人之一，他的忠告當應對威爾遜發生作用，但威爾遜卻拒絕見他。葛雷返英後曾在《泰晤士報》發表一函表示認為即是美國有保留的參加國聯亦勝過其不參加多多。以葛雷的地位，如果不是英國政府同意，他不大會發表此類意見。事實上勞合・喬治在稍後的一項記者訪問中也表示贊成葛雷的意見。這些發表也許會對美國輿論發生若干良好的影響，但是在此時英國經濟學者凱恩斯發表了他的《巴黎和約的經濟結果》(*The Economic Consequences of the Peace*, 1919)，指出《凡爾賽條約》為「迦太基式的和約」，攻擊賠款條例為在經濟上毀滅德國，同時德國是歐洲的主要部分，毀滅德國亦即毀滅歐洲。此書立即在美國成為暢銷書，它加強了孤立主義的力量，說明歐洲仍將有其無窮的麻煩，而使反對參加國聯的一方得到很大的支援[60]。

美國未加入國際聯盟，而美國已為舉足輕重的大國，此使國際聯盟的聲望削弱，英國本來就主張此國際組織應以諮詢及調處為主要性質，乃益發不肯強調國聯的制裁作用，他們認為一些懲處性的措施如經濟制裁之類，如果沒有美國參加不易發生效果，而海軍封鎖又可能與美國衝突。英國及自治領各會員國乃要求不要經常實施經濟制裁。法國亦因美國退出而對國聯喪失信心，乃與比利時、波蘭和捷克等訂立《軍事同盟》，公然地表露出對國聯的缺乏信心。另外，英國視國聯為國際合作的工具與法國把它看作反抗侵略的堡壘，亦使國聯在保持和平與裁減軍備方面的工作受到困擾。法國屢欲加強國聯在集體安全方面的功能而未果，又因無法得到英、美的安全保證，乃在裁減軍備方面不願合作，使國聯的另一主要目標不得順利進行。所以唯有的兩次較為成功的裁軍會議均是在國聯的架構之外而且是在美國亦參加的情況下達成的。其一為 1921 年至 1922 年的華盛頓會議，英、美、日、法、義五國終簽《海軍軍備條約》(*the Naval Armaments Treaty*，1922 年 2 月 6 日)，規定十年內不添造新的主力艦（指一萬噸以上和配有八吋以上口徑大砲的軍艦），也建立了五國主力艦的比例 (5：5：3：1.67：1.67)，即英、美各有五十二萬五千噸，日本可有三十一萬五千噸，法國與義大利可各有十七萬五千噸。另一次則為 1930 年的倫敦海軍會議

[60] Andreas Dorpalen, *Europe in the Twentieth Century: A History* (New York: Macmillan, 1968), pp. 64–66.

(London Naval Conference)，英、美、日同意輕型軍艦的比例為 10：10：6，但法、義卻並未同意。

國聯也曾成功地調處過若干政治的和領土的糾紛使之和平解決。其中較著者有：1920 年在敘列斯威北部 (North Schleswig) 舉行公民投票，使極北端丹麥人佔多數的地區歸於丹麥；1921 年調處瑞典與芬蘭有關奧蘭群島 (Aland Islands) 的爭執，使該群島歸屬芬蘭；1921 年在上西里西亞舉行公民投票使波蘭人佔多數的地區劃歸波蘭。此外，國聯也監督了希臘、土耳其與保加利亞的人口交換工作，成功地維持了但澤自由市。不過這些事例均甚少涉及大國，不擬強調。國聯早期失敗的例子當為 1919 年至 1922 年的維爾納爭議 (Vilna Dispute)，維爾納在巴黎和會時決定歸屬立陶宛，但 1920 年為波蘭所佔領，之後便在波蘭舉行了一次不可靠的公民投票後被併入。國聯的衰落始於 1931 年日本侵略中國東北（九一八事變）而無力制止。繼之義大利侵阿比西尼亞 (Abyssinia, 1935–36)，國聯雖予經濟制裁，實以鬧劇收場，蓋油、鐵、鋼均不包括在禁運之內，且至 1936 年 7 月各國均已開禁，此後更不再有經濟制裁之事。再接著便是俄攻芬蘭 (1939)。上述這六個國家均為會員國，但國聯卻無能為力。在 1938–39 第二次大戰爆發前的危機中，列強直視國聯如無物。在第二次大戰期間，國聯盡量從事於非政治性的工作，最後終在 1946 年 4 月壽終正寢而告解散，其功能及館舍皆併入聯合國。

國際聯盟雖未能創造合理的國際秩序，以維持世界的和平。但是，它在一些功能性的（非政治性的）工作上卻相當成功。第一要指出的，便是它的國際勞工組織 (International Labor Organization, or ILO) 對於改進工人的工作環境、工作報酬和社會保險方面頗為努力，1919 至 1939 年期間在這些方面達成了六十三項協約，其中有四十四項在 1939 年 3 月 15 日以前已告生效且平均至少有十九個國家批准。美國即使未參加國聯亦參加了國際勞工組織，有些國家（如日本）即使退出國聯也未退出該組織。該組織每年在日內瓦集會一次，每一會員國派四名代表（兩名政治代表，另外一代表資方，一代表勞方），而投票方式則不以代表團為單位，因而可以不必有國界的區分。該組織發行一些出版品，較著者為《國際勞工評論》(*International Labor Review*)。此外，國聯還有衛生組織 (Health Organization) 和經濟及金融組織 (Economic and Financial Organization) 等，前者致力於撲滅傳染病及熱帶病症並派遣醫療團到各國，後者則幫助一些國家解決財經問題，特別是奧、匈、希、保、愛沙尼亞和阿爾巴尼亞等國。這些機構對人類福祉的提昇，特別對落後國家及人民的幫助，有其不可磨滅的記錄。

二、第一次大戰後的國際秩序

大戰結束以後，原寄望能夠建立公正而又和平的國際秩序。美國總統威爾遜所提出的《十四點原則》，便是此一國際新秩序的藍圖。但是，巴黎和會並未能落實這些藍圖。我們可以在此討論一下十四點內容最後的情形，藉以看一看和約條款與《十四點原則》之距離。第一是廢止秘密外交，事實上是由三巨頭決定一切，即是威爾遜本人也承認條約不能經常以公開的方式完成；第二是公海自由，因為英國反對，甚至未能在和會提出；第三是消除經濟壁壘，各和約的內容反而加強了此類壁壘；第四是裁減軍備，結果僅是失敗者被裁減，勝利者仍維持強大軍備，比戰前有過之而無不及；第五是公正地處理殖民地問題，結果是勝利者瓜分；第六是撤離佔領俄國的外軍並使俄國人民獨立發展其政制，並未做到；第七是恢復比利時，此點做到；第八是撤退佔領法國的外軍和使法國收復亞、洛兩州，此點做到；第九是依民族分布重新調整義大利的邊界，最後的妥協是使五十萬人以上的日爾曼人與斯拉夫人被包括在義大利之內；第十是奧匈帝國境內各民族得到自治發展的機會，結果是大致做到，但在民族分布錯雜的地區是日爾曼人與馬札兒人受損而被劃分在斯拉夫人統治下；第十一是羅馬尼亞人、塞爾維亞人和蒙特尼哥羅人得到自治機會，此點大致辦到；第十二是鄂圖曼帝國之土耳其部分有主權，其從屬民族自由決定其政治前途，結果是土耳其人在被干擾的情況下完成較穩定的政權，其從屬民族之自決則實際上未能做到；第十三是波蘭獨立並獲出海口，此點實現；第十四是成立國際組織以確保各國獨立與主權完整，但因美國未加入國聯，事實上即使是美國加入能否完備地達成國聯的理想[61]亦屬未知。但是，國際聯盟未能保障各國的主權獨立與領土完整則屬不爭之論。

這就埋下日後國際關係失調的因素。當然，我們也不能完全苛責當時國際政治人物對於理想和原則的不能堅持，時至今日，這些理想和原則仍然被強權政治玩弄於股掌之上。另外，巴黎和會以後，國際政治環境一直非常險惡，也與不能建立穩定的國際關係有著很大的關係。戰後國際政治環境之所以險惡，固然有很多的因素，其中以俄國問題和賠款與戰債問題的不能解決，又是息息相關。

俄國革命之後，西方國家派軍至俄國北部港口阿克吉爾和莫曼斯克 (Murmansk) 以及遠東的海參崴，其目的在阻止從前分配給俄國的戰爭物資轉入德國之手。另外為了減輕西線的壓力，西方國家仍想重啟俄國陣線，於是支援反布爾賽維克黨的勢力。他們寄望於反共的白俄 (White Russians) 來摧毀俄國的共產政權，而且再度重新加入對德國的戰爭。這些希望後來都告落空，而西方國家在 1919 年後期亦因俄國境內反共產政權力量的潰敗而停止支援。儘管蘇俄與西方國家互不信任，但不久即相互伸出經濟與政治的觸角來試探對方。1921 年春天前後，列寧及其同僚已接受共產主義革命在短期內無法在西方展開的事實，而蘇俄又極端地需要經濟方面的援助，於是決定打破孤立，西方國家亦盼獲得俄國市場，英國尤因生產過剩而更為迫切。這使英、俄逐漸接近，雙方於 1921 年 3 月簽訂《商業協定》，繼

---

[61] Wallace K. Ferguson, *A Survey of European Civilization*, 4th ed. (Boston: Houghton, 1969), pp. 794–95.

之德國和義大利以及一些歐洲小國與蘇俄達成了類似的協定。但是戰後歐洲的經濟甚衰，欲求復蘇則必須有大規模的國際合作。勞合・喬治力主召開全歐各國（包括從前的敵國）的經濟會議，他也主張邀請美國與俄國參加。此時俄國正實施新經濟政策而朝向有限度的資本主義的和私有企業的經濟，時機亦能配合。法國總理白理安 (Aristide Briand, 1862–1932) 亦力贊與德、俄建立較為密切的關係的意見，於是乃有 1922 年 4 月在熱內亞召開會議的計畫。

但在會議召開之前白理安辭職，其繼任者為朋加萊。與白理安相比，朋加萊既不平易近人而且性格不易妥協，他認為法國的安全與德國嚴格遵守《凡爾賽條約》有密切的關係，不肯予在會議中德國平等的地位。他堅持會議不可涉及與德國賠款和法國安全有關的問題，他也堅持蘇俄必須清還帝俄時期的外債和對因國有化而受損的外籍的業主予以補償（這與法國特別有關，因為 80% 的外債為法國所有，蘇俄推行企業國有化受損最大者亦為法國人）。另一方面，美國則認為此會議之政治色彩大於其經濟性而拒絕參加。結果是會議毫無成就。但是，兩個當時國際社會的棄兒，也就是德國和俄國，卻舉行了會外會。兩國代表在 1922 年 4 月 16 日簽署了《拉巴洛條約》(*Treaty of Rapallo*)。這個條約的主要內容是，雙方互相取消賠款的要求，同意恢復外交關係，在貿易上給予對方最惠國待遇。這個條約不僅對熱內亞會議造成很大的打擊，對於國際秩序和國際政治也發生很大的影響。此後德國與俄國互相合作，從經貿到軍事，德國軍官代俄國訓練紅軍，德國也在俄國設立兵工廠發展和生產《凡爾賽條約》禁止德國生產的武器[62]。德國與俄國的密切合作，成為國際關係中的逆流。

賠款及戰債問題是另一個國際間不能解決的死結，而使政治與經濟更為困難。英國經濟學家凱恩斯原判斷賠款數字至多可為二十億美元。最後賠款委員會在倫敦決定 (1921) 德國賠款數字應為一千三百二十億金馬克，

---

[62] Ibid., pp. 68–70.

此折算六十六億英鎊或近乎三百三十億美元。如此巨額實非德國支付能力可及，再加上各國因生產過剩和失業者眾而無法購買德國的出口貨物，這益使德國難以籌措外匯 。 直迄 1921 年 8 月德國始付出第一期賠款十億馬克（德國在倫敦金融市場借貸付出），11 月間又付出五億馬克，此後德國政府便無力籌款。德國政府乃要求延期付款，得到勉強同意。但是，德國絕對無法付出全額的賠款，是明顯不過的了。

英、法兩國對於德國賠款問題的看法並不一樣。賠款問題之外，尚有戰債 (the Allied war debts) 問題。戰債是指各協約國在交戰時期向美國所借之款項，本來在 1914 年時英國在外國投資約為一百七十四億餘美元，法國約為七十三億九千萬美元，英國在前述數字中約有一百億美元係投資於北美與南美，但法國則僅有十六億美元投資在南北美洲。法國因其對外投資多在俄國及土耳其而不易動用。但至 1915 年英、法均因戰爭開支過大而需款孔亟，他們乃向美國借款。美國政府略經猶疑後便授權美國銀行給協約國貸款以進口美國貨物。英國大約共向美國貸款四十餘億美元，法國的戰債比英國尤多。此外，比利時與義大利等國亦欠美國戰債。英國政府此時已覺賠款問題窒礙難行，他們所注重的是恢復貿易的正常，而確認賠款與戰債問題的糾葛不清有礙國際商業關係的及早恢復。英國亦認為賠款問題如不及早解決亦將刺激德國民族主義分子的情緒，從而對歐洲的國際秩序種下惡因。英國政府乃主張賠款與戰債一起取消[63]。

法國態度則不同，法國大多數人均認為必須迫使德國遵守和約方可望維持歐洲的和平。他們認為祇有使德國在經濟上衰弱始不致又生侵略的野心。況且法國所受戰禍最大，戰後的重建及戰債的償付均有賴賠款。法國在全部賠款額中佔 52%，英國及大英帝國合起來僅佔 22%，相較之下法國自然在賠款問題上遠為積極[64]。此外，美國政府亦拒絕接受取消戰債的建

---

[63] 至於其他國家，義大利佔 10%，比利時佔 8%，其他協約國約共佔 8%。

[64] 英國固欠美國四十億至四十五億元，法國則欠英國約七十億元，其他國家欠法國

議，因為這會使美國憑空損失一百億美元以上，蓋至1924年時各國所欠美國債務已達一百二十億。美國國會復於1922年組成世界大戰外債委員會(World War Foreign Debts Commission)以司理其事，此與第二次大戰時美國有《租借法規》之通過，和戰後又有「馬歇爾計畫」之實施，不可同日而語。當然，時代的發展和主客觀條件都有關係。

對於賠款，法國一向堅持。1922年1月，素持強硬立場的朋加萊組閣，尤不妥協。1923年初，德國因短送物資賠償（代替現款，在二十萬個電話線桿中有五萬五千個未能送達），事屬屑瑣，但法國卻找到行動的藉口，先是派出法軍兩師（比利時亦派出小支軍隊）到達魯爾區埃森(Essen)以護送一個「技術控監團」(MICUM: Technical Control Commission)，以監督設在該地的德國煤業理事會(German Coal Syndicate)履行義務，德國煤業理事會退出埃森，而德國人亦消極抵抗，使魯爾區的工業和運輸陷於停頓。最後法國派了五個師（比利時亦派一師）軍隊來維持煤礦和鐵路的運作。英國此時已不再對德國以處罰為事，凱恩斯所著《巴黎和約的經濟結果》成為暢銷書，其論點認為德國經濟的衰落會有害歐洲經濟。英國反對法國行動，國際賠款委員會的英國代表布蘭登堡(Sir John Bradburg)更諷刺地評論說，自從木馬屠城以來，木材（當時電話線桿仍用木材）在國際事務中從未如此應用過。在德國，古諾(Wilhelm Cuno, 1876–1933)在1922年11月組閣，他認為可以得到英、美的同情，乃發動對法國消極抵抗，鼓勵魯爾區人民不與法、比技術人員和佔領軍合作，並因發放津貼而發行大量鈔票，由於此時德國經濟早已不健全，乃觸發了極嚴重的通貨膨脹。

1921年春天，一美元換六十五馬克，此後通貨膨脹如脫韁野馬，1923年11月時，馬克已成為廢紙，一千億馬克原可買下整個萊茵區，現在祇能買一條麵包。1923年底，每一美元可兌得四兆二千億馬克。在德國有二千家印刷廠日夜加班印行鈔票[65]。至此，金融秩序崩潰，祇有用以物易物來

之款尤多於此，故這些數字已變為無大意義的帳面遊戲。

貿易。德國固受大害，法國亦僅「慘勝」。德國方面亦因通貨膨脹造成嚴重的經濟危機，民眾黨 (People's Party) 的斯特萊斯曼 (Gustav Stresemann, 1878–1929) 出而組閣。斯特萊斯曼認為必須用妥協及交涉始能解決問題，乃於 1923 年 9 月停止了消極抵抗的運動。同時，英國首相鮑爾德溫（Stanley Baldwin, 1867–1947，保守黨）亦取得美國願幫助勿使全球陷於財經崩潰之承諾。法國總理朋加萊也衹好同意組成一個以財經專家為成員的委員會，用經濟的觀點（不摻雜政治的因素）來研判德國的經濟問題（涉及賠款者）。不過，他仍然反對減少賠款的數字，而僅同意增加分期。同時，美國政府及工商領袖亦認為美國的繁榮與歐洲的復興有密切關係，但不願介入歐洲的政治事務。美國國務卿許士 (Charles Evans Hughes, 1862–1948) 是倡導組成此類包括美國專家在內的委員會的有力者。在此情形下，美國芝加哥銀行家道茲 (Charles G. Dawes, 1865–1951)[66]遂出任此委員會主席。道茲委員會在「衹談生意，不談政治」(business, not politics) 的口號下工作，最後成果則為 1924 年 4 月的「道茲計畫」(the Dawes Plan)。該計畫主要內容為重組德國國家銀行 (Reichsbank)[67]；德國所付賠款數字為年付

孩童在街上玩著紙鈔 (1923)：威瑪共和時期的德國，通貨膨脹嚴重，鈔票形同廢紙

[65] Gustav Stolper, *The German Economy: 1870 to the Present* (New York, 1967), p. 85; Robert O. Paxton, *Europe in the Twentieth Century* (New York, 1975), pp. 223–26.

[66] 道茲或有譯為道威斯者，但此字讀音為 (dɔz)，實無「威」音。此人後任美國副總統 (1925–29)，亦因其賠款計畫而獲 1925 年諾貝爾和平獎金。

1923 年通貨膨脹最嚴重時，街頭小販每半磅蘋果索價三千億馬克

十億金馬克，五年後改為年付二十億零五十萬金馬克；德國亦不必再以債權國的通貨來付款，兌換工作改由賠款執行長 (Agent-General of Reparations) 負責，用不危害甫告穩定的德國貨幣的方式進行；德國並獲貸款八億金馬克（二億美元）[68]。

德國及其他國家接受了此種安排，此計畫在 1924 至 1929 年間亦執行良好，此歸功於德國獲得別國（主要為美國）的貸款。不過，戰債問題仍難獲解決，而且亦為阻礙歐洲復興的原因。美國人認為他們在戰爭中並未獲得領土或其他物資方面的補償，至少應該追回欠款，歐洲各國則認為戰時貸款助長了美國經濟的發展，而且對德、奧集團作戰為共同的事業[69]。歐洲各國亦認為這些貸款並非孳息生利的商業貸款，而多為購買槍械、軍火等非資本性的貨物。但美國始終不同意取消，而且在 1922 年通過了提高關稅的《福德奈一麥孔伯關稅法規》(*Fordney-McCumber Tariff Act*)，使歐洲貨物難以在美國銷售而益增歐洲各國獲得美元的困難。美國對於討還戰

[67] Reichsbank 舊譯帝國銀行，此時帝國已不存在，故譯為德國國家銀行。

[68] 二億美元中有一億一千萬元為美國貸款。

[69] 1917 年時美國政府即係用此類理由批准對協約國之貸款。此年後期《財政部公報》即指出：貸款予協約國不僅為幫助協約國，且亦為幫助美國軍人，蓋藉以可使戰爭早日結束而減少美國人所冒的危險與工作。此聲明亦指出：美國經濟的生產力超過了自身的所需，銷售剩餘產品予協約國亦可刺激美國經濟的繁榮。參看 Harold G. Moulton & Leo Pasvolsky, *War Debts and World Prosperity* (New York, 1932), p. 49.

債毫不放鬆，各國終同意與美國商談償還戰債的問題，在 1923 年至 1926 年間，美國亦與英國、法國、義大利及其他歐洲國家達成了歸還戰債的協定。但是，即使美國政府一再讓步，德國如不能付出賠款則各國無法向美國還債。德國的償付能力則又端賴美國資本的輸入，故事實上等於是美國投資者來償付協約國所欠美國的債務。這是很不健全的國際支付做法。

戰債與賠款既如此息息相關，但美國政府恐捲入歐洲政治漩渦而不肯正式承認二者的相互關係。1928 年左右，各國亦覺賠款問題需要做一合乎實際需要的解決辦法，美國財經界人士亦因關切在德國的投資而盼賠款問題有合理的解決。於是美國人楊格 (Owen D. Young, 1874–1962) 主持下的一個財經委員會提出「楊格計畫」(the Young Plan)。此計畫把德國賠款總數縮減為九十億美元左右（一說為八十億三千二百五十萬元），五十九年內（或五十八年半內，即在 1988 年前）付清，年息五釐半。1988 年亦為戰債應付清之年限，故戰債與賠款乃混為一談，而且亦規定如戰債減少則賠款亦隨之減少。至於德國貨幣轉兌為外幣則經由特別設在瑞士巴塞爾的國際清算銀行 (Bank of International Settlement) 來經手。同時，協約國亦同意在 1930 年 6 月以前退出萊茵區。現在賠款數額既已減縮至原來 1921 年所訂數字的四分之一，協約國復同意在 1930 年 6 月 30 日以前自萊茵區撤軍（後在該年 7 月撤出），德國財政負擔減輕了不少。但是一切情況並未樂觀，因為在 1930 年經濟大恐慌已趨嚴重而納粹黨亦在德國興起。經濟恐慌使世界金融及經濟制度破產，至 1931 年 6 月 30 日美國總統胡佛 (Herbert Hoover, 1874–1964) 乃建議所有各國間債務暫停支付一年，此即所謂「胡佛延期支付」(the Hoover Moratorium)。1932 年 6 月，洛桑會議 (Lausanne Conference) 決定在德國情況好轉之前暫停一切賠款支付。德國國社黨（納粹）亦不再承認賠款，美國亦總共僅收回了 8% 左右的戰債，英、法等國祇付了象徵性的債款，祇有芬蘭全部分期付清。糾纏多年的賠款與戰債問題就如此結束。

國際政治秩序的重建最為重要。1924 年 10 月，為加強國聯在集團安全方面的功能，尤其是為了補救美國、德國和俄國不在國聯之內的缺失，乃有《日內瓦議定書》(*the Geneva Protocol*) 之提出。英、法均曾參與其事，此議定書為一互助草約，規定對一切爭端可予強迫仲裁 (compulsory arbitration)，並界定侵略者為不願將爭端提請仲裁的國家。英國麥克唐納的工黨政府原贊成此議，後因各自治領反對，而為新當選的鮑爾德溫保守黨政府所擯拒。迨至 1925 年 2 月，德國向法國建議互相接受彼此邊界為永久邊界而以英國為保證國，英國政府因甫經否決《日內瓦議定書》而願予法國以慰藉，故反應尚可。但法國則並不熱心，數週後法國因摩洛哥及敘利亞發生動亂，而思謀歐洲之安定。此時，白理安又出掌法國外交部，他相信法國並無力量來抵禦將來德國的野心，因而熱衷於安全協定之達成。他並想進一步地把東歐也包括在內，也就是也想把《凡爾賽條約》所規定的德、波與德、捷邊界亦予保障。但是德國和英國均不願接受，此因德國不願意承認《凡爾賽條約》所規定的東界是永久性的，而英國不肯為東歐國家的安全擔當責任。法國很想把德國納入國際聯盟，使其接受以國聯為中心的國際秩序，德國擔心參加國聯會有礙其與俄的關係。

這些問題在 1925 年 10 月由於羅迦諾會議 (Locarno Conference) 之召開，而獲得解決。此年 10 月 16 日德、法、比、英、義等國在經過友好合作的羅迦諾會議之後，草簽了《羅迦諾公約》(*Locarno Treaties*，正式簽字係 12 月 1 日於倫敦)。這主要包括四個條約：一為《互保條約》(*Treaty of Mutual Guarantee*)，由英、法、德、比、義簽訂，保障現行的德、法及德、比邊界，英、義兩國為保證國，並援助受侵略的一方；二為德、波與德、捷所簽的《仲裁條約》(*Arbitration Treaties*)，德國承諾將來以和平方法來改動東邊；三為德、法與德、比所簽之《仲裁條約》，規定用仲裁辦法來解決爭端，拒絕提交仲裁即為侵略行為；四為《法波及法捷互助條約》(*Franco-Polish and Franco-Czechoslovakian Treaty for Mutual Assistance*)，以防德國進攻波蘭與捷克。同時也使德國加入國聯的問題獲得解決：德國為理事會常任理事國和不參與國聯不利於俄國的行動[70]。這個圓滿的結果對於此後數年的國際關係的敦睦，有很大的關係。因此，「羅迦諾精神」(Spirit of Locarno) 給予歐洲各國以安全感。世界輿論亦予以肯定，簽約翌日，美國《紐約時報》的頭條標題是「法國和德國永遠禁絕戰爭」(France and Germany Ban War Forever)，倫敦《泰晤士報》的頭條是「終獲和平」(Peace at Last)。德、法外長斯特萊斯曼與白理安以及英國外相奧斯汀・張伯倫 (Austen Chamberlain, 1863–1937) 亦因而獲得 1926 年的諾貝爾和平獎金。

《羅迦諾公約》簽訂之後，英、法、德諸國的關係也確然大見改進，德國進入了國聯並為常任理事國（1926 年 9 月）[71]，協約國也結束了對德國限制軍備的管制而把此項工作交付國聯。但是隱憂並未盡去，《羅迦諾公約》的適用範圍因限於西歐，因而未能建立一種新的平衡的安全體制，法國與其東歐盟邦仍覺難以高枕無憂。德國對於但澤與波蘭走廊的喪失不能無憾，使法國及其東歐盟邦衹好加強軍事同盟。德國與俄國的友好關係，尤使他們擔心[72]。不過，歐洲不能建立新的秩序的真正原因仍在法、德兩國的互相競爭而不能合作。英國史家泰勒 (A. J. P. Taylor) 認為衹有面臨共同威脅時此兩國方有團結的可能。白理安實為有遠見之人，他在 1922 年即提出警告說：「我們不久即將發現為美、俄兩大強國所包圍，創立歐洲合眾國是絕對必要的。」[73]不過，在當時看來，美國或俄國對歐洲的威脅仍似

---

[70] William L. Langer, compl. & ed., *An Encyclopedia of World History*, 4th ed. (New York, 1968), p. 1124; Andreas Dorpalen, op. cit., pp. 74–76.

[71] 德國加入國聯曾因意外的事件而遲延，蓋波蘭、捷克、西班牙、巴西及中國和波斯均認為如德國得常任理事國席次則對彼等為不公。後來妥協解決，把非常任理事國的席數由六增為九，但巴西仍憤而立即退出國聯（按《國聯約章》應在通知兩年後退出）。

[72] 1926 年 4 月 26 日，德、俄又簽《柏林條約》，雙方同意在任一方受到第三國攻擊時遵守中立，亦不參與不利於對方之經濟制裁。

遙遠，而德、法之間的關係及其力量的消長則為歐局與世局的關鍵。法、德衝突在所難免，德國民族主義者叫囂著要取消《凡爾賽條約》中的戰債條款、收復東疆失地和德國重新武裝。歷屆德國政府，不論其為左為右，亦均同情此類要求。法國不能無忌，在《羅迦諾公約》後不久，法國於1926年6月與羅馬尼亞簽訂了《防禦同盟條約》，翌年11月又與南斯拉夫達成類似的協定。

法國（尤其在白理安主持外交的此時）最大的目標便是把美國拉入其安全體系。1927年4月6日為美國參加第一次大戰的十週年紀念日，他發表了《告美國人民書》。他宣稱法、美兩國有共同的願望與目標，盼望兩國合作以「使戰爭為非法行為」（to outlaw war「非戰」）。美國政府的反應頗為冷淡，國務院視之為一種「消極的軍事同盟」(negative military alliance)，而不肯給予正面的回應。但是，美國與法國的關係大致尚好，而美國航空家林白 (Charles Lindbergh) 在1927年5月20日至21日完成了自紐約至巴黎的不著陸飛行，在美國掀起了支持「白理安和平計畫」的熱潮。美國國務卿凱洛格 (Frank B. Kellogg, 1856–1937) 乃於12月對法國建議提出對案，主張邀請世界各國共同參加「非戰」(outlaw of war)。這次輪到法國吃驚，他們認為如此廣泛的反對戰爭的行動，可能會削弱法國好不容易布署的安全體系，也就是法國擔心會使它與各國所簽訂的《防衛條約》喪失效力。凱洛格說明此一反對戰爭的運動係指反對侵略性的戰爭，不包括防禦性的軍事行為，法國才消除疑慮。

1928年4月，凱洛格照會《羅迦諾公約》的各個簽字國，並且提出「『非戰』計畫」。同年8月27日，有十五個國家在巴黎簽署了《凱洛格一白理安公約》(*Kellogg-Briand Pact*)，後來又有四十九國加入，這就是《非戰公約》，當時各國輿論皆加以頌揚。但是，這個公約並無實際上的效力。

---

[73] Jacques Chastenet, *Histoire de la Troisieme Republique* (Paris, 1952–62), Vol. 91, as quoted in Dorpalen, op. cit., p. 76.

公約中對於挑起侵略性戰爭的國家並無制裁的條款，道義責任在國際關係中並無實質意義。不僅如此，其中卻包括許多的保留與「解釋」，因而並無太大的作用。各國政府明瞭此情況，當巴黎群眾向趕來簽字的德國外長斯特萊斯曼高呼「萬歲」的時候，法國內閣卻在其時完成了馬奇諾防線 (the Maginot Line)[74]的計畫。德國政府也約在同時批准了新的製造主力艦的計畫，美國在參議院批准此公約後一個月也通過了造航空母艦及十五艘新的巡洋艦的預算。

1929 年斯特萊斯曼的死，意味著國際關係緩和時代的結束，而經濟大恐慌亦發生於此年，乃為不吉之兆。論者有以 1919 年至 1924 年為「協定時期」(Period of Settlement)，1924 年至 1929 年為「實踐時期」(Period of Fulfillment) 和 1930 年至 1939 年為「毀約與修正時期」(Period of Repudiation and Revision) 者[75]。1929 年以後，隨著經濟大恐慌的肆虐，風雲為之變色。1930 年代以後，國際秩序走向崩潰，戰爭的浩劫又不能免。

---

[74] 馬奇諾防線為自 1929 年至 1934 年期間法國在其東疆德、法邊界自朗威 (Longwy，盧森堡對面) 至瑞士所築之當時最現代化的防線。其名稱係紀念在興建時擔任國防部長之馬奇諾 (Andre Maginot, 1877–1932)。

[75] *An Encyclopedia of World History*, compiled & edited by William L. Langer, 4th ed. (New York, 1968), pp. 1120–25. 又 G. M. Gathorne-Hardy, *A Short History of International Affairs, 1920–1939*, 4th ed. (Oxford Univ. Press, 1950) 則以 1920 至 1925 年為「協定時期」，1925 至 1930 年為「實踐時期」，1930 至 1938 年為「崩潰時期」(Period of Collapse)。

第三章
美國與俄國的發展

美國與俄國是二十世紀的超級強國。兩個國家均有其特殊的條件和不同的發展。早在 1830 年代，法國政治評論家托克維爾 (Alexis de Tocqueville, 1805–59) 在其《美國民主》（*La Démocratie en Amérique*, or *Democracy in America* 兩卷，1835 及 1840）中，便預言美國和俄國將成為東西半球或新舊世界的兩個巨強。

美國固為新興國家，但在十八世紀晚期即已立國，至十九世紀末期始露頭角，第一次世界大戰以後方成為世界級的強國。俄國立國更早，而且也曾經在歐洲國際政治中扮演過重要的角色，但在二十世紀，經過共產革命以後，曾脫胎換骨並建立了蘇聯，而且蘇聯在 1991 年解體以前，對世局影響甚大。

兩國的成長、發展與擴張，對於世界權力分配與國際政治的運作，均發生甚大的作用。尤其是在十九世紀之末和二十世紀之初，美國的西向開拓和俄國的朝東進展，使兩國都變成太平洋國家以後，彼此間面對面的互動關係，其影響為全球性的。

兩國的發展對世局影響較大，本章對兩國的討論不局限於第二次世界大戰以前。

第一節　美國的成長與發展

一、人口、領土與經濟力

美國自從獨立之後，一直在高速成長之中。它的成就代表著一個人群社會在擺脫舊世界之後的新試驗的成功。這正如聯邦政府的印信上所刻的字樣：萬代新序 (Novus ordo saeclorum, or a new order for the ages)。美國在立國之後，其人口增加之速，可謂為幾何級數式的，每三十年左右即倍增而有餘，建國之初人口不過一百六十萬人左右，1790 年增為四百萬人，1820 年增為九百萬人，1850 年增為二千三百萬人，1860 年時美國人口已是三千一百萬人，此時已與法國人口相伯仲而超過英國，1880 年時美國人口超過了五千萬人，到 1900 年二十世紀肇端時已是七千六百萬人。

美國人口的增加，除了自然增加以外，人口的移入（移民潮）也是主要原因。十九世紀時，約 1815 年至 1860 年，為第一個移民潮，其中以愛爾蘭人（約有二百萬）及日爾曼人（約有一百五十萬）為主，他們之來美國，有的是為了政治理由，更多則係因災荒所致。第二個移民潮約在 1860 年至 1890 年間，仍以北歐人為主，其中包括英國人、荷蘭人、瑞典人、挪威人，此期約有一千萬人移入。

象徵美國信心的摩天大樓

第三個移民潮約在 1890 年至 1914 年間，其中 80% 係來自東歐與南歐，包括西西里人、保加利亞人、希臘人、俄境猶太人等，移入人數約有一千六百萬之多，僅 1907 年即有破紀錄的一百三十萬，其時美國人口不過八千七百萬人。1917 年，美國參加第一次世界大戰時，其人口已超過一億（一億零一百二十九萬七千八百五十一人）。

人口的增加固也是國家的成長，美國成為「被壓迫者的庇護所」(asylum for the oppressed)。移入者之中，如 1848 年以後自德意志移入者固不乏優秀分子，把新的科學和醫藥技術等帶入美國，但也不少有問題的分子。因而也有人主張設限，1852 年《民主評論》(*Democratic Review*) 即指出自野蠻人入侵羅馬帝國以來，世界無如此之大的移入。1891 年的《無線電時報》(*Radio Times*) 有一反對大量人口移入的漫畫，描繪移入者有德境社會主義分子、俄國無政府主義者、義大利強徒和英國的罪犯等。當時在西部亦有一流行的打油詩：

喂，你在美國用何名？
是史密斯、瓊斯，還是巴提士？
你可曾謀殺你的髮妻？
你是不是亡命客？
喂，你在美國用何名？❶

---

❶ John W. Caughey & Ernest R. May, *A History of the United States* (Chicago, 1964), pp. 190–93; Marcus Cunliffe, "Opportunities and Problems of a New World," in Asa Briggs, ed., *The Nineteenth Century* (London, 1970), pp. 262–63; R. R. Palmer, *A History of the Modern World*, 4th ed. (New York, 1971), p. 587.

打油詩的原文是：

Say, what was your name in the States?
Was it Smith? Was it Jones? Was it Bates?
Did you murder your wife?

在此時期的美國小說中，亦常描繪一些拒絕談論過去而來歷亦不明的神秘人物。不過大致言之，這些移民雖未被強迫「美國化」，他們仍可有自己的教堂、報刊和用自己的語言集會，他們多採取了美式生活習慣，而且英語是學校、政府、法庭的正式語文，由於英人、愛爾蘭人和蘇格蘭人均說英語而德人亦早已學習或願意學習英語，故語言問題並不嚴重。移入者並不構成歐洲式的少數民族問題，而且他們也誠心接納美國的共和政制、自治政府、個人自由、自由企劃和自我增進等傳統。

不過，美國人民或「民族」的形成仍有其洋洋大觀和非常獨特之處，這些先後移入美國的人，來自不同的人種、民族、宗教，也說各種不同的語言。後來在美國，有愛爾蘭血統的人超過了愛爾蘭的人口，猶太人多過以色列的人口，黑人的人數也多過很多非洲的國家。在底特律 (Detroit)，波蘭裔的人數超過波蘭的很多大城市；在紐約，有義大利血統的人數超過了威尼斯 (Venice) 人口的兩倍。在此情形下，美國形成了世界最大的文化和語文集團，從舊金山到波士頓，約略相當於自馬德里 (Madrid) 到莫斯科 (Moscow)，但祇有一種語文，一個法律系統和一種經濟體制。這使美國成為「眾民族的民族」(a nation of nations) 和「眾文化的文化」(a culture of cultures)。這些不同的民族和人種，雖也交互影響，但也保持各自的特色，共同塑造成「美國人民」或「美國民族」(American people)。如今根據美國人口調查局 (Census Bureau) 的統計，在 1990 年 12 月，美國總人口已達到二億四千九百六十萬人。這個數字是 1790 年時美國人口（三百九十二萬餘）的六十四倍❷。

美國的成長，不僅表現在人口的增加。在領土方面，亦同樣顯著，在 1790 年時美國領土不過是八十九萬二千方哩，至 1910 年時已是三百七十

Did you flee your life?

Say, what was your name in the States?

❷ Washington, Dec. 26, 1990 (AP), *China Post*, Dec. 28, 1990, p. 3.

五萬四千方哩。領土的擴張主要地係來自西向的開拓，本來在阿列漢尼斯山脈 (the Alleghanies) 以西，除了少數印地安人以外幾無人跡，但拓展的迅速卻出人意表。其中以 1867 年美國國務卿西華德 (William Henry Seward, 1801–72) 與俄國交涉而以七百二十萬美元購得阿拉斯加（Alaska，相當於每一英畝二分美金）為最突出，當時一般美國人民對此並不熱心，而稱阿拉斯加為「西華德的冰櫃」(Seward's Icebox)。美國向西拓展的速度非常驚人，這種「從洋到洋」(ocean to ocean，即從大西洋到太平洋）的發展，到 1900 年左右，即已到達了太平洋。如今美國領土已為三百六十一萬五千一百二十二方哩（約合九百三十六萬三千一百二十三平方公里）。這個廣袤的國度，其大西洋沿岸地區是工業化和大城市密集的地區，向西伸展橫跨中部肥沃的平原地帶，然後跨過洛磯山脈 (the Rockies)，便是豐裕的西岸，最後穿越半個太平洋，就到芬芳的島州夏威夷。美國之大，從大西洋沿岸到太平洋沿岸（阿拉斯加和夏威夷不計）長達四千五百公里，從加拿大至墨西哥寬有兩千五百七十五公里。

此為 1913 年完成的伍爾華茨 (Woolworth) 大樓，結合了工程技術與新哥德式樓頂

經濟力就是國力。美國在經濟成長方面亦甚驚人。工業革命之後棉紡業亦在美國發展，首先在羅德島 (Rhode Island) 興起。原來在英國德比郡 (Derby shire) 的工人斯雷特 (Samuel Slater, 1768–1835) 憑其記憶將織布機在美國重建而把工業革命帶進美國。但是，美國

的工業技術並非全靠「輸入」。試看貝爾 (Alexander Graham Bell, 1847–1922) 於 1876 年發明電話，愛迪生 (Thomas Edison, 1847–1931) 發明電唱機，又於 1879 年發明電燈，1884 年芝加哥開始興建第一個摩天大樓，1903 年萊特兄弟 (Wilbur and Orville Wright, 1867–1912, 1871–1948) 成功地試飛其自製的飛機，是為航空工業的肇端。

隨著這些發展又會帶動其他相關的工業。1815 年以後，美國歷經了「運輸革命」(the Transportation Revolution)。1825 年全長三百六十三哩而連接大湖區與紐約（自伊利湖至哈德遜河）的伊利運河 (Erie Canal) 完工，1840 年時美國已有超過三千哩的運河和三千哩左右的鐵路里程，同時密西西比河之水運業大起。1850 年時美國鐵路里程有九千哩（一萬四千五百公里），1900 年時有近乎二十萬哩（三十二萬公里）。鐵路建築的一個里程碑係在 1869 年，中央太平洋鐵路和聯邦太平洋鐵路 (the Central Pacific and Union Pacific Railroads) 在猶他州 (Utah) 的奧格登 (Ogden) 附近連在一起，從而建立了世界第一個橫貫大陸的鐵路系統。

新的鐵路網刺激了經濟和都市的興起。在都市化方面，芝加哥在 1830 年時本為密西根湖附近的小聚落，七十年內人口超過一百萬人。在人口數字與城居人口方面，可以看出：1917 年時美國人口為一億零一百多萬人，鄉居 50%，城居亦 50%；1929 年時人口超過一億二千六百萬人，鄉居為 44%，城居 56%。美國工業亦急劇成長，1815 年至 1860 年間工業生產總值超過十倍，由原來的兩億美元變成二十億美元，至 1900 年時更成為一百三十億美元。自 1870 年至 1913 年美國的年成長率 (annual growth rate) 是 4.3%，遠較歐洲三個最重要的工業國家即英國 (2.2%)、德國（自 1871 年後為 2.9%）和法國 (1.6%) 為高。美國在農業機械化的成就亦堪自豪，1850 年代，仍有五分之三的勞動力從事農業生產，但後因工業和服務業的發展，務農的勞動力到 1970 年代僅佔 4%，1820 年時每一美國農人生產可供四人之需，1970 年代時可供五十六人之需。1913 年時，美國煤產為全球供應量的 42%，鋼為 41%。不過由於國內市場龐大而未能像歐洲在國際貿易上有那麼高的重要性，故 60% 的工業輸出品仍來自三個主要的歐洲工業國❸。

美國經濟力至此已是世界第一。1945 年時，美國以全球 6% 的人口（時美國人口為一億四千萬人），卻能掌握全球 40% 的財富和 50% 的機械生產。

二、政治制度

獨立以後的美國，先是邦聯型的國家，中央政府的權力甚為衰弱，誠如《獨立宣言》所說：這些聯合殖民地 (United Colonies) 皆為「自由而獨立的國家」 (free and independent states)。各殖民地懷著對中央集權和控制的恐懼，為了爭取獨立才結合在一起。但為使各殖民地長久結合自需中央政府的組織，1777 年 11 月大陸會議終通過《邦聯條款》(*Articles of Confederation*) 以建立「美洲合眾國」(United States of America)，此一文獻至 1781 年始為各殖民地所批准生效，1789 年後為新《憲法》所取代。但是，這個《邦聯條款》所建立的邦聯實際上是十三個獨立的共和國的聯合，各州（邦）各自為政，無法發揮統合的力量。

1787 年，美國制訂新的《憲法》。此年 5 月 25 日至 9 月 17 日，十二州的代表（羅德島拒絕參與），在費城集會，採取秘密會議的方式進行。他們竭智盡慮的結果，完成了世界上第一部的成文憲法。此一《憲法》在 1787 年 9 月 17 日簽署，1788 年 6 月 21 日有九州批准而生效（當時有十三州）。這個《憲法》奠定了美國可大可久的政治制度的宏規。說來令人難以置信的，是 1787 年美國制訂《憲法》時，還是一個人口不過三百萬左右，

❸ Asa Briggs, op. cit., pp. 259–60; *The New Cambridge Modern History*, Vol. XII, "The Shifting Balance of World Forces, 1898–1945" (Cambridge, England, 1968), pp. 40–41.

以農立國的國家，而且面積僅包括大西洋沿岸的十三州，如今美國已經成為一個擁有近乎二億五千萬人口和五十州的大國，其經濟發展、科技、工業和軍事力量均已是世界的超級強國，但是仍然遵守這一部《憲法》。有人認為，此歸功於相當於《憲法》前言（按《美國憲法》之前並無「前言」字樣，衹是有一段文字）中用現在加強語態：「美國人民為了組成完美的聯邦……制訂並建立美利堅合眾國的憲法」(We the people of the United States in order to form a more perfect Union...do ordain and establish this Constitution of the United States of America)。有人認為這由於《美國憲法》的「優越」，也有人認為此因制憲者的「睿智」。

也許這些都不是真正的原因，而係由於美國人民崇尚法治的精神，以及因應需要此一《憲法》可以修正而不礙大體的彈性。《美國憲法》的修正，其過程至為繁複而艱難：國會兩院各以出席人三分之二以上的票數通過後，再經四分之三以上的州議會的同意方可。《美國憲法》自生效迄今，兩百多年來，曾修正過二十六次。先是，在批准《憲法》時，各州（尤其是麻州、新罕布夏、北卡羅林納等州），仍覺有未盡周全之處，特別是人民的基本權利需要更明確的規範，故提出十項權利清單 (Bill of Rights)（常被譯為《權利法案》）。其主要內容為保障宗教、言論、出版、集會、上書政府、持有武器，以及不受非法逮捕、搜查、沒收和享有公開審議和陪審的權利。該清單的第十項更明白規定，凡未列明劃歸聯邦或未被禁止的權利概屬各州或人民。此一清單在 1791 年 12 月 15 日批准生效，成為《憲法》的前十條修正條款❹。其他較為重要的修正條款，有 1865 年的第十三條（廢除奴隸制度）、第十四條（給予前奴隸公民資格）和第十五條（給予投票權）；1913 年的第十七條（參議員改由人民直接投票產生）；1920 年的第十九條（給予婦女投票權）；1961 年的第二十三條（給予哥倫比亞特區選

❹ 憲法的 Amendment 不宜譯為修正案，因為「案」是草案，是通過和生效前的文件，不具法律（在此為《憲法》）效力，宜譯為「修正條款」。）

舉總統、副總統的權利)；1971 年的第二十六條（規定公民年滿十八歲即可有投票權)。

《美國憲法》所規範的憲政體制，是很嚴格的三權分立的體制。《憲法》內的文字並未強調「分權」等字樣，僅以明確的方式規定立法權屬國會，行政權屬總統和司法權屬聯邦最高法院和各級法院。《美國憲法》本文祇有七條，它們與日後的修正條款相互為用❺。

美國國會 (Congress) 的職權係由《憲法》第一條所規範。美國國會係立法部門，為一兩院制的結構。上議院或第二院稱參議院 (Senate)，下議院或第一院稱眾議院 (House of Representatives)。參議院代表各州，參議員每州兩名（原規定由各州州議會選出，1913 年修改《憲法》改由人民直接選出)，任期六年，每兩年改選三分之一。眾議院代表全民，初時並未制訂名額，僅規定每名眾議員代表三萬人，每州至少有一名，但後以人口增加，不能再如此辦理，1929 年定總額為四百三十五人，每一眾議員所代表的人口為用人口總數除四百三十五所得之商數，故美國每十年必辦人口普查一次。至於院會的法定人數，《憲法》原規定為各院議員的過半數，但參、眾兩院均未按此辦理，而解釋為現任議員的過半數。國會的議事規則頗能表現出服從多數但尊重少數的精神，這裡所說的少數包括少數黨、個別議員，以及意識型態上的少數，少數人如能技巧地運用規則亦可達到拖延、修改乃至擊敗法案的目的。除了少數特殊的情況，如兩院須各以三分之二的多數方可推翻 (overriding) 總統的覆議權 (veto power)，以及條約須經參議院三分之二多數的同意方能批准以外，其他公共政策的決定在兩院均為簡單多數即可。另外，參議員在參議院的發言，本無時間限制，1975 年以後經五分之三議員投票贊成，即可停止辯論，付諸表決。

法案須經兩院的通過。兩院亦有不同的職權，眾院擁有預算（包括歲

❺ 《美國憲法》的二十六條修正條款，並不是同時有效。例如 1919 年的第十八條修正條款為禁酒，1933 年的第二十條修正條款係為了撤消第十八條的效力。

入和歲出）的先議權，但參院對於預算案亦有決定權（祇是沒有先議權）；參院擁有條約的批准權和對聯邦官員任命的同意權。此外，眾院對彈劾聯邦官員有起訴權，參院則有審判權。美國的參議院享有如此大的權力，常被稱為世界上最有權力的第二院。至於議事情形，在眾院，法案如屬一般性的，須按排定次序處理，如要特別優先討論，則必須取得法規委員會(Rules Committee)的決議通過。討論議程時，如果沒有特別決議的議事規則，則每一議員發言時間為一小時，法案在全部討論終結後再逐條討論修正時，每一議員發言不得超過五分鐘。眾院在每屆議會會期開始時選出議長(Speaker)，通常由該院多數黨領袖當選，而且祇要其所屬政黨能維持多數，也照例連續當選。眾院議長不同於英國下院議長或日本兩院議長，不必脫離黨籍。參議院以副總統為議長，但他並不經常主持議事，祇有在儀禮性的場合，或依《憲法》作出裁決權時才擔任議長，因此參院須選出臨時議長(president temporal)來代行職務，通常是多數黨的資深議員當選。這個臨時議長，實質上就是議長。

在美國，祇有國會議員才享有法案提案權。法案由議員一人即可提出，不過通常有一位以上的議員共同提案。總統和政府各部門雖無提案權，但是政府可以擬定法案，由與總統同黨的相關的委員會召集人來提出。如果該一委員會的召集人與總統不屬於同一政黨，則由少數黨的資深議員提出。如果國會議員受到政府委託提出法案而其本人並不贊成該案時，會在法案上註明「本案為應請求提出」(by request)。

美國國會的助理人員通常頗有作用。1900年時，助理制度尚未普遍，眾議員並無個人助理，而參議員亦無法每人均有助理。1980年代，每一眾議員可以聘用十八名專任助理及四名臨時助理；每一參議員可以雇用二十五名至六十名不等的助理。這些國會議員的個人助理分為立法助理和行政助理兩種。除掉個人助理以外，兩院各種委員會亦雇有專任助理，來為各個委員會服務，此為委員會助理。

國會兩院分別集會。但在總統選舉審查總統選舉票時，以及總統親向國會演說時，聯合集會。

美國的行政權，依照《憲法》第二條，歸於總統和他所領導的內閣。美國總統每四年選舉一次，候選人的資格是年滿三十五歲，居住美國十四年以上的「自然誕生」的公民 (“natural-born” citizen)（通常的解釋是出生即為美國人，不是歸化者），至於選舉人原為年滿二十一歲的公民，1971年《憲法》第二十六條修正條款改為年滿十八歲的公民。至於選舉日則為前次總統選舉後第四年「十一月經過第一個星期一以後的第一個星期二」（first Tuesday following first Monday in November，即此年此月的第一個星期二，但此一星期二須在本月經過第一個星期一），選民投票選出「選舉人」(elector)，由全部選舉人組成選舉人團 (Electoral College)。選舉人團由各州和哥倫比亞特區的選舉人所組成，而各州選舉人的人數，則與該州出席國會參眾兩院的人數相同，現在是參議員一百名，眾議員四百三十五名，共為五百三十五名，故各州選舉人為五百三十五名，另加哥倫比亞特區（首都）可選出選舉人三名，故總計為五百三十八名。由他們來選總統、副總統。他們於大選年 12 月 15 日集會於首都，投票則由各州密封交國會，再由參議院議長（即現職副總統）於翌年 1 月 6 日在兩院議員面前開票，以過半數（現為二百七十票）當選。由於計票方式，採取「勝者全得」(winner-takes-all) 的方式，即某黨的總統候選人或總統選舉人在一州得票過半數時，則該州全部總統選舉人票統歸該黨所有❻。

另外，在政黨政治之下，各州的總統選舉人又率由政黨提名，由人民直接投票選出，而總統選舉人又依黨籍投票，選舉其本黨的總統和副總統候選人，再加上「勝者全得」的運作，所以每次總統大選投票的結果公布以後，不需等到翌年 1 月 6 日，即可知道何黨的候選人當選。但是，「勝者

❻ 緬因州例外，該州共有選舉人票四張，二張歸勝者；另二張分屬該州兩個眾議員選區之「勝者」。

全得」的計算方式，有時可能發生某一候選人獲得了較多的選民票，卻獲得較少的選舉人票，以致未能當選的情況❼。如果萬一未獲選舉人票的過半數，則由眾議院投票選出，其方式為就得票最多的三個候選人中來選出，投票時每州一票，由各該州眾議員中過半數來決定，如果某州眾議員支持與反對各半時，則該州不予計算。有時也發生此種情況。例如 1800 年的總統選舉，傑弗遜 (Thomas Jefferson, 1743–1826) 與勃爾 (Aaron Burr, 1756–1836) 即各獲總統選舉人團的一半，而由眾院經過三十六次投票後，傑弗遜始當選美國第三任總統。

《憲法》生效後，華盛頓 (George Washington, 1732–99) 當選第一任總統，並連選連任，兩次皆為全票當選，但他拒絕擔任第三次。此一行動，以後垂為範例。但在 1932 年佛蘭克林・羅斯福 (Franklin Delano Roosevelt, 1882–1945) 當選總統，此後在 1936、1940 和 1944 年連選勝利，前後擔任四屆總統。1951 年《美國憲法》第二十二條修正條款，規定連選以一次為限。

美國在政治制度方面，為典型的總統制國家。其總統不僅為國家元首，亦為政府首長。總統的權力很大。第一他有元首權，代表美利堅合眾國，有其地位與尊榮。第二他在立法方面有咨文權和覆議權，咨文權為向國會

---

❼ 有時會發生此種情況：1824 年，傑克遜 (Andrew Jackson, 1767–1845) 較約翰・奎西・亞當斯 (John Quincy Adams, 1767–1848) 多出選民票二萬七千張，卻因選舉人票少於對方而未當選；1876 年，民主黨候選人狄爾登 (Samuel Jones Tilden, 1814–86) 比共和黨候選人海斯 (Rutherfold Birchild Hayes, 1822–93) 多獲選民票二十五萬張，但因來自奧勒岡 (Oregon)、路易斯安那 (Louisiana)、南卡羅林納和佛羅里達的二十二張選舉人票丟失而未予計算，國會乃成立選舉委員會 (Electoral Commission) 調查其事，報告謂這些票皆支持海斯，結果狄爾登以一百八十四票比一百八十五票（海斯原為一百六十三票，現再計予二十二票）敗給海斯。狄爾登為避免內戰而接受裁定。1888 年，民主黨候選人克里福蘭 (Stephen Grover Cleveland, 1837–1908) 比共和黨候選人哈里遜 (Benjamin Harrison, 1833–1901) 多得九萬張選民票，但哈里遜因得較高的選舉人票而當選。

提出立法建議，但非正式政府立法提案，亦不列入國會立法的議程，立法提案仍由議員提出，成敗不在總統，有內閣制政府提案的優點，而無其缺點；覆議權 (veto power) 則指兩院通過的法案須經總統簽署，始可成為法律，總統對於其所不贊成的法案可以拒絕簽署，使之不能成為法律。但是，這並不是完全的「否決」權。因為該一不受總統贊成的法案，如果國會兩院各再以三分之二以上的票數通過，就可以推翻反對。另外，總統要在法律案送達日起十日內簽署，如果在十日期間（扣除星期日及休會日），總統未加簽署，亦未退回覆議，亦可視同期間了結而使法案成為法律。但如果十日期間終了以前，國會已經閉會，此一法律案便不成立，此通稱總統的「袋中否決」(pocket veto)。

第三為外交權與統帥權，在外交方面，美國總統有權承認外國政府，任命駐外使節和接受外國使節，他也有權與外國政府簽訂條約（惟批准該條約需要參議院三分之二以上的票數同意）；在統帥權方面，美國總統是武裝部隊的最高統帥。但在統帥權方面與美國國會的宣戰權有其界限含混之處。蓋《美國憲法》第一條第八款賦予國會宣戰權，但第二條第二款又規定總統有統帥權。所謂「宣戰權」，就是發動戰爭之權，所謂「統帥權」含有開戰以禦外侮和保護美國之權，而「開戰權」則須以統帥發號施令為之。這種含混不清的情況，使總統常可不經「宣戰」而「開戰」，1973 年美國國會制訂《戰爭權力決議案》，並以超過三分之二的多數通過，而成為《戰爭權力法》(*War Powers Act*)。此法的主要內容為：⑴當敵對情況及調動軍隊之可能性昇高時，總統須與國會領袖諮商；⑵如總統已採取軍事行動，必須於四十八小時內向國會說明情況；⑶如果國會在總統採取行動後六十天內未授權繼續使用武力，即必須撤回軍隊，但如經國會核准，此一期限可以延長三十天；⑷在此六十天或九十天內，國會有權要求總統將軍隊調離衝突地區。

第四為任免權，即美國總統有權任命聯邦官員（但需要參議院同意），以及免除聯邦官員的職務。第五為行政督導權，即對聯邦政府各級機關有指揮監督的權力。凡此可見美國總統有極大的權力，美國歷史學家史萊辛格 (Arthur M. Schlesinger, Jr.) 因而稱之為「帝王總統制」(Imperial Presidency)。不過，美國總統雖為最有權力的人物，仍有其限度。每位總統，在主觀上，「他想做的」，與客觀上，「他可以做的」，二者之間仍有很大的差距❽。至於副總統，其職位曾被美國開國元勳之一的佛蘭克林形容為「多餘的閣下」(His Superfluous Excellency)。其法定職掌為擔任參議院議長，以及總統不能履行職務時繼任總統，至所任任期屆滿為止，其他權力則來自總統的授權。

美國的司法權，則由《憲法》第三條規範司法部門的職權。司法獨立賴法官為終身職，以及按期支薪，不得削減而獲保障。聯邦法院包括最高法院 (Supreme Court)、上訴法院（Circuit Courts of Appeals，約有十一個）和地方法院（District Courts，約有九十個）三級。各級法官均由總統提名經參議院同意後任命。最能伸張美國司法權在立法、行政兩權之間的作用的，當屬司法審查權 (judicial review)。此即最高法院可以經由審查國會所通過的法律和行政部門所發布的命令，是否違反《憲法》，如屬違反《憲法》，即宣布其為無效。司法部門的此一權力係在 1803 年以後發展而成的，按《美國憲法》第六條第二款規定：《美國憲法》、國會制訂之法律和條約均為美國最高法律，並無司法審查之規定。緣於馬紹爾 (John Marshall, 1755–1835) 在擔任最高法院院長期間 (1801–35)，於 1803 年發生《馬勃里對麥迪生案》(*Marbury vs. Madison*)，蓋亞當斯（John Adams, 1735–1826，任期為 1797–1801）任命馬勃里 (William Marbury) 為哥倫比

---

❽ Arthur M. Schlesinger, Jr., *The Imperial Presidency* (Boston: Houghton Mifflin, 1973); Theodore Sorensen, *Decision-Making in the White House: The Olive Branch or The Arrows* (New York: Columbia University Press, 1966), Foreword by John F. Kennedy, XII；鄒文海，《比較憲法》（臺北，民 58，3 版），頁 291–302。

亞特區之保民法官，此為亞當斯政府接近尾聲時之任命（在美國稱為「午夜任命」）(mid-night appointments)，馬勃里未及就職，而傑弗遜政府 (the Jefferson Administration) 已成立，新政府乃不予派任，馬勃里乃控告當時的國務卿麥迪生 （James Madison, 1751–1836 ，此時國務卿仍掌理部分內政），馬紹爾雖亦認為應該派任，但亦認為馬勃里所依據的《司法條例》(*Judiciary Act of 1789*) 之第十三款 (Section 13) 規定授權最高法院對行政部門頒發司法令狀 (Writs of Mandamus)，責成其採取一定之作為，逾越了《憲法》第三條第二款明文規定的最高法院的職權範圍，因而認為國會在立法時無權變更《憲法》的規定，乃宣布《司法條例》（實則為第十三款）無效。此案樹立了司法審查權的作為，也奠定了《憲法》優於普通法之原則，並使司法審查成為定制，也確立了各種法律的位階。

美國政治制度乃為三權分立並互相制衡的體制。立法權（國會）可用預算權來牽制行政權（總統及各政府部門），亦可經由制訂法律和對法官任命的同意權來牽制司法權；行政（總統）權對國會有覆議權，又可用對聯邦各級法院法官的提名權來牽制司法權，司法權又對立法權和行政權有司法審查權。

至於各州地方，美國為一聯邦型的國家，各州均為具體而微的三權分立體制的建構。由於《美國憲法》用列舉的方式，把主權「委託」給中央（聯邦）政府，但是各州仍有其未「委託」出去的權力，而且《憲法》第十條修正條款又規定凡未「委託」給聯邦的權力，是保留給各州與人民的權力。在此情形下，各州人民自選州長，自選州議會（參、眾兩院）的議員，以及有其司法部門。美國五十州，每一州均有其自己的教育制度、衛生行政、執法機構，以及道路系統等。各州之下，又有縣、市、鎮和鄉村，均有其分權的行政體系。

三、民主演進與兩黨制度

美國的政治與社會，一直富有平等精神。早在殖民時期，對於白種男子而言，已有相當高度的政治與社會民主，雖然參政權有財產限制，但規定不高，且在 1830 年以前各州已予廢除❾。不過，黑人與婦女仍無參政權。1870 年《憲法》第十五條修正條款使黑人獲投票權。婦女在十九世紀末年，在西部各州有投票權，但直迄 1920 年《憲法》第十九條修正條款，始授予婦女在全國性的公職人員選舉時有參政權。

在實際政治方面，美國的頭六任總統，自華盛頓（任期 1789–97）至約翰・奎西・亞當斯（任期 1825–29），皆出身所謂「縉紳」(gentlemen)，而躋身政要與國會和各州議會者，亦率多屬於此一社會階層。但是，進入十九世紀以來，經濟與社會情況發生變遷。約翰・奎西・亞當斯出身世家，乃父即為約翰・亞當斯總統，但他在 1828 年以在任總統尋求連任而與傑克遜競選時，竟告失敗。傑克遜為一白手起家的南卡羅林納州人，他是一個自我奮鬥成功的人。他在 1828 年和 1832 年兩次贏得總統大選，自從他的任期 (1829–37) 之後，自由與平等的風氣更彌漫整個的美國政壇，代表「普通人的興起」 (rise of the common man)， 開創了 「普通人的政治天地」(politics for the common man)。

政治民主使人不能忽視一般人和普通人的利益，民間的或「草根的」的呼籲 ("grass-roots" appeal) 成為很大的力量，貴族淵源反而是一種連累。林肯誕生於木屋之中而為總統，迪奧多・羅斯福 (Theodore Roosevelt, 1858–1919) 出身紐約閥閱世家，在 1880 年代進入政界時即常因其哈佛口音受訕笑，而他自己也勤作體操以期勞其四肢。美國的社會是一個白手成家的社會 (rags-to-riches society)，也是一個從木屋到白宮的社會 (log-cabin-

❾ 馬利蘭州、南卡羅林納州在 1810 至 1826 年期間已行普選，即使是有財產限制的各州，其標準亦甚低，納稅即可。

to-White-House society)。舉例言之，富商亞斯圖 (John Jacob Astor, 1763–1848)、鐵路大王范德堡 (Cornelius Vanderbilt, 1794–1877)、新聞業鉅子普立茲 (Joseph Pulitzer, 1847–1911) 以及工業家鋼鐵大王卡內基 (Andrew Carnegie, 1835–1919) 皆係白手起家。關於美國的政治與社會，美國史家杜納 (Frederick Jackson Turner, 1861–1932) 以「邊疆論」(Frontier Thesis) 來加以解釋。他的力作是《邊疆在美國歷史中的重要性》(*The Significance of the Frontier in American History*)。他認為美國之所以具有獨特的民族風俗並非由原來歐洲的文物制度在新大陸發展而成，而係人與新的環境交互影響而成，美國人因必須適應新奇的環境而傾向於原始主義，於是心理上乃洗滌一清。於是在荒野中所建立的各個小型社區乃是富有民主精神的和不屈服於威權的。又「邊疆」一詞在此並非如歐洲之主權國界而係指不可知的地域的邊緣 (the edge of the unknown)。這種理論亦並非無懈可擊，十九世紀其他地區的拓邊移殖何以未有同樣的發展？杜納也忽視了都市化及工業化加諸美國的影響⑩。

美國的民主政治係透過兩黨制度 (Two-Party System) 來運作。美國何以維持了兩黨制度？這自有很多的因素。首先要提出的，是歷史的淵源，美國沿襲了當年英國托利黨 (the Tories) 和惠格黨 (the Whigs) 相對立的傳統。立國之初，約在 1792 年便已有聯邦黨 (the Federalists, or Federalist Party) 和共和黨 (the Republicans, or Republican Party) 之分。前者主張加強中央權限，以漢彌爾頓 (Alexander Hamilton, 1757–1804) 為領袖；後者不主張加強中央權限，亦不贊成漢彌爾頓所主張的建立全國性的會計制度，以傑弗遜和麥迪生為首腦，共和黨亦稱民主共和黨 (the Democratic Republican Party)。及至 1789 年法國革命爆發，革命所標榜的「自由、平等、博愛」與美國革命的精神相符合。二者皆為反抗王室的革命，不過美國革命的主要目標為切斷與大英帝國的關係而另建新邦，另外便是朝向民

⑩ Asa Briggs, op. cit., pp. 258–59, 262.

主目標前進。法國革命則造成較多的社會動亂，而且欲摧毀舊秩序。當法國革命進行激烈時，尤其是1793年法國革命戰爭使西方世界震撼以後，聯邦黨持敵對態度，民主共和黨則較同情。當英國與歐洲同盟向法國宣戰後，二派之間的裂痕更增。漢彌爾頓一向對英國制度有所喜愛，傑弗遜則不然。於是在內政之外，兩派又有對外關係的衝突。最後華盛頓總統乃決定中立⓫。

這個時期真正的政黨政治還沒有開啟，祇是政治領袖與地方縉紳的結合，群眾基礎不夠，選民亦缺乏特別的政黨認同，政黨也不代表任何社會階級的政治或經濟利益。大致言之，十九世紀初期，民主共和黨（亦稱共和黨）較佔優勢，這個時期當選總統的傑弗遜（任期1801–09）、麥迪生（任期1809–17）和門羅（James Monroe, 1755–1831，任期1817–25）皆屬此黨，而且皆連選連任。此一時期，聯邦黨衰落，不復為政治力量。但民主共和派在1824年來亦分裂。傑克遜由其中分裂出來，而糾合擁護他的人另組一黨稱民主黨 (Democratic Party)，並於1828年和1832年兩度當選總統。此黨便是民主黨。餘下來的民主共和黨分子改稱國家共和黨，並於1834年與南方人士合組自由黨 (The Whig Party)，以與傑克遜所領導下的民主黨相對抗。這個新政黨與過去的聯邦派相接近，民主黨則可追溯到從前的共和派（民主共和派）。後來奴隸問題發生，自由黨亦趨分裂，北方自由黨分子聯合一部分民主黨小農分子 (Free-Soilers) 而於1854年組成共和黨 (The Republican Party)。同年，另一政黨即無知黨 (The Know-Nothing Party) 因反對天主教和移民而組成，不過1855年後因奴隸問題分裂，其黨員多變為共和黨。美國大致上維持了兩黨制度。

第二個影響美國成為兩黨制的因素，是美國選舉制度採用單額選區制 (single-member district system)，此種制度對於兩黨制度的形成，有直接的影響。因為在這種制度下，不管候選人有多少位，但結果祇有得票最多或

⓫ Caughey & May, op. cit., pp. 139–41.

美國民主黨（「驢」）與共和黨（「象」）的黨標

較高的一位當選。在此情形下，選舉時選區便會形成兩個對抗的團體，其情況一如「零和遊戲」(zero-sum game)，競選成功的人成功了，而失敗的人無論獲得多少票，均成為「死」票。這種制度對於已有基礎的兩個大黨有利，對第三黨或各個第三黨（所謂 third parties）則極不利。美國的各種選舉，包括聯邦與地方，絕大多數皆採單額選區制。固然，選舉各級行政首長時，選區無論多大，名額衹有一個，固為理之當然。但美國國會、州議會，乃至其他地方性的選舉，無不如此。以國會選舉而言，固有參眾兩院，參議院由每州選出兩名參議員組成，但兩名參議員係在不同次的選舉中產生，則實際運作與單額選舉無異。至於眾議院中的四百三十五名眾議員，雖係同時選出，但各州在選舉眾議員時，均把一州劃為與應選出議員名額相同的選區，每一選區選出一名。

第三個因素，是溫和中庸的基本共識，美國人民對於各種的政治和經濟問題，有其爭論，但在基本體制和基本問題上，則有相當一致的態度。絕大多數美國人民贊成民主政治、資本主義的經濟制度，以及政治、經濟和宗教事務等分離的原則。此種民意結構趨於溫和中庸的情況下，極端的意見或立場，無論是極左或極右，均難獲得較大的支持。在此情形下，政黨的生存空間會傾向於朝中間立場集中，尤其是在單額選區制的運作下，候選人必須爭取大多數人的選票，才有致勝的可能。這便必須提出溫和中庸的政見，因為大多數的選民是屬於廣大中間地帶的人。兩個政黨已足以適切地反映出民意結構，民主黨中間稍偏左，共和黨中間稍偏右，就可以符合大多數選民的需求⓬。

在此情形下，兩黨立場並無基本的歧異，也就是「象」（共和黨的黨標），與「驢」（民主黨的黨標），並無太大的不同⓭。

四、美國在國際政治中的角色

獨立後的美國，擴張迅速。不過一般說來，美國因處於地大物博的北美大陸，其擴張的方式曾有長期的內部擴張（向西開拓），此足使美國的人力物力獲得出路。如果說英國的第三帝國在非洲，則美國的第一帝國就在密蘇里州之外。美國史家杜納即曾指出美國的南部和西部曾在不同的時間自覺為北部和東部的殖民地⓮。但是，美國對於國際政治發展可能影響其利益時，則從不掉以輕心。法國革命與拿破崙戰爭 (French Revolutionary and Napoleonic Wars) 以後，歐洲列強在所謂「正統原則」(Principle of Legitimacy) 的號召下，企圖將國際干預革命的行動適用到美洲，乃引起了美國門羅主義 (Monroe Doctrine) 的宣布。緣因俄皇亞歷山大一世敦促凡戎那 (Verona) 會議處置西班牙美洲屬地的問題，要撲滅拉丁美洲新獨立的諸共和國。此舉為英國所反對，緣因近一個多世紀以來英國不斷地向拉丁美

⓬ 何思因，〈政治學中的美國政治(四)──政黨〉，《美國月刊》，2 卷 5 期（民 76，9），頁 4–13；林昭燦，〈析美國兩黨制度持續之原因〉，《美國月刊》，2 卷 3 期（民 76，7），頁 4–9。

⓭ 兩黨黨標為美國卡通畫家那斯特 (Thomas Nast, 1840–1902) 在 1870 至 1874 年間推廣所形成。

⓮ Robin W. Winks, "Imperialism," in C. Vann Woodward, ed., *A Comparative Approach to American History* (1968), pp. 284–85.

洲滲透其經濟勢力，拿破崙戰爭時期英國對拉丁美洲的出口增長了二十倍。英國自想保持此種優勢，英國願見西班牙的美洲帝國分崩成各個獨立國家，以便與之訂立自由貿易協定，而不願見西班牙重返美洲。英國是當時世界上最大的海權國家，制海權在其手中，至少要英國海軍點頭，歐洲軍隊始能渡過大西洋。

自從 1823 年 4 月法國入侵西班牙以後，拉丁美洲新獨立各國便受到極大威脅。此年 8 月 16 日英國外相坎寧 (George Canning, 1770–1827) 向美國駐英公使洛許 (Richard Rush, 1780–1859) 建議由英、美兩國共同聲明反對干涉拉丁美洲的情勢。但這並非在洛許的權限之內，而英國又立求回覆。洛許乃提出以英國承認拉丁美洲各共和國為條件，但坎寧拒接受。於是洛許乃將此案詳報國務卿亞當斯及總統門羅，他並在報告中判斷坎寧的主要目的在使美國加入以限制法國行動。門羅並徵詢前任總統傑弗遜和麥迪生的意見，他們均主立即接受。但國務卿亞當斯主張慎重，他認為坎寧關切拉丁美洲自由的用心不大，而且此年 10 月法國已放棄干預美洲的準備，坎寧已不再十分熱心此建議。

後來詳經考慮，門羅總統乃決定以致國會咨文 (annual message to the Congress) 的方式採取單獨行動。於是在 1823 年 12 月 2 日門羅在其致國會咨文揭露了所謂「門羅主義」，其大意為「南北美大陸……不再是任何歐洲國家殖民的對象」，「歐洲聯盟各國的政治制度在本質上……與美洲制度迥異，吾人將視歐洲各國向西半球擴張其制度為危及吾人和平與安全之舉……為對合眾國不友好的表示」，「關於現存殖民地……吾人不擬干涉」和「對於因歐洲事件所導致的歐洲各國之間的戰爭……吾人不參與。」("The American continents,..., are not to be considered as subjects for future colonization by any European Powers" "The political system of the allied powers is essentially different...from that of America...We should consider any attempt on their part to extend their system to any portion of this hemisphere as dangerous to our peace and safety...as the manifestation of an unfriendly disposition toward the United States" "With existing colonies...we...shall not interfere" "In the wars of the European Powers in matters relating to themselves...it does not comport with our policy (to take part)") 坎寧曾誇言他「喚起新世界以調整舊世界的均衡」 (I called the New World into existence to redress the balance of the Old)。但是在事實上美國政府採取單獨行動的用意，在使門羅主義的適用範圍除了歐陸國家以外也包括英國在內，在謀略上尤勝一籌⓯。

門羅主義之宣布，為美國在國際政治中初試啼聲。

美國的擴張，自不願以此為限。美國在美西戰爭 (the Spanish-American War) 以後，進入帝國主義的擴張時期，此為許多美國史家並不諱言之事⓰。緣因美國在南北戰爭之後，其經濟成長甚速。無限的潛力和龐大的

⓯ Caughey & May, op. cit., pp. 180–81; Julius W. Pratt, *A History of United States Foreign Policy* (New Jersey: Prentice-Hall, Inc., 1972), pp. 172–81.

⓰ 有關此一問題之討論，可參看 Walter LaFeber, *The New Empire: An Interpretation of American Expansion, 1860–1898* (Ithaca, N. Y., 1963); Ernest R. May, *Imperial Democracy: The Emergence of America as a Great Power* (New York, 1961); Charles S. Campbell, Jr., *Special Business Interests and the Open Door Policy* (New Haven, 1951); Dana G. Munro, *Intervention and Dollar Diplomacy in the Caribbean, 1900–1921* (Princeton, 1964); Alexander E. Campbell, *Great Britain and the United States, 1895–1903* (London, 1960); R. G. Neale, *Great Britain and United States Expansion: 1898–1900* (East Lansing, Mich., 1966); Foster R. Dulles, *America's Rise to World Power, 1898–1954* (New York, 1955) & *The Imperial Years* (New York, 1956); Richard Hofstadter, "Manifest Destiny and the Philippines," in Daniel Aaron (ed.), *America in Crisis* (New York, 1952)，按此論文後經 Hofstadter 改寫使包括古巴並編入其 *The Paranoid Style in American Politics and Other Essays* (New York, 1966)，不過亦有部分美國人諱言其事而謂美國為擴張的國家而非帝國主義國家。

國內市場在保護政策下欣欣向榮，而大陸鐵路系統的興建尤使各地連為一氣以互通有無。1900 年左右美國已能不依賴外國資本，而可從國內資源的累積以從事進一步的經濟擴張。此時美國亦有其「天命」感 (manifest destiny)，即擴建為一個連接兩洋（從大西洋至太平洋）的國家，尤其是 1890 年在內部擴張已達飽和之後，祇有向海外發展一途。

1895 年，古巴發生反抗西班牙並爭取獨立的叛亂，美國甚為同情古巴，此時美國在古巴有五千萬美元的投資並購買古巴革命分子在紐約發行的債券，新起的大眾傳播事業（報紙）復大量傳播西班牙人殘暴的消息。美國國會通過決議承認古巴人為交戰團體，美國與西班牙關係日益惡化。1898 年 2 月 15 日，美艦緬因號 (the Maine)（因古巴動亂而派往哈瓦那港者）忽告沉沒並有二百五十人喪生。事後調查庭宣布失事原因為受水雷攻擊，其時美國認為是西班牙人破壞（至今不明真正原因）。在舉國新聞和輿情指責西班牙的情況下，麥金萊 (William McKinley, 1843–1901) 總統的共和黨政府乃向西班牙送出最後通牒，儘管西班牙政府應允了要求的絕大部分而美國國會仍是決議宣戰。

戰爭爆發後三個月內，美國在古巴與菲律賓大獲全勝。戰後的和約雖規定古巴獨立，美國後仍要求一些特別權益，諸如租借海軍基地，同時根據 1901 年的《普雷特修正案》(*the Platt Amendment*)⓱，美國有權干預古巴境內有關「生命、財產和個人自由」受到危害的事件，也可以介入以維持「古巴的獨立」，於是古巴無異成為美國的保護國，這些且寫入古巴的《憲法》，至 1934 年始取消。此外，和約亦規定美國取得波多黎各 (Puerto Rico)、關島 (Guam) 和菲律賓。再者，美西戰爭期間，美國併夏威夷群島 (1898) 和 1899 年取威克島 (Wake Island)，以及 1900 年取薩摩亞群島 (the Samoan Group) 中之土土伊拉島 (Tutuila)，均為在加勒比海與太平洋中的擴

⓱ 普雷特 (Orville H. Platt, 1827–1905) 為美國參議院議員，他在 1901 年軍事撥款案中提出此一修正案而得名。

迪奥多・羅斯福總統

張行動，自不容置疑。美國的擴張，自不以此為滿足。1899 年 9 月，美國政府提出中國門戶開放政策。1900 年 7 月，在「八國聯軍之役」後，又提出第二次主張維持中國領土與主權完整的通牒⑱。

美國的向外擴張至迪奧多・羅斯福 (Theodore Roosevelt, 1858–1919) 在 1901 年繼麥金萊（遇刺）為總統後更為推展。羅斯福在內政方面雖以主張改革、限制托辣斯和倡導保護自然環境等著稱，在對外關係方面則力主擴張，並採取「金元外交」(Dollar Diplomacy) 政策（此係指保護美國投資者的利益，或利用投資作為干預藉口，總之為一種政治與經濟的結合與運用）。這在加勒比海地區尤為明顯。美國在此區域內利益的更進一步發展當為巴拿馬運河的開鑿與控制。先是在 1850 年美國曾與英國訂約規定兩國互相同意不單獨開鑿運河，不過在 1901 年時英國因適值波耳戰爭期間欲與美國維持友好關係而放棄權利，此一障礙遂告破除。美國乃轉移注意於控制巴拿馬的哥倫比亞，但哥倫比亞國會拒絕批准美國可以開鑿運河的條約 (1903)，此時巴拿馬適有叛亂發生，美國乃立即承認巴拿馬獨立，並派兵以阻哥倫比亞平亂。結果巴拿馬共和國乃與美國訂約，准許美國開鑿通過巴拿馬地峽 (Isthmus of Panama) 的運河和擁有運河區管理權。

美國在加勒比海地區勢力更進一步的發展為羅斯福在 1904 年宣布其門羅主義的「羅斯福推論」(Roosevelt Corollary to the Monroe Doctrine)。緣在 1904 年多明尼克共和國 (Dominican Republic) 財政崩潰，歐洲債權國有出面干預以確保其投資的危險，美國為防止此種可能，乃迫使多明尼克政

⑱ Julius W. Pratt, op. cit., pp. 213–42; John M. Blum & others, *The National Experience*, 3rd ed. (1973), pp. 526–33.

府與之訂約，而將多明尼克經濟置諸美國保護之下，羅斯福並宣稱今後拉丁美洲國家遇有困難而需要「國際警察力量」(an international police power) 時美國將出面介入。同時美國亦派財經專家改革多明尼克共和國的財政並以其關稅收入之半來支付外債。門羅主義本為一消極的、警告歐洲國家不得插手美洲事務的宣言，至此有了更積極的意義，即美國可以監督美洲事務而西半球為美國之勢力範圍。此後美國乃不斷地施用經濟的、政治的和軍事的壓力來加強對拉丁美洲的控制。儘管歐洲各國有龐大的投資，終承認美國的特殊權益，英國尤表友善且撤退巡弋加勒比海的艦隊[19]。不過這種方式也在拉丁美洲造成很多的惡感，1930 年代以後美國終改變策略而採行「睦鄰政策」。

美國插手國際事務的有力表現，應自第一次世界大戰開始。在第一次世界大戰中，美國反對德國的潛艇戰爭，以及其他傾向於參戰的因素，已見前述[20]。1917 年 3 月 18 日，有三艘美國商船遭德國潛艇擊沉，兩天後美國總統威爾遜決定美國要向德國宣戰。4 月 2 日，美國國會特別集會，4 月 4 日參議院通過《戰爭決議案》，4 月 6 日眾議院繼之通過，美國立即向德國宣戰。美國在參戰後力籌戰備，政府用加稅和借貸即發行債券如自由債券 (Liberty Bonds) 之類來籌戰費。在兵員方面，美國 1916 年時僅有十三萬人左右的職業軍人，現估計至少要有一百萬軍隊方能應付需要，因而決定徵兵。但徵兵制在英國係在戰爭爆發後兩年始實施且迭遭反對者爭論不休，1917 年 5 月 18 日美國國會乃通過《選擇服役法》(*Selective Service Act*)，其法為在各地區成立選役局 (Selective Service Board)，由選役局召集區內適齡男子編以號碼，然後等候應召服役，惟選役局可因其要贍養家屬、經營農場或商業及在國防工業工作而免除其應召。徵集兵員有二百五十萬人，志願入伍者亦有二百三十萬人，美國因而在一年多的時間內有了近五

---

[19] J. Kim Munholland, *Origins of Contemporary Europe* (New York, 1970), pp. 224–25.

[20] 參看第二章第一節。

百萬的軍人。美國在 1916 年時所有的軍隊較比利時為少，1918 年 9 月以後卻可派出二百萬大軍遠赴歐洲作戰[21]。民間工廠亦轉為軍用，如鋼琴工廠改為生產機翼等是。

美國遠征軍 (AEF: American Expeditionary Forces) 的統帥為潘興 (John Joseph Pershing, 1860–1948)。他們在 1917 年 6 月 26 日開始登陸法國，緬懷當年法人義助美國獨立的盛情，潘興麾下的參謀官斯丹頓上校 (Col. Charles E. Stanton) 不禁在 7 月 4 日（美國獨立紀念日）高呼：「拉法耶特，我們來了！」(Lafayatte, we are here!) 美軍在法國作戰的人數最後總計有一百四十萬人，進入陣地的第一批軍隊係在 1917 年 10 月。在海軍方面，美國也加強造艦，而且以驅逐艦和反潛艦 (submarine chasers) 為優先。1917 年 7 月時，美國已有三十五艘驅逐艦布署在愛爾蘭沿岸的昆士唐 (Queenstown)，到戰爭結束時美國在海外的艦隻有三百八十艘之多。在財力支援方面，由於 1917 年 4 月 1 日左右，英、法集團已無力支付購自美國的供給品，美國乃給予鉅額貸款，至戰爭結束時貸予數字高達七十億美元。在外交形勢方面，美國對德國宣戰後，其他美洲國家也紛紛跟進，古巴、巴拿馬、海地、巴西、瓜地馬拉、尼加拉瓜、宏都拉斯在 1918 年 7 月底以前相繼對德國宣戰。即使是多明尼克共和國、秘魯、烏拉圭和厄瓜多爾等國亦與德國斷絕外交關係。非洲的賴比瑞亞（1917 年 8 月 4 日）和亞洲的中國（1917 年 8 月 14 日）亦受到影響而對德國宣戰（中國對德國宣戰，自有其他的考量與理由，不過美國影響亦為因素之一）。凡此種種均可看出美國在國際社會中的影響力量。

第二次世界大戰中，美國更是舉足輕重；1945 年後美國可承擔的，更是所謂「環球責任」。

---

[21] Caughey & May, op. cit., pp. 460–64.

第二節　俄國革命與蘇聯的建立

1917 年，第一次世界大戰尚在進行之中，俄國發生了兩次革命。俄國革命的結果，不僅建立了共產政權，而且也造成曾經雄視世界的蘇聯興起。此一發展對世界產生了深遠的影響。

蘇聯 (Soviet Union) 或蘇維埃社會主義共和國聯邦 (the Union of Soviet Socialist Republics) 是美國以外，影響二十世紀世界歷史發展的另一重大力量。它是世界上最大的國家，其八百六十五萬方哩（二千二百四十萬平方公里）的面積，佔了全球陸地的六分之一，歐亞大陸的五分之二。它也有世界上最長的國界線，以及最多的鄰邦。

蘇聯的人口，在 1990 年時已有二億八千九百萬人。不過，其人口成分卻甚複雜，有超過一百種以上的民族。蘇聯民族學家和人口學家，通常認為以母語來定民族的分類並不十分精確，因為人雖然保持族裔認同的意識，卻不使用自己的語言，而是使用與他們共同生活的人群的語言，為其基本的日常語言。在未解體前的蘇聯，最大的民族集團，是斯拉夫民族集團 (Slavic nationality groups)，構成全人口的四分之三左右。他們講各種不同但密切相關的斯拉夫語言 (Slavic languages)，其中最大的一支叫大俄羅斯人 (Great Russians)，通常所說的「俄文」，即屬他們所說和所用的語言和文字，他們約佔蘇俄全人口的 50.8%；第二大支是烏克蘭人，或稱小俄羅斯人 (the Ukrainians or Little Russians)；再次為白俄羅斯人 (Byelorussians)。另一族群為突厥（土耳其）族群 (the Turkic peoples)，他們所講的語言，也是雖不相同但密切相關，他們雖亦有居住在歐俄者，特別是在伏爾加河（亦稱窩瓦河）流域 (the Volga Valley)，但以俄屬中央亞細亞和西伯利亞一帶為主[22]。

[22] *The New Encyclopedia Britannica* (Chicago, 1987), Vol. 28, pp. 954–55; *Time* (March 12, 1990).

一、革命前的狀態

二十世紀肇端時，俄國是歐洲所剩下的唯一的真正的專制帝國。國家權威建立在沿襲下來的複雜的官僚科層組織和秘密警察之上。儘管在十九世紀中期以後，也有若干的改革和變遷，但在基本上仍未脫離專制而落後的本色。在這個時期，俄國的統治者是尼古拉二世（Nicholas II, 1868–1918，在位期間為 1894–1917），為一意志薄弱而沒有時代認識的人。他的皇后雅麗珊 (Alexandra, or Aleksandra, 1872–1918) 是一個德國女人，為赫斯・達馬斯塔 (Hesse-Darmstadt) 大公路易四世 (Louis IV) 之女，亦為英國女王維多利亞之外孫女。她是一個迷信而沒有識見的女人，鼓勵伊夫以彼得大帝為榜樣，且因寵信狂熱僧人拉斯甫汀 (Grigori Rasputin, 1871?–1916) 而成為醜聞。王室及朝廷不受愛戴。此時期內俄國在遠東大肆擴張：西伯利亞大鐵路的興建 (1891–1903)；中日《馬關條約》之後聯絡德、法干涉還遼 (1895)；《中俄密約》的簽訂 (1896)；滲透北滿和介入朝鮮；租借旅大 (1898) 以及拳亂之後佔領中國東北 (1900–03) 等等，為其中最著者。

這些擴張使俄國與日本造成了嚴重的利益衝突，終於導致了日俄戰爭 (1904–05)。日俄戰爭和俄國的失敗，對於俄國的內政發生了極大的影響，因而導發了 1905 年的革命。俄國對日本戰爭的失敗造成舉國的不安，罷工頻仍。1904 年 12 月，尼古拉二世拒絕了全俄地方議會聯合會要求召開國會給予人民基本民權的呈請。1905 年 1 月 22 日，工人在東正教教士加彭神父 (Father Gapon or Georgi Apollonovich Gapon, 1870–1906) 領導下前往冬宮 (Winter Palace) 向俄皇請願，結果為軍隊所射擊，而造成七十人死亡和二百四十人受傷的紀錄，是為「血腥的星期日」(Bloody Sunday)。此後各地罷工而混亂有增無已。3 月，俄皇宣布召開「諮議」國會（consultative assembly，不具立法權）。但是人民不滿，在遲延與失望下此年夏天又發生更多的暴亂、示威與罷工。軍中亦有不滿情緒，6 月間停泊在黑海的戰艦「波坦金」號 (Potemkin) 譁變而駐紮西伯利亞大鐵路的軍隊亦不穩。發展至 10 月，在聖彼得堡、莫斯科以及其他城市中工人組成蘇維埃 (soviets, or workers' council)，發動一連串的罷工。於是交通停頓、學校關閉、政府機構不能照常辦公，有一些城市為總罷工所癱瘓。俄皇無計可施，微德 (Count Sergei Y. Witte, 1849–1915) 建議他或行軍事獨裁或頒布《憲法》，尼古拉二世終於在 10 月 30 日頒布《十月宣言》(*October Manifesto*)：准許人民得享自由權利，成立由普選產生的國會 (Duma)，並應允任何未經國會通過的法律概屬無效。俄皇並任命微德擔任首相，主持部長會議 (Council of Ministers)。

此為俄國 1905 年的革命。但是這個革命並未有持久的勝利。在國會召開之前俄國政府自法國與英國借得鉅款（約合四億美元），使政府不必再依賴國會的撥款。另一方面，俄皇在 1906 年 5 月民選國會召開的前夕公布《基本法》(*Fundamental Laws*)；俄皇仍為專制者 (Autocrat) 而且保有對行政、軍事、外交的全權；立法權由民選國會及上院所分享（所謂上院係俄皇擴大其個人的諮議機構而變成，其成員半數由俄皇指派，半數由各團體如地方議會、商團、教會和大學等選出）；民選國會的預算權亦受限制。第一屆國會雖於 1906 年 5 月 10 日集會，7 月 21 日便遭解散，第二屆國會壽命尤短（1907 年 3 月 5 日至 6 月 16 日），因較第一屆國會激烈，選出後不久即遭解散，此後國會均較保守㉓。

在經濟發展方面，俄國也一直落後。儘管在尼古拉二世時期，微德頗致力於建設。他可以說是尼古拉時代的重臣之一，長期擔任財相（1892 至 1903 年間），他出面交涉《樸資茅斯條約》(*Treaty of Portsmouth*, 1905)，結束日俄戰爭。俄國有了國會和《憲法》後，他是立憲後第一任的首相（1905 年 11 月至 1906 年 5 月），後來擔任帝國資議院（上院，Council of

㉓ H. Stuart Hughes, *Contemporary Europe: A History*, 5th ed. (New Jersey, 1981), pp. 83–85; Richard Pipes, *Modern Europe* (Homewood, Illinois, 1981), pp. 50–52.

the Empire）的成員。微德所推動的建設也促進了俄國的工業化。但是，直迄 1917 年，俄國人民有 80% 仍靠土地維生，其農業產值仍在國民生產毛額中佔了 57.9%，工業產值僅為美國的 7%。人民仍有 60% 為文盲。

儘管如此，經過 1905 年的革命之後，俄國終於有了國會與《憲法》，人民也得到了一些自由。基礎誠然仍甚薄弱，但代議制度在俄國存在下來。在俄國政治史上，政黨首次可以合法地組成。此時期內俄國政黨中有憲政民主黨 (Constitutional Democratic or Kadet Party)、十月黨 (Octoberist Party)、社會革命黨和社會民主黨等。憲政民主黨代表自由主義分子和專業階層以及地方議會人士。他們主張英國式的君憲政制、議會政府、成男普選、責任內閣以及保障人民的基本權利。他們也主張土地改革，其方式為組成公共委員會以價購土地並同國有土地分配給農民。他們的領袖為史學家米里科夫 (Pavel N. Milyukov, 1859–1943)。此黨的右翼後稱十月黨人 (the Octoberists)，他們係以保守的自由分子和具有自由傾向的貴族與地主為主，以俄皇《十月宣言》為其主要政綱。社會革命黨 (the Social Revolutionary Party) 係源自 1870 年代的民眾主義分子，由人民意志黨蛻變產生。許多學生加入此一組織，他們注重的是農民和土地的問題。他們主張土地國有，認為俄國是農業國和農民是根本，而革命如無農民參加則殊難成功。不過他們仍保留了恐怖行動與暗殺的傳統。社會民主黨 (the Social Democratic Party) 則以城市工人為主體，適與社會革命黨之專重農民大異其趣。馬克斯主義係在亞歷山大三世時期由普雷堪諾夫 (Georgi V. Plekhanov, 1857–1918) 介紹入俄國，社會民主黨後於 1898 年成立。該黨重視工人（所謂「工業的無產階級」），主張俄國的政治發展與其經濟發展相符合。他們認為工業革命產生了自由主義的中產階級與激烈的工人階級。他們主張透過工人階級來完成改革俄國的目的。

戰前的俄國雖經 1905 年的革命，實際上則並無基本性的變化。國會僅具諮議之權，對政府不能控制。在農業方面，約略三萬地主控有了近七千萬俄頃㉔的土地，另外則是一千零五十萬左右的農民擁有約七千五百萬俄頃的土地，三分之一的農民則沒有土地。農業技術之低以及農具的落後，農民仍多用木犁、木耙；鐵犁、鐵耙均甚少，更遑論其他機械。工業方面，亦甚落後。在戰爭前夕，俄國的年產鐵量約為平均每人三十公斤，德國則為二百零三公斤，英國為二百二十八公斤，美國則為三百二十六公斤；煤產則平均每人年產零點二公噸，在德國為二點八噸，英國為六點三噸，美國則為五點三噸；耗棉量在俄為每人平均三點一公斤，英國則為十九公斤，美國則為十四公斤。俄國在電力與機械工業方面不過剛剛起步，戰爭發生後軍備工業雖增產，其他基本工業則減少。在 1914 至 1917 年間徵召了一千五百萬人服役，但同期內僅製造了三百三十萬枝槍械。儘管西方盟國曾大力支援，俄國工業的落後便表現了軍事力量的不振。但是在另一方面，俄國工人卻高度集中，大約一半以上的工人均集中在雇用五百人以上的大型工廠中，這使工人有高度的組織和政治攻擊力量，一旦有革命爆發時工人必居重要的地位。俄國之戰爭經費約為四百七十億盧布，但僅有十分之一是正常歲入，外債及內債佔了四百二十億。凡此種種造成嚴重的通貨膨脹，到革命爆發時生活費用已高漲至戰前的 700%㉕，因此民不聊生。

俄國在 1917 年爆發革命，與第一次世界大戰有密切的關係。但是，史學家對此又有不同的解釋。有的史家認為，在 1914 年時俄國已經瀕臨革命的邊緣，但因戰爭爆發以後所點燃的愛國熱忱，使危機延後了兩年多，這是海穆森 (Leopold Haimson) 等人的觀點；有的史家則認為，如果沒有第一次世界大戰所造成的脫序和緊張，也許俄國的舊政權還可以再持續一段時間，這是肯楠 (George F. Kennan) 等人的意見㉖。

㉔ 每一俄頃 (dessyatin) 相當於二點七英畝。

㉕ *The New Cambridge Modern History*, Vol. XII, “The Shifting Balance of World Forces, 1898–1945” (Cambridge University Press, 1968), pp. 404–05.

㉖ Leopold Haimson, “The Problem of Social Stability in Urban Russia, 1905–1917,”

二、革命與內戰

在第一次世界大戰爆發以前，俄國已經與法國和英國結成《三國協約》(*Triple Entente*)，其步驟為俄國與法國已在1894年締結軍事同盟，即《法俄同盟》(*Franco-Russian Alliance*)，1904年英、法成立「諒解」(Entente Cordiale)，1907年英、俄亦達到「諒解」。1914年，第一次世界大戰爆發以後，俄國乃加入戰團，與英、法等國併肩作戰。俄、法與德國發生戰爭後，《法俄同盟》確實發揮作用。這一方面，使德國腹背受敵，成為「兩面作戰」的困境；另一方面，德國軍力也呈現了極限：它也許可以殲滅法軍或俄軍，但卻不能殲滅法國和俄國的軍力。

俄國在戰爭期間爆發革命，係因俄國無法承擔現代全面戰爭的衝擊。前邊談到，俄國在戰爭期間大量徵召軍隊。此種徵召並未經選擇，結果熟練的技工與農工亦被徵召而未曾考慮到對經濟的影響。這對工業生產與效率均發生了可怕的打擊，以鐵路交通為例，鐵路交通為近代戰爭所必需的工具之一，俄國鐵路交通本來就落後（1914年時據估計僅有美國六分之一的里程而面積則為美國之三倍），戰爭爆發的一年俄國有二萬具機車及五十四萬車廂，至1917年降至僅有九千具機車及十七萬四千車廂。農業方面，由於徵兵使役齡農民離開耕作崗位，農業生產發生極大的困難。另外，俄國的外貿亦因戰爭而大受影響，此因德國堵著了俄國在波羅的海的出口，而土耳其人封鎖了俄國在達達尼爾海道的出路。

不過，直接導發革命的因素仍為戰爭及戰爭所帶來的各種後果。俄國在參加第一次大戰的頭一年，其死傷總數合計即近四百萬人，至革命爆發時死、傷、失蹤和被俘的俄軍已高達八百五十萬人左右。

戰爭爆發後，俄國出乎德國的預期，為了支援法國，而進攻東普魯士。

Slavic Review, Vol. 25, No. 4 & Vol. 24, No. 1 (1965); George F. Kennan, *The Decision to Intervene* (Princeton, 1958).

但後來在德軍攻擊下，連遭敗績。1915 年 8 月，華沙 (Warsaw) 陷落。9 月，立陶宛 (Lithuania) 的維爾納 (Vilna) 棄守。在華沙陷落以後，俄皇尼古拉二世親自統軍，此種行動相當於「御駕親征」，僅具象徵意義，但對俄國皇室的聲威發生了極大的負面的作用，因為俄皇尼古拉二世並未能扭轉局勢。

1917 年，第一個革命，在西方通稱「三月革命」(the March Revolution)，不過在俄國，則習稱「二月革命」(the February Revolution)[27]。它實際上是「無領導的，偶發的和匿名的革命」(a leaderless, spontaneous, and anonymous revolution)。它之所以能夠成功，乃

尼古拉二世親率大軍

[27] 三月革命之所以在俄國稱為「二月革命」，此因俄國當時仍採行「朱理曆」(Julian Calendar)，此曆換算為西方通用的「格理高里曆」(Gregorian Calendar，1582 年，教皇格理高里十三世所頒布)，在十八世紀時加十一天，十九世紀時加十二天，二十世紀時加十三天。如 1796 年 1 月 27 日為朱理曆同年同月 16 日，1801 年 3 月 23 日為朱理曆同年同月 11 日，1917 年 3 月 8 日為朱理曆同年 2 月 23 日。同理，十一月革命，在俄稱「十月革命」，蓋「十月革命」完成於朱理曆 10 月 24 日至 25 日，為格理高里曆 11 月 6 日至 7 日。

是因為它有群眾響應。更重要的，是它得到了首都防衛軍的支持，在「工人及士兵代表蘇維埃」(Soviet of Workers' and Soldiers' Deputies) 之中，有三分之二的成員是軍人㉘。

1917 年 3 月 8 日（俄曆 2 月 23 日）為國際婦女節。該日在俄國首都彼得格勒 (Petrograd)㉙有些紡織女工和主婦走上街頭，舉行示威。繼之，有九萬左右的工人加入。這種情況，原已因為騷亂不休，早已司空見慣。但到第二天仍未解散，而運動的口號則由「我們要麵包！」（單純的經濟性的訴求），演為「打倒專制！」（政治性的口號）。軍隊原是效忠俄皇的，現在則作壁上觀。至 10 日時，又有工人加入，人數已達二十四萬餘。11 日，適逢星期日，更多工人與群眾加入，乃日益擴大。首都防衛軍的態度為最大關鍵，他們轉而支持群眾，遂至不可收拾。俄皇尼古拉二世時在前線，聞訊曾下令解散國會，國會拒絕解散，且於 12 日組織臨時政府。尼古拉二世見大勢已去，於 15 日遜位。此一革命由通貨膨脹、食物缺乏而引起，從偶發性的騷亂演變為革命，而軍隊又同情之，乃愈演愈烈。此為與法國革命類似之處（至於君主優柔，其后為個性甚強之「外國」女人，且發生甚大影響，則為另外的類似之處）。

臨時政府先是由利如夫親王 (Prince Georgi Evgenievich Lvov, 1861–1925) 擔任總理。利如夫親王為一溫和分子，係憲政民主黨成員，並曾為第一屆國會之議員。此一臨時政府亦包括歷史學家米里科夫（亦為憲政民主黨分子，並參與第三屆及第四屆國會）擔任外長，十月黨人古契科夫 (Aleksandr I. Guchkov, 1861–1936) 擔任國防部長，以及社會革命兩黨分子克倫斯基 (Aleksandr F. Kerenski, 1881–1970)，擔任司法部長等。它一面宣布保障公民權，釋放政治犯和宗教犯，並經由成男普選選出制憲大會，於

㉘ Reinhard Wittram, *Russia and Europe* (London: Thames & Hudson, 1973), p. 154.

㉙ 彼得格勒即聖彼得堡 (St. Petersburg)，大戰爆發後因抗德情緒高漲，改為俄式名字。此城市在 1924 年列寧死後改名為「列寧格勒」(Leningrad)。

1917 年秋天集會以制立《憲法》；一方面重申信守國際承諾，繼續作戰。此一發展，看來俄國可望建立西歐英、法式的民主政治，不僅為俄國知識分子和專業人士所支持，而且也為西方盟國所歡迎。這使西方盟國係為民主自由而戰的立場，不再因帝俄不是民主國家而削弱，他們更相信俄國的民主革命可以激發新的軍事力量，一如法國革命在 1789 年至 1793 年間的情況。同時，俄國亦有繼續作戰的誘因，英、法等國允諾俄國在戰後可以取得伊斯坦堡、兩海峽，以及再在波蘭擴張土地。

但是，自始臨時政府並未能掌握全局，真正的力量在於蘇維埃，而臨時政府衹有空的權位。這種「權位兩元」(duality of power) 的狀態，是很明顯的㉚。臨時政府實際上沒有控制的力量，而彼得格勒蘇維埃 (Petrograd Soviet) 主張結束戰爭和廢除私有財產。它並於 3 月 14 日向陸、海軍發出「第一號指令」(Order No. I)，剝奪了軍官指揮權，由軍官及士兵選出代表，共同組成蘇維埃（委員會）來管理軍隊。他們本已控制了工業及交通運輸，現在又控制了軍隊，並在各地組織蘇維埃，全俄超出六百個。臨時政府雖力圖有為，但因主張繼續作戰和未能實施土地改革，一切留待制憲大會決定。這種做法，固然無可非議，實則喪失先機。7 月，臨時政府改換領導人，克倫斯基出任總理，他企圖以愛國心來打動俄國人，但對德作戰的夏季攻勢 (Summer Offensive) 潰敗。

最後，俄國政權為列寧 (Nikolai Lenin, 1870–1924) 和他所領導下的布爾賽維克黨人 (the Bolsheviks) 所奪取。列寧原名烏里亞諾夫 (Vladimir Ilich Ulyanov)，他並非出身無產階級，其父為伏爾加（窩瓦）地區 (the Volga area) 駐區督學。列寧在 1887 年為卡贊 (Kazan) 大學所開除，但在 1891 年仍在莫斯科大學畢業，獲法學士。列寧雖在十六歲或十七歲時讀俄國虛無主義的革命分子柴尼史維斯基 (Nikolai Chernyshevsky, 1828–89) 所寫的

㉚ Roland Stromberg, *Europe in the Twentieth Century* (New Jersey: Prentice-Hall, Inc., 1980), p. 104.

《如何去做？》(*What Is to Be Done?*)，但並未認真地從事革命。1887 年，列寧之兄亞歷山大因被捲入刺殺俄皇亞歷山大三世 (Alexander III, or Aleksandr Aleksandrovich, 1845–94，在位期間為 1881–94) 而被處死。自此以後，他決心要推翻俄皇統治。也就是說，列寧在接受馬克斯主義以前，即已為革命者。至於他接受馬克斯主義的思想，則為 1891 年或 1892 年左右的事。不過，直迄 1900 年以前，列寧仍是一個正統的馬克斯主義者。他在 1899 年出版一本學術性的著作，《資本主義在俄國的發展》(*The Development of Capitalism in Russia*)，但在 1895 年被捕，放逐至西伯利亞到 1897 年，1900 年放逐出國。1905 年俄國爆發革命，列寧再回國，停留到 1907 年，再度面臨被捕危險，此後更浪跡瑞士、法國等地。1900 年後，列寧認為俄國民智未開而富惰性，他懷疑可以用一般的群眾或革命運動來改造社會。他在日內瓦創《火花》(*Iskra*, or *The Spark*，一種用香煙紙印刷的期刊)，鼓吹馬克斯革命。他參加俄國社會民主黨，但卻受柴尼史維斯基等人的影響，發展出一種革命的精英 (revolutionary elite) 的論點。這種精英分子，要有狂熱而獻身的情操，以「鹽中之鹽」(salt of the salt) 自許，並在人民的名義下來奪取政權。1903 年，俄國社會民主黨先是在布魯塞爾，繼之在倫敦召開代表大會。大會對於社會革命和無產階級專政並無異議，但對黨的性質和達成革命的方法，則未有共識。列寧一派主張黨應有嚴格的紀律，中央集權的組織，以及不與資產階級合作。在一次突擊性的表決中，列寧

列　寧

一派曾得到多數的支持，因而他們自稱「多數派」，而多數派在俄文中是布爾賽維克，因而他們自稱「布爾賽維克派」。這一派屬極左派，後來奪得俄國革命的成果，極左派得勢是此近代革命史上所未見的，如英國革命、美國革命，以及 1848 年的革命等等[31]。

布爾賽維克派，自 1912 年以後，已實際上是另外一個政黨。俄國革命爆發時，此黨人數仍有限，不足三萬人，而其領袖則不是流放在外國，便是在西伯利亞。這個時候，列寧（四十七歲）住在瑞士日內瓦。在此要指出的，瑞士在俄國革命發生之前一直有形形色色的俄國「政治流亡者」(political émigrés)，包括俄羅斯人、烏克蘭人、猶太人、波蘭人、喬治亞人、亞美尼亞人、拉脫維亞人、立陶宛人和愛沙尼亞人，他們唯一的共同之處便是反對帝俄政府，其他則立場各異，瑞士對俄國革命發生的作用甚大[32]。

自從大戰爆發以後，列寧便攻擊此一戰爭，說它是「帝國主義的冒險行為」(imperialist adventure)，並呼籲各國士兵放下武器。俄國發生革命

---

[31] Stromberg, op. cit., pp. 104–05; Hughes, op. cit., pp. 86–87. 再者，Bolsheviks or Bolsheviki 一字源自俄文 bolshinstvo 為多數派之意，Mensheviks or Mensheviki 源自俄文 menshintvo 為少數派之意。不過其中有若干爭議之處，有謂列寧一派之所以得到多數，係因猶人同盟 (Jewish Bund)（社會民主黨內團體之一）憤而退出和在就革命戰術作突擊表決所致。此後與 1903 年以後實際上是先後在普雷堪諾夫和馬爾托夫 (Julius Martov) 領導下的孟賽維克派佔多數。因有這類爭議，故本書不用「多數派」或「少數派」之名而以音譯。布爾賽維克派至 1912 年實已另成政黨。又，1903 年在兩派之外實尚有部分在托洛斯基領導下的「托派」(the Trotskyites)，可謂為中間派。托洛斯基當時認為列寧之說可以推演為：黨決定於組織，組織決定於中央委員會，中央委員會最後則決定於獨裁者。此派在 1917 年十月革命前始與列寧合作。

[32] Alfred Erich Senn, *The Russian Revolution in Switzerland, 1914–1917* (Madison: University of Wisconsin Press, 1971).

後，列寧更攻擊臨時政府是資產階級的和帝國主義的政權。他的立場獲得時在紐約的托洛斯基 (Leon Trotsky, 1877–1940) 的響應。托洛斯基此時尚非布爾賽維克黨人，他具有猶太血統，在敖德薩 (Odessa) 大學受教育，後來成為革命分子，曾放逐西伯利亞，先後在奧、英、德、法等國亡命。列寧等人在俄國革命以後，亟於返俄。但是，英、法等國因其有反戰的思想，拒其過境。另一方面，德國則認為列寧回俄有助於抵制臨時政府，乃准予過境。關於列寧與德國政府的關係，一直頗富爭議。毫無問題地，德國政府給予列寧道路上的便利，使他能自日內瓦經過德國、瑞典和芬蘭，回到彼得格勒。但是，有關列寧是德國間諜的指控，則並無證據，有些文件證明係出自偽造[33]。

不過，德國當局對列寧等人也防之甚嚴，列寧和他的重要幹部拉迪克 (Karl B. Radek)、齊諾維耶夫 (Grigori Zinoviev, 1883–1936) 以及列寧之妻等人，是在「密封的車廂」內（the sealed train，即高度限制行動下），於 4 月 16 日（俄曆 4 月 3 日）抵達彼得格勒的芬蘭車站 (Finland Station) 的，他立即發表推翻臨時政府的呼籲：「一切權力歸於蘇維埃！」(All power to the Soviets!) 這便是列寧所提出所謂《四月綱領》(*April Theses*)，其主要內容為：(1)立即締訂和約；(2)土地分配予農民；(3)工廠、礦山交由工人組成的委員會管理；(4)把權力由臨時政府轉移至各蘇維埃。他以「和平！土地！麵包！」(Peace! Land! Bread!) 來爭取士兵、農民和工人的支持。列寧展開組織戰和宣傳戰，以他的煽動力來爭取群眾，托洛斯基和一些原屬孟賽維克派（少數派）加入他的行列，社會革命黨人 (the Social Revolutionaries) 也來響應。這使布爾賽維克黨人的數字日增，到 10 月「革命」前夕，已達到二十萬人左右。不過，此時列寧尚未成為氣候，6 月 17 日，全俄蘇維埃大會 (All-Russian Congress of Soviets) 選舉時，克倫斯基仍能遙遙領先列寧。

---

[33] 初步資料可參看 Richard Brown and Christopher Daniels, *Documents and Debates: Twentieth Century Europe* (London: Macmillan Education, 1981), pp. 33–35.

布爾賽維克黨與臨時政府在 7 月間發生衝突。緣在 6 月底和 7 月初，俄國向德、奧發動的夏季攻勢失敗，情勢不穩。布爾賽維克黨乃在 7 月 16 日至 18 日在彼得格勒發動奪權失敗，托洛斯基等被捕，列寧逃往芬蘭。7 月 20 日，利如夫親王去職而由克倫斯基出任臨時政府總理，此時臨時政府中的保守分子多已離去而成為自由派與社會主義派的結合。

保守分子乃寄望於當時的參謀總長柯尼羅夫 (Lavr G. Kornilov, 1870–1918) 來扭轉形勢。9 月，柯尼羅夫率軍向彼得格勒進發，以消滅蘇維埃和社會主義為號召。克倫斯基認為自己的權力受威脅，又去拉攏左派勢力，甚至放鬆對布爾賽維克黨人的禁制。另一方面，柯尼羅夫受到部下的背叛，鐵路工人亦拒運軍品，旋即失敗。此事對臨時政府的打擊甚大，使其益發喪失支持。同時，亦造成布爾賽維克黨人勢力的坐大。列寧潛返俄國，他認為：布爾賽維克奪權革命的時機已告成熟。10 月 23 日，列寧召開布爾賽維克黨中央委員會秘密會議，並選出第一屆政治局成員，其中除列寧外，包括托洛斯基、史達林 (Joseph Stalin, 1879–1953)[34]、齊諾維耶夫、卡門聶夫 (Lev Borisovich Kamenev, 1883–1936) 等等。同時，以 10：2 的投票決定起事[35]。此時布爾賽維克黨已在彼得格勒蘇維埃中佔了多數，托洛斯基擔任主席，並為籌備防衛首都，彼得格勒蘇維埃成立了軍事革命委員會 (Military Revolutionary Committee)，組成分子共有六十六人，但布爾賽維克黨人佔了四十八人，而托洛斯基也擔任這個委員會的主席。布爾賽維克黨人決定以此一軍事委員會為起事的機關。托洛斯基在工人中選擇忠於布爾賽維克黨組成「赤衛隊」(Red Guards) 以準備起事，他們並且決定在 11 月初全俄第二屆蘇維埃大會召開時起事。

克倫斯基也知道布爾賽維克黨人的圖謀，他自擔任臨時政府總理三個月以來，已歷經甚多危機與風險而心身衰竭。為了安定政局，他決定在 11

---

[34] 史達林原名 Josif V. Dzhugashevili，見後文。

[35] 兩個不贊成者為齊諾維耶夫和卡門聶夫。

月下半月舉行制憲大會的選舉。不過，他因無軍隊的支持而無法對布爾賽維克黨人採取有效的行動。11月6日時，他下令封閉布爾賽維克黨報紙時，便受到「赤衛隊」的抵抗。

11月6日至7日（俄曆10月24至25日），布爾賽維克黨人聯同赤衛隊和彼得格勒防衛部隊（他們憎惡被調前線）攻擊（一說，11月6日政府派軍取締布爾賽維克黨人報紙始引起衝突）。11月7日（俄曆10月25日）拂曉之前為主要的行動時間，他們控制了彼得格勒各主要地點及設施，傍晚並向總部設在冬宮之臨時政府攻擊，而在克倫斯塔（Kronstadt，按在芬蘭灣終端，距彼得格勒約二十五哩）之海軍亦響應，並以巡洋艦「曙光女神號」(the Aurora) 上溯聶瓦河 (the Neva River) 以威脅冬宮，臨時政府僅能以軍校學生及一百四十名女兵（組成以羞辱男人者）抵抗，「曙光女神號」放了數響砲（多為空心彈），臨時政府崩潰，克倫斯基逃亡。布爾賽維克黨控制了政權，11月7日（當時俄曆10月25日）成為蘇聯的國慶。

布爾賽維克黨人的意識型態原主張解散政府。列寧在1917年7月在對抗臨時政府的「七月衝突的日子」(the July Days) 失敗，逃往芬蘭時，所寫成的著作《政府與革命》(*The State and Revolution*) 中，仍然強調這種馬克斯思想的烏托邦成分：在無產階級革命以後，會建立沒有階級的社會，此為「歷史之輪」(history's

「十月革命」時彼得格勒街頭戰鬥情況

wheel) 的最後一轉，政府將會消失（恩格斯的說法），至少政府不再是一個強制性的權威。政府事務會由普通人（工人和農人等）來治理，他們將取代部長和法官。所有的事務，均在自然和非正式的情況下處理，不會再有剝削和壓迫。他們反對法律和政府，工人管理工廠，同志精誠合作，而犯罪與腐敗，會隨著貧窮與不義而絕跡。他們認為政府是統治階級從事經濟剝削的工具，在一個沒有階級和沒有剝削的社會，自然就會消失。固然，權威仍有其存在的必要，但不再用暴力來支撐它[36]。

但是，布爾賽維克黨人仍然建立了政府。他們擯斥了社會革命黨 (Social Revolutionaries) 和孟賽維克派（黨）擴大社會主義政權基礎的要求，此二派即退出。

布爾賽維克黨人在奪得政權後，為了彰顯平等精神和新氣象：不再用傳統的名稱來稱呼政府。他們把政府或內閣叫做「人民委員會」(Sovnarkom, or Soviet of Council of People's Commissars)，各部部長均稱「人民委員」(People's Commissar, or Commissar)。列寧擔任人民委員會主席，托洛斯基為主管外交事務的人民委員，史達林是主管民族事務的人民委員。不過，西方國家仍舊習慣上稱他們為「總理」和「部長」，而且在 1946 年以後，俄共自己也把「人民委員會」改名為「部長會議」。同時，布爾賽維克黨人也促使全俄蘇維埃大會通過了《和平指令》(*Decree on Peace*) 和《土地指令》(*Decree on Land*)，《和平指令》要求在「無兼併與無賠款」的條件下締訂「公正而民主的和約」，《土地指令》則剝奪地主的土地，把土地分配給農民。

這是 1917 年俄國兩次革命的經過情形。

布爾賽維克黨人以暴力「革命」的方式奪得政權，所依賴的僅為佔人口比例甚低的都市工人和士兵，並未得到廣大俄國人民的支持。他們在俄國內外所處的情勢，均甚險惡。臨時政府所原定的制憲大會的選舉，他們

---

[36] Stromberg, op. cit., pp. 110–11.

也未敢取消。於是，在（1917 年）11 月，選舉仍照常舉行，係用普遍的、秘密的，和直接的方式舉行。選舉的結果，卻與布爾賽維克黨人的期望大相逕庭。選舉的結果，在七百零七席中布爾賽維克黨人得一百七十五席，約合 25%；社會革命黨獲四百二十席，約佔 60% 以上，為最大黨；其他選票則分屬孟賽維克黨、憲政民主黨，和其他少數民族黨派[37]。列寧乃宣稱：「人民所選的，是一個不再存在的黨。」(The people voted for a party which no longer existed) 制憲會議於 1918 年 1 月中旬召開，布爾賽維克黨人代表因不能控有多數而退出，遂即為布爾賽維克黨以武力驅散。該黨以他們所控制的第三屆全俄蘇維埃大會取代了制憲大會的功能。

布爾賽維克黨完全控制了俄國的政權。馬克斯主義的革命，何以在俄國首先成功？馬克斯主義原謂資本主義高度發展後，由於生產力和生產關係的矛盾始爆發的社會主義革命，但此種革命未在歐美發生，而在經濟落後的俄國（仍以農業經濟為主）發生，令人奇怪。列寧的解釋，是資本主義制度發展至壟斷階段，亦即帝國主義階段後，即已成為一個整體，社會革命不一定在資本主義最發達的國家發生，也可能在資本主義制度力量最薄弱的「環節」發生。另外，俄國有專制政治的傳統，亦可適應無產階級專政。俄國雖非資本主義發達的工業國家，但俄國沒有強大的中產階級（這可以從 1917 年臨時政府的軟弱無力看出），而工人又有密集的情況，工人集中在城市[38]，布爾賽維克黨人即自城市奪權而起。還有，俄國貧富不均

[37] 關於俄國 1917 年 11 月大選各種資料頗不一致，有謂參加投票人數為三千六百萬人者，有謂為四千一百萬人者；至於布爾賽維克黨所獲投票總數有謂九百萬者，有謂一千餘萬者；至於社會革命黨所獲投票總數有謂為一千七百萬者，有謂二千一百萬者；至於在制憲大會的七百零七議席中，有謂布爾賽維克黨獲二百二十五席者，有謂獲一百七十五席者，亦有謂獲一百六十八席者；至於社會革命黨則有謂獲四百二十席者，有謂獲二百九十九席者。不過各種資料均估計布爾賽維克黨人在總投票人數中所得不過 25% 左右。

[38] 轉引 Hughes, op. cit., p. 92.

的情形比歐洲（尤其是西歐）許多國家顯著得多，第一次世界大戰，可導致的經濟崩潰尤其是加強了貧富的尖銳對立，這些都是馬克斯主義得勢的誘因。最後，列寧並不是正統的馬克斯主義者，他的組織力和暴力手法是另外的重要因素。

列寧於奪得俄國政權後，呼籲世界和平，並且鼓吹各國人民起來革命。外交委員（外交部長）托洛斯基於 1917 年 11 月公布了 1915 年的戰時密約，將英、法、俄、義等國的秘密條件公諸世界，以強化宣傳的力量。但是，列寧的世界革命呼籲並未產生預期的效果，而德軍已在門前。戰線自波羅的海的里加 (Riga) 到明斯克 (Minsk) 附近；在南邊，德、奧軍隊已直逼烏克蘭，俄國軍力此時已瓦解，士兵也多回鄉以圖分配土地。1917 年 12 月初，布爾賽維克政府要求停戰，談判地點設在波蘭境內的小鎮布列斯托・利托維斯克 (Brest-Litovsk)，於 12 月 16 日達成停戰。繼之，於 12 月 22 日在原地展開和平談判。德國急於結束東線的戰爭以集中西線的火力，布爾賽維克黨人則企圖用作宣傳的道具，他們以發動工人革命為威脅手段，要求英國、法國和美國參與談判。

俄國代表托洛斯基使德方感到惱怒的，是他的舉止不像一個戰敗國的代表，而像一個勝利國的代表。他原想用「不戰不和」(neither war nor peace) 的辦法來困著德國，但是，布爾賽維克黨人所期盼的均未實現，英、法、美等國未參與談判，各國工人亦未發起革命，而德國則已不耐。至 1918 年 3 月 3 日，俄、德終簽《布列斯托・利托維斯克和約》(*Treaty of Brest-Litovsk*)，其主要內容

《布列斯托・利托維斯克和約》簽約前雙方代表之會晤（1918 年 3 月 3 日）

為：俄國承認喬治亞 (Georgia)、烏克蘭的獨立；並放棄波蘭、愛沙尼亞 (Estonia)、拉脫維亞 (Latvia) 和立陶宛，由德國及奧匈處置；割讓卡爾 (Kars)、阿達罕 (Ardahan)、巴圖 (Batum) 予土耳其。此外，俄國停止對德、奧集團的宣傳活動，並且立刻與之通商。此約使俄國喪失了大約一百二十萬方哩的土地，以及大約六千二百萬左右的人口。其具體損失更有 32% 的可耕地、26% 的鐵路、33% 的工廠、75% 的煤鐵產量，而俄國在戰爭中有二百萬士兵陣亡，四百多萬人受傷，以及接近三百萬人被俘。代價不可謂不高[39]。

但是，問題並未結束，布爾賽維克黨人還要經過一場兩年多非常嚴酷的內戰，自 1918 年初至 1920 年底，在俄國各地轉戰，有時布爾賽維克政權僅能保有舊俄心臟地區，最後保有了舊帝俄時版圖，惟西邊有些土地喪失予波蘭、捷克、羅馬尼亞，波羅的海三邦亦失。在布爾賽維克奪權後，一些帝俄時期軍事將領便南下到比較富庶的地區，以及頓河哥薩克人 (Don Cossacks) 居住的地帶。他們在 1918 年 1 月成立志願軍，以反對「緊迫的混亂和德國－布爾賽維克侵略」(the impending anarchy and German-Bolshevik invasion)（在此時俄國人及西方國家均認為列寧是德國「間諜」）。初期軍力不大，此因經費不足而且人民厭戰，組軍困難。但後來人數漸增，到 1918 年底以前，「白黨」或「白俄」(the Whites) 已握有相當多的軍力。它共有三支主要的軍隊：一軍在南，係由鄧尼金 (Anton I. Denikin, 1872–1947) 統領；一軍在烏拉山地區，在古查克 (Aleksandr V. Kolchak, 1874–1920) 指揮下；另一軍在彼得格勒之西，其統帥為尤迪尼契（Nikolai N. Yudenich, 1862–1933，其姓亦作 Iudenich）。「白俄」的來源主要有二：反共者與少數民族。反共者包括保守主義分子和反對與德國和談的軍人，也包括社會革命黨和孟賽維克黨，他們反對解散制憲大會和停止

[39] Stromberg, op. cit., pp. 109–11; *Harper Encyclopedia of the Modern World* (New York, 1970), p. 387.

人權；少數民族中以烏克蘭人和喬治亞人為主，他們希望獲得獨立。

「白俄」集團常被冠以「反革命」(counterrevolutionary) 之名，此並不妥切。俄國的情況與 1790 年代的法國不同，並沒有很重要的「復辟」（即恢復皇室統治）的努力。各「白俄」領袖差不多均主張重新召集制憲大會，以及尊重由人民票選產生的政府。他們把軍隊的政治工作，交付給憲政民主黨及社會革命黨，這些黨人所懷抱的，是三月革命（俄「二月革命」）的理念。另一方面，他們的實際風格，祇較其式宣布的立場為保守，他們有時用嚴酷的手段對付落入他們手中的自由主義分子和社會主義分子，有時把他們看作布爾賽維克黨人[40]。

「白俄」反共勢力在最初進展順利，1918 年夏天左右，他們與其外國盟友已控有了西伯利亞的絕大部分、烏拉山區 (the Urals)，以及俄國北部自莫曼斯克 (Murmansk) 至阿克吉爾之地，再加上伏爾加河（窩瓦河）中游、頓河下游之地和高加索（此時德、奧軍隊仍佔領烏克蘭及波羅的海區域）。布爾賽維克政權僅能控有沿彼得格勒至莫斯科為軸心的歐俄的中央地帶。但此年秋天的情況開始轉變，托洛斯基（此時任國防部長）為一優秀的軍事組織者，他堅持嚴格的紀律並重新恢復軍階和廢止士兵選舉軍官的辦法。他也復行徵兵制，並徵用約三萬名舊帝俄軍官以補軍官之不足。他所建立的「紅軍」(Red Army) 變成有戰鬥力的軍隊，局勢開始扭轉，逐漸奪回白俄所佔領的土地。內戰在 1920 年年底左右便告結束。在此時，「紅軍」擊敗了最後兩次的「反共」攻勢：一為波蘭戰役（1920 年 10 月），一為在克里米亞打敗魏南吉 (Baron Pëtr N. Wrangel, 1878–1928)。

此外，還有外力干預的因素。如果說，西方國家的干預就是為了推翻布爾賽維克政權（這是俄共一直聲稱的），卻也未必盡然。西方國家此時主要的動機，是要把俄國留在反德陣營。當時有一種看法，認為列寧是德國

---

[40] Pipes, op. cit., p. 73; Orlando Figes, *Peasant Russia, Civil War: The Volga Countryside in Revolution, 1917–1921* (New York: Clarendon Press, 1989).

的工作人員。英國尤其害怕德國與俄國的互為援引，會威脅到英國在印度和中東的利益。列寧要與德國謀和，自為西方盟國所憎惡。如果列寧願意繼續對德作戰，則西方盟國一定歡迎他，一如他們在 1941 年時「擁抱」史達林。而且，「白俄」軍人之所以受到西方國家的支持，也是因為他們答應繼續作戰。另外，西方國家有大量的軍事補給品留在俄國境內，他們也不希望淪入德軍手中。基於這些因素，當列寧與德國締訂和約並使德國得以在西線展開攻勢，並曾於（1918 年）6 月推進至巴黎僅有三十七哩後，西方國家決定干預。不過，西方國家既以保護軍事供應品為主，這些供應品又集中於阿克吉爾、克里米亞、波羅的海地區，所採取的是有限度的干預，以及支援各「白俄」領袖的辦法。英、法派了大約二萬四千人，到俄國北部港口莫曼斯克和阿克吉爾，一方面保護軍事供應品，一方面防止德國與布爾賽維克軍隊連結（此時仍相信列寧是德國工作人員）。同時，大約有為數三、四萬人的捷克軍團（此為原屬奧匈軍隊而為俄軍所俘者），亦自西伯利亞（原在西伯利亞，現掙脫監管）奪取西伯利亞鐵路，並欲回捷克為祖

1918 年美軍在海參崴列隊慶祝抵達西伯利亞的情形

國獨立效命，而使問題益為複雜。美國原不想干預，後改變主意，建議與日本共同登陸海參崴 (Vladivostok) 以助捷克人。日本原早在 1917 年 12 月即在海參崴有少數駐軍，現則增兵超過七萬二千人，超出美國原先同意的數額。美國派出的兵力約有七千人左右。另外，在 1918 到 1919 年的冬天，英國派軍兩師屯駐於盛產石油的俄、土邊境，控制了自巴圖（黑海沿岸）至巴庫（Baku，裏海沿岸）的鐵路。此外，法軍有一個師，海軍有一支別遣隊，以及少數的希臘軍抵達敖德薩。全部十四國的軍隊超過十萬人，不過以日本、英國、美國和法國為主[41]。

西方國家的干預，在 1919 年以後大致告終。法國在 1919 年春天退出俄國南部，英國亦於同年夏天撤離俄國南部，秋天後西方盟國已退出莫曼斯克至阿克吉爾之地。美國於 1920 年 4 月退出西伯利亞，日本則遲至 1922 年始撤軍。布爾賽維克政權終於站穩。

在內戰中，「白俄」處決布爾賽維克俘虜的情形

[41] Stromberg, op. cit., pp. 112–13; Paxton, op. cit., pp. 140–41.

總結俄國內戰雙方的得失，布爾賽維克政權固有其戰略上的優勢，諸如指揮統一和控制內地交通線等等。其他如「白俄」各領袖從未能有真正的團結，而且他們缺乏政治經驗，甚為短見，如准許地主奪回原有的土地而使農民懷恨。農民原來並不相信布爾賽維克黨人，列寧因相信在俄國要使革命成功，必須得到農民和工人的支持，故爭取農民，但為保障工人利益，規定農產價格很低，當農民拒絕出售產品時，便派兵去奪取農產品。但是，「白俄」常代表地主利益，亦使農民與之疏離。「白俄」常以報復手段對待布爾賽維克分子，亦為失策。總之，他們未能使俄國人民相信他們代表民主、改革，以及自由與溫和的社會主義路線。西方盟國的介入和幫助他們，也對他們並非有利，反而使人民認為布爾賽維克黨係為國家獨立而戰鬥[42]。

三、蘇聯的建立

1918 年 1 月，列寧以制憲大會「拒絕承認人民的權力」為由而予以驅散，在所謂「無產階級專政」(dictatorship of proletariat) 的號召下，進行統治。所謂「無產階級」(proletariat)，實際上是指布爾賽維克黨，該黨並於此年 3 月更名為共產黨，並禁止其他黨派的存在。同時（此年 3 月）亦遷都莫斯科。俄共著手建立政治體制，首先以大俄羅斯人居住的核心地帶再加上西伯利亞，建立了俄羅斯社會主義聯邦蘇維埃共和國 (RSFSR: Russian Socialist Federated Soviet Republic)。此一共和國簡稱蘇俄 (Soviet Russia)，其《憲法》在 1918 年 7 月為第五屆全俄蘇維埃大會 (All Union Congress of Soviets) 所批准。依照此《憲法》，最高權力機構為全俄蘇維埃大會。大會代表產生的辦法，則為城市居民每二萬五千名選民中選出一人，非城市選民（各省區）則每十二萬五千名居民中選出代表一人。此外尚有選舉地方

[42] Andreas Dorpalen, *Europe in the Twentieth Century* (New York: Macmillan, 1968), pp. 174–75.

蘇維埃（包括省級）的辦法。儘管在投票方面沒有性別、宗教、籍貫的限制，但卻規定「不勞動的」資產階級 (“non-toiling” bourgeois classes)，包括商人、教士、收租為生者、帝俄時期的官員沒有投票權，而投票又係採取公開的方式。全俄蘇維埃大會可以決定俄羅斯社會主義聯邦蘇維埃共和國的基本國策，並為其立法部門，但因其組織龐大且非經常集會，乃由大會授權予另設的中央執行委員會 (Central Executive Committee) 以代行職權。此一中央執行委員會為常設機構，並可協調行政與立法和監督名義上由大會選出的人民委員會（Sovnarkom，即俄國政府）。中央執行委員會的日趨重要與全俄蘇維埃大會的逐漸式微成為對比。先是大會不定期集會，繼之每年召開一次，最後乃至每兩年一次。大會的功能最後也僅能作為中央執行委員會的橡皮圖章，認可一切中央執行委員會所作的決定。掌握大權的中央執行委員會的主席團，其成員僅有四十人左右。

1922 年以後，有了進一步的發展，蘇俄（俄羅斯社會主義聯邦蘇維埃共和國，1990 年時大俄羅斯人佔 82.6%）聯合烏克蘭蘇維埃社會主義共和國（Ukranian Soviet Socialist Republic，1990 年時烏克蘭人佔 73.6%，大俄羅斯人佔 21.1%）、白俄羅斯蘇維埃社會主義共和國（Byelorussian Soviet Socialist Republic，1990 年時白俄羅斯人佔 79%，大俄羅斯人佔 12%），以及外高加索蘇維埃聯邦社會主義共和國 (Transcaucasian Soviet Federated Socialist Republic) 共同組成蘇維埃社會主義共和國聯邦 (Union of Soviet Socialist Republics)。但外高加索於翌年又分裂為喬治亞、亞塞拜然 (Azerbaijan) 和亞美尼亞 (Armenia) 三個在蘇聯境內的自治共和國。1936 年，三個自治共和國再度以加盟共和國的地位，分別以喬治亞蘇維埃社會主義共和國（Georgian Soviet Socialist Republic，1990 年時喬治亞人佔 68.8%，次為亞美尼亞人、大俄羅斯人和亞塞拜然人）、亞塞拜然蘇維埃社會主義共和國（Azerbaijan Soviet Socialist Republic，1990 年時亞塞拜然人佔 78.1%，次為亞美尼亞人和大俄羅斯人）和亞美尼亞蘇維埃社會主義共和國（Armenian Soviet Socialist Republic，1990 年時亞美尼亞人佔 89.7%）加入蘇聯。此年另有吉爾吉斯蘇維埃社會主義共和國（Kirghizian Soviet Socialist Republic，1990 年時吉爾吉斯人佔 47.9%，大俄羅斯人佔 25.9%，烏茲別克人佔 12%），以及哈薩克蘇維埃社會主義共和國（Kazakhstan Soviet Socialist Republic，1990 年時大俄羅斯人佔 40.8%，哈薩克人佔 36%）加入。在 1936 年以前，已有烏茲別克蘇維埃社會主義共和國（Uzbekistan Soviet Socialist Republic，1990 年時烏茲別克人佔 68.7%，大俄羅斯人佔 10.8%，韃靼人佔 4%）、土庫曼蘇維埃社會主義共和國（Turkmenistan Soviet Socialist Republic，1990 年時土庫曼人佔 68.4%，大俄羅斯人佔 12.6%，烏茲別克人佔 8.5%），以及塔吉克蘇維埃社會主義共和國（Tadzhikistan Soviet Socialist Republic，1990 年時塔吉克人佔 58.8%，烏茲別克人佔 22.9%，大俄羅斯人佔 10%）加入。所以，在 1936 年時，加盟共和國已有十一個。

1940 年時，蘇聯大肆擴張：自羅馬尼亞取得比薩拉比亞 (Bessarabia) 後與原有的摩達維亞自治蘇維埃社會主義共和國 (Moldavian Autonomous Soviet Socialist Republic) 合併組成摩達維亞蘇維埃社會主義共和國（Moldavian Soviet Socialist Republic，1990 年時摩達維亞人佔 63.9%，烏克蘭人佔 14.2%，大俄羅斯人佔 12.8%）；同年，蘇聯利用第二次世界大戰又併得愛沙尼亞、拉脫維亞、立陶宛，分別成為愛沙尼亞蘇維埃社會主義共和國（Estonian SSR，1990 年時愛沙尼亞人佔 64.7%，大俄羅斯人佔 27.9%）、拉脫維亞蘇維埃社會主義共和國（Latvian SSR，1990 年時拉脫維亞人佔 53.7%，大俄羅斯人佔 32.8%），以及立陶宛蘇維埃社會主義共和國（Lithuanian SSR，1990 年時立陶宛人佔 80.1%，大俄羅斯人佔 8.6%，波蘭人佔 8%）[43]。蘇聯加盟共和國共有十五個。

---

[43] Moscow, Dec. 24, 1990 (AP), *China Post*, Dec. 25, 1990, p. 1；至於 *Time* (March 12, 1990) 因資料時間關係，略有出入。

這十五個加盟共和國，以俄羅斯蘇維埃聯邦社會主義共和國（蘇俄）為最大，土地面積有六百五十九萬二千八百方哩（一千七百零七萬五千四百方公里），佔蘇聯 76%，它本身就是世界上最大的國家，人口據 1989 年的數據，為一億四千七百萬人，佔蘇聯總人口 51%。另外再加上烏克蘭（小俄羅斯人，人口五千一百七十萬）和白俄羅斯（人口一千零二十萬），使蘇聯呈現濃厚的俄羅斯與斯拉夫色彩。愛沙尼亞、拉脫維亞、立陶宛則在波羅的海地區；摩達維亞則沿丹尼斯特河（Dniester R.，或譯尼斯特河）東岸的平原地帶；亞美尼亞、亞塞拜然、喬治亞則在外高加索山區；哈薩克、吉爾吉斯、塔吉克、土庫曼、烏茲別克五個共和國，則為分布在中亞一帶的回教共和國，其人口增加迅速，且信奉回教基本教義派（原教義派），為蘇聯當局之夢魘。

蘇聯成為聯邦型的國家，其體制完成於 1923 年 7 月，解決了內部的民族問題。本來，在理論上，列寧及布爾賽維克黨人，是主張各從屬民族可以自決的。在「十月革命」以後，看來也有如此發展的可能，俄國領土可能縮小到祇有從前三分之二，包括講大俄羅斯語文 (the Great Russian language) 的人所居住的地區。而且，在西疆有些原屬俄國控制的地區，先是成為德國的附庸，繼之成為新而獨立的國家，這包括芬蘭、波蘭，以及波羅的海三國（立陶宛、拉脫維亞、愛沙尼亞）。但是，當其他的民族，特別是烏克蘭人和外高加索地區的三個主要民族（喬治亞人、亞美尼亞人和亞塞拜然人）也要繼之而去時，布爾賽維克黨人覺得必須重新考量。他們不願再見境內其他民族的離去。因之，在內戰中，紅軍對白俄的勝利，也是大俄羅斯人對少數民族的勝利。此後有兩年左右，中央政府與非大俄羅斯人居住地區之間的關係，並不明顯。列寧並未接受其民族問題專家史達林（為一俄化了的喬治亞人）的意見，而設計出一種聯邦型的解決方案。在表面上看，蘇聯的體制類似美國或瑞士的體制；但在實際上，它更類似德意志帝國的體制。而且，在蘇聯之內，一如普魯士在德意志帝國之內，

蘇俄 (RSFSR) 享有極大的影響力量。當然，烏克蘭是蘇聯最不願放棄的，它是大俄羅斯人的最大的從屬民族，其種族屬斯拉夫族，其語言亦與大俄羅斯語言非常密切，而且其地又是農礦產量均豐的地域[44]。另外，俄國共產黨中央集權，可以作一條鞭的控制，也是主因。所以，雖然在理論上，各加盟共和國在地位上，均互相平等，而且可以自由加入或退出蘇聯。但自蘇聯創立時的四個加盟共和國，到後來的十五個加盟共和國，均未能真正地可以自由退出。1985 年以後，蘇聯是否能這樣再維持下去，方始成為問題。此點留待討論第二次世界大戰以後的蘇聯時再談。

四、蘇聯的政治制度

蘇聯本來是為了既保全大俄羅斯民族的利益，而又在形式上讓民族自決自主得到某種程度的滿足而設計的。它是一種聯邦型的結構，因而有聯邦（中央）和各加盟共和國之間的分權。根據 1924 年 1 月 31 日為第二屆全蘇聯蘇維埃大會所批准的《蘇聯憲法》，凡屬外交、國防、對外貿易、交通及通訊事務屬蘇聯；而有關財政、經濟、勞工和食糧之事務則由蘇聯及各加盟共和國共同處理，其他事務則歸各加盟共和國自行處理。另外，有蘇聯最高法院 (the Supreme Court of U.S.S.R.)，其目的在維持「革命法性」(revolutionary legality)，該法院的另一功能為審查各加盟共和國所通過的法規與全聯邦（蘇聯）的立法有無牴觸。關於政權的行使，此《憲法》仍然規定祇有「勞動者」(toilers) 始有投票權。在選舉方面，在每一村莊或城鎮，選民選出地方蘇維埃，再由地方蘇維埃選舉代表出席省蘇維埃，省蘇維埃再選派代表出席各加盟共和國蘇維埃，各加盟共和國蘇維埃再選派代表出席全聯邦（蘇聯）蘇維埃大會。同時，各級蘇維埃選舉其行政官員，全蘇聯蘇維埃大會則選出人民委員會（蘇聯政府）。全聯邦蘇維埃大會為蘇聯之最高權力機構，包括一千五百名以上的代表，每兩年集會一次，每次

[44] Hughes, pp. 98–99.

約一週，其職務為批准全聯邦中央執行委員會和人民委員會（蘇聯政府）的決定。

蘇聯的政治制度有四項特色：第一、蘇聯雖採聯邦制，其中央政府的權力則甚大，各共和國僅能就純屬地方性的事項自由立法；第二、共產黨因相信人對政治問題的態度取決於其職業，故代表權係以職業而非以地區（地理）為基礎；第三、選舉制度在 1936 年以前為高度間接的；第四、無分權的規定，全聯邦中央執行委員會實集最高立法、行政和司法諸權於一體，因為連最高法院亦附屬之[45]。

1936 年 12 月，蘇聯頒布了「民主」的新《憲法》，該《憲法》除了承認蘇維埃公民除了具有西方民主國家的自由權以外，且有就業、休息、安閒、經濟安全和安適的老年諸權，同時亦譴責任何型態的種族主義。在選舉制度方面，則規定任何社會階層均有選舉權，各項選舉均改為直接的，選票亦不再以職業而改以地域為準，投票亦改行秘密辦法。再則，城市與鄉間的選票有了同等效力，不再偏重城市，蓋農業此時已行集體化，政府認為予農民與工人同樣政治權力並無不妥。根據此一《憲法》，以及 1977 年 10 月頒布的《1977 年憲法》，蘇聯最高權力機關為最高蘇維埃 (the Supreme Soviet)，祇有它有權為全國制訂法律。最高蘇維埃係由兩院組成：民族蘇維埃 (the Soviet of Nationalities) 和聯邦蘇維埃 (the Soviet of the Union)。民族蘇維埃相當於上院，有七百五十名代表，分別選自十五個加盟共和國（Union Republic，每一加盟共和國三十二人），二十個自治共和國（Autonomous Republic，每一自治共和國有十一人），八個自治區（Autonomous Region，每一自治區有五人）和十個民族區（National District, or Autonomous Area，每一民族區有一人）所組成。聯邦蘇維埃亦由七百五十名代表所組成，每一代表約代表三十萬選民（不再有民族區

[45] Walter Langsam & Otis C. Mitchell, *The World since 1949*, 8th ed. (New York: Macmillan, 1971), pp. 196–97.

分），所有十八歲以上的公民均有選舉權，每一代表任期為五年，每年集會兩次，每次一週左右，常無異議地通過共黨所擬的提案。最高蘇維埃選出兩機構：最高蘇維埃主席團 (the Presidium of the Supreme Soviet) 和聯邦人民委員會 （the Union Council of People's Commissars，1946 年後改稱部長會議，Union Council of Ministers）。最高蘇維埃主席團的成員約有四十人左右（經常三十七人），因須羅致十五個加盟共和國人員，有主席（即蘇聯元首，外國人常稱為「蘇聯的總統」）、第一副主席，以及十五個副主席（每一加盟共和國一人）等等，掌理最高蘇維埃休會期間之業務。至於人民委員會或部長會議，相當於內閣，其主席即為總理，下有兩個第一副主席（即副總理）和十一個副主席（即副總理），轄有大約六十個部和大約二十個委員會。至於地方政府，每一加盟共和國和自治共和國，均有其《憲法》，均有其最高蘇維埃、最高蘇維埃主席團和部長會議。一直到民族區，其結構亦具體而微。

蘇聯的選舉制度，有時被譏為「可恥政治」(Shamocracy)，因為係採一黨（共黨）同額（一名候選人）的辦法 (one-party, one-candidate elections)，而投票又非秘密投票。黨部和各機關又用極大的壓力要每個年滿十八歲的選民去投票，故常有極高的投票率（幾乎 100%），而候選人更可得到 97%，乃至 99% 的「壓倒性」勝利。但卻毫無民主可言。

至於司法制度，其運作不是依據一般的正義理念 (general idea of justice)，而是根據黨的政策。在蘇聯，沒有《人身保護法》(*Habeas Corpus*)，沒有陪審制度，沒有先期無罪偽定 (presumption of innocence)，沒有司法獨立。所有的法官、檢察官、律師均是根據黨的政策行事。在司法組織上，最高是蘇聯最高法院，其法官由最高蘇維埃任命。此為唯一的全國性的法院（除若干軍事法庭以外），每一加盟共和國和自治共和國均有其最高法院，下面有省級、區域級和市級的法院，直到最基層的人民法院。除人民法院的法官係經由選舉產生外，其他各級法院法官均係就有專業訓練的人中任命者。

蘇聯共產黨是一切權力的根源。它與政府平行發展而控制政府各機關。在蘇聯，有謂政府如手套，黨是手套中的手。布爾賽維克黨在 1918 年 3 月 6 日至 18 日，在彼得格勒舉行奪權後的第一次代表大會（第七次代表大會），通過決議將黨名改為俄羅斯共產黨（布）(Russian Communist Party (B))。蘇聯成立後，1925 年 12 月舉行第十四次代表大會，決議改稱全聯邦共產黨（布）(Bo-Union Communist Party (B))。1952 年 10 月，共黨在莫斯科召開第十九次代表大會，決定改稱蘇聯共產黨 (Soviet Union Communist Party)，後面不再加「布」(B) 字樣。黨的功能，用馬克斯主義的術語來說，係為實施無產階級專政和領導全民實踐社會主義。共黨專制在蘇聯是載諸憲法的，1924 年 1 月 31 日所通過的《蘇聯憲法》中，強調無產階級專制，固無足論。1936 年的《蘇聯憲法》（或稱《史達林憲法》(*Stalin Constitution*)，或《基本法》(*Fundamental Laws*)），第一二六條強調：「……工人階級及其他勞動階級中最積極、最覺悟之公民，則結合於蘇聯共產黨（布爾賽維克），即勞動群眾為鞏固及發展社會主義制度而奮鬥中之先鋒隊、勞動群眾所有一切社會團體及國家機關之領導核心。」

《1977 年憲法》第六條仍規定：「蘇聯共產黨為蘇維埃社會領導及指導力量，為政治制度、國家與社會組織之核心。」至於共黨人數，原秉持列寧以來的傳統，人數少，而組織密和紀律嚴。其黨員人數在 1917 年增長十倍，由二萬人增為二十萬人，此後一直增加，1930 年時為一百一十八萬二千六百人（包括預備黨員四十九萬二千六百人），約佔全人口 1%。1989 年中期，號稱為一千九百四十六萬八百二十二人，其時俄國總人口為二億八千八百七十四萬九百一十九人，約為全人口之 6.7% 略強。黨的權力結構，雖有黨代表大會 (Party Congress) 之設，實則係由上而下的金字塔式的。黨的最高層為中央委員會 (Central Committee)，其人數在 1930 年代約為七十七人左右，後來增加一倍以上，約為一百七十餘人，連同候補超過三百人，1990 年第二十八次大會後有四百一十二名，另有監察委員一百六十五名，每半年集會一次。不過實際運作，則操諸政治局 (Political Bureau, or Politbureau)、組織局 (Organization Bureau, or Orgburo) 和書記處 (Secretariat) 之手。政治局掌理決策，組織局負責組織，書記處則司理行政。1952 年第十九次大會嘗改政治局為主席團，撤消組織局，組織及行政工作均由書記處負責。但 1966 年第二十三次大會又恢復政治局。此外，1934 年第十七次大會嘗將總書記 (General Secretary) 改為第一書記 (First Secretary)，1966 年第二十三次大會又改為總書記。不過，政治局一直是最重要的機構，其人數在 1920 年時為七人，1939 年為九人，1970 年代約為十二人，1990 年第二十八次大會後，有二十四人[46]。

黨既控制一切，此外又有一些外圍組織，如蘇聯列寧主義青年團 (VLKSM, or Komsomol: All-Union Leninist Young Communist League)，網羅十四歲至二十八歲的青年。又有蘇聯中央工會委員會 (VTsSPS, or All-Union Central Council of Trade Unions)，雖係由蘇聯工會大會 (All-Union Trade Congress，理論上每四年召開一次）所選出，實則由共黨所操縱。

共產黨人的意識型態具有非常濃厚的宗教色彩，這也是它能使黨員和同路人願意獻身的主要原因之一。布爾賽維克黨人在奪得俄國政權後，一直堅信世界革命即將實現，其情景一如基督教徒相信基督會再降臨。英國哲學家羅素 (Bertrand Russell, 1872–1970) 認為共產主義為猶太教與唯物論的結合，他並且做了一個語彙對照表：創世主相當於辯證唯物論，救世主相當於馬克斯，選民相當於無產階級，教會相當於黨的組織，天國相當於共產國家，以及地獄相當於對資本家的懲罰[47]。發展到史達林時代，此種

[46] Richard F. Staar, "Checklist of Communist Parties in 1989," *Problems of Communism*, March–April 1990, pp. 75–84；尹慶耀，〈蛻變中的蘇聯共產黨——前途難以逆料的變化〉，見《理論與政策》，5 卷 1 期（臺北，民 79，10），頁 95–105；〈今日蘇聯——戈巴契夫時代〉，同上，4 卷 4 期（民 79，7），頁 39–52。

蘇維埃神學體系 (Soviet theology) 更形完備，史達林成為永遠正確的領袖，而蘇維埃共產主義有了其「聖經」(即《共產主義宣言》與馬克斯所著的《資本論》)，有了使徒解說（即列寧的著作），有了「朝聖」的地點（如列寧的墳墓和史達林的出生地點），也有了圖像（即馬克斯、恩格斯、列寧、史達林的照片）等等㊽。這些情況，說明了共產黨確有其宗教性質。

還有一點要指出的，是共黨口口聲聲主張平等，但共產黨員在俄國或其他共產國家，則形同特權階級。英國作家歐威爾 (George Orwell) 在他所寫的《動物農莊》(*Animal Farm*, 1946) 對共產社會有極為傳神的諷刺：一群動物在以平等為號召推翻人類的統治後，卻有一些動物騎在一切別的動物頭上，而「所有的動物都是平等的」(All animals are equal) 一語，也被加上條件限制：「所有的動物都是平等的，但有一些動物比其他動物更平等」(All animals are equal but some of them are more equal than others)。南斯拉夫的老共產黨人吉拉斯 (Milovan Djilas) 曾貴為副總統，他以「新階級」(New Class) 來形容共產國家中的共黨黨員㊾。

為了鎮壓「反革命」以收消除反側之效，俄共政權建立遂行恐怖統治的秘密警察和情報單位。先是在 1917 年 12 月成立「打擊反革命及破壞特別委員會」 (Vecheka, or Cheka: Extraordinary Commission for Combating Counter-Revolution and Sabotage)，簡稱「赤卡」(Cheka)，1923 年成立「格別烏」（GPU, or OGPU，按係俄文「政治警察統一指揮部」，United Department of Political Police 之意）㊿，以代替「赤卡」，並有逮捕黨員的權

㊼ Bertrand Russell, *History of Western Philosophy* (London: Allen and Unwin, 1946), p. 383.

㊽ Andreas Dorpalen, *Europe in the Twentieth Century* (New York: Macmillan, 1968), pp. 285–86.

㊾ Milovan Djilas, *The New Class* (New York: Harcourt, 1956).

㊿ George Leggett, *The Cheka: Lenin's Political Police: The All-Russian Extraordinary*

力。1934 年，「格別烏」併入人民內政委員會（即內政部），而人民內政委員會的俄文縮寫為 NKVD，再簡為內政委員會 (KVD)，而 1946 年後人民內政委員會又改稱為部，因而又稱 MVD。1943 年以後，情治部門自內政部分開而成為部級的人民國家安全委員會 (NKGB, or People's Commission for State Security)，1954 年再予強化為 KGB (Komitet Gosudarstvennoy Bezopasnosti, or Committee for National Security)，統籌指揮政治警察、邊境部隊，其所掌握的國家安全業務包括國內及國外，情報及反情報部。此外，並以經濟手段控制人民。人在喪失經濟獨立的能力之後，便不再能維護其政治權利。托洛斯基後來曾慨乎言之說：「在一個政府是唯一雇主的國家中，反對便意味著慢慢地餓死。不工作者不得食的古老原則遂為不服從者不得食的新原則所取代。」[51]美國思想家及經濟學家海耶克 (Frederick Hayek) 即指出，共產國家之內所實行的計畫經濟不但不能解決經濟問題，而且會帶來極大的災難。此因經濟活動極為繁複，中央政府部門根本無法掌握足夠的資訊來做有效的計畫。握有權力的人難免腐化，一心一意要把經濟弄好的人都無從做起，更遑論那些被權力腐化的人來搞經濟了。他的結論是，共產主義與社會主義祇能帶領人民「到奴役之路」(the road to serfdom)[52]。其實，除了這些以外，共產極權還利用集中營，乃至精神病院來迫害異議分子[53]。

1985 年 3 月以後，蘇聯在政治制度上走向改革，戈巴契夫 (Mikhail S.

Commission for Combating Counter-Revolution and Sabotage, December 1917–February 1922 (Oxford University Press, 1989).

[51] Leon Trotsky, *The Revolution Betrayed* (New York, 1937), p. 76.

[52] F. A. Hayek, *The Road to Serfdom* (University of Chicago Press, 1944).

[53] Alexander I. Solzhenitsyn, *Gulag Archipelago: 1918–1956: An Experiment in Literary Investigation*, tr. by Thomas P. Whitney (New York: Harper, 1974); Peter Reddaway & Sidney Bloch, *Russia's Political Hospitals* (London: Victor Gollancz Ltd., 1977)，在美國出版時更名為 *Psychiatric Terror*，列有二百一十個個案。

Gorbachev) 此時登上共黨總書記寶座，1988 年 10 月擔任最高蘇維埃主席。他自稱其所主導的改革為第二次革命，他以「開放」(glasnost)、「重建」(perestroika)、「民主化」(demokratizatsiia)、「新思維」(novoye myshleniye) 為號召，推動黨政改革。其時蘇聯共產黨中央政治局的成員平均年齡超過七十九歲，老化、僵化，自然也腐化。他的黨務改革推行到 1990 年 7 月第二十八次大會告一段落，選出四百一十二名中央委員，政治局由原有十二人，候補七人，增為二十四人，總書記、副總書記，以及十五個加盟共和國黨部之第一書記均為當然成員，並革新黨的行政。在政治改革方面，先是 1988 年 11 月由最高蘇維埃通過《憲法增修條款》，以人民代表大會 (Congress of People's Deputies) 為最高權力機關，其成員為二千二百五十人，由地區代表、民族代表和社團代表（包括共產黨、工會、合作社、青年、婦女、學術、藝術家等團體）各類皆有七百五十人所產生。再由人民代表大會選出最高蘇維埃（仍為兩院，各二百七十人）為常設機關。人民代表大會每年集會一次，必要時可召開臨時會議，代表任期五年，有權通過及修改《憲法》，選舉最高蘇維埃及其主席團，確定蘇聯及加盟共和國之疆界，制訂內外政策基本方針。最高蘇維埃每年有春秋兩個會期，每一會期三個月至四個月，有權決定立法和政策，不再是「橡皮圖章」，最高蘇維埃主席也變為握有實權的蘇聯總統。1989 年 3 月以差額選舉（候選人多出當選名額）為主，及秘密投票的情況下，選出人民代表大會，5 月 25 日首屆人民代表大會召開，舉行第一次大會，選出戈巴契夫為最高蘇維埃主席。1990 年 3 月，臨時人民代表大會修正通過最高蘇維埃所提實行「民主總統制」的《憲法修正案》，規定總統由全體公民以普遍、平等、直接選舉以秘密投票選出（首任總統由人民代表大會選出），候選人年齡在三十五歲以上和六十五歲以下，任期五年，得連任一次，具有實權。同時，人民代表大會也通過修訂《憲法》第六條及第七條，廢除共黨專政地位，容許其他政黨的存在與活動。接著，戈巴契夫便由人民代表大會選為第一任蘇聯總統

（惟其任期為四年，蓋計算其擔任最高蘇維埃主席一年）[54]。不料，戈巴契夫此種「由上而下的革命」演為逐漸失控的局面，而蘇聯到 1991 年解體。

五、經濟成長

1917 年俄國發生革命時，其經濟仍甚落後，農業人口佔了全人口的 80%。共產主義除主張無產階級專政，以及共產黨是「無產階級的前衛」(Vanguard of the Proletariat) 以外，主張生產和分配工具 (means of production and distribution) 公有制。但是，馬克斯主義對於資本主義制度的弊病批評甚多，但對共產革命後應如何建立其自身的經濟體制，則討論不足。這是為什麼孫中山先生說馬克斯是資本主義的病理學家，而非生理學家的緣故。這是眾所周知的事。同時又由於共黨除政治控制以外，亦認為其權力基礎在經濟層面，所要建立的，是一種政治壟斷再加上經濟壟斷的體制。此為現代極權政治 (modern totalitarianism) 最突出的一點。在此情形下，俄共政權在 1918 年至 1920 年間，所實行的是「軍事共產主義」(War Communism)。它有幾個要項：第一是土地，1917 年列寧為了爭取農民支持，在奪得政權後曾透過全俄蘇維埃大會發布《土地指令》，准許人民佔有土地。這種做法，固與馬克斯主義的基本主張（廢除私有土地制度）相違反，俄共為克服此一困難乃宣布廢除土地私有權，土地國有但可由願意自力或合夥耕種者使用。對於一般農民而言，所有權 (ownership) 和使用權 (usufruct) 並無太大分別。同時，農民所奪取的土地主要為大地主、皇室和教會的土地，而一般農民的土地則未予充公。但農民不願以其生產換取俄共政權所發行的無購買力的紙幣，來供應城市與軍隊的需求，而俄共又以強力徵收，形同掠奪農人的生產。到 1918 年，土地均被國有化，但農民仍在使用。第二為工業，革命初期工人曾奪佔工廠，1918 年 6 月俄共發出指令，並盡速推行工業國有化，凡雇用工人在十人以上或雇用工人在五人以

[54] 尹慶耀，〈今日蘇聯——戈巴契夫時代〉，見[46]。

上而使用機械動力之工廠一律國有化；工人則須加入政府控制的工會，不准罷工；到 1920 年底，幾乎全部工廠均在共黨控制之下，俄共並成立國家經濟最高委員會 (Supreme Council of National Economy) 以管理之。第三在銀行與貿易方面，1917 年 12 月即封閉私營銀行，其資產轉交國家銀行。1918 年 4 月及 11 月，分別先後禁止私營對外及國內貿易，商業成為政府專制。1918 年 1 月更宣布否認國債，所有國內與國外的政府債券均告作廢，僅承認國內一萬盧布以下的小投資者所擁有的國內債券。同時也加強政府對食糧的控制。

但是，「軍事共產主義」實行並不成功。共黨的做法，受到普遍的反抗。反共黨的恐怖行動又告恢復，社會革命黨槍手刺殺共黨分子，連列寧本人也身受重傷。農民反抗徵糧，1920 年在俄羅斯中央地帶騷亂之大，後來動用紅軍二分之一的軍力始平定。1921 年 2 月農民騷亂在一個月之內，有一百一十八次之多。工業生產在 1921 年時，降到祇有 1913 年時的五分之一。交通運輸系統混亂，管理無方。1920 年至 1921 年因為一場大旱災所造成的荒年，使俄國災民遍野，各城市半空，俄國本為糧食輸出國，現則不能自給。綜計 1918 至 1921 年間，因為飢餓、傷寒流行和戰亂所死亡的人數，可能有二千萬人，超過第一次世界大戰和 1917 年革命死亡的人數。1921 年 3 月 1 日，戍守在克倫斯塔的海軍（曾為布爾賽維克黨人奪取政權的助力）起事，以發動「第三次革命」(the third revolution)（指 1917 年曾有兩次革命），以及以「自由選舉的蘇維埃」(freely elected soviets) 來對抗列寧以「軍事共產主義」所建立的「人民委員體制」(commissarocracy)。老布爾賽維克黨人布克林 (Nikolai Bukharin) 以「共和已處於一髮

1921 年 10 月俄國荒年兒童逃亡情形

千鈞」(now the Republic hangs by a hair) 來形容當時的險況。在此情形下，列寧不得不調整步伐。於是他在 1921 年俄共第十屆大會席上，提出了「新經濟政策」(NEP: New Economic Policy) 的主張。

所謂「新經濟政策」為 1921 至 1928 年間俄共所推行的經濟政策，它並沒有完整的體系，而實為在經濟控制上的放鬆[55]。此種政策被稱為「社會主義與資本主義的暫時妥協」 (temporary compromise between socialism and capitalism)，列寧則認為此係共產主義改變戰術，由「攻擊改為包圍」(from assault to siege) 和「為了進兩步而退一步」(one step backward in order to take two steps forward)[56]。現在則遷就現實，不再嚴守教條式的共產主義。除了所謂「重點企業」（commanding heights，此指重工業、銀行業、交通與對外貿易）之外，對其他小型與私人的企業活動放寬控制，亦准許商業的恢復。對於農民，政府不再搜括其超出食用以外的糧食，准許短期出租土地和雇工生產，多餘的食糧亦可出售，於是又有了有限度的自由市場。富農（Kulaks，指可以雇工且生產超過所需而供應市場之農民）的情況，較諸以前更為改善。農業恢復最快，1922 年時農產數量已幾達戰前四分之三，但工業則未能趕上而產品不多，於是發生農產品與工業產品售價相差懸殊的現象，政府遂不得不出面干涉，以期降低工業品的售價，到 1927 年左右才大致恢復農產品與工業品的售價平衡。工業復原較慢，至 1927 年時也到達了 1913 年時的水準。這些經濟情況的改進，均為「新經濟政策」之所賜。

但是，「新經濟政策」終非共產主義的最後經濟體制。如何建設俄國？在新經濟政策時期，即已為建設俄國而有「左」及「右」的路線之爭。左派係由國防人民委員托洛斯基所領導，後來參加者有共產國際頭子齊諾維

[55] Pipes, op. cit., pp. 78–80; Paxton, op. cit., pp. 269–70; Pipes, op. cit., pp. 80–81.

[56] *The New Cambridge Modern History*, Vol. XII, p. 448; 詳見 Roger Pethybridge, *One Step Backwards, Two Steps Forward* (London, 1990).

耶夫，以及莫斯科蘇維埃主席卡門聶夫等人，他們主張全力推行國內外的共產革命，如果歐洲暫時不適推進，則可在亞洲進行革命。在經建方面，他們力主「工業專政」(dictatorship of industry)，認係實現社會主義的唯一道路，亦即認為應繼續壓榨農民，以為國家發展之資本。在 1914 年以前，農業輸出佔俄國賺取外匯的大宗(1900 年時穀物輸出佔俄國出口的 62%)；也就是說，俄國的工業發展，一直由農民來負擔。左派主張仍繼續重工輕農，壓低糧食價格，以及提昇工業品售價。早在「新經濟政策」初期，農民即已抱怨他們被置於此種農業增產而工業生產落後，農產品降價而工業產品漲價的「夾殺」或「剪刀」危機 (Scissors Crisis) 之中。左派力主加重此種對農民的壓榨，對於在新經濟政策期間受益最大的「富農」(有成為強大的農業中產階級之勢)，尤主張使其吐出財富。右派則以布克林為首，主張社會主義工業化建設應爭取滿足的農民的合作。他們也認為俄國必須用工業來發展社會主義，而資源必須來自俄國內部。但是，他們認為如果農民得在市場上出售產品，以賺取利潤，而使其購買力（購買工業產品）提高，則更屬理想。而且，布克林也指出畢竟農民在俄國佔大多數。他相信農民與工人合作，社會主義即可超越西方而發揚於世界其他地區[57]。

俄共的「左」、「右」之爭，隨著列寧的健康惡化而加劇。1922 年 5 月列寧心臟病第一次發作，此年 12 月又發，癱瘓而完全不能履行職務。1924 年 1 月列寧死，但由何人接班尚未決定，於是引發本來就已進行中的權力鬥爭。權力鬥爭主要地是史達林與托洛斯基互爭領袖的過程。

史達林，其真名朱格什維里 (Josif Vissarionovich Dzhugashevili)，於 1879 年誕生於喬治亞的提夫里斯 (Tiflis) 附近。他是老布爾賽維克黨人之中，極少出身低層者之一，為農奴之孫和鞋匠之子、神學院的開除生。1900 年後加入社會民主黨，後為布爾賽維克黨人，他改名為史達林，意為

[57] Paxton, op. cit., pp. 271–73; Stephen F. Cohen, *Bukharin and the Bolshevik Revolution* (New York, 1973), p. 168.

史達林（右）與列寧 (1923)

「鋼鐵之人」。他在黨內，以負責行動，如搶銀行籌黨費之類為主。革命後原擔任主管民族事務的人民委員（民族部長），1922 年後改任共黨總書記。列寧在 1922 年 12 月病重時，寫下《最後證言》(*Last Testament*)，對其不滿，原擬改換，未及。此一文件，僅有極少人看過，1956 年後始公開。

至於托洛斯基，具有猶太血統，1877 年誕生於烏克蘭的艾里薩維格勒 (Elisavetgrad)，該地亦名基洛弗格勒 (Kirovograd)，受教育於敖德薩大學。他因鼓吹革命，先後被捕（第一次在 1898 年），流放西伯利亞，以及浪跡英、法、奧等國，他雖早在 1902 年即與列寧相交，但並非創始的布爾賽維克黨人。俄國革命後，他先後擔任外交及國防人民委員（即外交及國防部長），享有極高聲望，有紅軍組織者之稱。

史達林何以最後能夠打倒像托洛斯基這樣的對手？第一是因為他善用辯證法的鬥爭技巧，避免把自己固定在某一特定的立場上，不講求在思想上和政策上的一貫性，他先支持右派打擊左派，此為孤立主要敵人，以及聯合明日敵人打擊今日敵人的做法。第二是他善於利用手中握有的資源，如他所擔任的民族事務委員（民族部長）並非重要職務，他卻能利用它，把自己的幹部調到各地區；在轉任黨內的總書記以後，雖然在那時總書記並非黨的最高領袖，所司不過是組織與行政，但他也能充分地利用，把自己的親信安排到關鍵性的位置上。

史達林在「工業化大辯論」(the industrialization debate) 中，支持布克林，贊成放寬對農民的控制，提高農業生產。左派分子一個一個地被鬥倒。托洛斯基亦於 1925 年被免除國防人民委員（國防部長）的職位。齊諾維耶夫為 1925 年在保加利亞的共黨起事失敗而被免除共產國際主席之職。老布爾賽維克黨人的根據地，如卡門聶夫對莫斯科黨部的控制，以及齊諾維耶夫對彼得格勒，均先後被中央管制。1927 年 12 月共黨第十五次大會終於譴責所有「脫離黨的路線的偏差」(all deviation from the party line)，而此一路線係由史達林所決定。此年，托洛斯基遭開除黨籍。1929 年，托洛斯基被迫流亡國外，先後在土耳其、挪威，後來至墨西哥，倡組第四國際，並撰寫《被出賣了的革命》(*The Revolution Betrayed*)，並攻擊「黨取代了無產階級」，(他於 1940 年被刺死，刺客否認受俄指使，但於 1960 年獲釋放即首途赴俄)。本來，在列寧時代，黨的權力集中於老布爾賽維克黨人所組成的中央委員會之手。他死之後，中委會的政治局和書記處漸控大權，成為一位老黨人所說的「書記處專政」(the dictatorship of the Secretariat)。史達林自 1922 年至 1953 年死，均擔任總書記，1941 年至 1953 年復兼總理[58]。

黨的領導權定於一尊之後，我們再回到經濟建設方面。1927 年 12 月，史達林控制局面以後，就在前述共黨第十五次大會決定採取計畫經濟（他在權力鬥爭中反對左派，而所實施者則為左派所主張的經濟政策）。史達林主義後來代表：(1)迅速的、強制的工業化；(2)嚴厲地對付農民，強使他們進入集體農場；(3)「一國社會主義」(socialism in one country)，國際革命較屬次要；(4)中央集權的計畫，使一切經濟活動受中央科層的控制。為了達成上述嚴酷的目標，史達林主張絕對獨裁，大量使用暴力，以及鎮制所有的批評的自由。但是，這些並非史達林一直主張的。先前，他曾懷疑迅速的工業化是否可能。1925 年，他警告不要把農民逼得太厲害。1927 年，他試行（後來失敗）策動共產黨在中國的「革命」。或者可以——論者之中有人常以法國革命的形象來看俄國革命——說史達林的勝利類似「熱月反動」(Thermidorian Reaction)。每一個革命會發展到需要組織新社會的程度，革

[58] Paxton, op. cit., pp. 274–75；批評「書記處專政」者為 Boris Souvarine，參看 Cohen, op. cit., p. 214。

命的熱潮所表現的激動的演說、暴亂與戰鬥是不會持久的；革命結束的時候，就是重建開始的時候，也需要新的類型的領袖。托洛斯基是革命中的羅勃斯比爾 (Robespierre)，而史達林則為拿破崙。列寧的才能是否能補二者之不足，是不可知的事；他的早死，使一切改觀[59]。

計畫經濟的目的，便是要在最短期內趕上工業先進國家。1931 年 2 月，史達林曾在向社會主義工業經理人員會議 (Conference of Managers of Socialist Industry) 演說時指出：「我們較諸進步的國家落後五十年或一百年。我們必須在十年之內趕上他們，不然即將為他們所摧毀。」[60]

為了達成使命，乃強化國家計畫委員會 (Gosplan: State Planning Commission) 和國家供應局 (Gossnab: State Supply Organization) 的功能，展開「新社會主義攻勢」(New Socialist Offensive)。計畫經濟的開展，便是一連串的五年計畫。第一次五年計畫，自 1928 年 10 月至 1932 年 12 月，共計四又四分之一年。其目標為增加工業生產 136%，農業生產 55%，降低生產成本三分之一，勞工生產力也增長了一倍。第一次五年計畫是以不引進外資和不借外債的方式，來做重工業的建設。這是因為馬列主義不允許與資本主義國家合作，而且俄國在革命後不繼續承擔外國債務而使其債信掃地，這些都是原因。不過，俄國在 1928 年時仍然是一個靠農業經濟來維持的國家，資本形成頗為困難。英國是第一個工業化的國家，它是先促進農業革命為籌措工業化資本的。十七世紀晚期和十八世紀，英國的圈地運動 (Enclosure Movement)，改良耕作技術和擴大農地，是世人皆知的。但是，在英國受益者是土地貴族，現在蘇聯要用類似的手段來增加政府資本。於是，蘇聯採取剝削農民和降低社會消費水準來籌措工業化的資本。本來，在新經濟政策時期，受惠最多的是一億左右的農民，他們經營二千五百萬

---

[59] Stromberg, op. cit., p. 161.

[60] C. E. Black & E. C. Helmreich, *Twentieth Century Europe: A History* (New York: Knopf, 1972), p. 466.

個左右的家庭農場，而俄國作為世界上最大的社會主義國家有成為由小農支配其經濟的情況。其中尤以富農，即有雇用勞工能力的農民，他們佔了大約 14% 的農地，逐漸成為可能威脅俄共政權的農業中產階級，尤為俄共所不能容。於是政府推行農業集體化，分別成立集體農場 (kolkhoz, or collective farm) 和國營農場 (sovkhoz, or state farm)。集體農場為農民共有土地與農具並平均分配利潤的一種型態，國營農場則土地、設備和家畜均屬政府財產而農民僅為受薪勞工。政府用宣傳及強制雙管齊下的辦法，來推廣集體化的計畫，用嚴厲手段對付不合作的農民，富農所受的打擊尤大，乃至被清算殆盡而不復存在。俄共用極嚴厲的手段來進行強制的農業集體化，農民用私藏糧食和屠牲作為抵制的辦法，但俄共無情強制執行。到 1934 年，兩千五百萬家庭農場，被併為二十五萬個左右的集體農場。但穀物產量遠低於 1928 年，而屠牲之普遍，更是到 1950 年代俄國肉產量始恢

此為 1930 年時，富農被趕出農村的情形，旗幟上的字句是：「富農階級必須要被消滅。」

復1928年的水準。史達林後來對英國首相邱吉爾承認，有一千萬農民死於1932年至1933年的人為饑荒期間，而實際數字可能更高[61]。

第二個五年計畫，始於1933年，終於1937年。第三個五年計畫，自1938年至1942年，但1941年6月德國進攻俄國使計畫中斷。第二次大戰以後，又進行若干次的五年計畫[62]。

蘇聯計畫經濟的成效甚宏。農業集體化所獲得的資源，投入工廠、水壩和新城市的興建。當然，蘇聯在實施五年計畫之前亦已有工業，但其工業產量僅佔歐洲第四位，世界第五位。但至1937年，此為蘇聯所公布的統計數字較為可靠的一年，也是第二次五年計畫結束的一年，蘇聯的經濟結構已有很大的改變，其年成長率，據蘇聯自己的資料說是20%，西歐國家說是14%。但是，如拿1937年與十年前相比，機械及冶金產量增加了接近十四倍，煤產增加了三倍以上，生鐵四倍以上（不同的統計有不同的數字，有謂重工業生產增加了三倍至六倍者）。新的工業城如鋼城

---

[61] Paxton, op. cit., pp. 335–36; Winston Churchill, *History of the Second World War: The Hinge of Fate* (London, 1950), p. 498; Lynne Viola, *The Best Sons of the Fatherland: Workers in the Vanguard of Soviet Collectivization* (Oxford University Press, 1989).

[62] 關於第二次世界大戰以後，蘇聯計畫經濟執行的情形如下：

第四個五年計畫：1946年至1950年

第五個五年計畫：1951年至1955年

第六個五年計畫：1956年至1960年，但赫魯雪夫(Nikita Khrushchev, 1894–1971)主政後改為七年計畫（1959年至1965年），赫魯雪夫於1964年10月去職後，又有改變。

第八個五年計畫：1966年至1970年

第九個五年計畫：1971年至1975年

第十個五年計畫：1976年至1980年

第十一個五年計畫：1981年至1985年

第十二個五年計畫：1986年至1990年

(Magnitogorsk)，其人口在數年之內，由零增為二十五萬人。1939 年時，蘇聯工業生產量超過英國，而僅次於美、德，第二次大戰後更躍為第二位。經過幾個五年計畫，經濟成長率一直維持很高，以 1953 年與 1913 年相比，國民收入增長了十二點六七倍，扣除人口成長的因素仍然是每人國民收入增長了九點零六倍；工業總產值也增長了二十點四三倍，超過一般歐美國家甚多[63]。

但是，在另一方面，為了加強工業建設，每年把全國總收入的三分之一拿來再投資，此為 1914 年時英國的二倍，即是遇到饑荒仍要輸出食糧以換取外匯。1932 年的大饑饉，餓死人數據估計在三百萬人以上。人民生活甚苦，必須勤奮工作而報酬低微，士氣須靠宣傳來維持，要瞻望遠景才能支撐下來，又因為重視重工業，輕視輕工業，所謂「重重輕輕」，民生工業受到忽視。前述 1937 年重工業生產飛躍增長時，棉織布的生產（此為消費品的指標）則遠遠落後，僅增加四分之一[64]。於是，一般用品缺乏和售價高昂。一套普通衣服，即是在限價之下，仍售二千六百盧布[65]，此為普通工人九百工作時或十八週之工資。一雙鞋售價亦在一百八十盧布至三百五十盧布，而普通工人之月入不過六百盧布。人民生活之苦，是可以想像的。但是，計畫經濟的成效也不可忽視。另一方面，蘇聯的經濟建設也能盡量地注意到均衡的發展，第二次五年計畫後也向東發展，此在 1941 年德國在第二次世界大戰時入侵俄國，尤可看出是頗有遠見的安排。

---

[63] Paxton, op. cit., p. 336; Hughes, op. cit., pp. 265–67；復旦大學蘇聯經濟研究所編，《蘇聯經濟若干問題》（上海：復旦大學出版社，1983），頁 10。

[64] Hughes, op. cit., p. 266.

[65] *Harper Encyclopedia of the Modern World*, p. 434; Andreas Dorpalen, op. cit., pp. 184–85.

六、大整肅

「大整肅」展現了共產極權統治可怕的一面。先是史達林在「工業化大辯論」及「權力鬥爭」期間，聯合右派，如布克林（黨的理論家，《真理報》 主編和政治局委員）、李可夫 (Alexei Rykov, 1881–1938) 和湯穆斯基 (Michael Tomsky, 1880–1936) 等。他們支持「新經濟政策」，布克林更鼓吹社會主義建設「蝸步化」之論 (snail's pace construction of socialism)，並要農民自求多福。史達林在打垮左派之後，即著手對付右派分子。他採行了托洛斯基的經濟建設主張，就是通過開除托氏黨籍的同一個共黨大會，授權中央委員會起草以重工業為主的第一次五年計畫。1928 年至 1929 年間，史達林在對付右派分子方面也獲得大勝。1928 年，布克林被奪共產國際主席之職，湯穆斯基在工會的領導地位亦成過去。翌年，布克林被逐出政治局。1930 年，李可夫與湯穆斯基遭受同樣的命運，李可夫的人民委員會主席之職乃為莫洛托夫 (Vyacheslav M. Molotov) 所取代。至是，史達林已取得不容挑戰的地位。他乃不再假「集體領導」的名義。他在權力鬥爭中之所以能得到勝利，在於他能控制黨和善於把握時機。此外，秘密警察、軍隊與工會既在黨的掌握之中，也就在他的掌握之中。事實上，現在史達林已是獨裁者。這位被托洛斯基描述為「黨內出眾的平庸人物」(the outstanding mediocrity of the party) 為一謎樣的人物。除掉官式聲明、演詞與函牘之外，世人對其私生活甚少所知。史達林的女兒史芙德拉娜・愛琍盧耶娃 (Svetlana Alliluyeva) 在 1967 年後逃奔西方，發表了若干童年時代的回憶，她描述下的史達林為一善嬉戲但性情怪僻易怒的父親，及她長大則覺得他是不易接近的、陰險的人物[66]。

[66] 心理學者也許可以從史達林與其小女兒所玩的遊戲中看出他的性格。他常囑她在向他提出要求時，勿用請求而用命令的方式，他在收到乃女「命令」時常寫：「我服從」等字樣並署名於後。他寫給小女兒的信則自稱「你卑微的秘書，可憐的農

最為世人所驚怵的，是史達林發動大整肅。1934 年時，99% 的工業已為政府控制和 90% 的可耕土地已告集體化，一切都在他掌握之中。但是仍有人批評他的施政。史達林決定整肅，先是他安排親信人物在黨的安全與審判部門以為準備。早在 1933 年，他在黨內發動整肅，約有三分之一的黨員被逐出黨外。1934 年 12 月，基洛夫（Sergei Kirov, 1888–1934，時任列寧格勒黨部書記）被暗殺，此事的真相迄未明瞭。基洛夫為史達林的得力幹部，不過，基洛夫的觀點此時已屬穩健派，如穩健派得勢他可能為史達林之繼任人，史達林因而可能把他看作危險的競爭者，他的被殺甚至可能（許多人相信）是史達林預謀。這些均是無法解答的問題，不過史達林卻藉著此事掀起了極大的整肅。史達林藉口刺客尼可雷耶夫 (Leonid V. Nikolaev) 與齊諾維耶夫有關連，而認為齊諾維耶夫難逃干係。於是齊諾維耶夫、卡門聶夫等人被捕。1935 年初，許多人因係齊諾維耶夫和托洛斯基的黨羽以及其他「左派」(Leftists) 被放逐至西伯利亞。一些穩健派人物，包括作家高爾基 (Maxim Gorky, 1868–1936)，離奇死亡。為了消除有組織的反抗，許多社團，包括老布爾賽維克黨人聯誼會 (Society of the Old Bolsheviks) 等，均被解散。

1936 年 8 月，十六個老布爾賽維克黨人，包括齊諾維耶夫和卡門聶夫，被公開審訊。其罪名為暗殺基洛夫和企圖暗殺史達林等人，並在托洛斯基指使下成立「恐怖行動中心」（Terrorist Center，其時托洛斯基早已亡命墨西哥）。另一罪名則是與外國（指納粹德國）合謀，欲在俄國建立法西斯獨裁政權。令世人錯愕不置者，這些人竟然在受審時皆承認所控罪名並懺悔其惡行，他們也爭相檢舉尚未被審判的他人，最後皆被判處死刑被槍斃。繼之，在 1937 年 1 月和 1938 年 3 月，又有兩次相類的審訊。1937 年 1 月的審訊中，共有十七名老布爾賽維克黨人受審，十七人均宣布有罪，

夫史達林」。參看 Roy Medvedev, *Let History Judge: The Origins and Consequences of Stalinism*, Revised and expanded edition (Oxford University Press, 1989).

其中十三人判處死刑。其餘四人，包括拉迪克 (Karl B. Radek)、蘇科里尼科夫 (Grigori Y. Sokolnikov)，則各判十年徒刑，因其罪行之性質的「政治性」大於一切。1938 年 3 月的審訊則為清除「右翼反對集團」(Right Opposition) 的最後殘餘，布克林和李可夫均未倖免，湯穆斯基則已自殺身亡。他們的罪名為企圖恢復資本主義以及謀殺、叛國及破壞。他們也都認罪如儀，祇是布克林拒絕承認他曾企圖謀害列寧，最後也都被判處極刑。

這些被整肅的分子中，祇有願意認罪從而證明史達林正確的人始得公開審判，尚有其他秘密審判者，此以紅軍將領為多。其中最聳人聽聞者為陸軍參謀總長杜克柴夫斯基 (Marshall Tukhachevsky, 1893–1937) 在 1937 年 6 月被處死刑，其罪名為叛國和勾結「某法西斯主義國家」以謀推翻蘇聯政府。此外還有其他軍事將領被秘密審訊和處死。執行此類恐怖鎮制行動者為秘密警察——也就是「人民內政委員會」(NKVD) 首長葉佐夫 (N. I. Yazhov, 1895–1938)，此人殘忍成性，被稱為「嗜血的矮子」(bloodthirsty dwarf)，後在 1938 年 12 月被處死，其繼任人是貝里亞 (Lavrenti P. Beria, 1899–1953)。據研究，「大整肅」(1936–38) 中，被捕的人數多達七百萬人（乃至九百萬人），包括知識分子的精華，以及超過 70% 的高幹（黨、政、經、軍均在內），許多列寧的老戰友被指為「間諜」、「兇手」、「瘋狗」而判死刑。1938 年秋天，當「大整肅」接近尾聲時，官方的《蘇聯共產黨簡史》(*History of the CPSU, A Short Course*) 出版了，其中老布爾賽維克黨人，如托洛斯基、齊諾維耶夫、卡門聶夫、布克林等均被指為敵人、反動分子和間諜，史達林成為唯一合法的列寧繼承人和領袖。資料顯示，1930 至 1950 年間，大約有二千萬人被犧牲。先是大約有七百萬人死於農業集體化；後來在 1936 至 1938 年間的「大整肅」中，有七百萬至九百萬人被捕，其中大約有一百萬人被處死，其餘則被送至各偏遠地區的集中營，而很快就死亡（其中有三分之一的囚犯死於第一年）[67]。1956 年赫魯雪夫在

[67] Robert Conquest, *The Great Terror* (Harmondsworth: Penguin, 1971), Appendix A.

俄共第二十次大會譴責史達林時，曾指出當時在中央委員會中也有人不贊成史達林的血腥整肅，但無人能阻止，而且逮捕、審訊一旦展開，人人為自保而爭相攀誣他人，乃至不可收拾。他指出，在出席 1934 年共黨大會的一千九百六十六名代表中，其中有一千一百零八名被控訴有罪，此屆大會所選出的一百三十九名中央委員會及候補中央委員中有九十八名（佔 70%）被捕或被槍斃。他們之間絕大部分都是在 1937 至 1938 年間被殺的。

史達林發動整肅的目的，在消除潛在的競爭者以加強對黨的控制。列寧時代的政治局成員除史達林本人外皆消除殆盡，托洛斯基亦受缺席審判。整肅的時機又恰在希特勒重新武裝萊茵區和納粹併取奧地利之間，說明史達林恐其政敵將藉一旦俄國與德國或日本發生戰爭而不利的情況時來推翻他。為防止此一危險，他也整肅軍事首領，而代之以他提拔起來的新人。至 1938 年時，幾已無老布爾賽維克黨人留存。使人感到錯愕者，乃在於何以這些被審判者會在公開的法庭中如此承認完全不實的指控？尤其是他們的身體並無顯著的刑求跡象而他們的理智看似清明，曾引起世人的驚異不置。後來有些解釋：第一、心理的折磨與體能上的虐待可以使人的意志崩潰和摧毀其推理能力；第二、秘密警察以政治犯的家人子女為質，使之受脅迫；第三、以減刑為誘餌，也許人不判死刑；第四、這些人仍然對黨忠心，希望藉其懺悔以恢復黨的統一從而對黨作最後的服務，布克林原是倔強不屈的，他後來曾說一個人如果一定要死則需要一個死的理由，如果一個人不是懺悔而死則無死的理由矣。原籍匈牙利的英國作家柯斯特勒（Arthur Koestler，其人曾為共產黨人）在其 1940 年出版的《正午的黑暗》(*Darkness at Noon*) 中，從共產黨人愛黨的「黨性」找解釋，主角魯巴秀夫 (Rubashov) 認為：黨永遠是對的，如果沒有黨，自己就不存在了。這也許是這些被整肅的人願意從容赴死的原動力。這些冤獄到戈巴契夫時代

1959 年蘇聯人口普查顯示，五十五歲至五十九歲年齡群（即 1930 年代時年齡為二十多歲和三十多歲者）之中，女性與男性的比例為 66.6%：33.4%。

（1985 年以後）始漸昭雪。

七、社會及文化變遷

俄國共產革命以來，由於共黨的本質與舊有的社會與文化不能相容，俄國的社會與文化發生了很大的變遷。俄共不能容忍「資產階級的意識型態」，而要徹底改造俄國，當時俄國的不識字的人口仍甚高，列寧曾謂不能在文盲人民當中建立共產主義國家，其意為人民不識字有礙於馬克斯・列寧主義的傳播。於是決定推廣教育，每一個「勞動者及其孩子」(toiler and toiler's child) 均有入學的權利。到 1930 年代，教育更形普及，在整個蘇聯，四年教育為每一兒童所必須接受，在蘇俄（俄羅斯蘇維埃聯邦社會主義共和國）和蘇俄以外的城市中，則每一兒童接受七年教育。此外，在較大城市中尚有三年制的中學教育與大學教育相銜接，再又有許多商業學校與工業技術學校。1938 年秋，在學的初級與中等學校的學童已有三千三百萬人，官方統計數字更聲稱在 1939 年時全國識字率已高達 81%。根據《蘇聯憲法》，各級教育均為免費，大學生亦獲政府發給生活津貼，其條件為畢業後由政府分發工作五年（後改三年），通常是分發到缺乏專業人員的邊遠地區。1940 年時戰備日亟，蘇聯政府不能再繼續免費教育的政策，而規定超過七年教育課程又與國防需要不相干的課業不再免費，凡非特殊優異的學生則應付學費。另一方面，則獎勵學生就讀與國防或作戰有關的職業或科技訓練學校。此種准許有力負擔學費的家長送其子女選擇志願學校的辦法，實有違《蘇聯憲法》所標榜的不管個人經濟情況如何而皆有平等的教育機會的原則，而助長新階級制度。另須指出者，蘇聯政府為確保婦女受教育機會的平等曾推行男女合校辦法，後於 1943 年因分別教育有利不同的身心發展為理由，又行男女分校。

無庸否認的是，自從革命以後，蘇聯教育在量的方面的增加（學生人數和學校數等），可以說是有長足的發展，但官方以教育作為灌輸意識型態的工具，也非常顯著。

此外，在蘇聯，還有文化和教育機構，包括俱樂部或聯誼會，以及號稱「人民大學」(people's universities) 的各工廠、農場和企業的演講所，再加上圖書館、博物館和藝廊等。

宗教方面，馬克斯主義者反對宗教信仰，視宗教為「人民的鴉片煙」(opiate or opium of the people)，俄共亦視東方正教為帝俄政制的工具，因而決定打擊教會。他們認為東方正教在喪失地位與經濟獨立後便會解體，因而充公（國有化）教會的財產，拆毀教堂或將之改建為俱樂部或博物館。另外剝奪教士對婚姻、教育和公墓的管理權，亦禁止學校中的宗教教育。1918 年 2 月，雖有命令准許個人有「良心自由」之權，卻剝奪宗教信仰者的若干權利，包括入黨之權。1929 年的《憲法修正案》，規定有反宗教崇拜與反宗教宣傳之權。此一修正案後納入 1936 年的《憲法》。蘇聯當局對宗教的鎮壓取締到 1930 年代後期開始稍見緩和，蓋為爭取宗教信仰者的支持以應付可能來臨的戰爭。又，蘇聯當局集中力量對付東方正教，對於路德派、美以美派和浸信會等教會的態度稍為溫和。對於宗教節日如聖誕節、復活節亦仍遵守，唯認為是「傳統的休息日」。至於回教與佛教，因其信徒（在蘇聯境內者）多為游牧民族，取締較難。蘇聯當局承認猶太人為特別的民族集團，並劃出西伯利亞的必羅畢地然 (Birobidjan) 為其聚居地，但對猶太復國主義 (Zionism) 則不抱友善的態度。

1985 年，戈巴契夫當權以後，蘇聯官方放寬了對宗教的控制，蘇聯開始有了遠較過去為自由的宗教活動。

蘇聯的文化活動很多，也很發達，但均難免政治色彩。一切活動均由蘇聯文化部 (Ministry of Culture) 來負責。這包括文學、音樂、繪畫、電影等，均為塑造新意識型態的有力工具。對於文學，共產黨人向視之為「組織群眾的工具」，而認為文學應為政治服務。所以在「新經濟政策」時期，作家仍有某種程度的自由，此後便為黨與政府服務。1932 年，官方統一各種文藝組織而成立蘇維埃作家聯盟 (Union of Soviet Writers)，成員們以「社會主義的寫實路線」(socialist realism) 為其鵠的。史達林曾要作家以「人類心靈的工程師」 (engineer of human minds) 為己任。 在 「社會主義領導」(social command) 的情況下，作家要竭智盡力為五年計畫中的集體化與工業化以及其他經濟發展而寫作。小說家畢尼雅克 (Boris Pilnyak) 的 《伏爾加河流歸裏海》 (*Volga Flows into the Caspian Sea*) 即寫如何在莫斯維河 (the Moskva River) 修建水壩使之能通航大型輪船的故事 ； 索婁可夫 (Mikhail Sholokhov) 的《明天的種子》(*Seeds of Tomorrow*) 係描寫集體化運動；喀達葉夫 (Valentin Katayev) 的《時間啊，前進！》(*Forward, oh Time!*) 則為敘述鋼城工人的故事 ； 詩人及散文家巴斯特納克 (Boris Pasternak, 1890–1960) 亦甚出色。音樂方面，有史特拉溫斯基 (Igor Stravinsky)，長於芭蕾、歌劇及交響樂；普洛科費耶夫 (Serge Prokofiev)，長於歌劇及交響樂；索斯特科維奇 (Dmitri Shostakovich)，長於交響樂。繪畫方面，此期無很傑出的人物，畫家所採用的素材除社會主義的建設外，則為鄉野風景及歷史題材。艾森斯坦 (Sergei Eisenstein) 亦為西方所熟知的電影導演及製片家。這些活動的背後指導原則，均為「社會主義的現實主義」(Socialist realism) 和「革命的人文主義」(revolutionary humanism)。

在社會方面，蘇聯的蘇維埃社會並非平等的社會，社會上因有特權，而自然成為階級森嚴的情況。人民的生活水準，如與西方工業化的國家相比，也相差很多。在社會福利方面，俄共在 1917 年革命之後立即建立了社會保險制度，失業及傷殘均包括在內。不過一直到內戰結束之後這些福利措施並無任何實質意義。

共產主義屬國際主義，是反對民族主義的。宣揚馬克斯理論的《國際歌》 (*Internationale*) 成為蘇聯的國歌 ， 紅軍所效忠的是 「勞動人類」(toiling mankind)，而非祖國。但是，俄共的背棄境內「民族自決」，以及「蘇聯」的安排，均難說是不是為了大俄羅斯民族，至少是斯拉夫民族的利益。自從史達林倡言「一國社會主義」以後，官方的態度逐漸改變，雖仍諱言「民族」或「民族主義」，但是卻鼓勵與民族主義非常接近的「蘇維埃愛國主義」(Soviet patriotism)。1930 年代以後，蘇聯所受納粹德國的威脅日大，乃激發人民保國衛民的情操。同時歷史學亦恢復了原有的地位，史家又回到大學中的講座。新的教科書中，恐怖的伊凡與彼得大帝亦被描繪為進步的社會改革者，俄皇亞歷山大一世在 1812 年戰敗拿破崙一世亦被稱許為成功的衛國者。於是詩人、劇作家、小說家、電影製片家與報紙編輯亦多取材於歷史。紅軍士兵現宣誓效忠蘇聯，原來已告取消的軍階與勳章亦告恢復。1941 年，納粹德國侵入蘇聯後，蘇聯更以《蘇聯頌》(*Gosudarstvenny Gimn Sovetskogo Soyuza*) 代替《國際歌》為國歌。1960 年代初期，蘇共與中共的交惡情形，亦可自民族主義的利益的角度來瞭解。

八、俄國革命與蘇聯的對外影響

俄國共產革命和蘇聯的建立，是二十世紀的大事，發生極為深遠的影響。第一是國際共產運動的開展，共產黨人相信他們必將戰勝資本主義，而且認為「世界革命」為期不遠。為了發動和指揮「世界革命」大業，因而於 1919 年 3 月成立共產國際 (Komintern, or Comintern: Communist International)，此一組織號稱「世界革命」的「參謀本部」，在表面上是由十九個國家的五十名共黨代表在莫斯科集會成立的，但俄共實為最大的主導。老布爾賽維克黨人齊諾維耶夫當選為共產國際的第一任主席。共產國際又稱「第三國際」(Third International)，其主要工作即為策動與指揮世界各地的共產革命。但是，1919 年共黨在匈牙利及巴伐利亞等地起事失敗，俄國內部的「軍事共產主義」完全失敗，而不得不實施具有部分資本主義做法的「新經濟政策」，資本主義世界看來並無崩潰的跡象外，資本主義世界並未崩潰而俄國的軍事共產主義反而不能貫徹。於是俄國對外關係的兩種面孔（一為外交部爭取外國承認，一為共產國際則謀顛覆被爭取國家的政府）有調整的必要，1921 年共產國際第三屆大會乃決定各國共黨可與他黨組成「聯合陣線」(United Front)。此種「統一陣線政策」於 1920 年代在英國與中國推行甚力，但在本質上仍為謀奪權。1924 年 10 月英國保守黨公布《齊諾維耶夫信函》(*Zinoviev letter*，該函係齊氏以共產國際主席身分促英國共黨及工人發動革命)，造成工黨在大選中的失敗，繼之共黨謀藉英俄工會委員會 (Anglo-Russian Trade Union Committee) 奪權，此謀亦失敗，因 1927 年英國工會人士解散此委員會。由於俄共在歐洲策動的革命活動並不順利，乃轉而注意到西方以外的世界，1923 年後俄共亟思在中國滲透，便是一例。

1927 年後隨著托洛斯基的失勢，以及史達林所倡「一國社會主義」佔上風，共產國際輸出革命的行動始告緩慢。後來因為法西斯政權興起，尤其是納粹德國，構成對俄國的很大威脅，俄國乃傾於與西方民主國家友好，並且亦開始加入集體安全制度，1934 年加入國際聯盟。1935 年正式推行「人民陣線」(Popular Front) 政策，共產國際訓令各國共黨與社會黨和自由派合作或聯合以打擊法西斯主義與「反動」。1943 年，在第二次大戰期間，蘇聯為表示對西方國家的友善乃解散共產國際。但 1947 年又另組共黨情報局 (Cominform: Communist Information Bureau)，由俄共、東歐附庸國共黨以及法共與義共等組成，此機構雖於 1956 年解散[68]，但是，俄共對於外國共黨的支持則未稍減。他們早在 1943 年即在黨內建立「國際部」(International Department)，並賦予重大的職權，且與外交部和國家安全委員會 (KGB) 保持密切的關係。

另外，必須指出的是，直迄 1989 年共產主義運動受到顯著的頓挫以前，共產主義勢力仍在大體上是不斷地擴張。此一方面係因共產主義一直以「科學的社會主義」的姿態迷惑眾生，而且又有宗教性和道德意識。美國學者海耶克晚年以八十九歲的高齡出版《致命的獨斷：社會主義的謬誤》

---

[68] 共黨情報局於 1948 年開除南斯拉夫，1956 年又為謀求與南斯拉夫和解而解散。

(*The Fatal Conceit: The Errors of Socialism*) 一書，認為社會主義自認源自理性，放之四海而皆準，可以根據意願來塑造周圍的世界，殊不知人類社會的進步係由傳統演化而來，非由「理性」設計而來。但是，這種「致命的獨斷」卻吸引很多人迷途不返[69]。所以，儘管共產主義體制曾使許多人感到失望，如「大整肅」的悲劇，「人民陣線」的妥協運用，以及《納粹—蘇維埃互不侵犯條約》的勾結法西斯主義，等等；但是，共產主義仍然讓很多西方的知識分子「心醉」，而向之膜拜[70]。

第二在經濟發展方面，俄共所實施的計畫經濟提供了另一個可行的模式。在西方勢力的威脅下，世界各國均有求「富」和求「強」的努力，但是西方式的富強，有其漫長的歷程，不是任何國家可以做到的。俄國的經濟發展，顯示出一個農業國家能夠在不依賴外資的情況下迅速成長。於是世人認為，蘇聯的計畫經濟是一種可以與資本主義制度相競爭的另一種體制。這對落後貧窮而又衰弱的國家，產生很大的吸引力量。

當然，計畫經濟有其基本性的弱點，如生產缺乏誘因 (incentives)，必須加強監督系統，以致無法控制品質，各企業傾向於自給自足的生產，反而不利規劃經濟；缺乏可靠的價格標準，蓋在計畫經濟體制中，部分的價格調整或全面的價格改革代價過高，不能經常進行，而根據政策制訂生產和供應的優先次序，亦不能產生合理的價格體系；行政管理缺乏效率，不能有效提昇經濟體系。但是，計畫經濟仍是可供落後國家參採的經建體制之一。

---

[69] F. A. Hayek, *The Fatal Conceit: The Errors of Socialism* (University of Chicago Press, 1989).

[70] 個中情況，可參看 Paul Hollander, *Political Pilgrims: Travels of Western Intellectuals to the Soviet Union, China, and Cuba 1928–1978* (New York & Oxford: Oxford University Press, 1981).

第四章
亞洲、非洲與拉丁美洲

截至現在為止，我們的討論大體局限於西方國家，對於在 1950 年代以後成為所謂「第三世界」主力的亞洲、非洲和拉丁美洲很少觸及。

這些地區在二十世紀也有了極為重大的蛻變，以及對世局影響甚鉅的發展。

亞洲是面積和人口最大的一洲。以面積言，亞洲約有一千七百萬平方哩（四千四百萬平方公里），約佔了世界陸地的 30%；以人口言，它也佔了全球人口的五分之三左右。談到它的界限，東邊的太平洋是自然界限，島鏈包括日本、臺灣、菲律賓、印尼；西邊與歐洲（歐洲實為歐亞大陸的一個半島）係與烏拉山脈、烏拉河、裏海、高加索山脈 (the Caucasus Mountains)、黑海、博斯普魯斯海峽、達達尼爾海峽，以及愛琴海；與非洲則僅隔蘇伊士運河與紅海；其東北部的西伯利亞（有四百萬平方哩之大）則隔著白令海峽 (Bering Strait) 與北美相望。以文化言，亞洲有最古老的文化，世界上的偉大宗教，如佛教、基督教、印度教、回教、猶太教、道教、祆教等，莫不誕生於此。亞洲在受到近代西方文化與勢力衝擊以後，其所發展的互動關係，也是現代史中的重要環節。

非洲是世界第二大洲，面積僅次於亞洲，有一千一百七十餘萬平方哩（三千零三十餘萬平方公里）；以人口數字而言，則為世界第三（在亞、歐之後）。非洲北界地中海，西臨大西洋，東隔紅海及印度洋，南邊則為印度洋和大西洋的海域。不過，因為海灣及水道不多，非洲的海岸線反較歐洲為短。非洲自北至南，為赤道割裁為兩半，絕大部分均在熱帶之內。在古代，希臘人稱非洲為「利比亞」(Libya)，羅馬人則稱之為「亞非利加」(Africa)，可能係源自拉丁文「有陽光的」(aprica)，或希臘文「不寒冷的」(aphrike)。非洲是人類活動最早的地區，人類學家甚至認為是最早人類的發源地，但是長期落後，近代以還，為西方（主要是歐洲）帝國主義勢力所控制，二十世紀肇端後，始有新的發展。

拉丁美洲 (Latin America) 包括整個南美洲，以及墨西哥（包括在內）以南的中美洲，再加上加勒比海各島。它之所以被稱為「拉丁美洲」，係因這個地區各國均為使用西班牙文、葡萄牙文和法文。這個地區在白人（歐人）征服以前的所謂「前哥倫布時期」(pre-Columbian period) 也有過相當高程度的文化，如墨西哥的阿茲特克人 (the Aztecs)、中美洲的馬雅人 (the Mayas)，以及南美洲的印加 (Inca) 文化，均為足道。十六世紀以後，進入殖民時代。十九世紀後，拉丁美洲各國雖掙脫殖民統治，紛紛獨立建國，但迄甚落後。不過，這個地區的擾攘，也與世界的其他地區發生互動關係，不容忽視。

第一節　亞　洲

亞洲有複雜的族群、語言及文化。即以人種而言，三種主要的人種均有分布。白種的高加索種 (Caucasoids) 居住在亞洲西端向東迄於印度一帶；印度以東的人種，則以黃種的蒙古種 (Mongoloids) 為主；至於黑種的尼格魯種 (Negroids)，則以小社群的方式分布佈於馬來半島、新幾內亞 (New Guinea)、菲律賓和蘇門答臘等地。

對於亞洲現代史的討論，茲分區敘述。

一、東　亞

東亞地區包括中國（中國的新疆與西藏已屬中亞）、日本與韓國。關於中國現代史，不在此討論。韓國則在第二次世界大戰結束以前尚在日本統治之下。此處我們集中於日本現代史的探討。

㈠日本史的主要線索

兩千多年的日本歷史發展有三個特性：第一是持續性，其國土、民族、統治者迄無中斷的情況，這以其「萬世一系」的天皇制度來代表，「天皇」雖有自「現人神」到「人間」的演變，但在形式上，仍由「天皇」為國家最高統治者或統治的象徵；第二是吸收性，日本文化一直有吸收外來文化以為己用的傳統，這從過去吸收中國文化，近代以還，轉而吸收西方文化可以看出；第三為兼容性，日本人於吸取外來文化後，可以與原有文化融匯為一體，而成為日本人可以身使臂指、運用自如的文化❶。

早期日本歷史多屬傳統與神話，很難考其信實的程度。兩本最早的史書，分別為太安萬侶所撰的《古事記》(712) 和舍人親王所撰的《日本書紀》(720)，均按時間先後，記述天皇世系和重要事跡，但其中也有甚多係出於想像或杜撰者。日本民族的來源，有一些不同的說法。大致言之，其為不同種族混合而成的，日本語文，從語法和發音來看，屬於烏拉・阿爾泰語系 (Ural-Altaic languages)，此為包括日本語文、韓國語文、滿洲語文、蒙古語文和土耳其語文的語系。日本早期，曾有小國割據和分崩離析的時代。五世紀初，大和氏族（the Yamato clan，源自九州）定居於今京都附近，建立了一個可以控制日本中部和西部各部族的中央政權，是為日本國家之基礎。六世紀至八世紀間，日本頗受中國文化影響，七世紀後正值中國唐代，佛教亦傳入日本。孝德天皇時並仿中國君主建年號，在 645 年時建號「大化」，此年即大化元年。「大化革新」實際上是唐化運動。但八世紀末 (794) 至十二世紀中葉（約 1160 年）間，藤原氏 (the Fujiwara family) 控制政權，天皇雖仍御極，則喪失威權。繼之，政治混亂，內戰不休（幾

❶ 陳水逢，《日本近代史》（臺北：商務，民 77），頁 317；林明德，《日本史》（臺北：三民書局，民 78，再版），序言。

日本的織女

乎整個十二世紀均在內戰中），封建制度形成，此後日本進入幕府時期。幕府先後有源賴朝所建立的鎌倉幕府（1192–1333，鎌倉為源賴朝之根據地，府邸設此），足利義滿在京都室町所建立的室町幕府 (1378–1573)，以及德川家康所建立的德川或江戶幕府 (1603–1867)。幕府政治支配日本有七百年左右。在此制度下，幕府將軍（稱「征夷大將軍」）假「天皇」的名義，以世襲的攝政之方式，掌握國家的大權。但他並非直接統治全國，除直轄地的「天領」以外，全國分為若干藩（德川幕府末期有三百六十七個諸侯），各藩均自成局面。將軍的治理權，除直轄地以外，亦皆透過各藩主，僅外交、宣戰、媾和、鑄幣、驛郵等權統一於幕府，各藩仍自理內政。幕府與各藩的關係，係建立在封建制度的基礎之上，以「土地所有權之擁有」及「個人的忠誠」為準則。除天皇外，將軍是全國最大的地主❷。

幕府時期的日本，亦為階級分明的社會。階級有公卿（又稱廷臣）、諸侯、武士及町人百姓之分。公卿乃直隸於天皇的朝臣，居於士民之上，雖受幕府監督而非幕府的臣下，他衹對天皇服務而與大將軍及各領主並無直接的隸屬關係。武士或直隸於將軍，或臣隸於諸侯，或更為此等的臣隸。武士在江戶時代以後，已成為社會的支配者、人群的表率，無論在精神與物質方面，實力都很雄厚。尤其是德川家康承襲了豐臣秀吉所創立的身分固定政策，將士農工商的身分的釘子，加以更強固的壓力來完成並且把由英雄崇拜的感情所釀成的武士身分的尊貴意識，作了一個充分的利用，給武士以支配階級的地位與榮譽，列為社會的上層。他們享有參與政權及兵役的特權，對於主君則負有忠勤奉公的義務。事實上，武士階級除享有政

❷ W. G. Beasley, *The Modern History of Japan* (New York: Praeger, 1963), pp. 3–37.

紀念德川家康所建的五級寶塔，位於日光，建於 1636 年

治上的特權外，對町人百姓還握有生殺予奪的特權，町人百姓如有觸忤，武士們可將之格殺勿論。町人係指營商的人而言，百姓則指農人而言，他們位居武士之下，不得參與政治及兵役，這兩種人是平民階級，以營利經商及農耕等為職業。

至於平民以下，尚有「穢多」、「非人」等賤民階級。「穢多」之名，起於平安時代，原為指屠夫一類，專以屠殺牛馬，剝取其皮為業者而言，且有時亦指行笞刑時的執杖者、行斬首刑的執刀槍者，及看守監獄者而言。在江戶時代，凡屠殺牛馬、製煉獸皮者同屬「穢多」，其他如竹片細工、製造燈心及兒童玩具弓矢等亦為「穢多」所獨佔。「非人」是靠布施為生的乞丐。賤民階級不得與平民同居，或進入平民的房舍，或與平民同席，更不能與平民通婚。即在犯罪禁獄之時，亦分別居室。

穢多和非人之所以屬於賤民階級，完全是因為職業上的低微，而非由於種族的歧視或戰爭的結果。他們也是當時日本國民的一分子，在法律上雖和其他階級一樣享有獨立人格之權，但幾乎沒有被當作具有人類的價值，他們祇能忍受最卑賤的職業，精神生活毫不能發揚，無異於蜷伏在地下的蟲豸。德川幕府末期，穢多因曾協助征伐長州藩有功，而廢除穢多之名，後至明治初年，穢多和非人更完全予以解放。然事實上，這一群賤民階級，直至第二次世界大戰後的今日猶未能受到完全的解放，無論在婚嫁、職業、居住，以至於服飾都仍受到若干的差別待遇，而遭受深重的壓迫。如以圖表示之，則如下❸：

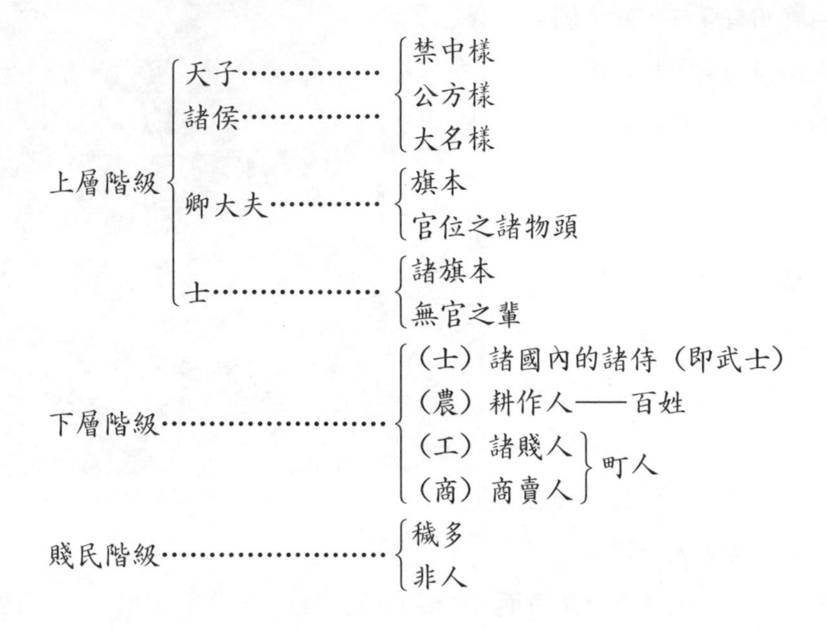

在明治時代以前，平民之上，最主要的階級是「大名」(Daimyo) 和「武士」階級 (Samurai)。大名是封建領主，在德川時期凡領地年產米一萬石以上者，皆屬大名階級；至於武士階級，亦屬統治階級，而且廣義言之，可以包括將軍與大名，不過通常皆不包括二者❹。

此種不具近代國家組織與力量的情形，自然無法抵擋西方勢力的衝擊。十六世紀以後，西方已開始叩關。日本幕府雖採「鎖國」政策，希望排拒外來的影響，但是挾船堅砲利而來的西方擴張力量，終非易與之輩。另一方面，自十七世紀中葉至十九世紀中葉，為日本史上孤立（鎖國）而內政安定的時期，長期安定造成了兩種結果，一是武士階級的衰落，另一為工商勢力（植基於手工業）的崛起。傳統的日本社會關係和權力分配，如前

❸ 陳水逢，《日本近代史》，頁 9–12。

❹ Beasley, op. cit., p. 327.

所云，係建立在封建式的土地關係上，而政治及社會地位則以出生（血統）為標準。現在由於工商勢力的抬頭，而發生了變化，舊的秩序亦隨之動搖。在西方勢力強行叩關後，便不再能維持。

睦仁天皇，1868 年改元「明治」

培里抵達橫濱簽約 (1854)

培里與日方交換禮物 (1864)

1853 年，美國海軍別遣隊司令培里 (Matthew Calbraith Perry, 1794–1858) 率艦四艘進入三浦半島的浦賀港（橫濱之南），攜帶美國總統費爾穆 (Millard Fillmore, 1800–74) 致日本天皇國書，要求通商。幕府受理國書，約培里明年 (1854) 春天來長崎再議。1854 年，培里再率艦進入東京附近的江戶灣，幕府被迫在橫濱簽訂《神奈川和約》（即《日美親善和約》），開放通商。繼之，英國、俄國、荷蘭等國跟進。這些 1850 年代和 1860 年代的條約均屬「不平等條約」。日本乃掀起了「開國」與「攘夷」的爭論。於是在「尊王攘夷」(Sonnō jōi) 的號召下，睦仁天皇（Mutsuhito, 1852–1912，年號明治，在位期間 1867–1912）乃得收回政權（此即「大政奉還」），而天皇乃下「王政復古」之令。於是，「明治維新」(Meiji Reform, or Meiji Restoration) 乃告全面展開。「明治維新」雖採西方典制與經濟開發，仍盡量保存日本傳統，其

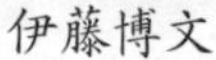
伊藤博文

嘉仁（大正）天皇

裕仁（昭和）天皇

動力實為民族自尊。

1868 年後，效忠天皇的軍隊很快地擊潰負隅頑抗的幕府軍；遷都江戶，改名為東京；頒《五條誓文》(*The Charter Oath*) 宣示革新政府。更重要的，是日本廢除封建制度（廢藩置縣）和武士階級；建立新式陸、海軍；振興經濟，推行工業建設；建立新式教育制度和各級學校；頒布新的法律，使司法制度步入軌道。

日本政府亦走向現代化，設立六省。1881 年，派伊藤博文 (Ito Hirobumi, 1841–1909) 等赴歐洲考察憲政，1889 年頒布《大日本帝國憲法》、《皇室典範》和《議院法》等，使日本實施憲政。同時，著手修改與西方國家所訂的不平等條約。日本於 1880 年頒布新的《刑法》，1890 年頒布新的《民法》，給予外國人在日本法庭的公平待遇。在此情況下，日本努力於與西方國家交涉廢除領事裁判權。1899 年，日本廢除了不平等條約，取得與西方國家平等的地位。在推動憲政改革和廢除不平等條約的交涉方面，伊藤博文貢獻甚大❺。1912 年即位的嘉仁（大正）天皇和 1926 年踐祚的裕仁（昭和）天皇仍繼續現代化的推進。不過，嘉仁因為罹患心理疾

❺ Beasley, op. cit., pp. 76–173；林明德，《日本史》，頁 215–313。

病，難期有很大的作為，而裕仁時代，特別在 1930 年代時，因為法西斯主義的興起，使日本走上第二次世界大戰的道路。

在國際政治方面，日本亦顯露頭角。在中日甲午戰爭 (1894–95) 和日俄戰爭 (1904–05) 中顯示實力。1902 年，日本與英國簽訂《英日同盟》(*The Anglo-Japanese Alliance*)。此一被史家稱為「兩個島嶼帝國的同盟」(an alliance between two island empires)，對世局亦有相當程度的影響。1914 年，日本參加第一次世界大戰，所付出的代價並不大，卻成為 1919 年巴黎和會的大國，獲取了很多的利益，包括接收了德國在中國山東省的利益，以及原德屬西太平洋各島，如馬紹爾群島 (the Marshall)、卡洛林群島 (the Caroline)，和馬利亞納群島 (the Mariana) 的託管權。繼之，日本參加華盛頓會議 (1921–22)，同意在主力艦和母艦方面維持不超過英國或美國 60% 的噸位。1928 年，日本亦簽署《凱洛格－白理安公約》(即《非戰公約》)。凡此種種，均顯示日本已是國際社會中的主要國家。

英國《笨拙》雜誌在 1905 年日本戰勝俄國後，描繪英日同盟的漫畫，題目為「盟友」(Allies)

第二次世界大戰以後，日本史進入另一階段，容後再論。

㈡擴張與對外侵略

「明治維新」以後的日本，在政治上成為具有現代組織力的國家；在經濟上，亦因吸收西方科技和推動工業化的建設，而成為富強的國家。在「富國強兵」後，日本乃從事對外的侵略與擴張。日本帝國主義的擴張，

1906 年日本天皇接見英國女王維多利亞之孫亞瑟王子 (Prince Arthur of Connaught)

其淵源係自十九世紀後期，在此不得不做若干追溯性的討論。他們有所謂「南進政策」，即向南洋群島發展，有所謂「大陸政策」，即向中國侵略。南進須先佔臺灣，大陸政策則要先佔領朝鮮（韓國）。近代以還的中日關係，以 1871（同治 10）年訂立《中日修好條約》為轉捩點。在 1871 年以前，中日之間的官方關係，已有三百多年不明確。日本在明代曾經入貢，1437 至 1549 年間，有過十一次入貢，但 1550 年代後，倭寇之禍大起。清代以後未再有正式關係，清廷亦似無意把日本納入朝貢系統。

日本在 1871 年，派大藏卿伊達宗城為正使，柳原前光為副使，再度來華商訂條約。先是，安徽巡撫英翰上奏反對，他指出倭寇前事可慮，而日本為中國臣服之邦。清廷因將英翰奏摺，寄諭各督撫詢意見。直隸總督李鴻章主張與之訂約，稱日本並非中國屬國，若拒之太甚，則因泰西各國介紹固請，使彼永結黨援，更為失計。兩江總督曾國藩亦主張與之訂約，並主張不予最惠國待遇。李鴻章本此原則，與伊達宗城在天津簽訂了《中日修好條約》及《通商章程》（前者十八條，後者三十三條）。這個條約是一個平等互惠的條約，互相享有領事裁判權與協定關稅的權利。1873（同治 12）年，日本外相副島種臣來天津與李鴻章換約並賀同治親政，與李鴻章相見，暢論外交形勢。他發現中國仍墨守傳統舊觀念，尚未接受西洋公法新思想，認為有機可乘。

1874 年，也就是中日換約的第二年，臺灣番社（牡丹社）事件發生。緣在 1871 年 11 月（同治 10 年 10 月），琉球人民六十六名因乘船遇颶風飄至臺灣南部之東海岸，被牡丹社山胞殺死五十四名。這件事涉及中國與琉球，原與日本無關。但是，琉球此時已為日本所控制。琉球原是一個國家，而且在 1854 年與美國，1855 年與法國，1859 年與荷蘭，分別締訂條約。另一方面，琉球是中國的藩屬，自 1372（明太祖洪武 15）年至清光緒初年，五百年來奉中國正朔，隔年向中國進貢一次，從未間斷。但在 1602（萬曆 30）年，琉球又向日本薩摩藩主稱屬，造成一國兩屬的情況。1609（萬曆 37，慶長 14）年，日本的薩摩藩主島津義久發動「慶長之役」征服了琉球，把琉球視同附庸，並利用琉球作為中國與薩摩之間的走私基地。但琉球一直與中國保持宗藩關係，中國皇帝封琉球王為中山王，每逢中國的冊封使到琉球時，薩摩人就躲到鄉下，並且把刻有日本年號的碑文匾額等撤除隱藏，以免為中國使節看到。

明治維新以後，日本更進一步地控制琉球。日本亟欲消除琉球兩屬的情況，於是以薩摩藩鹿兒島的日本武士為主謀，發動所謂「琉球處分」的運動。1871（明治 4）年，日本實施「廢藩改縣」時，公布琉球屬於改制後的鹿兒島管轄。翌年，日本獲悉「臺灣番社事件」，封琉球王尚泰為藩王，並照會各國。1873 年，副島種臣來華換約時，曾為臺灣生番殺死琉球人民事向總理衙門責問，當時總理衙門大臣毛昶熙答以，「生番係化外之民，未便窮治。」日本乃認為可以自由行動。1874 年，日本派陸軍中將西鄉從道為「臺灣事務都督」，率兵在琅璠（恆春）登陸，進攻牡丹社，並在卑南一帶作屯田久留之計。清廷命船政大臣沈葆楨率兵來臺，大修戰備。日本先後派柳原前光和大久保利通來北京交涉。最後在英國公使威妥瑪的調解下，該年簽訂《中日北京專條》。它的主要內容是：中國承認日本的行動為「保民義舉」；中國賠償死難撫恤十萬兩及日本在臺修治道路及建築房屋費四十萬兩（共五十萬兩）；中國答允以後妥為約束生番。在專條序言內，承認臺灣生番所殺害者是「日本國屬民」，此無異承認琉球為日本的屬地。這是中國當時的主事者糊塗之處。

至於琉球，日本已於 1872 年將之廢國為藩，1879（光緒 5）年又廢藩為縣，改琉球為沖繩縣，完全視同內地，受內務省管轄。此後中日雖就此事有所交涉，但未有結果。後來朝鮮問題愈來愈嚴重，琉球便沒有再提。

繼之而來的，是朝鮮問題。朝鮮此時為中國藩屬。在中國的藩屬之中，很多人指出：與中國關係最密切的，莫過於朝鮮；從國防的觀點看，最要緊的，也莫過於朝鮮。1870 年代到 1890 年，中國喪失了大批的藩屬，如琉球、越南、緬甸等等。最後由於日本在併取琉球之後，又積極地經營朝鮮，終於爆發了中日戰爭。

在明治維新以前，日本與朝鮮的關係，由幕府（江戶）主持，由對馬島之藩主執行。日本維新以後，朝鮮仍抱殘守缺，孤立自處。同治初年，朝鮮國王李熙年幼，其父大院君李昰應攝政。大院君素來仇視外人，曾殺害外國傳教士，亦拒絕與歐美國家通商。1868（同治 7，明治元）年，日本以改制維新遣使往告朝鮮，因國書中有「大皇帝」字樣，大院君以除大清皇帝外，不復知有皇帝為理由而拒收。於是，在日本有了「征韓」之論。

中國清廷乃注意到朝鮮問題，認為日本對朝鮮有領土野心，此與西方各國重視通商傳教不同，西方國家如英、美、法在朝鮮的利益愈多，就愈有助於抵制日本的侵略。恭親王奕訢和李鴻章均主張開放朝鮮。1881（光緒 7）年，大院君失勢，以王妃閔氏為中心的新黨欲圖維新。翌年，因中國的介紹，美國與朝鮮訂立條約。繼之，在 1883 年至 1886 年間，朝鮮先後與英、德、俄、義、法訂約。這些條約簽訂後，朝鮮另以照會方式，聲明朝鮮為中國的藩屬。另外，1882（光緒 8）年，中國與朝鮮訂立《商務章程》，其文字與精神均顯示兩者的宗屬關係，並規定中國派遣商務專員駐漢城。但是，英、俄亦在朝鮮半島角逐。情況日趨複雜。

1894（光緒 20）年，朝鮮發生東學黨之亂。此一動亂導致了中、日兩國的戰爭。

緣自壬午事變（1882 年，光緒 8 年）以後，政歸朝鮮國王，閔族得勢，但政治腐敗，民怨沸騰。這是東學黨之亂的根本原因。此亂為亂民結合，帶有宗教色彩，儒釋道合流，以「逐滅夷倭、廢除苛捐雜稅」為號召，亂起於南部的全羅道。朝鮮不能平亂，乃轉請中國派兵平亂。中國乃派陸海軍前往，並由駐日公使汪鳳藻根據《天津條約》知會日本外務省。但是，日本藉保護使館商僑為名，亦大舉出兵朝鮮。

中日戰爭終不能免。中日戰爭雖是在 8 月 1 日（7 月初 1）正式宣戰，事實上在 7 月 25 日即告爆發。此日發生豐島之戰，中國雇用英船「高陞」號運兵，在牙山口外豐島附近（外人稱 Gulf of Prince Jerome 處），為日艦所擊沉，兵勇九百五十名中獲救者僅二百五十二人，並與護送之中國軍艦發生戰鬥。按「高陞」號為英船，英國為中立國，當時尚未宣戰，殊為違反國際公法，豐島之戰以後，接著是成歡之役。成歡在牙山東南附近，日軍襲擊駐成歡中國軍隊（聶士成部），葉志超棄牙山而退守平壤。再繼之為平壤之役，發生於 9 月 15 日，總兵左寶貴在牡丹臺戰死，統帥葉志超棄守平壤，潰退遼東。平壤之役為陸上的決戰。至於海戰，則為 9 月 17 日的黃海之役。中、日雙方海軍實力相差不多，但日本海軍的士氣與訓練較佳。決戰地點為鴨綠江口偏西之大東溝。這是一場劃時代的海戰。海戰的勝負，一直爭論不休。但制海權從此淪入日本之手。而日軍侵入遼東，9 月至翌年 2 月，先後陷鳳凰城、大連、旅順、營口，遼東半島為日本所佔領。中國海軍退往威海衛，翌年初（1895 年 2 月），日本水陸圍攻威海

日本慶祝成歡之捷

中日代表簽訂《馬關條約》

衛，殘餘艦隊投降，丁汝昌自殺，經營二十年的北洋艦隊全被殲滅。

中國既已戰敗，祇有求和之一途。1895 年 4 月 17 日，中、日在日本馬關 (Shimonoseki) 簽訂了《馬關條約》(*Treaty of Shimonoseki*)，簽約的中國代表為李鴻章，日方代表為伊藤博文。其主要內容是：(1)中國承認朝鮮獨立；(2)割讓遼東半島、臺灣、澎湖；(3)賠款二萬萬兩；(4)開蘇州、杭州、沙市、重慶為通商口岸；(5)日本得在通商口岸設立工廠；(6)日本享有最惠國待遇。

此一條約的內容極為苛刻。日本於取得割地、賠款及擴張通商權利之外，且不承認（僅迫中國承認）朝鮮的獨立。割遼東半島，即中斷了中國與朝鮮的聯絡；日本據旅順、大連即可制黃海和渤海，也就扼著中國北部數省之命運；據澎湖即制南海海權，扼南部數省之命脈；擴張工商業於內地及享有最惠國待遇，為害甚大，而准許日本人得在各通商口岸製造工業成品，尤為最大之損害，蓋中國工業尚在手工時代，不能與之競爭，各國且可援最惠國待遇而取得同樣權利，使中國工業永遠無法抬頭。再就賠款及割地而言，中國以前所訂條約的賠款總和不到五千萬兩，而對日卻賠出二萬萬兩以上；以割地而言，除俄國鯨吞以外，鴉片戰爭僅割香港，英法聯軍之役僅割九龍一區，中法戰爭僅承認越南為法國之保護國，此次則割臺灣和澎湖。光緒皇帝及翁同龢在相顧揮淚的情況下，批准了和約。

另外尚須補充的，有兩點。

第一是《馬關條約》簽訂後發生三國干涉還遼之事，緣因俄國早視東北為其禁臠，因而決心不准日本據有遼東（南滿）。法國在此時是俄國的同盟，德國也願相助。於是俄、法、德三國聯合警告日本，命其放棄遼東半島，日本祇有屈服，另向中國要求加賠三千萬兩。

第二是臺灣的抗敵，中國最不願割讓的是臺灣。日軍假牡丹社事犯臺之後，中國即積極經營臺灣，沈葆楨和劉銘傳先後致力於此。尤其是在1885（光緒 11）年，臺灣建省之後，首任巡撫劉銘傳即希望以臺灣「一隅之設施，為全國之範」，再「以一島基國之富強」（即以縱貫線鐵路而論，劉銘傳時代即已完成基隆至臺北和臺北至新竹的路線）。光緒皇帝曾說：「臺灣割，則天下人心皆去。」後來被迫割臺，臺省同胞誓不服從日本，決心抵抗。1895 年 5 月 25 日（光緒 21 年 5 月 2 日），丘逢甲等擁巡撫唐景崧為「臺灣民主國」總統，聲明在事平之後，仍歸中國。但不久，日軍大舉進犯，臺灣終於陷落。一直到 1945 年 12 月 25 日始得光復。

中日甲午戰爭以後，中國面臨瓜分之禍的危機。在列強攘奪中，日本於 1898 年要求福建省為其勢力範圍。1900 年義和團之亂導致八國聯軍（參加者有日、俄、德、英、美、法、奧、義）攻打中國，其中以日、俄軍隊最多（聯軍共一萬八千人，日、俄佔了一萬二千人）。1901 年簽訂《辛丑和約》。俄國卻於和約簽訂後仍佔領中國東北，英、美等國固然不滿，日本因早已垂涎中國東北，尤為憤怒。於是，日、俄關係急遽惡化。此時日本已與英國訂立同盟 (1902)，日本乃轉而與俄交涉，請其尊重中國與朝鮮獨立與領土完整，以及日本在朝鮮的利益，則日本可承認俄在中國東北的鐵路利益。談判自 1903 年 8 月至 1904 年 2 月，未能達成協議。日本宣布談判破裂，並與俄絕交。談判破裂之後，繼之以戰爭。

日俄戰爭對於日本而言，一如十年前的中日甲午戰爭，為一處心積慮而準備充分的戰爭。日、俄雙方完成宣戰手續是在 1904（光緒 30）年陽曆 2 月 10 日，但日本的先行攻擊行動，一如三十七年以後在珍珠港的行動，為不宣而戰。日本在 2 月 8 日突擊旅順俄艦，然後分兵四路進軍。經過三次決戰，瀋陽於 1905 年 3 月為日軍佔領，是為陸戰，至於海戰同年 5 月間對馬海峽一役，日本取得決定性的勝利。

中國在日俄戰爭中感到左右為難，戰場卻在中國領土的東北進行。1904 年 2 月，美國國務卿海約翰通牒各國，請尊重中國中立及行政完整，但戰場即在中國東北進行，又如何能中立？清廷衹好一面宣告中立，一面劃遼河以東為戰區。

對馬海戰以後，俄國無力取勝，日本也無力再戰，雙方經美國迪奧多・羅斯福 (Theodore Roosevelt) 總統的調解，而於 1905 年 9 月在美國的樸資茅斯 (Portsmouth) 簽訂和約。俄國堅拒割地賠款，最後兩國決定慷他人之慨，這個條約的主要內容是：⑴俄國承認日本在朝鮮的優越地位；⑵兩國同時在東三省撤兵；⑶俄國把旅順、大連租讓權轉予日本；⑷俄國將長春至旅順鐵路及附近礦權轉讓日本；⑸日本取得庫頁島南部。這個條約中涉及東北權益的各項，均有「經中國同意」的條件，但中國卻不能不同意。

日本在海戰對馬之役中打敗俄國

可是，在另一方面，日本對於《樸資茅斯條約》，認為所得不多，轉向中國勒索。1905（光緒 31）年 11 月，與中國訂立《東三省事宜條約》，使日本不僅繼承了俄國的權益，而且又取得若干額外的利益。其主要內容：⑴中國承認日本取得原屬俄國權益；⑵在東北加開商埠十六處；⑶安東至奉天鐵路由日本經營十五年；⑷中國同意組織中日木植公司合採鴨綠江右岸木材。

《東三省事宜條約》簽字後，日本勢力正式進入東北。1906 年，日本成立南滿鐵道株式會社，雖名為商業機構，而實為執行其政府開發及殖民政策，並在旅大設立「關東州」都督府，以從事軍事政治布置。翌年，清廷亦在東北改制，廢盛京將軍而設東三省總督，並在三省設巡撫，採取開放政策，希望用美、英勢力來遏止日、俄的侵略。

但是，儘管中國有開放東北的計畫，美國也一度很熱心。事實上，美國在日俄戰爭以前就對日本友好，戰爭時更支持日本，即希望用日本來阻擋俄國在東北的侵略。但是，日本卻與俄國妥協並且勾結。1907（光緒 33）年，中國與美、英訂立協定，興建新法鐵路（新民至法庫門），將來再北延至黑龍江，以日本反對，未成。1909（宣統元）年，中國又與美國訂立《錦瑷鐵路（錦州至瑷琿）借款合同》，日、俄一致抗議。美國建議由列強共同投資錦瑷鐵路及將來各路，並貸款中國贖回現有各路，實施中立制度，日、俄仍然反對。後來兩國先後在 1907 年、1910 年、1912 年和 1916 年四次訂立密約，將東北劃分為南滿、北滿。南滿為日本的範圍，北滿為俄國的範圍，互不侵犯。南滿與北滿的界線，以琿春、鏡泊湖至松花江會流處為界線。1910 年的密約，兩國且相約共同對付第三國的「侵害」；1912 年密約且將內蒙也分為東、西兩部，東為日本範圍，西為俄國範圍。1916 年的密約則更進一步，簡直有了軍事同盟的性質。兩國由敵對而勾結，日本為了侵略，真是不擇手段。

此後日本更是加速侵略中國。1930 年代的行動已與第二次世界大戰不可分，即使是 1931 年的「九一八事變」也已屬第二次世界大戰的序幕。容後再議。

㈢韓國史一瞥

至於朝鮮（韓國），亦為古國。朝鮮開發甚早，西元前 108 年，其北部曾為中國分設樂浪、臨屯、玄菟、真番四郡，進行直接統治。西元前 75 年，朝鮮人收回大部領土，惟位於朝鮮半島西北部的樂浪仍在中國控制下，朝鮮人亦透過樂浪吸收中國文化。一世紀時，半島東北部各部落統一為高句麗，二世紀後期，半島西南部的百濟和東南部的新羅亦成形，進入所謂「三國時代」。313 年，高句麗取得樂浪，統有朝鮮北部，與中國關係甚密，佛教於此時自中國傳入朝鮮半島。七世紀後期（660 年代）新羅統一朝鮮，仍與中國有很密切的關係。佛家思想成為新羅的官學。九世紀時，新羅又有內亂。直迄 936 年，王建再予統一，他把國家更名為「高麗」，他就是高麗太祖，而「高麗」(Koryo) 也就是「高麗亞」（韓國，Korea）一詞的由來。十三世紀初，蒙古人不斷進攻朝鮮，並於 1259 年征服半島，統治至 1368 年。1392 年李氏王朝興起，將國名改為「朝鮮」，李氏王朝統治朝鮮至 1910 年。1592–98 年期間，日本軍人豐臣秀吉 (Toyotomi Hideyoshi, 1536–98) 攻侵朝鮮，終遭逐退。1630 年代為滿洲人征服，旋為中國清朝的藩屬，李氏仍為君主。

中日甲午戰爭以後，朝鮮為日本所控制。1905 年，日本復強迫朝鮮訂約，正式同意成為日本的保護國，日本並設統監府。1910 年日本吞併朝鮮。此後直迄 1945 年，朝鮮為日本所直接以殖民地的方式統治之。

二、東南亞

東南亞，廣義言之，包括中國以南、澳洲以北，以及印度以東的亞洲大陸邊緣和島嶼的地區。此一地區族群複雜，僅緬甸即有一百二十五種至一百四十種語言，印尼有超過兩百種的語言。大致言之，絕大多數的大陸部分人口為蒙古種（黃種人），如緬甸、泰國、越南等地，係以漢藏族

(Sino-Tibetan stock) 為主，至於馬來西亞和印尼等地則以馬來族 (the Malay stock) 為主。但是，此一地區的歷史曾經飽經滄桑，太多次的侵略、征服和移民改變了原來的風貌。二大民族區內均有相當多的中國人。中國文化在越南，印度佛教在緬甸、泰國，回教在馬來亞與印尼，西班牙和美國的基督教文化在菲律賓均有顯著的影響。

這個區域山嶺縱橫，並有六條主要河流貫穿其間。這六條河流是緬甸的伊洛瓦底江 (the Irrawaddy)、薩洛溫江 (the Salween)、西唐江 (the Sittang)；泰國的湄南河 (the Menam)、泰國北界和東界的湄公河 (the Mekong)，以及越南的紅河 (the Red River)。資源方面，本區甚為豐富，其中最著者為天然橡膠、石油，以及許多礦產，而附近水域的漁產亦甚可觀。氣候方面，本區絕大部分的年平均溫度為攝氏二十七度（華氏八十度）；年雨量甚豐，而許多地方又有颱風和季風，帶來更多的雨量。

本區域包括汶萊 (Brunei)、印尼 (Indonesia)、馬來西亞 (Malaysia)、菲律賓 (Philippines)、新加坡 (Singapore)、泰國 (Thailand)、越南 (Vietnam)、緬甸 (Burma)、高棉 (Cambodia) 和寮國 (Laos)。

這些國家或地區均開發甚早，不過直迄第二次世界大戰以後，始漸具現代國家的型態。十六世紀時歐洲人進入東南亞。先是葡萄牙人和西班牙人，繼之而來的是荷蘭人，十九世紀後英國人和法國人更掌握了本地區的大部分，祇有泰國保持了獨立。殖民勢力統治東南亞很長的時期，到第二次世界大戰以後才結束。

葡萄牙人到達東南亞最早。1511 年時葡人亞布奎克 (Alfonso d'Albuerque, 1453–1515) 便佔領了麻六甲（Malacca，其時馬來亞與麻六甲均在回教勢力下)。但是，西班牙人留下較大的影響。先是，在 1521 年受雇於西班牙的葡人麥哲倫 (Fernão de Magalhães, or Ferdinand Magellan, 1480–1521)「發現」了菲律賓。

菲律賓位於太平洋西南，包括七千個以上的島嶼，其中有人居住者，約有四千多個。一般史家相信，該地在大約三萬年前，小黑人 (the Negritos, or Pygmies) 越過當時仍存在於婆羅洲 (Borneo)、蘇門答臘 (Sumatra) 和馬來亞 (Malaya) 的陸橋進入本區，他們屬馬來文化。此後馬來人和印尼人在西元前 3000 年左右自南亞進入，八世紀後中國人與日本人來此通商。十四和十五世紀時期回教阿拉伯傳教士及商人到達，使南部地區，特別是民答那峨島 (Mindanao Island) 和蘇祿群島 (Sulu Archipelago) 的摩洛人 (the Moros) 信奉了回教。繼麥哲倫於 1521 年抵達後，1565 年後菲律賓為西班牙所統治。1898 年美西戰爭 (Spanish-American War) 爆發，西班牙戰敗，菲律賓轉受美國統治，至第二次世界大戰期間，日本於 1941 年 12 月進攻菲律賓，翌年初控制菲律賓，至第二次世界大戰結束時始為美國所收復。1946 年獨立。

印尼位於馬來群島內，包括一萬三千六百個以上的島嶼，有人居住者超過六千個。不過，五分之三之上的人口集中在爪哇 (Java) 島，該島不過佔印尼總面積的 7%。印尼的爪哇開發為早，史前時代的爪哇人 (Java Man)，即為明證。絕大多數印尼人的祖先係於西元前 2500 年至 500 年間，由東南亞大陸進入印尼，係屬馬來族，其後亦有一些阿拉伯人、中國人、巴布亞人 (the Papuans) 加入。五世紀時，印度教與佛教均曾發生影響，而在印尼，特別是爪哇和蘇門答臘等地，亦曾小國林立。八世紀以後，在印

菲律賓呂宋島風光，背景為梅揚 (Mt. Mayon) 火山

印尼西部蘇門答臘的村舍

尼不斷有印度教和佛教王國建立，十五世紀後回教勢力興起，十六世紀初建立了強有力的回教王國。回教亦成為印尼人的主要宗教，後來 90% 的印尼人信奉回教。十六世紀後歐人東來，葡萄牙人和英國人均曾至印尼。十七世紀中葉以後，荷蘭東印度公司 (the Dutch East India Company) 終佔上風，此後印尼便被稱為荷屬東印度群島 (the Dutch East Indies, or the Netherlands Indies)。荷蘭東印度公司於十八世紀末期破產，1798 年後荷蘭政府直接統治印尼。1811 年，當拿破崙戰爭時，曾為英國所佔領。1816 年歸還荷蘭。1942 至 1945 年間，又曾為日本佔領，1945 年為盟軍所收復。

至於馬來亞和新加坡則後來為英國人所掌握。在討論馬來亞以前，我們應將馬來亞 (Malaya)、馬來半島 (Malay Peninsula) 和馬來群島 (Malay Archipelago) 作一區分。馬來群島是世界最大的島群，亦稱東印度群島 (the East Indian Archipelago) 或馬來西亞 (Malaysia)，位於東南亞與澳洲之間，亦在太平洋與印度洋之間。它包括菲律賓、印尼，以及一些較小的群島。馬來亞即馬來半島（狹義的馬來亞則指馬來半島的南端），位於孟加拉灣 (Bay of Bengal) 與南中國海之間，為貿易及航運要地。其地約於西元前 2000 年為馬來人 (the Malays) 所居住，而馬來人則為一通泛性的稱謂，包括不同的族群，而且散居東南亞各地。他們可能與先前居住此地的小黑人有關，而且也與阿拉伯人、中國人、印度人、暹羅人混血。除馬來人外，中國人亦有相當數量。印度教、佛教、婆羅門教均曾傳入並發生影響。十五世紀時，馬來人信奉回教。麻六甲（半島南端）曾為馬來大國。十六世紀後歐人前來，葡萄牙人於 1511 年佔麻六甲，1641 年又轉入荷蘭人之手。十八世紀末年後英國人佔上風，1786 年據檳榔嶼 (Pinang)，1819 年佔新加坡。不過，葡萄牙人來後，造成混亂，麻六甲不能控制全局，小邦紛起。英國人在十九世紀時次第將各邦收為保護領。第二次世界大戰時，1941 至 1945 年間曾為日本佔領。第二次世界大戰後與其他地區合組馬來西亞。

至於汶萊位於婆羅洲 (Borneo) 東北，在 1888 年後成為英國保護領，

新加坡港口的舢船

緬甸的梯田（水稻）

緬甸仰光的佛塔

1941 至 1945 年間曾為日本佔領。

新加坡，位於馬來半島之南，介於印度洋與南中國海之間，包括新加坡島和大約六十個小島。新加坡早期歷史不詳，惟知在十三和十四世紀時曾為重要商業港口（當時名叫 Tumasik），但約於 1377 年時為來自爪哇的入侵者所摧毀，從此不振。十九世紀時，新加坡成為一個滿布叢林的小島，僅南岸有一漁村。1819 年為英國人所佔有，成為其海峽殖民地（Straits Settlements，除新加坡外，尚包括麻六甲、檳榔嶼等）之一部。

英國人將新加坡北岸地帶構築為強大的海空軍基地，1930 年代後的新加坡有「東方直布羅陀」(Gibraltar of the East) 的稱號。但英軍防衛偏重於海上，第二次世界大戰時日本自泰國經馬來半島來攻，於 1942 年至 1945 年間加以佔領。

緬甸 (Burma) 北鄰印度和中國，東邊是中國、寮國與泰國，西靠孟加拉灣。緬甸人屬蒙古種，其語言為漢藏語系。他們可能係於九世紀時自西藏和中國移居於此，建立了許多小邦。十一世紀中葉建統一國家，但十三世紀末（約 1287 年），中國元朝蒙古人征服並控制到 1303 年，其後又陷於小國林立的狀態。十六世紀和十八世紀時又先後有統一的王朝，且有時統有泰國西部和印度東北部。十九世紀後，英國勢力將緬人逐出印度，並侵及緬甸沿海地區。英國東印度公司 (East India Company) 與緬甸有過三次戰爭 (1824–26, 1852–53, 1885–86)，終於控制緬甸，使之成為英屬印度 (British India) 的一省。1937 年，英國將緬甸自印度分出，成為單獨的殖民地。第二次世界大戰期間，日本於 1941 年 12 月自泰國進攻緬甸，此因日本一方面要切斷中國與美、英等國交通的緬甸（滇緬）公路 (the Burma Road)，另一方面亦需要緬甸的油、米和錫。日本人在佔領緬甸後曾經扶植傀儡政權，並使之向美、英宣戰（1943 年 8 月）。1945 年，在日本侵攻印度失敗後，盟軍收復緬甸。

另一重要的地區是中南（印度支那）半島 (Indo-China Peninsula)，為一位於東南亞東半部深入南中國海的半島，包括越南、高棉和寮國，廣義的中南半島可以包括緬甸和泰國。中南半島，因其位置關係，一直是不同民族和不同文化的交岔口，受到西自泰國、北從中國，以及東邊來自海洋的入侵和影響。半島上的民族，絕大多數係來自中亞和中國，也有部分來自泰國，也有部分來自今日印尼的各島嶼。這些民族從未能發展成統一的局面，而成為小邦或部族林立的狀態。自十世紀至十八世紀間，中國與泰國不斷爭逐。十九世紀後為法國所控制，而稱為法屬印度支那 (French Indochina)，一直到 1954 年為止。

越南的稻田

越南開發相當早，越南人 (the

Vietnamese) 係在很久以前自北邊陸地和南邊的島嶼移入，此外尚有少數的中國人、高棉人和山地人 (Montagnards) 等。北越地區，約於西元前 200 年，由中國人趙佗統一為王國，稱為南越，並包括中國東南部分土地，向南亦抵順化（Hue，今越南中部的港口）。西元前 111 年，中國漢帝國征服此地區，更名為交趾，此後為中國統治達千年之久。至於南部，在西元二世紀時，發展為兩個王國。六世紀和七世紀間，高棉人混一越南南部，建立一個強大的王國。939 年，中國退出越南。但在明朝時又有二十年左右（明成祖永樂 5 年至宣宗宣德 2 年，約當 1407 年至 1427 年），又曾為中國所統治。事實上，越南一直是中國的藩屬。但是，法國自從十七世紀便開始滲透越南。十九世紀中葉以後，法國加緊侵略越南，尤於 1883 年法國迫使越南與之簽訂《順化條約》，越南自承為法國的保護國。1883 至 1885 年頃，中國與法國不斷發生戰爭。1885 年在天津所訂的《中法越南條約》，使中國喪失了越南的宗主地位。法國將越南分為三區，即交趾支那（Cochin-China，南越）、安南（中越），以及東京（北圻，Tonkin，北越）。第二次世界大戰期間，法國為德國戰敗後，日本便以德國的盟國地位，於 1940 年 6 月接管法屬印支半島，直迄 1945 年 8 月為止。

金邊市中心地帶

高棉亦稱柬埔寨 (Kampuchea)，其主要民族為高棉人 (the Khmer people)，他們約於西元 100 年左右進入高棉，他們自稱其祖先為印度人和中國人，以及印度・馬來人 (Indo-Malay)。在九世紀和十四世紀時期，他們曾統有中南半島大部，自暹羅灣 (Gulf of Thailand) 直至中國的土地。他們所建立的國家在藝術、建築各方面均有很高的成就，迄今吳哥 (Angkor) 一帶的廢墟，可為明證。後來與泰人交惡，1431 年泰人佔領其首都吳哥，但高棉人並未亡國，並在金邊 (Phnom Penh) 建立都城。1863 年法國佔領越南南部，並使高棉為其保護國。第二次世界大戰時期，日本軍與泰軍在 1941 年至 1945 年佔領過高棉。

寮國鑾巴拉邦的街市（集）

寮國亦稱老撾，其人民分屬兩個語言集團，操漢藏語系的是寮人（老撾）、苗人和泰人，操蒙・高棉語言 (Mon-Khmer language) 者為喀族 (the Kha peoples)，其官方語言為寮語 (Lao)，接近泰語。寮國曾為高棉人所建立的王國之一部。十七世紀時曾建王國，信奉佛教。十八世紀初期以後，分崩離析，招致外患，先是泰國，繼之為法國，均曾干預其政治。1893 年成為法國保護國。1945 年時曾為日本所佔領。

泰國，在泰文中稱「自由樂土」(Prathet, or Muang Thai)，古稱暹羅 (Siam)，居於東南亞的中央地帶，西與西北鄰緬甸，北邊與東邊大體上沿湄公河與寮國為界，東南臨高棉，南則以暹羅灣和馬來西亞為界，其地曾為高棉王國之一部。泰民族屬蒙古種，可能源自中國，但亦與寮人等有密切關係，境內亦有相當數量的中國人。泰人約於西元 1000 年進入泰國，十四世紀中葉建立統一國家，絕大多數人民信奉佛教。十六世紀初，葡萄牙人前來。十七世紀時，泰國與荷蘭、英國和法國建立貿易關係。十六世紀和十七世紀時，泰國與鄰邦不斷發生戰爭，其中以與緬甸的衝突最為嚴重。泰國古都猶地亞 (Ayudhya, or Ayutthaya) 便是毀於與緬甸交戰的戰火 (1767)，此後便以曼谷 (Bangkok) 為首都。泰王拉瑪一世 (Rama I, 1782–

1809) 在 1793 年終止對緬甸的戰爭，統一全國，他是築里王朝 (the Chakri dynasty) 的第一君，此王朝仍在統治泰國。

十九世紀時，西方勢力加緊介入。泰王拉瑪四世（Rama IV，在位時期為 1851–68）在 1851 年即位後，頗想有所作為。此時英國和法國在亞洲勢力正大，1855 年泰國（時稱暹羅）與英國訂立條約，翌年與美國訂立條約，並與其他九國訂立類似的條約。1867 年承認高棉為法國勢力範圍。拉瑪四世許給歐美國家一些特權（包括治外法權），但也致力於國家建設，並派其子赴歐留學。他的兒子即是名王朱拉隆功 (King Chulalongkorn)，也就是拉瑪五世（Rama V, 1853–1910，在位時期 1868–1910，惟 1868–73 為攝政），他廢除封建和奴隸，振興教育，改革法制，建設郵電鐵路。他運用靈活的手腕，使泰國能夠在英、法兩國壓境之下，雖然也曾喪失一些土地給英屬馬來亞和法屬印度支那，泰國終能始終保持獨立。

拉瑪六世（Rama VI, 1881–1925，在位時期 1910–25）時，第一次世界大戰爆發，泰國於 1917 年向德國與奧匈宣戰，並派部分軍隊參戰，英、法等國乃相繼放棄治外法權以為回報。拉瑪七世（Rama VII, 1893–1941，在位時期 1925–35）時，泰國於 1932 年成為立憲君主政體。第二次世界大戰爆發後，泰國先是與日本發生密切關係 (1940)，繼之為日本所侵入 (1941)，與日本簽訂《同盟條約》，並於翌年向美、英宣戰，日本並使其獲得緬甸、

泰國古都猶地亞的寺院

清邁附近的稻田

馬來亞和高棉的一些土地。同時反日勢力亦在泰國興起，盟軍人員進入泰國加以協助。1944 年逐出日本勢力。第二次世界大戰結束後，泰國歸還鄰邦土地。

三、西南亞

今日的西南亞包括印度、孟加拉、巴基斯坦和斯里蘭卡（錫蘭）。不過，在第二次世界大戰以前，這個地區稱做印度次大陸 (Indian Subcontinent)，以印度為主體。

印度是亞洲大陸南部，從高山區域穿過西藏高原向南伸出的一個劍形的巨大的半島。我國在唐代以前，稱之為身毒或天竺。印度 (India) 一詞，則首為希臘人所創而通行於全世界者。印度文明是世界最古老的文明之一，那便是西元前 2500–1500 年左右的印度河谷（今巴基斯坦一帶）文明 (the Indus Valley Civilization)。約於西元前 1500 年，亞利安人（the Aryans，梵文「貴族」或「地主」之意）自中亞平原經過興都庫什山脈 (the Hindu Kush) 的一些隘地進入印度，把原來生活在那裡的德拉威人 (the Dravidians) 趕到南邊，他們便是印度南部許多族群的祖先。亞利安人是今日許多印度人的祖先，他們雖然逐漸地影響整個印度，卻並未真正地征服德拉威人。他們看不起德拉威人，不致與之多做接觸。這也可以部分解釋他們所信奉的婆羅門教 (Brahmanism) 強調種姓制度，把人分為婆羅門（僧侶，Brahman）、剎帝利（王侯武士，Kshatriyas）、吠舍（商人，Vaishyas）及奢陀羅（賤民，Shudras），分別代表神的頭部、兩手、兩足和排洩物，階級森嚴，不得逾越。西元前六世紀後期，興起的佛教 (Buddhism) 和耆那教 (Jainism) 之所以強調平等，可以視為一種改革運動❻。

西元前 326 年，亞歷山大大帝侵入印度，征服其西北部。西元前 322 年後，旃多羅岌多 (Chandragupta Maurya, ?–298? B.C.) 稱帝，建立孔雀王

❻ 吳俊才，《印度史》（臺北：三民書局，民 70），頁 29–186。

狄浦之虎（Tipu's Tiger，狄浦為密索爾邦蘇丹，Sultan of Mysore，於1799年為英軍所擊殺。此為一木刻，描繪一英國軍官為虎所擊殺）

朝 (Maurya dynasty)，不久成為一個包括幾乎全印度和部分中亞土地的大國，其名王阿育王 (Emperor Asoka, ?–232 B.C.) 建都於現在的巴特納 (Patna)，虔信佛教並宏揚佛法於印度之外，他在許多城市建築大石柱，以為表記，並於其上刻上佛經文字。西元前185年孔雀王朝覆滅。其後復經大月氏人自中亞入侵，征服印度北部。

西元320年後，印度本土的笈多王朝 (Gupta dynasty) 興起，統有印度北部，後拓土包括阿富汗之一部，向南亦至文地亞山脈 (Vindhya Mountains)，幾乎及於全印。在這個王朝統治印度時期（約西元320年至550年），文化鼎盛。但自西元450年至十五世紀末期，印度迭遭外來侵略，先是匈奴人，繼之是八世紀初來自阿拉伯的回教徒，以及十一世紀間來自波斯和阿富汗的回教徒。1206年，在德里 (Delhi) 曾建立一個回教蘇丹國，持續到1526年。1398年時，帖木耳 (Tamerlane, or Timur, c. 1336–1405) 率領其蒙古軍自中亞侵襲印度並佔領德里。1526年，撒馬爾罕（Samarhand，中亞一小回教國）的統治者巴布爾（Babar, or Baber, or Babur, 1483–1530，自稱成吉思汗及帖木耳後裔）入侵印度，建立蒙兀兒帝國 (the Mogul Empire)，此一帝國以中央集權的方式統印度北部、中部，以及阿富汗，但十八世紀中葉後趨於衰落，印度不復有強大的中央力量。不過此一王朝直迄 1857 年始為英國人所廢❼。

印度士兵叛亂

1903 年英王愛德華七世加冕為「印度皇帝」(《笨拙》雜誌所刊的圖畫)

十五世紀末，歐洲勢力進入印度。1498 年葡人達伽瑪 (Vasco da Gama, 1469?–1524) 抵達古里 (Calicut)。繼之，荷蘭人、法國人和英國人紛紛到來。最後，英、法兩國在印度競逐。1763 年，七年戰爭 (Seven Years' War, 1756–63) 後，英國取得絕對優勢，控制了印度。不過，印度本為英國東印度公司所經營，哈斯汀 (Warren Hastings, 1731–1818) 為東印度公司所派的第一個總督 (governor-general)，時在 1774 年。東印度公司治理印度時，在 1857 年曾發生士兵（印度人）叛亂事件 (the Sepoy or Great Rebellion)，蔓延及印度北、中部，數月後始平定。1858 年，英國政府自東印度公司手中接管印度。但是，印度境內有一些並未為英國直接統治的土邦，此稱印度各州 (Indian States)。

英國女王維多利亞（Queen Victoria, 1819–1901，在位時期為 1837–1901）指派總督 (viceroy) 為印度最高長官，總督受印度部長 (Secretary of

❼ Edward McNall Burns & others, *World Civilizations*, 6th ed. (New York: Norton, 1982), Vol. II, pp. 1207–12；吳俊才，《印度史》，頁 245–80。

State for India) 監督，而印度部長為內閣成員而向英國國會負責。1877 年，維多利亞女王加尊稱為「印度女皇」(Empress of India)。英國統治或控制下的印度，不僅包括今日的巴基斯坦、孟加拉，且包括部分阿富汗土地，也曾包括緬甸。維多利亞以後，愛德華七世（Edward VII, 1841–1910，在位時期為 1901–10）於 1903 年亦加冕為「印度皇帝」(Emperor of India)。這時的印度稱為「英屬印度帝國」(British Indian Empire)❽。印度被稱為「英國王冠上最明亮的寶石」(the brightest jewel of the British crown)。此時期的印度，在英國直接統轄的部分有十一個省，各省省督 (governor) 向總督負責。至於各土邦，則由總督所派的駐在專員 (resident) 代表英國，此一駐在專員多主理各土邦的涉外事務（與另外的土邦和英國以外國家的關係）❾。

英國統治印度期間有很多建樹，也把西方思想和工業介紹進印度，而且也給予知識分子共同的語言（即英文，印度種族複雜，語言有大約一百八十種，主要的有十四種，方言有時一邦即有數百種），有所謂「仁慈的帝國主義」(benevolent imperialism) 之稱，但亦有其黑暗面。十九世紀末期以後，民族主義運動漸漸推展。第一次世界大戰以後，民族運動更為興盛。甘地 (Mohandas K. Gandhi, 1856–1948) 領導下的獨立運動，更匯集人民的力量。1937 年，印度也得到了省級的自治 (provincial autonomy)，但中央及政府仍在英國控制下❿。第二次世界大戰以後，始得獨立。

---

❽ 吳俊才，《印度史》，頁 245–58。

❾ Edward McNall Burns & others, op. cit., pp. 1216–18; Allan Bullock, ed., *The Twentieth Century* (London: Thames and Hudson, 1971), pp. 169–70.

❿ *The World Book Encyclopedia* (Chicago: World Book-Childcraft International, Inc., 1979), Vol. 15, pp. 6–7.

四、北亞與中亞

亞洲實在是一個非常遼闊的地區。除了前述各部分以外，尚有北亞和中亞。

北亞主要包括俄國的大部，自烏拉山脈延伸至太平洋，也包括土耳其以北和高加索山脈以南的俄國的狹長地帶。此一地區的居民有芬烏族群(Finno-Ugric groups)、突厥族群(Turkic groups)，以及西伯利亞人（the Siberians，與美洲印地安人和愛斯基摩人有關）。在俄國東向擴張以後，也有很多俄羅斯人、烏克蘭人和其他族群移入本區。

中亞則為高原、山脈、沙漠和草原的地區。它包括中國的西藏、蒙古和新疆。

五、其他地區

亞洲大陸以外的太平洋各島(Pacific Islands)，在第二次世界大戰以後，無論在地緣和政經關係上，均與亞洲有密切的關係。

這些散布在太平洋的島嶼究竟有多少個，無人確知。據估計，大約有二萬個至三萬個不等，甚至更有謂多於三萬個者。大致上，包括三個島群：美拉尼西亞(Melanesia)、密克羅尼西亞(Micronesia)，以及玻里尼西亞(Polynesia)。美拉尼西亞的意思是「黑色的島嶼」(black islands)，其得名係因居住在這些島群的美拉尼西亞人(the Melanesians)是黑皮膚（也矮小）的，它們位於太平洋西南，在澳洲以北和以東，其中有新幾內亞(New Guinea)等，密克羅尼西亞的意思是「小島嶼」(small islands)，居住在這些島嶼的密克羅尼西亞人(the Micronesians)也較美拉尼西亞人稍高和膚色也較淺，這些島嶼位於美拉尼西亞以北、日本以南，其中最大的是關島(Guam)，玻里尼西亞的意思是「多島」(many islands)，分布於太平洋中部，它們西至中途島(Midway Island)，北到紐西蘭，東到復活島(Easter

Island)，居住在這些島群的玻里尼西亞人 (the Polynesians) 也是太平洋島民中身材最高和膚色最淺者。

太平洋各島群中，較為重要的，是澳洲 (Australia) 和紐西蘭 (New Zealand)。澳洲本身甚至是「洲」，也是世界第二大島⓫，也有人認為它並非屬於太平洋各島。澳洲和紐西蘭在第二次世界大戰以前，完全自命為歐洲人，其心態亦為歐洲的。歷史學家湯恩比 (Arnold Joseph Toynbee, 1889–1975) 曾經指出：「歐洲人一向稱東亞為『遠東』，甚至在移居澳洲的歐洲人也沿用此一名稱，殊不知東亞實在澳洲的北邊，而且相去不遠！」⓬

澳洲之所以稱為 Australia，係源自拉丁文 australis，其原意為「南邊的」。澳洲的原住民是澳洲土人或南人（Australoids，膚色很暗)，他們可能至少在幾萬年前即是由東南亞各島移入者，亦有謂其與印度南部和斯里蘭卡之人有關者。澳洲在十七世紀初，西班牙人和荷蘭人均曾到達。十八世紀中葉以後為英國所掌握。1788 年英人首先在雪梨 (Sydney) 建立聚落，不過，澳洲一直也是英國流放罪犯的地方，因而曾有「刑事洲」(penal continent) 之稱。現在的澳洲人絕大多數是講英語的白種人，相類於美國人或加拿大人。土著已僅有十餘萬人（其中純種者更不足五萬人)，居住在一些保留區中。除了被流放的罪犯以外，有冒險精神的自由人也相繼移入，經營牧羊業及農場。1830 年左右，毛紡業已相當發達。1840 年以後，英國政府也不再把澳洲作為流放罪犯的主要地區。1848 年後，在新南威爾斯 (New South Wales) 和維多利亞 (Victoria) 等地發現金礦，此後人口大增。後來在澳洲西部亦發現金礦。1852 年英國停止流放罪犯至澳洲東部，1868 年停止流放到澳洲西部。民主發展亦隨時俱進，1855 年南澳開始全國普選

⓫ 澳洲有二百六十六萬七千方哩，南極洲 (Antarctica) 也是一個島和洲，面積約為六百萬方哩。

⓬ Arnold J. Toynbee, ed., *Half the World: The History and Culture of China and Japan* (London: Thames and Hudson, 1973), p. 9.

制度，1857 年亦實施於維多利亞，翌年推行於新南威爾斯。同時，在維多利亞、南澳、新南威爾斯和昆士蘭 (Queensland) 等地，採取秘密投票制度。1901 年，澳洲各邦共組澳洲聯邦 (Commonwealth of Australia)，成為一個聯邦型的組織，包括新南威爾斯、維多利亞、昆士蘭、南澳、西澳，以及塔斯馬尼亞 (Tasmania) 六州，首府暫在墨爾本 (Melbourne)，成為大英國協的一員。但因《憲法》規定首府設在新南威爾斯境內，1927 年在規劃完成後遷往坎培拉 (Canberra)。澳洲曾經參加第一次世界大戰 (1914–18) 和第二次世界大戰 (1939–45)[13]。

紐西蘭為太平洋西南部的另一島國，其原住民是毛利人 (the Maoris)，為一種來自玻里尼西亞群島的棕色皮膚的土著，為一智能甚高亦富戰鬥性的民族。現在的紐西蘭人絕大多數為說英語的白種人，毛利人已不足三十萬人。紐西蘭是荷蘭人塔斯曼 (Captain Abel Janszoon Tasman, 1603–59) 在 1642 年「發現」的。不過，初期僅傳教士到紐西蘭活動。1769 年後，英國人取得優勢。1840 年第一批英國殖民者進入今天威靈頓 (Wellington) 一帶的地區。1856 年左右，紐西蘭有大約四萬五千名白人。紐西蘭原為澳洲新南威爾斯殖民地之一部，1841 年後成為單獨的殖民地，1852 年英國國會准許建立自治政府。1879 年紐西蘭實施成男普選，而且在 1893 年率先給予婦女在全國性選舉中的投票權。1898 年已建立相當進步的社會安全制度。1907 年成為自治領。紐西蘭亦曾參加第一次及第二次世界大戰。

紐西蘭萬拿達湖區 (Lake Wanaka) 的風光

[13] Burns & others, op. cit., pp. 1198–1200, 1204–05, 1204–05.

第二節　非　洲

非洲作為世界第二大洲，連同附近的島嶼，佔了世界大約 10% 的陸地。而且，其自然資源和戰略價值均甚重要，在現代世界中已為不容忽視的地區。

非洲的民族與語言均甚複雜。這種情況，在歐洲人介入以後，更形顯著。尼格魯人 (the Negroes) 一直佔了非洲居民的絕大多數。撒哈拉沙漠 (Sahara Desert) 構成一個大的種族上的分界線。在此大沙漠之南，是黑人居住的地區，其中尼格魯人為最大多數，族群複雜、語言眾多。其餘有小黑人，以及霍伊桑人 (Khoisan Peoples)，後者又包括布什人 (Bushmen) 和霍屯圖人 (the Hottentots)；在此大沙漠以北，主要的居民多屬高加索種，沿岸以阿拉伯人為主，內陸有擺布人 (the Berbers)、圖亞瑞人 (Tuareg) 和提布人 (Tibbu)。至於歐洲血統的人，則較為集中於亞熱帶地區，以及較為高爽的熱帶地區，南邊有荷蘭人和英國人的後裔，西北則有法國人、義大利人和西班牙人的後裔。在非洲，也有一些印度人，他們居住在南部和東部的沿岸城市。

非洲的歷史非常複雜，而且有些部分仍不確知。非洲可能是人類的發源地，1959 年英國人類學家李奇 (Louis Seymour Bazett Leakey, 1903–72) 在非洲東部坦尚尼亞 (Tanzania) 歐杜維峽谷 (Olduvai Gorge) 所發現的化石，為至少一百七十五萬年以前生活在那裡的人類。早在西元前 3400 年，非洲第一個文明已在埃及 (Egypt) 誕生。其他的文明中心，如大約在西元前 500 年在蘇丹 (Sudan) 建立的庫什王國 (Kingdom of Kush)，以及大約在西元前 300 年在衣索比亞 (Ethiopia) 建立的阿克薩穆王國 (Kingdom of Aksum) 均曾盛極一時。腓尼基人 (the Phoenicians) 在西元前九世紀在北非建立迦太基 (Carthage)，西元前 146 年為羅馬人所征服，而羅馬控制北非

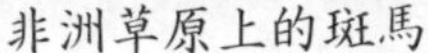
非洲草原上的斑馬

非洲草原上的獅群

至西元四世紀。繼之，阿拉伯人於七世紀時侵入非洲，並在北非（除衣索比亞外）建立回教帝國，並滲透至撒哈拉以南，在蘇丹西部一帶的王國。這些王國，因為控有黃金、食鹽和奴隸的買賣而甚為發達，迦納 (Ghana) 便是其中之一。十三世紀時，迦納為馬利王國 (Kingdom of Mali) 所併，而馬利又於十五世紀晚期被松該帝國 (Songhai Empire) 所併。不久，近代歐洲勢力介入。葡萄牙人狄亞士於 1488 年發現好望角，葡萄牙人、西班牙人、荷蘭人、英國人、法國人均曾從事奴隸的販賣。此因美洲熱帶地區的印地安人死於歐洲人帶來的疾病，而歐洲人亦不能適應加勒比海地區的疾病。非洲黑人能抵抗瘧疾和黃熱病，乃成為種植業的勞動力，而非洲的統治者又習於出賣戰俘，於是奴隸買賣大盛，自十六世紀至十九世紀間，歐洲自非洲西岸（塞內加爾至安哥拉間）把為數大約一千萬的奴隸帶入美洲。

不過，直至十九世紀下半期，非洲（尤其是撒哈拉沙漠以南的非洲內陸）仍然是神秘地區。因為若干世紀以來，歐人雖已與非洲發生關連，其蹤跡則未出沿岸部分如黃金海岸 (Gold Coast)、象牙海岸 (Ivory Coast) 和奴隸海岸 (Slave Coast) 等。非洲仍是不為世人所瞭解的「黑暗大陸」(Dark

Continent)，歐洲人對於非洲尼格魯人的文化亦不甚了了⑭。首先鼓舞起歐人對非洲興趣的是傳教士和探險家。蘇格蘭人李文斯頓 (David Livingstone, 1813–73) 為一醫療傳教士，他在帝國主義時代來臨之前便於 1841 年前往東南非洲，他的動機是宗教的和人道的，而非為政治的與經濟的。他廣泛而深入地旅遊非洲內陸，他探險三比西河 (Zambesi River) 而為第一個觀察維多利亞瀑布的白人。1849 年至 1871 年間他更幾乎連續在非洲探險（祇有 1863 年一度被召回英國），他前後出版了《宣教遊記》(*Missionary Travels*, 1859) 和《三比西河及其流域》(*The Zambesi and Its Tributaries*, 1865)。他與土人有很友善的關係而且樂意單獨行動，但歐、美一度傳其失蹤。《紐約前鋒報》(*New York Herald*) 乃派出記者斯坦利（Sir Henry Morton Stanley, 1841–1904，出生於威爾斯後來至美國）前往中非洲尋覓李文斯頓，他在 1871 年至 1878 年在非洲深入不毛。他不僅在 1871 年 11 月 10 日在中非尋到李文斯頓，而且也有頗多發現。

他先後出版《我如何找到李文斯頓》(*How I Found Livingstone*, 1872) 和《黑暗大陸歷險記》二卷 (*Through the Dark Continent*, 1878) 等書而名噪一時。斯坦利與李文斯頓不同，他用英國商人的眼光來觀測非洲的潛富，並在歐洲尋覓支持他的人。1878 年他發現比利時國王利阿坡二世（Leopold II, 1835–1909，在位時期為 1865–1909）為最佳贊助人。利阿坡二世頗有志於擴張，他曾對中國（包括臺灣）、菲律賓、摩洛哥均有興趣，最後則決定經營中非剛果盆地。此年利阿坡二世與斯坦利以及一些財政家，在布魯塞爾成立國際剛果協會 (International Congo Association)。此組織為一私人機構，與比利時的政府和人民皆無涉。斯坦利乃於 1882 年再返剛果，他在一兩年內分別與五百名左右的酋長訂立條約，誘使他們（以數件小飾物或幾碼布）接受國際剛果協會的藍色和金色的旗幟。此後歐洲各國

⑭ Robin Hallet, *Africa to 1875: A Modern History* (Ann Arbor, 1972); Melville J. Herskovits, *The Myth of the Negro Past* (New York, 1941).

均掀起向非洲擴展的熱潮，德國人在東非，法國人自西岸至剛果河，葡萄牙人亦欲貫連其古老的殖民地安哥拉 (Angola) 和莫三鼻給 (Mozambique) 而向內陸擴張為一大帝國。英國亦為在非洲有既得利益的國家並支持葡萄牙的計畫⑮。

衣索比亞婦女

英國與法國在非洲的角逐，在英國取得埃及 (1876) 和法國控制突尼西亞 (Tunesia, 1881) 以後，更趨激烈。兩國和其他國家在非洲的角逐不僅瓜分了非洲，也造成了若干國際緊張的局面。其中最著者有 1898 年的法紹達危機 (Fashoda Crisis) 和 1899 年至 1902 年的波耳戰爭。法紹達危機係因英、法殖民競爭所引起，英國欲打通並聯結好望角至開羅以完成其南北軸心的計畫，可是另一方面法國因欲完成其撒哈拉至紅海的「東西軸心計畫」而自剛果河向尼羅河發展，二者乃在蘇丹發生衝突。緣自 1896 年以來英埃軍隊在吉青納 (General Herbert Kitchener, 1850–1916) 指揮下由尼羅

白人傳教士在剛果教育兒童

⑮ R. R. Palmer, *A History of the Modern World*, 4th ed. (New York, 1971), pp. 687–89; Edward McNall Burns & others, *World Civilizations*, 6th ed. (London, 1973), Vol II, pp. 753–64.

河而上並於 1898 年 9 月掌握了蘇丹，但法國人在馬項德 (Jean Baptiste Marchand, 1863–1934) 率領下已於 1898 年 7 月 10 日抵達尼羅河上的法紹達 (Fashoda)⑯，故當 9 月 18 日吉青納率部抵達時便造成了對峙之局。此時英、法關係不睦，而英軍以優勢的兵力壓頂而來，並堅持在法紹達城堡升起英屬埃及旗幟，而法國方面亦拒絕退讓，於是形成了極度緊張的局勢和近五十年以來兩國關係的最大危機。最後，法國讓步，始使危機消失。

波耳戰爭則係英國在南非的發展所造成。當 1815 年英國自荷蘭手中取得好望角殖民地，該地原為荷蘭人及部分法國休京拉派信徒為主。英人湧入之後，波耳人 (the Boers)⑰對於英人以英文為唯一官方語文和禁奴（按 1834 年後英帝國禁奴）不滿，亦不愜於英國政府保護當地尼格魯人之企圖。於是他們為了保持自己的生活方式和宗教信仰（喀爾文教派）而大舉北遷，此即所謂「大遷徙」(Great Trek)，之後他們進入奧倫奇河 (the Orange River) 流域和跨過瓦爾河 (the Vaal River)，而建立了兩個共和國——奧倫奇自由邦 (Orange Free State) 以及特蘭斯瓦爾 (Transvaal)。就英人觀點看，這兩個波耳人的共和國阻礙了他們聯結好望角和開羅的「南北軸心計畫」而必欲將之納入體系。後來又因在特蘭斯瓦爾發現了黃金和鑽石的寶藏而使英人湧入，波耳人則堅持維護其獨立。

本來在 1881 年時，奧倫奇自由邦和特蘭斯瓦爾已經拒絕了英人企圖把它們納入南非聯邦 (Union of South Africa) 的努力，而且也可能達成各行其是的暫時協定，奈以特蘭斯瓦爾發現金礦，使南非的經濟中心自好望角（此時已非為通達印度的重要戰略據點，蓋蘇伊士運河已開鑿成功）移往特蘭斯瓦爾。英人和其他外人乃大量移入，外資也流入。特蘭斯瓦爾的總統克魯格 (Stephanus Johannes Kruger, 1825–1904) 乃寄望於德國的支持，以確保獨立。英國好望角殖民地 (Cape Colony) 的首相羅德斯 (Cecil Rhodes, 1853–

---

⑯ 法紹達現名柯達 (Kodok)，位於蘇丹共和國中西部上尼羅河（白尼羅河）沿岸。

⑰ 「波耳」(Boers) 原意為農夫，波耳人為南非荷蘭語文 (Afrikaans) 荷蘭移民後裔。

1902) 認為如欲防德國插手則最好將這兩個波耳人的共和國兼併，羅德斯在特蘭斯瓦爾金礦亦有投資，由此他的動機亦雜有個人利益的成分。他先取得貝契納蘭 (Bechuanaland)，繼得羅德西亞 (Rhodesia) 以包圍諸波耳人的共和國，但克魯格則築鐵路至葡屬莫三鼻給的德哥亞灣 (Delgoa Bay) 以避免依賴好望角諸港，並旋封閉自特蘭斯瓦爾至好望角的陸上交易。於是羅德斯乃命詹姆遜 (Dr. Leander Jameson, 1853–1917) 率眾（約四百七十名武裝分子）突擊約翰尼斯堡 (Johannesburg)，此即所謂「詹姆遜突擊」(the Jameson Raid，1895 年 12 月 29 日至 1896 年 1 月 2 日)。

此一突擊很快地為波耳人所擊退，德皇威廉二世且向克魯格致電賀捷，一度造成英、德間的不快。此後特蘭斯瓦爾通過法律驅逐或限制外人而與英國關係日壞，最後在 1899 年 10 月終於爆發了英國與兩個波耳共和國之間的戰爭，此即所謂波耳戰爭（1899 年 10 月至 1902 年 5 月）。在戰爭期間波耳人英勇抵抗，而俄國亦企圖聯合德國和法國干預，西歐輿論更支持波耳人。戰爭初期，英人屢蒙不利，戰至 1902 年波耳人終告不支。此年 5 月，波耳人與英國訂約承認英國主權而為直轄殖民地 (crown colonies)，二邦且獲三百萬英鎊以為復員費用，英國亦許諾建立代議政治（1906 年和 1907 年，特蘭斯瓦爾及奧倫奇河殖民地先後獲建責任內閣)。

在瓜分非洲的各主要國家中，法國佔了 33% 的非洲領土，英國為

英國在北羅德西亞的殖民軍隊

30%，德國與比利時各佔 8%，葡萄牙佔了 6%，義大利佔了 5%，西班牙所佔不足 1%。非洲的本土勢力，除了衣索比亞和賴比瑞亞仍保持獨立以外，其餘盡在歐洲人的控制或保護之下。至於各國統治非洲殖民地的方式雖各不相同，大致上是少數白人在優勢軍力和高效率的中央集權的文官組織的支持下，統治著絕大多數的非洲人。

大致言之，法國控制的地區有法屬西非 (French West Africa)、法屬赤道非洲 (French Equatorial Africa)、法屬喀麥隆 (French Cameroons)，也在阿爾及利亞 (Algeria)、摩洛哥 (Morocco)、和突尼西亞建立了保護國；另外尚有法屬索馬利蘭 (French Somaliland)、法屬多哥蘭 (French Togoland)、馬達加斯加 (Madagascar)，以及留尼旺島 (Réunion) 等地。英國在非洲的屬地，主要係在東非和東南非，包括英埃蘇丹 (Anglo-Egyptian Sudan)、英屬索馬利蘭 (British Somaliland)、烏干達 (Uganda)、肯亞 (Kenya)、坦干伊喀（Tanganyika，第二次大戰後的名稱）、桑吉巴 (Zanzibar)、尼亞沙蘭 (Nyasaland)、羅德西亞、貝契納蘭、巴索托蘭 (Basutoland)，以及史瓦濟蘭 (Swaziland)。在波耳（南非）戰爭後，南非聯邦成為自治領。英國在非洲西岸地區有甘比亞 (Gambia)、獅子山 (Sierra Leone)、黃金海岸，以及奈及利亞 (Nigeria)。葡萄牙控有葡屬幾內亞 (Portuguese Guinea)、安哥拉，以及莫三鼻給，並且在西岸也有一些地方和島嶼。比利時有比屬剛果 (Belgian Congo)，在第一次世界大戰後又取得盧安達一烏隆地 (Luanda-Urundi)。西班牙在非洲所得不多，包括西屬幾內亞 (Spanish Guinea)、西屬撒哈拉 (Spanish Sahara)，以及西屬摩洛哥（Spanish Morocco，保護國）。德國擁有很多的非洲屬地，有多哥蘭、喀麥隆、德屬西南非 (German South-West Africa)，以及德屬東非 (German East Africa)。這些屬地在第一次世界大戰德國戰敗後喪失給西方盟國。義大利的屬地有利比亞 (Libya)、伊立特里亞 (Eritrea)、義屬索馬利蘭 (Italian Somaliland)，並於 1936 年後一度佔有衣索比亞。

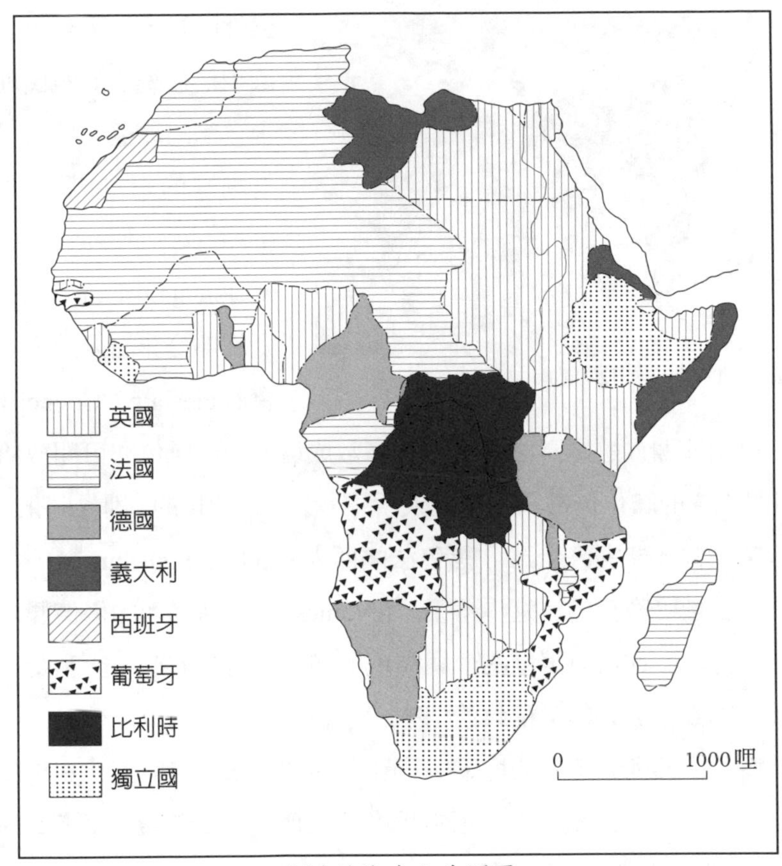

歐洲列強瓜分非洲圖

歐洲列強在劃分殖民地或保護國的界線時，常常無視自然地理與種族分布的情況，這造成了許多問題。這些問題，在第二次世界大戰以後，非洲出現了許多獨立國家以後，仍然非常嚴重。有的同一族群在某一地區政治疆域之外，也有的族群被併入非屬同類人民居住的地區，這造成種族上的衝突，以及領土上的爭執，也造成人民的遷徙，以逃脫其他人民的控制等等。各國統治其非洲屬地的方式不一。在非洲南部，白人拓殖者取得了最好的土地，並且建立了工業化的社會，當地黑人卻被排拒在生活水準之下。在赤道非洲，歐人多藉當地酋長維持統治。有的地區，也有民選的諮

法國殖民地塞內加爾的童子軍 (1913)

議性的議會。大致言之，英國相信被統治的殖民地應走上自治的途徑，但其過程則為漸進的。初期各地總督 (governor) 僅向殖民部 (Colonial Office) 負責，繼之允許部分非洲人進入立法議會 (Legislative Council)，再繼之，可由非洲人選舉立法議會的大多數成員，一些職位亦可開放給當地人，但最重要的職位仍控制在英國人手中。法國人的目的，則係同化政策。他們希望把當地非洲人化為「黑色法蘭西人」(black Frenchmen)，主要方式為造就少數受教育的「進步分子」(évolués) 接受法蘭西的價值觀念，這些「進步分子」亦可有限度的參與當地的殖民地行政體系。比利時人的統治方式，則為權威式的父權政治型態。

在這些歐洲列強控有的地區中，英國系統的南非聯邦在 1910 年後已實際上自治，1922 年後埃及也有相當程度的主權。1925 年後，摩洛哥的坦吉爾 (Tangier) 也被劃為國際共管區。

第三節　中　東

「中東」(Middle East) 和「近東」(Near East) 是兩個容易混淆的地區名詞。其實，這原源於西方地理學者慣於把「東方」(the Orient) 分為三區：「近東」是最接近歐洲的地域，包括自地中海到波斯灣的地帶；「中東」是從波斯灣至東南亞的地帶；「遠東」則指面臨太平洋的地區。但是，自從第一次世界大戰以後，「近東」一詞逐漸為「中東」一詞所取代，尤其是在第二次世界大戰時，「中東」地區劃歸設在埃及的英國軍方中東總部來指揮，而其範圍包括了非洲東北部、亞洲西南部，以及歐洲東南部。它包括了很多的國家或地區，諸如土耳其 (Turkey)、希臘 (Greece)、塞普洛斯 (Cyprus)、敘利亞 (Syria)、黎巴嫩 (Lebanon)、伊拉克 (Iraq)、巴勒斯坦 (Palestine)、約旦 (Jordan)、埃及、蘇丹、利比亞以及阿拉伯半島上的各邦。三個非洲國家，即突尼西亞、阿爾及利亞，以及摩洛哥之所以併入，係因它們與法國有很深的淵源，也與阿拉伯各國有密切關係，又因為地理因素和文化關係（回教）的考量，阿富汗與巴基斯坦常與中東有關。中東包括希臘，看似並無道理，但應知道土耳其帝國本亦控制東南歐洲，而近代中東問題（當時稱近東問題）的肇始，在於 1821 年希臘反抗土耳其回教帝國而爭取獨立。而且，希臘、土耳其，再加上地中海東端阿拉伯人居住的土地，統稱「地中海東區」(the Levant)。大致而言，從前所說的「近東」是現在泛稱「中東」的核心部分⓲。

「中東」是古文明的搖籃。早在西元前 25000 年即有人定居。西元前 4000 年 –3400 年，世界最早的兩大古文明，即埃及文明和巴比倫 (Babylonia) 文明，即在此發展。古埃及文明發展於尼羅河谷，巴比倫文明孕育在兩河流域（現伊拉克）。世界三大宗教——猶太教、基督教，以及回教——均誕生於此區。

本地區為世界最大的乾燥帶，此一乾燥帶自大西洋延伸經由非洲北部、西南亞洲和中央亞細亞，延伸至中國。位於本區中央地帶的阿拉伯半島即為一沙漠高原，它在波斯灣附近的海平面一路逐漸昇高到紅海附近的高地。敘利亞沙漠 (Syrian Desert) 掩蓋了敘利亞、伊拉克和約旦的大部，而撒哈拉沙漠則覆蓋了埃及和蘇丹的大部。因此，自古以來，此地區的人口集中在海岸地帶、河谷地帶，以及山谷地帶等等有水的地帶。絕大多數的人民為阿拉伯人，他們具有共同的文化和語文（阿拉伯文）。但在伊朗則以伊朗

⓲ *The New Encyclopedia Britannica: Micropedia Ready Reference* (Chicago, 1987), Vol. VII, p. 108.

人為主，土耳其則以土耳其人為主，以色列則以猶太人為主，塞普洛斯的最大族群是希臘人。此外，中東還有非洲黑人、亞美尼亞人、埃及土人（the Copts，古埃及人後裔），以及庫德人 (the Kurds)。

中東地區在歷史上曾經飽經滄桑。除了埃及和巴比倫兩個古文明中心外，約在西元前 1900 年，西臺人 (the Hittites) 進入了今土耳其地區。三者相互鼎立有五百年左右。此外，還有一些其他民族生存在它們之間，如亞拉眠人 (the Arameans)、希伯來人 (the Hebrews)，以及腓尼基人等。西元前九世紀以後，各種人如亞述人 (Assyrians)、迦爾底亞人 (the Chaldeans)、米提人 (the Medes)、波斯人 (the Persians) 等先後入侵。西元前 331 年，亞歷山大大帝征服此區域，此後三百年為大希臘化時代 (Hellenistic Age)。繼之，則為羅馬人所統治。西元七世紀後，阿拉伯人和回教勢力自阿拉伯半島進入，征服了埃及、波斯（Persia，伊朗）、伊拉克、巴勒斯坦、約旦、黎巴嫩、敘利亞一帶。十一世紀中葉，塞爾柱土耳其人 (the Seljuk Turks) 征服亞美尼亞、巴勒斯坦和絕大部分的波斯。西方也興起了以打擊他們和恢復聖地為目的的十字軍 (the Crusades) 運動。1243 年，蒙古人侵入，並曾建立蒙古帝國。十四世紀期間，鄂圖曼土耳其人 (Ottoman Turks) 興起，並於十五和十六世紀時盛極一時，他們的帝國在蘇丹蘇黎曼一世時 (Suleiman I, 1494–1566) 時東起黑海及波斯灣沿岸，北至布達佩斯 (Budapest)，西到阿爾及爾 (Algiers)。

一、土耳其

鄂圖曼土耳其帝國曾經不可一世，構成對西方國家的威脅，1683 年尚包圍維也納。但是，自十七世紀以後步入衰途，而造成「近東問題」（Near Eastern Question，當時叫「近東問題」）。造成近東問題的基本因素有三：土耳其帝國以一個東方性質的政府，控制了東南歐和統治巴爾幹半島上的基督教民族，十七世紀末年之後帝國已步入衰途，到十九世紀時更是走向崩解之道；歐洲列強虎視眈眈，法國的勢力在十六世紀初期便進入近東，俄國更是自彼得一世以來便早存瓜分土耳其帝國的野心，奧帝國亦思擴張，英國則因為保障由近東通達印度航路（所謂「帝國生命線」）的安全而欲支持土耳其；東南歐的基督教民族在民族主義的鼓舞下紛紛欲獨立建國，希臘成功的先例也給他們信心。這種情勢使巴爾幹半島一直潛伏著危機。此區域內的基督教民族，一向意識到他們的民族性和宗教，宗教在巴爾幹半島具有強烈的政治性質。隨時隨地均可能爆發事端，而此一事端極可能演變為影響均勢的軒然大波。俄、奧兩國是主要的競爭者[19]。土耳其帝國失土喪權，日甚一日。

面臨險惡的形勢，土耳其帝國內部亦有改革運動。1876 年，土耳其制訂《憲法》，規定建立議會並保障人民權利。但就在此年蘇丹阿布都・哈密德二世（Abdul-Hamid II, 1842–1918，在位時期為 1876–1909）即位，採取高壓統治，置《憲法》於不顧。1890 年代以後，土耳其知識分子和一些軍官反對專制高壓，其中最具影響力的團體是「少年土耳其黨人」(the Young Turks)。1908 年，少年土耳其分子發動軍事「叛變」，迫使阿布都・哈密德二世恢復憲政政府，但他仍圖反制改革。翌年，少年土耳其分子廢阿布都・哈密德二世蘇丹之位，而以其弟穆罕默德五世（Mehmed V, 1844–1918，在位時期為 1909–18）繼之。但是，土耳其境況日益惡化，1908 年保加利亞 (Bulgaria) 宣布獨立，奧國併吞波斯尼亞 (Bosnia)，1911 年義大利奪取底黎波里 (Tripoli)，1913 年割讓克里特島予希臘。到 1914 年左右，土耳其在歐洲的領土僅剩下伊斯坦堡 (Istanbul) 和色雷斯 (Thrace) 東部。但土耳其在亞洲仍據有廣大的領土，自波斯西岸直到地中海，均為其所有。

第一次世界大戰時期，土耳其加入德、奧方面作戰。1920 年 8 月，土耳其被迫接受《色佛爾條約》(*Treaty of Sévres*)，喪權奪國，除了伊斯坦堡

[19] 王曾才，《西洋近世史》（臺北：正中書局，民 73，3 版 3 刷），頁 541–42。

凱末爾

和小亞細亞 (Asia Minor) 北部和中部以外，已經一無所有。但是，土耳其人不肯接受。在凱末爾領導下，反對《色佛爾條約》，他和他在 1919 年所組織的土耳其國民黨（民族黨，Turkish Nationalist Party）態度堅決，他所統帥下的軍隊亦擊敗佔領土耳其領土的希臘軍隊，收復大部領土。1922 年，他們進兵伊斯坦堡，罷黜蘇丹穆罕默德六世（Mehmed VI, 1861–1926，穆罕默德五世之弟）。1923 年，國民大會 (Grand National Assembly) 宣布建立共和。1923 年 7 月，各國在瑞士洛桑 (Lausanne) 與之訂立《洛桑條約》(*Treaty of Lausanne*)，其中規定：土耳其收回東色雷斯、斯邁爾那（伊茲密爾）、海峽地區（不得設防）；免除賠款；取消外人勢力與領事裁判權。不過土耳其在中（近）東的屬地仍為英、法所分：法國得敘利亞及黎巴嫩，英國得巴勒斯坦、外約旦及伊拉克（美索不達米亞）。

凱末爾自 1922 年控制土耳其，1923 年、1927 年、1931 年和 1935 年連續當選土耳其總統，掌握政權直迄 1938 年逝世時為止。他雖名義上和法律地位上是經由選舉產生的總統，但他自兼國民大會的主席，並且不准反對黨的存在（除 1930 年時有短暫時間外）。不過，他也致力於土耳其的革新，廢除阿拉伯字母、回教學校、回教法制，也禁止婦女以面紗遮面和男子頭戴氈帽，也廢止了集政教於一身的「哈里發」(Caliph) 制。政府不准一夫多妻，婦女亦取得投票和服公職的權利。1934 年，凱末爾亦命令土耳其人必須登記姓氏，國民大會乃通過上凱末爾尊姓為「阿達土耳其」(Atatürk)，其意為「土耳其人之父」。凱末爾死後，伊諾農 (Ismet Inönü, 1884–1973) 繼任總統 (1938–50)，他竭力避免參加第二次世界大戰，直迄 1945 年 2 月看到軸心國家必敗時始參加盟國作戰。

二、伊　朗

伊朗原名波斯，1935 年始改國名為伊朗 (Iran)，其意為「亞利安人的土地」(land of the Aryans)。

伊朗自遠古即有人居住，伊拉米提人 (the Elamites) 所建立的伊拉米提王國 (the Elamite Kingdom) 曾於西元前 1200 年至 640 年左右，統治伊朗西南部。約於西元前 1000 年，又有一些民族遍自中亞與南俄進入伊朗，其中重要的有米提人和波斯人，前者定居於北部，曾建米提亞王國 (Kingdom of Media)；後者定居於南部。後來米提人控制了局面，建立波斯帝國 (the Persian Empire)，此一帝國在大流士 (Darius I, the Great, 522–486 B.C.) 時期達於最高點，統有自印度至希臘之間的土地。他建立強而有力的中央政府，鑄造錢幣，修築道路和灌溉系統，而祆教 (Zoroastrianism) 亦於此時大盛，成為主要信仰，直迄阿拉伯人帶來回教為止。波斯帝國曾對當時的希臘城邦構成嚴重威脅，其後約在西元前 330 年亞歷山大大帝征服伊朗。七世紀後阿拉伯人的回教勢力大起，於 641 年侵入伊朗，並把回教信仰帶入。九世紀後回教帝國解體，分崩離析。十一世紀中葉至十三世紀的塞爾柱土耳其人控有此區域。1221 年後蒙古人征服伊朗絕大部分，但十五世紀蒙古人分裂互攻而喪失對伊朗的控制。十六世紀初，伊朗本土的薩夫維德王朝 (the Safavids, or Safavid dynasty) 興起，國王阿拔斯一世（Shah Abbas I，在位時期 1586–1628）為此王朝中的名王。他的王國包括了幾乎現在伊朗的全境。回教中的什葉派 (Shiah Sect) 也是在此王朝統治時期成為伊朗的主要信仰。1736 年，來自阿富汗原為土耳其人的那迪爾王 (Shah Nadir, 1688–1747) 征服伊朗，並曾進兵至印度的德里。他的士兵曾掠奪許多印度的寶藏至伊朗。那迪爾王死後，伊朗陷入內亂。至十八世紀晚期，奎札爾王朝 (the Qajar dynasty) 統有伊朗，直迄 1920 年代。

十九世紀與二十世紀初期，歐洲勢力進入伊朗，而英、俄兩國尤具影響力。先是，英國亟欲控制伊朗，以免印度遭受拿破崙 (Napoleon Bonaparte, 1769–1821) 統治下的法國的威脅，後來又因俄國欲取得波斯灣的出口，又演為英、俄兩國角逐的局面。1907 年，英、俄兩國簽訂協定，劃分勢力範圍，北部屬於俄國，東南部和波斯灣沿岸地區屬於英國，中間則為伊朗王室控制下的緩衝地區。英國勢力一度很大，其所經營的英波石油公司 (Anglo-Persian Oil Company)，在西南部開鑿很多油田，並有極大影響力（按：此一石油公司後為伊朗國營石油公司，National Iranian Oil Company）。1917 年，俄國爆發革命，英國一度企圖趁機控制整個伊朗，未果。

外侮導致伊朗人要求維新。1906 年，莫佐法・阿・丁國王（Muzaffared-Din, or Muzaffar al-Din, 1853–1907，在位時期 1896–1907）被迫頒布《憲法》和成立議會 (Majlis)。第一次世界大戰時期，伊朗雖宣布中立，仍為爭戰之地。但新的領導者逐漸浮現。緣在 1917 年俄國革命後英國欲控制全國時，青年軍官利撒汗 (Riza Khan, 1877–1944) 強力要求阿默德國王（Ahmed Shah, 1898–1930，在位時期 1909–25）任命其為國防部長和統帥，他奮力抵禦外侮。他自 1921 年便接管政府，1923 年擔任首相。1925 年，他即王位為利撒・巴勒維 (Riza Pahlavi)，是為巴勒維王朝 (the Pahlavi dynasty) 的第一君。他在統治伊朗期間，頗多建樹，獎勵工商，發展交通，以法國為典範改革民刑司法。1935 年他下令把國名由波斯改為伊朗。

三、阿拉伯半島

阿拉伯人 (the Arabs) 是一個不易界定的名詞。它原指居住在阿拉伯半島 (Arabian Peninsula) 的閃族，現則泛指以阿拉伯語 (Arabic) 為母語和以阿拉伯文化為其文化的人，他們的膚色有黑有白，絕大多數信仰回教，但也有數百萬的基督教徒[20]。

[20] Bernard Lewis 原著，蔡百銓譯，《阿拉伯人的歷史》(*The Arabs in History*)（臺北：

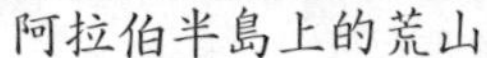

阿拉伯半島上的荒山　　沙烏地阿拉伯境內的沙漠

阿拉伯半島位於亞洲西南，在紅海、印度洋和波斯灣之間。半島的絕大部分為乾燥的荒原和沙漠，沒有真正的河流（僅有季節性的河流），而其高溫（內地可高至攝氏五十四度）亦不適人居。1930 年代在此發現大量的石油蘊藏，而使其地位重要。

沙烏地阿拉伯 (Saudi Arabia) 是阿拉伯半島上最重要的國家，佔了該半島大約四分之三的土地。其地在數千年前，即有各式各樣的閃族定居，貝多因人 (the Bedouins) 居於半島的內陸，其他民族亦沿商隊路線建有貿易站。回教於六世紀突起，其創立者穆罕默德大約在西元 570 年誕生於麥加 (Mecca)，到西元 632 年他死時，阿拉伯半島的大部已在回教統治下。此後回教勢力更是向半島之東、西和北擴張，但在七世紀中葉（約 660 年），回教中心由麥地那移往敘利亞的大馬士革 (Damascus)，阿拉伯半島的重要性降低。八世紀中期（約 750 年），回教帝國分崩離析，此後有一千多年，半

聯經出版事業公司，民 75)；*New Illustrated Columbia Encyclopedia* (1982), Vol. II, pp. 308–81.

阿拉伯的勞倫斯：原是考古學者，也是英國軍官及阿拉伯問題專家

麥加朝聖的人潮

島上群雄割據，交互征戰。

十六世紀初，鄂圖曼土耳其人控制了西部沿紅海的海志（Hejaz, or Hedjaz，回教聖地的麥加和麥地那均在此區內），以及阿斯爾(Asir)，至於海志東邊的另一沙烏地阿拉伯的主要地區內志 (Nejd)，則先是在土耳其宗主權下的蘇丹國，二十世紀初成為英國的保護國。但是，半島的內陸地區仍在各部落酋長的統治下。

紹德王朝 (the Saud dynasty) 的興起，頗堪注意。十五世紀中葉，此家族控制了位於今利雅德(Riyadh) 附近的小城達利雅(Dariyah) 一帶的土地。但是，並無很大的發展。十八世紀中葉，回教改革家瓦哈伯 (Mohammad ibn Abd al-Wahhab, 1703–91) 發起改革運動，倡導回歸《可蘭經》和伊斯蘭戒律，穆罕默德・紹德(Mohammad ibn Saud) 聽信其說，於是以其軍隊加以支持，而紹德家族亦大肆拓展，取得包括麥加和麥地那等地，此家族並稱內志王。紹德勢力雖先後受到來自埃及和鄂圖曼土耳其帝國的攻擊，1824 年紹德家族在失去達利雅後亦另建利雅德新都，並在 1843 年左右，取得半島絕大部分。但 1865 年後，因內鬨而衰，各部落爭戰再起。紹德家族逃亡至科威特 (Kuwait)。1902 年，紹德家族的年輕領袖阿濟茲・紹德 (Abd al-Aziz ibn Saud, 1880–1953) 自科威特反攻，至 1906 年左右，控有內志。1913 年和 1920 年又分別佔領哈撒 (Hasa) 與阿斯爾。至於海志，其統治者胡笙 (Husein ibn-Ali, or Sherif Hussein, 1856–1931) 於 1916 年首稱「海志王」(King of the Hejaz)，為近代阿拉伯海什美提王朝 (the Hashimite dynasty) 的建立者。他在第一次世界大戰時原與土耳其共同作戰，但後受英國軍官勞倫斯上校（Thomas Edward Lawrence, 1888–1935，即「阿拉伯的勞倫斯」，Lawrence of Arabia）的影響，改變立場，參加英、法一方，並於 1916 年宣布獨立，意圖統一阿拉伯半島建國。但是，後來受挫於巴黎和會，同時紹德王朝亦為其障礙。1925 年，他為內志王阿濟茲・紹德所逐，紹德王朝統一了內志、哈撒、阿斯爾和海志四區，並於 1932 年即位為沙烏地阿拉伯王 (King of Saudi Arabia)。沙烏地阿拉伯貧窮落後，1933 年沙王准許美國加州標準石油公司 (Standard Oil Company) 探勘石油，此後逐漸成為重要的產油國。

除了沙烏地阿拉伯王國以外，半島上還有其他國家，多係第二次大戰後始告獨立者，容後再敘。

四、埃　及

埃及是人類古文明的中心之一。七世紀中葉（約 639–42 年），為來自阿拉伯半島的阿拉伯人所征服，回教（在埃及為國教）和阿拉伯語文成為主要的信仰和語文。埃及可分為四區，即尼羅河谷及三角洲 (the Nile Valley and Delta)、西沙漠 (the Western Desert)、東沙漠 (the Eastern Desert)，以及西奈半島 (Sinai Peninsula)。絕大多數的人民聚居在尼羅河流域和蘇伊士運河地區。

埃及在名義上，直迄 1914 年為鄂圖曼土耳其帝國的一部，但自 1882 年起即為英國屬地。在 1914 年以前，英國仍承認土耳其蘇丹和他所封的埃及「總督」(Khedive)，但自 1914 年第一次世界大戰爆發而土耳其參加德、奧作戰以後，英國便宣稱埃及為大英帝國的保護國。戰後英國且准許埃及派代表團參加巴黎和會，因而產生「瓦夫德」(Wafd) 運動，以及後來的「瓦夫德」黨。按「瓦夫德」原為阿拉伯文「代表團」之意，後來演為獨立運動。1922 年，英國宣布埃及為獨立自主的國家，但此一獨立並非完全獨立，因為它附有四個條件：第一是英國仍控制蘇伊士運河和其他大英帝國生命線的重要據點；第二是英國負責埃及國防安全；第三是英國負責保護埃及的涉外利益和少數民族利益；第四是蘇丹由英、埃共管。埃及人本不喜此四項條件，但 1935 年義大利侵入衣索比亞，1936 年埃及接受《英埃友好同盟條約》(*Anglo-Egyptian Treaty of Friendship and Alliance*)，不久第二次世界大戰爆發[21]。

人面獅身像與金字塔 (1916)

[21] 參看 Edward McNall Burns & others, *World Civilizations*, 6th ed. (1982), Vol. II, pp. 1247–48.

五、巴勒斯坦

巴勒斯坦 (Palestine) 其名稱源自「非利士人的土地」(Land of the Philistines)，為一自《聖經》時代以來即飽經滄桑的地方。它位於亞洲西南部，在地中海東端，面積僅有一萬零一百六十平方哩。它是宗教聖地，猶太教和基督教均發源於此地，《聖經》古蹟甚多，因有「聖地」(Holy Land) 之稱。

早在十萬年前，便有史前民族居住於此。後來希伯來人或以色列人 (the Israelites) 在此建國。其後又經羅馬征服、阿拉伯人和塞爾柱土耳其人以及鄂圖曼土耳其人的控制。直迄第一次世界大戰結束時，巴勒斯坦仍為鄂圖曼土耳其帝國的一省。

另一方面，十九世紀時，猶太復國主義 (Zionism) 大起。歐洲有很多猶太人移居巴勒斯坦，1880 年時已達二萬五千人左右。1882 年，一群猶太青年人組成「贊昂愛慕者」(Hovevei Zion, or Zion Lovers)㉒，大肆鼓吹猶太移民巴勒斯坦運動。猶裔奧籍記者霍佐 (Theodor Herzl, 1860–1904) 更助長之，他本為報導法國德雷福案件 (Dreyfus Affair) 的名記者，力主猶太人有權在巴勒斯坦建國，1896 年出版《猶太國》(*Der Judenstaat*, or *The Jewish State*) 一書，發展成政治的猶太復國主義 (Political Zionism)。1897 年，在瑞士巴塞爾舉行第一屆猶太復國大會 (First Zionist Congress)，聲勢甚大。1914 年時，移居巴勒斯坦的猶太人已有八萬五千人左右，其時該地區總人口為七十萬人左右。第一次世界大戰爆發後，土耳其參加德、奧集團一方，英國外相巴福爾 (Lord Balfour, or Arthur James Balfour, 1848–1930) 於 1917 年發表《巴福爾宣言》(*the Balfour Declaration*)。該宣言的主要內容，是許

㉒ 「贊昂」(Zion, or Sion) 一詞不止一義。它源自希伯來文 Tsiyōn，原指耶路撒冷的一個山丘，叫郇山；另指耶路撒冷古城寨，有「大衛之城」(City of David) 的稱號。它還有別的含義，此處為猶太復國的象徵。

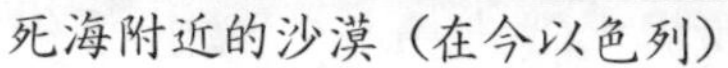

死海附近的沙漠（在今以色列）

古巴勒斯坦城哲里科 (Jericho) 的廢墟（在今約旦）

諾在戰後為猶太人建立「民族家園」(national home)，但亦表明此舉不得違反巴勒斯坦的非猶太人的權益。

第一次世界大戰以後，巴勒斯坦成為英國的託管地。英國承諾不僅為猶太人建立「民族家園」，同時也「維護阿拉伯人的民族家園，並輔導全部巴勒斯坦人民的自治發展」 (to secure the preservation of an Arab National Home and to apprentice the people of Palestine as a whole in the art of self-government)。此後，巴勒斯坦一度相當繁榮和安定，英國在 1926 年並減少駐軍，祇留下一個空軍中隊和兩個配有戰車的連。但 1929 年以後，情況改變，阿拉伯人和猶太人衝突不已。1929、1930 和 1931 年均有武力攻擊猶太屯墾區的事件。同時，由於納粹德國迫害猶太人，英國略為放寬猶太人的入境管制，1933 至 1935 年間有十三萬猶太人進入，非法入境者不計其數。此後，阿、猶糾紛日多，1938 年時英軍增至二萬人，仍不能維持秩序㉓。

㉓ Edward M. Burns & others, op. cit., pp. 1251–53–1; Ben Helperu, *The Idea of the Jewish State*, 2nd ed. (1969); Walter Laqeur, *A History of Zionism* (1972).

第四節　拉丁美洲

遠在歐洲人「發現」「新世界」以前，至今距今兩萬多年前，來自亞洲的蒙古種人 (Mongoloid stock) 便進入了南、北美洲。他們可能由西伯利亞經白令海峽和阿拉斯加而來，散布北美和中美後，在三千年和五千年前之間，由巴拿馬地峽進入南美。他們也可能是從亞洲阿留申群島逐島越過太平洋直接抵達南美，惟此說尚未完全證實，但某些盤腿而坐的馬雅藝術圖像，似乎提供一些佐證。有關亞、美之間在冰河時期存有陸橋，印地安人經由陸橋而來的說法，現已不被接受㉔。

印地安人在拉丁美洲也曾發展出高度的文化。馬雅文化 (the Mayan culture) 是西半球第一個高度發展的文化。馬雅人所居住的地區包括今墨西哥南部、瓜地馬拉 (Guatemala)、貝里斯、薩爾瓦多 (El Salvador)，以及宏都拉斯 (Honduras) 一帶，全盛時期約在西元三世紀至九世紀，當時約有二百萬人。他們在建築、曆法和宗教方面均甚發達。以建築言，馬雅人可以蓋成高達數十公尺的廟宇和金字塔，但是沒有拱 (arch) 的知識，致使廟宇頂部的寬度不大，宏偉的建築卻祇有狹小的空間。他們把精力花費在建築物的裝飾，也就是雕刻和繪畫上。另外，他們沒有金屬器具，即使在後期有了金屬，也僅用於祭祀的儀禮，他們用黑曜石做成的刀來雕刻，全靠宗教信仰的鼓舞始能成事。所以，他們文化的發展有其極限。

較馬雅文化稍晚，有阿茲特克文化和印加文化。阿茲特克印地安人的文化中心在墨西哥中部，他們的京城提諾克蘭（Tenochtilán，即今墨西哥城)，曾盛極一時，約有二十萬人口。他們的文化成就，包括象形文字、天文、工程、建築，其君主為世襲的王室，其宗教不僅迷信而且殘忍，用活人獻祭，認為人血可以贏得神明的恩寵。有時祭司和戰士甚至吃食獻祭的

㉔ *The New Encyclopedia Britannica* (Chicago, 1987), Vol. 22, pp. 814–15.

阿茲特克印地安人的金字塔，蛇是他們所崇拜的對象

人肉，其所信奉的神有日神和戰神，另有其他的神祇，包括拜蛇。印加印地安人(the Inca Indians)亦曾發展出相當高度的文化，並建有帝國，其頂點在西元1450年至1532年左右，其中心在今秘魯東南部安迪斯山脈(the Andes Mountains)，向西北延伸經厄瓜多爾(Ecuador)，玻利維亞(Bolivia)再南向至智利(Chile)，甚至一度包括阿根廷(Argentina)的西北部。其政治制度為專制帝制，土地屬皇帝、教士或部落，而由年在二十五至五十歲的男性平民耕種，各部落照顧老幼和殘病的人民。他們未能發展出文字，結繩（用不同顏色）紀事，但在醫藥和公共工程（造路和弔橋）方面頗為進步，並知道灌溉和施肥[25]。

這些民族生存的領域，不久即為來自歐洲的征服者和殖民者(conquistador and colonists)所佔據。西班牙人科達士(Hernán Cortes, or Hernando Cortez, 1485–1547)在1519年僅以十船、六七百士兵、十八匹馬和幾門砲便控制了墨西哥，翌年更予完全征服。另一西班牙人皮佐魯(Francisco Pizarro, c. 1476–1541)於1531年僅以三船、一百八十名士兵和二十七匹馬即征服了秘魯印加人所建立的帝國。這些征服的經過幾乎一如傳奇。到十六世紀中葉，西班牙的美洲殖民帝國已經根深蒂固地建立了起來。它分為兩大總督區：一稱新西班牙（New Spain，或稱墨西哥），包括墨西哥、中美洲、西印度群島、委內瑞拉和菲律賓；一稱秘魯，包括西班牙所屬的南美地區如秘魯、智利、阿根廷和厄瓜多爾。這包括二十二個主教區

[25] Edward McNall Burns & others, *World Civilizations*, 6th ed. (1982), Vol. II, pp. 1141–44.

和兩所大學　(每一總督區一所)。 利馬大學 (University of Lima) 建立在 1551 年，墨西哥大學建立在 1558 年，均較哈佛大學（建立於 1636 年）為早。在 1575 年左右，在新大陸的西班牙人約有三萬二千戶（接近十七萬五千人），其中約有八分之五居住在西印度群島和墨西哥，八分之三居南美。有五百萬印地安人，四萬尼格魯黑奴和其他人（包括混血兒）在他們的統治之下。

西班牙和葡萄牙對於拉丁美洲的統治，後來發生極大的影響，尤其是西班牙不僅統治的地區較廣，而且在 1580 至 1640 年期間，西班牙國王兼為葡王， 關係尤鉅 。 西班牙殖民政策的兩大要素為專制統治和父權統治 (despotism and paternalism)。在政治方面，統籌整個大局的還是西班牙的中央政府 ， 由一個設在賽維爾 (Seville) 的印度理事會 (Council of the Indies) 總其成。殖民地的最高首長稱「總督」(viceroy)。最早設立兩個總督區：新西班牙（轄墨西哥及中美洲）和秘魯。十八世紀時又分設另外兩個總督區：一為新哥拉納德（New Granada，轄哥倫比亞、巴拿馬及厄瓜多爾）；另一為拉・普拉達（La Plata，亦稱布宜諾斯・艾利斯，Buenos Aires，轄阿根廷)。總督的薪俸甚高（約合二十萬美金一年)，用意在於養廉。總督亦非可以專斷任意，另外尚有一個諮議會 (audiencia)，總督的行事須諮詢其意見，諮議會議員有不經知會總督而直接上書國王的權利。此諮議會亦係該殖民地的上訴法庭，受理對總督或殖民地政府決策不當的申訴。殖民地政府的基本性質是專制的，教會更是專制統治的助力，教士們要向當地人民說教勸以服從國王及其代理人的重要性 。 十六世紀中葉 ， 異端裁判 (the Inquisition) 亦在拉丁美洲建立作為維持專制統治的工具 。 它在墨西哥城和利馬建立起本部，並四處派人去懲治不合正統尺度的信仰。

在經濟行政方面，父權政治的色彩較濃。所有的土地在理論上均為王室的財產，一如所有的人口皆為王室的子民。不過實際上經濟政策係根據商略主義 (Mercantilism) 的原則，殖民地係為母國的利益而存在者。殖民地經濟主要係由貿易局 (Casa de Contratación, or House of Trade) 在印度理事會的監督下司理，亦設在賽維爾。在當地，則征服者及後來的殖民者享受特別優越的經濟地位。印地安人居於被奴役的地位，要為開礦和農業生產而工作。西班牙人在美洲推行一種特別的分封制度 (repartimiento)，把被征服民族的土地、貨物和勞務分配給征服者。在此情形下，乃因政府頒授土地而有了類似從前中古歐洲式莊園 (manor)，這種西班牙式的莊園 (encomienda, or encomiendas) 使主人可以役使印地安人的勞力，祇是根據法律，他不能剝奪印地安人的私有小塊土地，每週亦不得役使印地安人在四天以上，因要留兩天給他們以自耕其個人的土地。

此外，西班牙人大事開鑿拉丁美洲金、銀等貴重金屬的礦藏，一時使西班牙富甲天下而思大有為於歐洲（在國際政治上的縱橫捭闔及領導對抗改革、企圖撲滅新教等）。不過西班牙的商略主義的經濟政策，對於殖民地及母國也有不良的影響。這種政策的目的，在於使母國商人享有殖民地貿易的專利和不准殖民地發展工業。既然僅注重貴重金屬的開採，就忽視了煤、錳和其他有助於工業的礦藏；為了使殖民地生產糖、棉、煙草以供應母國所需，使母國可以不致因動用金銀向外地購入以平衡貿易，也忽略了其他農業產品。這種限制政策有其惡性影響，從而妨害了母國及殖民地的經濟發展。直到十八世紀初期，波旁王室入主西班牙以後，對於殖民地的政治和經濟才有了有限度的改革，修改了限制政策，亦准許殖民地發展工業和鼓勵多種農業生產[26]。

西班牙和葡萄牙統治拉丁美洲三百年左右，留下很多不可磨滅的痕跡，也發生重大的影響。但是，自從十八世紀初期，即屢有抵抗殖民統治的起事，如 1721 年至 1735 年在巴拉圭 (Paraguay)，1780 年至 1782 年在秘魯和 1781 年在哥倫比亞 (Colombia) 均有人民起事抵抗西班牙統治之事發生。十八世紀末期以後因受美國革命與法國革命的鼓舞，自 1791 年至 1824 年，

[26] 王曾才，《西洋近世史》（臺北：正中書局，民 73，3 版 3 刷），頁 20–23。

拉丁美洲更興起風起雲湧的民族獨立運動。1791 年，在海地 (Haiti) 爆發反抗法國統治的起事，1804 年獲得獨立，成為第一個獨立的黑人共和國。1816 年以後，民族獨立運動獲得很大的進展。墨西哥係在伊圖伯達 (Augustin de Iturbide, 1783–1824) 領導下在 1821 年掙脫了西班牙的統治（此與 1820 年西班牙革命造成有利形勢有關）。他並成立了一個短命的帝國 (1821–23)。在南美，北部有包利瓦（Simón Bolívar, 1783–1830，委內瑞拉人，有「解放者」(El Libertador) 之稱）的領導；在阿根廷、智利、秘魯一帶則有聖馬丁（José de San Martín, 1778–1850，阿根廷人）的指揮。於是乎西班牙的殖民地如阿根廷、玻利維亞、智利、哥倫比亞、哥斯達黎加 (Costa Rica)、厄瓜多爾、薩爾瓦多、瓜地馬拉、宏都拉斯、尼加拉瓜 (Nicaragua)、巴拿馬、巴拉圭、秘魯、烏拉圭 (Uruguay) 和委內瑞拉 (Venezuela) 均在此期間獲得獨立。1825 年以後西班牙在拉丁美洲的殖民地僅保有古巴及波多黎各 (Puerto Rico)。

至於葡萄牙的殖民地巴西，在 1808 年拿破崙入侵葡萄牙時，其王室逃至巴西。1822 年葡王約翰六世（在位時期為 1792–1826）回里斯本，留下長子伯多祿 (Dom Pedro) 作為他在巴西的代表。此年巴西宣布獨立，建為帝國而以伯多祿為帝，是為伯多祿一世。巴西是十九世紀拉丁美洲壽命最長的帝國，至 1889 年始改建共和。此外，希斯本洛拉島 (Hispaniola) 東端的法國殖民地海地 (Haiti)，亦於 1804 年宣布獨立。該島東端殖民地聖多明各 (Santo Domingo)，後來亦建為多明尼克共和國 (Dominican Republic, 1844)。至此歐洲國家在拉丁美洲的殖民地，除了圭亞那（Guiana，分屬英國、荷蘭與法國）和加勒比海中一些小島以及在中美的一小片英屬宏都拉斯外，已無所餘。

值得注意的是，西班牙及葡萄牙在拉丁美洲的諸殖民地，其政治發展與英國和法國的殖民地有異，英國和法國的殖民地成功地發展成大型的國家，即美國與加拿大。拉丁美洲則分別成為二十個國家，其中最大者如巴

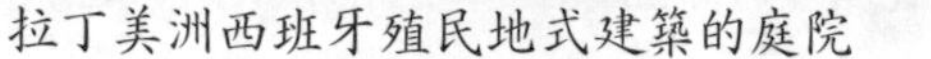
拉丁美洲西班牙殖民地式建築的庭院

葡萄牙巴洛克式殖民地教堂

西，最小者如中美的小共和國以及加勒比海中小島。當時拉丁美洲的民族革命領袖如包利瓦和聖馬丁也抱有聯一各殖民地以建立大國的抱負，但終因殖民統治時期造成的地方和區域的獨立傾向以及在地理條件上與北美不同（交通不便），再加上文化落後（雖然在阿根廷、巴西、智利及墨西哥尚算進步，但拉丁美洲鄉區甚大，為低度開發區）而印地安人亦未能同化等原因終未成功。拉丁美洲除各國政局不穩以外亦常有戰爭，最著者當為 1865 至 1870 年間巴西聯阿根廷及烏拉圭而對巴拉圭作戰，巴拉圭受創極大，除失地外其男性人口死傷至可驚程度㉗。

拉丁美洲的二十個國家，雖然先後獲得獨立，但卻有欠成熟。這有幾個原因，第一是人口結構缺乏同質性，從西班牙殖民地獨立的國家，大致上有 45% 的人口是印地安人，30% 的人口是混血種 (mestizos)，20% 的人口是白人，以當地出生的白人 (Creoles) 居多，以及 5% 的黑人（尼格魯人）。在巴西，尼格魯人佔了一半，四分之一是白人，其他則為印地安人和混血種。以整個拉丁美洲言，白人與非白人的比例為一比四，但白人卻要

㉗ 同上，頁 501。

保持優越的地位，這造成種族衝突。第二個原因是貧富不均，少數的白人掌握有財富，而廣大的農民則常不得裹腹，因而常有週期性的動亂。第三個原因是拉丁美洲人民缺乏政治經驗，沒有受教育的人高達 90%，即使是受過教育的人也多不關心政治，而各國均有激烈的黨派紛爭，常用激劇的手段來改變秩序，而且由於曾經有過長期的獨立戰爭，軍事傳統在各國根深蒂固，軍人自我膨脹㉘。

凡此種種，使拉丁美洲各國缺乏政治穩定，改變與革命頻仍，而軍事獨裁者當道。哥倫比亞在獨立後的一百年間，其政府僅有兩次被暴力推翻，應屬異數。其鄰邦委內瑞拉，其革命與改變之頻頻發生，致使經濟發展陷於停頓。1906 年，軍事強人高梅志 (Juan Vicente Gómez, 1857–1935) 統治委內瑞拉二十六年，始有一段較長的安定期。在中美和南美，有很多黨派間的鬥爭揉雜著宗教因素，而教會介入其中，更使問題複雜化。保守分子多屬大地主，他們常受教會的支持。自由主義分子則多得力於工商階級，常有反教會的傾向，有時他們聯結沒有土地的農民攻擊教士（亦常握有土地）和地主。另外，拉丁美洲的人口增加過速，亦造成很大的壓力。1800 年時，中、南美的人口約一千七百萬，1900 年時增為七千萬，到 1979 年則躍為三億五千萬。巴西人口在 1900 年至 1960 年間，增加三倍以上；阿根廷人口增加尤速，1900 年時為四百二十萬，至 1960 年則為二千萬。墨西哥人口在 1940 年時是二千萬，1968 年成為四千七百萬，1970 年代後期則變成六千七百萬。拉丁美洲的人口增加率高達大約 3%，甚為可怕。與人口劇增相關的發展，便是社會走向極化 (polarization)，少數人握有巨額的財富，而絕大多數的人則陷於赤貧。在本世紀之初，90% 的拉丁美洲人民僅能糊口。在這種情況下，自然潛伏著太多的危機㉙。

㉘　同註㉕，pp. 1155–56。

㉙　Ibid., pp. 1157–58, 1161。

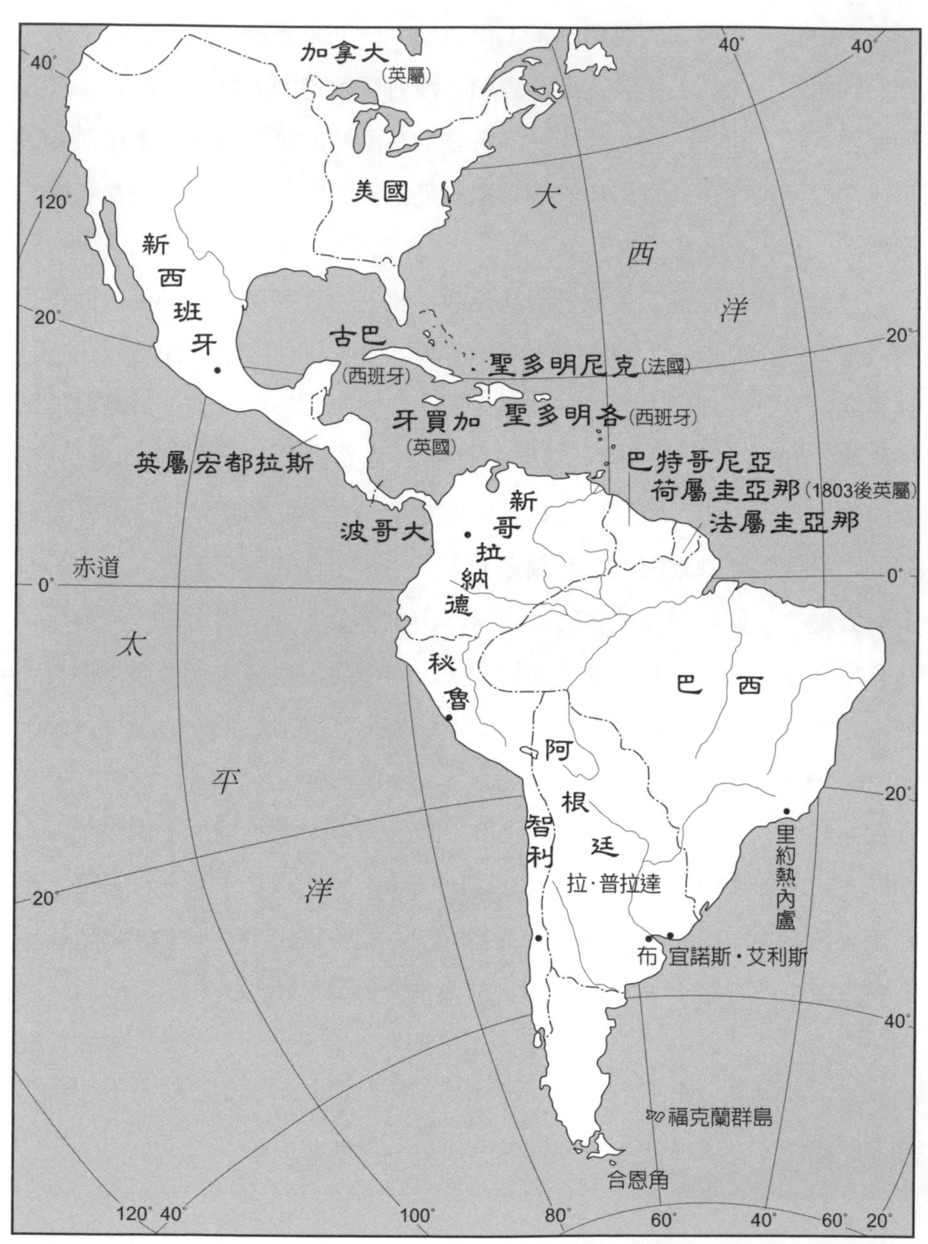

各國獨立前的拉丁美洲（約 1100 年）

各國獨立後的拉丁美洲（括號內的年代表示獨立日期）

第五章
舊民主的新發展

第一次世界大戰的主要目標之一，用當時美國總統威爾遜的話說，是「鞏固民主政治於世界」(to make the world safe for democracy)。民主政治也許並不是很完美的政治型態，但它有其優點：它對衝突可以發生調節作用；它可使政府更具合法性；它可以提昇政治品質；它可以使政局穩定❶。第一次世界大戰以後，民主政治看來有相當的進展，除掉俄、土、奧匈和德意志四大帝國崩解以外，許多新興的國家也紛紛地採取了民主的政治型態。民主制度更因婦女獲得參政權和社會立法的推廣，而在內容上更形充實。但是，這種推展似乎限於西歐和北美。在東歐和南歐，因為大部分人口為文盲而民族分子龐雜，未能成功。至於中南美和亞洲，亦未能於此時奠下良好基礎。另一方面，民主制度的得勢也未能持久。到第二次大戰爆發前，在當時的二十七個歐洲國家中僅餘下十個仍保留民主制度。這十個國家是：英、法、荷、比、瑞士、捷克、芬蘭、瑞典、挪威、丹麥。另有兩個主要的民主國家則為新世界的美國和加拿大。這些民主國家係因有深厚的傳統和人民對本身制度有甚大的信心，始能經得起考驗而不渝。

本章敘述英國、法國和美國的情況，這三個國家不僅為主要的民主國家，且代表民主制度的不同型態。英、法屬於議會制的民主 (Parliamentary Democracy)，而美國則為總統制的民主 (Presidential Democracy)，二者民主的本質相同，而體制與運作則互異，加拿大則為一兼具美國聯邦制和英國議會內閣制的國家。

---

❶ Andrew J. Nathan, *The Chinese Democracy* (New York: Knopf, 1985).

第一節　英　國

英國是最老牌的民主國家，也是典型的議會（內閣）制的國家。此外，英國也是標準的從「體制內」進行改革或改造的國家，英國自從「光榮革命」(Glorious Revolution, 1688–89) 建立下來了一個一直為後來所接受的基本架構，連反對黨也是「英王陛下的反對黨」(His or Her Majesty's Opposition)，與執政的「英王陛下政府」(His or Her Majesty's Government) 相頡頏。

英國在第一次大戰中損失慘重，有七十五萬人戰死和一百五十萬人受傷❷；全部的戰爭費用超過八十億鎊❸，國債由 1914 年 3 月的六億五千萬鎊增至 1920 年 3 月的七十八億二千八百萬鎊，增加十倍有奇；其商船船隊損失 40%；海外投資亦多處歸於烏有。國內在政治、經濟和社會方面也有若干的轉變。

一、政治發展

英國的政治制度是典型的議會制的民主，此種體制由英國著先鞭，後來成為歐洲民主的典範。在此種體制下，行政與立法部門並無絕對而完全清晰的劃分，但是內閣必須能控制國會的多數。這種體制是由許多先例的發展而逐漸形成的，在人民參政權方面，自從 1832 年迄 1885 年，由於一連串的改革，絕大多數的男性公民已獲得投票權。雖然，一直到 1900 年，英國的下議院 (House of Commons) 其成員仍富貴族色彩，而有「歐洲最佳俱樂部」(best club in Europe) 的稱號。它的注意力多投注於帝國和外交事務，保守黨經常佔多數。但 1906 年以後，情況改變，自由黨贏得大選，致

❷ 一說一百萬人戰死，二百萬人受傷。

❸ 1931 年以前，每鎊折合四點八六美元。

力於社會立法，改革所得稅與遺產稅，並且限制上議院的權力，民主政治已相當成熟❹。

戰後英國的民主政治繼續增進，1918 年所有二十一歲以上的男子與三十歲以上的女子皆獲得投票權，1928 年通過了《平等參政權法》(*Equal Franchise Act*)，使女子有了與男子相同的政治權利（即年滿二十一歲的婦女有投票權）。戰後英國政治最引人注意的，是自由黨的衰退。1915 年 5 月，自由黨的阿斯奎茨內閣 (the Asquith Ministry) 改組為聯合政府。1916 年 12 月再由勞合・喬治改組為戰爭內閣 (War Cabinet)、巴福爾 (A. J. Balfour) 繼葛雷為外相。不過，阿斯奎茨的自由黨人漸不贊成勞合・喬治的政府，自由黨的分裂使之衰弱，而勞合・喬治漸賴保守黨的支持。1918 年 12 月，勞合・喬治內閣雖贏得「卡其選舉」(khaki election) 而組成聯合政府 (1919–22)，至 1922 年 10 月由於保守黨不再予以支持而下野。

1922 年舉行大選，因自由黨分裂為阿斯奎茨及勞合・喬治兩派而不能集中力量。1922 年大選的結果，保守黨獲三百四十五席，工黨獲一百四十二席，自由黨僅得一百一十七席。於是，素來在英國政壇舉足輕重的自由黨降為第三位，而工黨第一次成為「英王陛下的反對黨」。不過，英國選民此時對工黨的治國能力並無信心，對於國有化也不無疑慮，使自由黨仍然有一些發展的空間，此使戰後有一段時期，英國兩黨政治的運作，並不完全明朗，而有一些「三黨制度」(three-party system) 的意味。但是，自由黨並未能夠再度復起，它所發生的一些政治功能，也隨著時間而逐漸降低，因而在第一次世界大戰以後和第二次世界大戰以前的這一段時間，在基本上仍為兩黨制，不過這兩黨已經變成了工黨和保守黨❺。

---

❹ H. Stuart Hughes, *Contemporary Europe: A History*, 5th ed. (1981), pp. 21–22.

❺ Robert O. Paxton, *Europe in the Twentieth Century* (New York, 1975), pp. 244–45；Alan R. Ball，王曾才、蔡百銓合譯，《英國政黨》(*British Political Parties*)（臺北：國立編譯館，民 77），頁 112–19。

英國之所以實行兩黨制度，有其重要的因素。第一是英國的選舉制度，在選舉名額方面，採行「單一選區制」(single member district system)，每個選區僅選出下議院議員一人，全國分為六百五十個選區，而下議院議員名額也是如此，選舉時各黨推出候選人角逐，由得票最多者當選，此種制度不利於小黨或走向衰落的政黨，而有利於大黨，是非常顯然的。第二是英國一直有兩黨的傳統，先是有托利黨 (the Tories) 和惠格（維新）黨 (the Whigs) 之別，後演為保守黨與自由黨之分，再變成保守黨與工黨的對峙。第三是英國人民結構趨於溫和中庸，雖有爭議，但具有共同的基本價值取向，此使政黨發展空間向中間集中，不易有極為激烈的重大政治力量產生。

本時期重要的政治人物，工黨為麥克唐納 (Ramsay MacDonald, 1866–1937)，在保守黨則為鮑爾德溫 (Stanley Baldwin, 1867–1947)。兩人的出身與風格不同，麥克唐納為蘇格蘭佃戶之子，他所領導下的工黨政府經常需要自由黨的支持，始能維持半數以上，他的基本政策是解除戰時管制和採取類似經濟自由主義的立場，此為當時選民所需要，而他的領導奠定了工黨的執政政黨地位。鮑爾德溫出身鋼鐵製造業，除了第一屆工黨政府時期 (1929–31)，他在 1924 年至 1937 年不斷入閣，並在 1923 年、1924 至 1929 年、1935 至 1937 年間擔任首相。他是第一個直接以名字稱呼內閣閣員的首相，也是第一個善於利用廣播的首相。他不著重貴族氣氛，把保守黨塑造成為一個務實的、中產階級的政黨。

保守黨雖然贏得 1922 年 11 月的大選，但首相鮑納．勞 (Andrew Bonar Law, 1858–1923) 在職不過半年即死，鮑爾德溫繼任首相。鮑爾德溫主張實行保護關稅政策，但英國素以自由貿易為其基本政策，他決定在 1923 年 12 月舉行大選以訴諸民意。大選結果，保守黨獲二百八十八席，成為國會中最大的政黨，但未能控制國會的多數，工黨有一百九十一席和自由黨有一百五十九席（無一黨得多數）。由於工黨及自由黨均反對保護關稅，於是聯合起來反對保守黨，因而麥克唐納得以組成工黨的第一屆內閣

（1924 年 1 月至 11 月）。內閣中的財相斯諾登 (Philip Snowden) 出身文書員；內政部長韓德遜 (Arthur Henderson) 原為鐵匠。1924 年因自由黨不再與工黨合作，此年 10 月 29 日舉行大選，恰在選舉前數日（10 月 25 日）《每日郵報》(*Daily Mail*) 忽公布《齊諾維耶夫信函》而使工黨蒙受不利影響，結果保守黨獲大勝，在下院中佔了四百一十九席，超過另外二黨所獲席次總數達二百零九席❻。於是保守黨在鮑爾德溫領導下執政四年又半。1929 年 5 月再舉行大選，此次工黨獲勝，麥克唐納出面組成第二次內閣（1929 年 6 月至 1931 年 8 月）。

工黨內閣組成後不久，美國紐約華爾街股市發生「崩盤」(Crash)，經濟大恐慌遂即開始。1931 年，麥克唐納內閣因預算及財政危機而請辭，但英王有鑑於當時國情不宜舉行大選，乃促使組成包括工黨、保守黨與自由黨在內的全國聯合政府 (National Coalition Government)，仍由麥克唐納領導。但是，麥克唐納自己的工黨內部卻因有人反對聯合政府而脫黨。1931 年 10 月的大選，全國聯合政府贏得五百席的多數，麥克唐納繼續擔任首相（1931 年 10 月至 1935 年 6 月）。不過，保守黨的勢力日大，在全國會六百一十五席中，保守黨佔了四百七十一席，麥克唐納所獲的支持實屬有限，至 1935 年 6 月他去職。麥克唐納的繼任人為保守黨領袖鮑爾德溫，仍以全國聯合政府為名。此年 11 月，鮑爾德溫舉行大選，全國聯合政府獲四百三十一席，其中保守黨佔三百八十七席。此次 (1935) 大選所選出的國會在第二次大戰爆發後獲延長，直迄 1945 年 7 月英國始再行大選。政府雖屢經改組，一直為聯合政府。1937 年 5 月張伯倫 (Neville Chamberlain) 取代鮑爾

---

❻ Sir George Clark, *English History: A Survey* (Oxford, 1971), p. 519; William L. Langer, ed., *An Encyclopedia of World History*, 4th ed. (1968), pp. 980–81; Ivor Jennings, *Parliament*, 2nd ed. (Cambridge, 1970)；陳堯聖，《英國國會》（臺北：商務印書館，民 75，初版）；雷飛龍，《英國政治制度論集》（臺北：商務印書館，民 72，2 版）。

德溫為首相，他就是以妥協和安撫侵略者有名的張伯倫，第二次世界大戰爆發後，他的領導漸趨不穩，1940 年 5 月邱吉爾繼任。

1936 年，在鮑爾德溫擔任首相期內，發生英王愛德華八世（Edward VIII, 1894–1972，在位時期 Jan. 20–Dec. 11, 1936）遜位事件。愛德華八世為喬治五世之子，於乃父在 1936 年 1 月死後登基，不過在位時期不到一年，便以「不愛江山愛美人」而遜位，此因他堅持要娶一個離婚兩次的美國女人辛浦生太太 (Mrs. Wallis Warfield Simpson) 為后，鮑爾德溫首相乃力持反對，各自治領政府領袖亦極不贊成，他們認為英國國王如有這麼一位配偶，當不便擔任教會的「最高統領」(Supreme Governor)。當然問題並非如此簡單，因為愛德華八世在社會及外交政策方面的主張亦常為首相所不贊同。於是鮑爾德溫既得坎登堡大主教的支持，又聯合各自治領政府，堅決主張國王婚姻應諮詢其大臣的慣例而反對此婚姻。愛德華八世請用貴庶通婚 (morganatic marriage) 的方式來處理，即國王配偶無王后資格和所生子女無繼承王位權利，亦未能成。他在遜位前發表廣播演說，昭告英人及世人說：「我發現沒有我所摯愛的女人的幫助和支持，無法負擔起治國的重任，以及執行君主的職責……」(I have found it impossible to carry the heavy burden of responsibility and to discharge my duties as king as I would wish to do without the help and support of the woman I love)。遜位後受封為溫莎公爵 (Duke of Windsor)，娶辛浦生太太而長住法國，1972 年始死於法國，流亡巴黎達三十六年。他遜位後，王位由乃弟喬治繼承，是為喬治六世（George VI, 1895–1952，在位時期為 1936–52）。

二、經　濟

英國是最早發生工業革命的國家，其工業化與都市化的程度甚深。再加上英國所需要的食品有 60% 依賴進口，英國的經濟型態是典型的工業化的島國型態，必須大量出口，對外輸出資本和勞務（航運及保險等）來維持。在第一次大戰之前，就已因為新工業國不斷興起和各國採取保護關稅政策，使英國輸出受到挑戰。大戰之後，英國既欠美國戰債達四十六億美元之巨（英國對盟邦的貸款和所應得的賠款固超過此數，然卻無法收回），又喪失了許多在外國的投資和原有的海外市場，因而情況更為不利。1913年時英國輸出仍佔全世界 13.93%，至 1929 年左右則降為 10.84%。英國在1914 年時仍為自由貿易國家。第一次大戰期內間或加稅，尤其是 1915 年後為節省船運空間而有麥肯納關稅 (Mckenna duties) 之徵收，對汽車、摩托車、鐘錶、樂器及電影等徵進口稅達其本值之 $33\frac{1}{3}\%$。此種稅收在戰後仍舊維持，自由貿易的傳統乃被打破。1921 年又有《保障工業條例》(*Safeguarding of Industries Act*)，對重要（關鍵）工業（化學、光學、精密儀器等）的產品抽稅 $33\frac{1}{3}\%$，此後又有其他法規加稅於其他進口貨品。不過，英國就其依賴進口之大而言，在 1931 年前仍自認其為貿易自由的國家。

十九世紀以來，英國曾經是非常重要的經濟國家。英國的優越地位原本建立在金本位制度，世界各重要貨幣均可自由兌換，以及倫敦是世界金融中心的兩大條件上。但是，金本位因戰時通貨管制而中斷，而戰時英國喪失了投資關係和海外投資的損失，也使倫敦不再能掌握世界金融市場。因此，戰後在英國一直有恢復金本位的呼聲。1925 年 4 月，鮑爾德溫內閣的財相邱吉爾在其預算演說中宣布恢復金本位制度，此後在世界各地英鎊均可兌換黃金。但這並非典型的金本位制度，因為在英國國內交易並不發行金幣。不過，它仍給予人一種恢復舊觀的幻象。但是，恢復金本位的措施，在 1920 年代並未能給英國帶來繁榮，甚至是一個負面的變數。此因邱吉爾堅持依照 1914 年的標準，來定英鎊對美元的匯率。經濟學家凱恩斯 (John Maynard Keynes, 1883–1946) 乃發表《邱吉爾先生的經濟影響》(*The Economic Consequences of Mr. Churchill*, 1925)，指出此一措施使英鎊超值約 10%，而英國在 1920 年代的出口水準從未恢復到 1914 年時的狀態，這使英國輸出困難❼。

不久經濟大恐慌發生。英國於是經常有保護關稅的壓力。英國在經濟大恐慌的衝擊下，本來就很難維持平衡的對外貿易，更是逆差大增。1932年國會通過《進口關稅條例》(*Imports Duties Act*)，將進口貨物（特定免稅的原料品除外）一律課徵 10% 的進口稅，有的項目甚至超過 100%。不過，此種稅率僅限英國本土，每一自治領及尚未取得自治領地位的印度均可自定其關稅稅率，各直轄殖民地仍多採行自由貿易。此外，基於帝國優惠的原則，英國與各自治領之間仍有互相優惠的關稅。1932 年 8 月，英國更與各自治領締結《渥太華協定》(*Ottawa Agreements*)❽，企圖聯結英國及各自治領為一自給的體系以對抗外界，但並沒有成功。經濟大恐慌時期，英國面對金融投機者以英鎊擠兌黃金，造成英國黃金儲備大量流失的情形，英國政府在 1931 年 9 月 21 日放棄金本位並貶值英鎊約 25%，由原來每鎊兌四點八六美元改為三點四九美元。至於失業問題，英國首行失業救濟辦法，1921 年通過《緊急失業救助條例》(*Emergency Unemployment Act*)，失業男子每週得領二十先令，女子得領十八先令。失業問題在 1929 年後在英國本已和緩，但後受經濟大恐慌影響，在 1932 年時直叩三百萬數字大關。政府祇有一方面用各種方法鼓勵輸出及補貼工業生產，一方面加強社會保險。

在勞工政策方面，工會組織早在 1824 年在英國即為合法，而且此後發展迅速。英國工會並無統一的組織，1868 年乃有工會聯合大會 (TUC: Trades Union Congress) 之組織以為協調機構，絕大多數工會亦皆加入該組織。1900 年有勞工代表委員會 (Labour Representation Committee)，該組織更於 1906 年變成工黨。戰爭使勞工運動興盛，1920 年時英國有工會組織一千三百六十個，成員達八百三十四萬餘人。英國工人工資已甚高，且罷工頻仍。但是，一些「夕陽」工業如煤礦、紡織業的從業工人的工資與物

---

❼ Paxton, op. cit., p. 247.

❽ 先是在 7 月 20 日至 8 月 21 日召開渥太華帝國經濟會議 (Ottawa Imperial Economic Conference)。

1926年英國交通運輸工人罷工，反對罷工人士設法解決交通問題

價相較，並無太多實質的增加。其中尤以工會聯合大會因同情煤礦礦工而於 1926 年 5 月 3 日至 12 日發動總罷工，其中包括交通運輸工人、印刷工人、鋼鐵及建築工人等，罷工人數達二百五十萬人之多，中上層人士乃出而組成志願隊來維持交通運輸及其他服務，頗有社會階級分裂的情形，全國輿論亦譴責罷工。工會聯合大會於獲得將再藉談判改善工人待遇後撤銷總罷工，但煤礦工人則繼續罷工至 11 月 19 日始無條件停止其行動。經濟大恐慌期間，因為失業者眾，工運亦衰。1932 年時各工會成員人數僅有 1920 年時之一半。

英國的財富分配，雖然經過很大的社會變遷，仍然不夠公平。1929 年時，2.5% 的英國人擁有全國財富的三分之二，而 1.5% 更富有的人，其收入佔全國收入的 23%。在基層佔全人口三分之二的人是賺取工資者，他們的收入祇佔全國收入的三分之一。但即使在工資階級中間也有不平等的現象：印刷工人每週賺七十五先令；農業工人祇有三十五先令。鐵路工人拿回家的每週工資是六十八先令，而紡織工人祇有五十先令。在各行各業中，男人的工資是婦女工資的二倍。不過，當時在社會上已有源遠流長的走向平等的趨勢。它引起了工會的興起，福利國家的肇始，以及第一次世界大戰期間的零失業率現象。雖然 1913 年全國收入祇有 3% 用於社會服務，1920 年代社會服務支出已達到全國收入的 10%。這 10% 的比率在 1930 年代再沒有加多，而且也沒有平均加惠於貧民。三分之一的貧民事實上沒有得到社會服務的照顧❾。

三、宗教與教育

在宗教方面，英格蘭教會是聖公會，蘇格蘭教會為長老會，兩個教會在兩地都享有特殊的地位，政府也予以財政上的補助。不過，英國各地均有高度的信仰自由。除了上述兩個教會以外，英國尚有若干獨教會 (Nonconformist Churches)，包括公理教派 (Congregationalists)、美以美派 (Methodists)、浸信會派、貴格（信友）派以及天主教等，則與政府無關連。英國國教會依法由英王擔任最高統領。他在首相的同意下任命大主教及主教和提名其他教會官員。實際上，則係由政府磋商教會當局後任命的。在任命教會職工方面，贊助教會的大戶有相當大的影響力。1919 年通過了一項《英格蘭教會大會（權力）條例》(*Church of England Assembly* (*Powers*) *Act*)，其目的為予教會較多的自治權，當然最後的威權仍操諸國會。教會大會係由三院或三個團體組成，一為主教，另兩個則代表基層教士與平信徒。教會大會所通過的措施，則呈交予國會的一個聯合委員會，該一委員會由下議院與上議院各派十五名議員所組成。該委員會負責審查此項措施，然後交由國會來裁定。英國國教會（聖公會）在威爾斯本亦享有國教地位，但在 1920 年正式解除。在教育方面，英國與美國及若干歐陸國家相比，實施強迫義務教育較晚。不過，1870、1891 與 1902 年的《教育法規》在這方面已奠定基礎，1918 年的一項新《教育法規》乃能更進一步。此後十四歲以下的兒童必須入學，而兒童在十四歲離校後尚須每年入學三百二十個小時直迄十八歲為止，不過連續接受教育至十六歲完成正規教育始離校者方無此義務。更重要者，1918 年的《教育法規》禁止雇用十二歲以下的兒童，十二歲至十四歲間受雇的兒童則限在放學之後與下午 8

❾ Clayton & David Roberts, *A History of England*（賈士蘅譯，《英國史》下冊，臺北：五南，民 75), pp. 1028–29.

時之前。初級教育為免費的，中等教育則廣設獎學金。在大學教育中，牛津和劍橋仍享優越地位 。 牛津大學在 1920 年正式准許攻讀學位的女生入學。第一次世界大戰以後，英國的高等教育趨於發達，倫敦大學的發展尤屬顯例。

另一方面，本時期英國的教育制度有待改進之處仍多。學校有三種不同的類型。

教育制度之包括三組不同的學校，也造成階級間的差別。上流社會將其子女（佔全國兒童 6%）送入公立學校 (Public School) 就讀，其學費超過一個工人全年的收入。中產階級將子女送入文法學校 (Grammar School) 或中等學校。工人階級的子女上初級學校。根據法律的規定，文法學校必須保留 25% 的名額給在「免費列位考試」中成績優異的初級學校學生。這種半私立學校收費高昂，非一般工人所可負擔。對於工人階級的子女而言，通過免費列位考試是很困難的一件事。其結果是：在倫敦最困苦的七個在議會中有代表的城市中 ， 每一千名窮學生中祇有 1.3% 贏得獎學金上文法學校。其餘的窮學生仍留在初級學校，一直到他們十四歲。他們所學到的東西很少。而在文法學校中，全國 14% 的十一歲兒童，也就是中產階級的子女，學習現代語言、數學、歷史及科學。他們之中 68% 將進入商業界或從事次要的專業，成為會計師、律師、書記及公務員 。祇有 14% 進入大學。大學主要是為在有特權的公立學校中締結了友誼並養成了上流階級意識的學生所保留。他們上牛津和劍橋，而後進入國會、四個律師院，然後擔任高級公職、進入陸、海軍軍官團、成為財經界的峰層人物或加入倫敦最好的俱樂部。他們成為保守黨、自由黨或勞工黨的領袖。這三種不同的教育管道塑造了三個不同的世界：一是統治階級的世界，一是商業及專業人員的世界，一是賺取工資者的世界。自由黨、勞工黨及保守黨所依靠的選票及領導人才均來自這三個世界。這三個世界時運的互相起落，構成了不列顛政治的基本問題。在真正著手解決經濟及政治問題以前，這個問題必須首先解決❿。

四、愛爾蘭問題

愛爾蘭問題是英國長久以來未能解決的難題。1914 年，愛爾蘭《自治法案》 (*Home Rule Bill*) 成為生效的法律， 但旋因大戰爆發而決定暫緩實施。本來愛爾蘭北部六郡，即習慣上稱為額斯特 (Ulster) 的地區，因新教徒人數佔多數而工業化的程度亦較深，拒絕加入天主教徒佔多數的愛爾蘭南部的體系。大戰爆發後，南、北愛爾蘭均表示與英國合作。愛爾蘭在最初數月也提供了若干志願軍，但是反對英國統治的共和派革命分子組成新芬黨（Sinn Fein，其原意為「吾黨」，We Ourselves），他們要脫離英國而完全獨立。第一次世界大戰期間，英國政府忙於戰備，新芬黨人則主張趁機行事。他們並與德國建立聯繫而擬於 1916 年的復活節舉事，德國方面曾允助以軍火，但後以計畫洩露，德國輸送軍火的船隻被迫鑿沉以免被捕獲。不過，愛爾蘭人仍決定舉事，此即 1916 年 4 月 24 日起事的所謂「復活節之亂」(Easter rebellion)。但至 5 月 1 日即為英國軍隊所平定，首領波爾斯 (Patrick Henry Pearse, 1879–1916) 以及另一乘德國潛艇來愛爾蘭起事的凱斯門 (Sir Roger Casement, 1864–1916) 等被處死 。 但是新芬黨人仍繼續發展，1918 年英國企圖在愛爾蘭徵兵因遭受抵制而終告放棄。第一次大戰結束後，1918 年 12 月大選，新芬黨人在愛爾蘭大獲勝利，但是他們拒絕前往倫敦出席國會而於 1919 年 1 月在都柏林自組愛爾蘭國會 (Dail Eireann, or Diet of Ireland)， 並宣布愛爾蘭為獨立共和國 。 於是 1919 年至 1921 年間， 愛爾蘭共和軍 (IRA: Irish Republican Army) 新芬黨中之黷武分子與英軍展開游擊戰。新芬黨人中的葛理芬茨 (Arthur Griffith, 1872–1922) 和柯林斯 (Michael Collins, 1890–1922) 等人態度較為妥協， 願意接受南愛爾蘭取得自治領地位和北愛爾蘭仍由英國統治的安排 ； 但是戴凡勒拉 (Eamon de

❿ Ibid., pp. 1029–30.

Valera) 等人則堅決主張愛爾蘭應為獨立的共和國。

1921 年 12 月，英國終於予南愛爾蘭自治領地位並使之另組愛爾蘭自由邦 (Irish Free State)，有其自己的議會 (Dail) 和充分自治。至於額斯特（北愛爾蘭），仍在英國治理之下。但新芬黨中之激烈分子，尤其是愛爾蘭共和軍反對此種安排，亦反對將北愛爾蘭分出，他們採用暴力手段來抗爭。同時，戴凡勒拉於 1926 年另組愛爾蘭非尼安黨 (Fenians of Ireland, or Fianna Fail)，反對愛爾蘭自由邦。1927 年後，戴凡勒拉所領導下的黨派成為主要的反對黨。1932 年的選舉，戴凡勒拉的黨更獲勝執政，戴凡勒拉成為總理。此後雙方關係便更進一步的惡化。戴凡勒拉為斬斷與英國的法理關連，禁止司法案件上訴於英國樞密院 (Privy Council) 和廢除總督（英王在自治領的代表）。最後，1937 年公布新《憲法》，改愛爾蘭自由邦為愛爾 (Eire)，對英王在愛爾蘭的地位未予明確界定，並將習慣上屬於總督（英王代表）的職權由愛爾蘭總統來行使。此時愛爾蘭已事實上成為愛爾蘭共和國。1938 年，英、愛簽訂協定結束雙方的關稅戰爭。1939 年，第二次大戰爆發後，愛爾蘭採中立政策。1949 年英國承認愛為獨立共和國。

至於北愛爾蘭（額斯特），則迄為聯合王國之一部。在貝爾法斯特 (Belfast) 成立單獨的政府，並有內閣對之負責的兩院制議會，除外交、國防以外有自治權，並選派十三名議員出席倫敦的下議院。

五、大英國協

號稱「日不落」的大英帝國，曾有其不可一世的盛況。1920 年時的大英帝國控有一千三百萬平方哩的土地，以及五億左右的人口，佔了全世界面積的五分之一和全球人口的四分之一。本來在海外殖民拓展的過程中，西方人所建立的殖民地就有兩種不同的類型：壓榨殖民地 (colonies of exploitation) 和居留殖民地 (colonies of settlement)。前者是西方人取得統治權以後，當地的居民和文化景觀仍舊可以保留的殖民地，後者則是西方人和他們的文化與制度都移殖過去的殖民地。英國的居留殖民地後來都發展成自治領 (Self-Governing Dominion, or Dominion)，這包括加拿大、紐芬蘭、澳洲、紐西蘭以及南非聯邦。這些自治領都是相當先進的地區，在第一次世界大戰中也頗有貢獻，它們組成參戰的軍隊多達一百五十萬人，它們也提供了很多的物資。它們深深感到自己力量的強大，民族自決的呼聲也助長了它們的地位。同時，戰後除紐芬蘭外，各自治領均加入國際聯盟，印度雖尚非自治領亦獲加入。加拿大更領先在 1920 年時派出外交代表駐節外國和與外國談判訂約。

自治領的日益壯大，必須有一種新的關係的調整。1923 年舉行的帝國會議 (Imperial Conference) 中承認各自治領有與外國締訂條約的權利。1926 年的帝國會議決定釐清各自治領的法定地位，會議也決定英國君主的正式全銜為「喬治五世，奉天運，不列顛、愛爾蘭及海外各自治領之王，信仰的保衛者，印度皇帝」(George V, by the Grace of God, of Great Britain, Ireland, and the Dominions Beyond the Seas, King, Defender of the Faith, Emperor of India)。會議亦同意在各自治領總督為英王代表，他在各自治領所擔任的政治角色一如英王在英國所擔任者。會議並特設「帝國關係委員會」(inter-imperial relations committee)，並為自治領下定義為：

> 它們皆為大英帝國內的自治社群，彼此地位平等，在內政或外交方面互不統屬，藉對王室的共同忠悃而聯合，並自由結連為英國協的各成員⓫。

⓫ 原句作：They are autonomous Communities within the British Empire, equal in status, in no way subordinate one to another in any respect of their domestic or external affairs, though united by a common allegiance to the Crown, and freely associated as members of the British Commonwealth of Nations. 本節參考 C. E. Black & E. C. Helmreich, *Twentieth Century Europe: A History*, 4th ed. (New York: Knopf, 1975), pp. 275–96；王曾才，《西洋現代史》(臺北：東華書局，民 78，7 版)，頁 177–205。

這些議案至 1931 年為英國國會通過，是為《威斯敏特法規》(*Statute of Westminster*)。該法規並規定如無各自治領之同意不能變更《英國王位繼承法》，而英國國會所通過的法律除非應某自治領之請不再適用於該自治領。

英國與各自治領合組為大英國協 (British Commonwealth of Nations) 為英國政治家能適應實際情況的明證。大英國協的設計，顯示出英國人具有彈性和妥協的能力，英國曾經因為使用強力而喪失了北美十三州和愛爾蘭，現在記取了教訓。由於大英國協的肇建，使各自治領與英國的關係成為平等的伙伴關係。但是，英國對它們仍有高度的影響力，1939 年第二次世界大戰爆發時，各自治領均決定與英國並肩作戰，加拿大、澳洲、紐西蘭自不必說，即使是對納粹德國的種族主義不無同情之意的南非聯邦也對德國宣戰。

第二節　法　國

法國也是民主先進國家，此時期亦採行議會（內閣）制度（1958 年以後的第五共和始行總統制、或總統制色彩極濃的混合制）。它有與英國顯著不同的地方：第一它是多黨制的國家，第二它慣於進行「體制外」的改革或改造。

法國在第一次世界大戰中損失非常慘重，其情況尤勝於英國。以人力受損的情形而言，法國有一百三十八萬多士兵戰死，傷殘的人數更超過三百多萬，據估計在 1914 年時年齡在二十歲到三十二歲之間的男子超過一半被殺死。法國人口在 1914 年時接近四千萬，但在 1919 年時，即使是加上收復的亞、洛兩州，人口不到三千九百萬；以物力受損害的情況而言，法國北部和東部是主要的戰場，據估計，法國所花費的戰費超過兩百六十億美元，財產損失也有兩百億美元之鉅。凡此種種，可以看出大戰對法國的傷害之大。

一、政　況

法國是多黨制的國家，這些政黨雖在戰時以「神聖團結」(union sacrée) 相號召，彼此間的不滿與分裂實仍在滋長。戰後原存於左派（反教會色彩的共和派）與保守色彩的右派之間的衝突又告恢復。不過左翼方面的社會黨人與工會運動者因對俄國革命究應採取何等態度的問題而分裂，1920 年社會黨正式分裂，其中的左翼決定服膺第三國際的領導而採取莫斯科路線，成為法國共產黨。至於社會黨則為法國左派政治勢力中的主要政黨，其政策為改革主義的路線。緣因法國社會黨 (SFIO)，其原義為「第二勞工國際的法蘭西部分」(French Section of the (Second) Workers' International)，為前述 1920 年法國社會黨人表決，其激烈派決定參加第三國際以後所餘下的部分，在 1924 年左右變為法國國會中另一主要的左翼政黨。他們雖然標榜馬克斯社會主義，以及工人革命，但卻重視議會制共和，認係達成社會主義目標的第一個步驟。法國社會黨在必要時，在選舉中願意與法蘭西激烈黨 (French Radical Party) 合作，以免立場較溫和的左翼力量分裂，但是他們卻不願意參加「資產階級的」(bourgeois) 內閣，而希望有朝一日能夠在大選中獲得多數，單獨執政。至於法蘭西激烈黨，其前身則為 1860 年代激烈黨 (the Radicals)，其實並不「激烈」，他們主張普選、國會監督政府延至義務教育至中學，以及政、教分離等等。他們雖可在選舉中與社會黨合作，實則二者政見相去甚遠而無法有密切的聯合。工會方面，也為了究竟對莫斯科要採取何種態度而爭論不休，最後在 1922 年正式分裂，傾向共產主義者另組聯合總工會 (CGTU: Confédération Général du Travail Unitaire)，而原來的總工會 (CGT: Confédération Général du Travail) 則走社會主義色彩的穩健路線。法國勞工組織的分裂，直迄 1936 年上述二工會聯合改組並加入總工會方始停止。

右派方面，主要的是民族集團派 (Bloc National)，受工商及財政界支持，他們傾向於支持軍隊與教會，並注重經濟發展與政治穩定。至於極右傾的法蘭西行動派 (Action Française) 仍然採取反對共和的保王色彩，不過其活動主要係在國會之外，為一壓力團體。

兩次大戰之間，民族集團派的領袖如克理孟梭、米爾蘭 (Alexandre Millerand, 1859–1943)、朋加萊等人固為重要人物。不過，激烈社會黨領袖赫禮歐 (Édouard Herriot, 1872–1957) 和社會黨領袖布魯穆 (Léon Blum, 1872–1950) 亦屬關鍵性的有力政治分子。

第一次世界大戰以後，右派的政團當政，政績平平。1921 年白理安內閣恢復與教廷的外交關係⓬，並放鬆若干教會法規的執行，使左派又有了攻擊的藉口。在外交政策方面，右派當政的成績亦不令人滿意，《英美保障條約》未能批准、賠款收取未能如意，而朋加萊內閣出兵佔領魯爾之舉 (1923)，法國實為「慘勝」，遭受很多非議，此因自由派政團不願與英、美交惡而左派（尤其是社會黨）因相信德國威瑪共和而不主張在國際事務上用武。1924 年的大選，左翼聯盟 (Cartel des Gauches) 獲勝，赫禮歐出任總理（1924 年 6 月至 1925 年 4 月）。不過，白理安擔任外長，故共同安全體系仍得推行，其中尤以《羅迦諾公約》為一大成就。此後閣潮起伏，選舉頻仍，第三共和的內政始終不穩定如故。此主要係因政黨眾多，而最後必須組成聯合內閣方能執政；另一方面，各黨黨紀不算嚴格，代議院中的議員常投票反對參加內閣的本黨領袖的政策。從第一次大戰結束至 1933 年 1 月，法國內閣更迭二十七次，德國十四次，英國七次。1932 年的大選，左派政黨大獲勝利而得三百五十席，其中激烈黨一百六十席，社會黨一百三十一席和共產黨十席，但卻不能合作，社會黨拒絕與激烈（社會）黨共組內閣。激烈黨被迫與不同的左派小黨和中間路線政團合組內閣，結果十九個月以內竟六易內閣⓭。如果看看第三共和時代的整個政治史，則 1870 至

⓬ 1904 年法國與教廷斷絕外交關係。

⓭ C. E. Black & E. C. Helmreich, *Twentieth Century Europe: A History*, 4th ed. (New

1920 年間有六十四次內閣更迭；1920 至 1940 年間更又另有四十三次之多⓮。這種政況不穩的程度，是在英國或美國不可想像的。

法國因為政治與社會結構在此時尚不堅實，有時承受不住突發的打擊。1934 年發生的史達維斯基醜聞案 (the Stavisky Scandal)，幾乎動搖了第三共和的根本，其嚴重性令人回想到十九世紀和二十世紀之交的大案德雷福事件 (the Dreyfus Affair)。緣史達維斯基 (Serge Alexandre Stavisky, 1886?–1934) 是一個有俄境猶太血統的法國公民，是一個金融市場的投機者。他因濫行發售債券達四千萬法郎（一說二千五百萬美元）之鉅，使貧苦者大受損失。他善於結交權貴，因而他的案子牽連到一些部會首長與國會議員。此案在 1933 年 12 月事發，他逃亡未成，被捕。但未及完成偵查與審訊，史達維斯基竟然自殺身亡。繼之，巴黎檢察官署的一位官員被謀殺。於是危疑震撼，群情洶洶，認為政壇人物之操守殊不可信賴。極右派的法蘭西行動派以及共產黨等均極力煽動此事，1934 年 2 月 6 日、7 日和 9 日在巴黎及其他城市均有騷亂，繼之且有總罷工（2 月 12 至 13 日）。此事件使舒唐 (Camille Chautemps) 內閣與達拉第 (Édouard Daladier) 內閣相繼倒閣，最後由曾任總統的杜瑪格 (Gaston Doumergue, 1863–1937) 出組聯合內閣（不包括保王黨、社會黨及共產黨），始能勉強維持下來。

法西斯政權興起，尤其是在希特勒控制德國以後，俄國遭受到很大的壓力，於是共產國際決定採取「人民陣線」策略，此在 1935 年第三國際大會中定案。共產國際訓令各國的共產黨聯合任何反對法西斯勢力的政黨，以防止其得勢。此種策略在法國造成很大的成功。本來在法國，由於一向仇恨德國，而右派各黨曾發揮很大的力量，控制法國戰後的政府，左派各黨於是積極的謀求合作。1934 年 7 月，社會黨與共產黨已有合作的協議，不再互相攻擊。

York: Knopf, 1972), p. 430.

⓮ Eugen Weber, *A Modern History of Europe* (New York: Norton, 1971), p. 943.

他們在 1935 年的市政選舉中互相支援，繼之激烈黨亦參加合作。於是 1935 年 7 月 14 日法國國慶日社會黨、激烈黨與共產黨共同組織示威活動以反對法西斯主義。不久，社會黨與共產黨所控制的兩個大工會聯盟又重行合作而於 1936 年成立改組後的總工會。1936 年 4 月「人民陣線」(Front Populaire) 各黨派完成一項選舉協定，此使「人民陣線」聯盟成立。根據《法國選舉法》，在某一選區中，如國會議員候選人無人能獲絕對多數而當選，則需要第二次投票，在第二次投票時僅獲多數票即可當選。三黨現協議在第一次投票時各支持其本黨候選人，如需要第二次投票時，則獲票較少的兩黨候選人退出，三黨共同支持得票最多的某一黨的候選人。此法甚為有效，1936 年 5 月的大選，人民陣線聯盟連同幾個小黨的幫助，在六百一十八席的代議院中取得三百八十九席。

在此情形下，社會黨既然領導「人民陣線」聯盟獲得大選，不便再拒絕與有資產階級色彩的政黨合組內閣，他們與激烈（社會）黨達成共同組閣的協議，共黨雖不願參加政府，但是承諾予以支持。於是社會黨領袖布魯穆乃出組第一次人民陣線內閣。這個內閣針對當時的勞資糾紛，乃提出一連串大幅度的社會改革。這包括：建立每週四十小時工作制，改組法蘭西銀行並後來使之國有化；軍火工業國有化；強迫仲裁勞工糾紛並使工人得有薪假期；取締法西斯團體等等。這些措施固大受工人歡迎，被讚為新時代的肇端，但卻為資方所痛恨，而且成本激增，造成價格上漲，法郎的購買力降低而資本亦開始大量流出法國。財政困難的同時也是國際關係日趨緊張之時，諸如德國重新佔領萊茵地區、義大利侵併衣索比亞、國聯安全體系的崩潰和西班牙內戰的爆發。法國政府必須以巨額經費用於國防。1937 年 3 月，布魯穆為安撫資本家以便籌措國

布魯穆

防費用，乃宣布在社會改革方面「暫行喘息」(breathing spell)。6月，布魯穆內閣因上議院（參議院）拒絕其緊急財政權力的要求而改組，由激烈社會黨的舒唐擔任總理，他則出任副總理。1938年1月社會黨退出內閣，舒唐改組之使為社會黨內閣。此年3月，舒唐內閣倒臺，布魯穆又一度出組新的人民陣線內閣，但滿一個月又因上院不信任而去職。繼之而來的則為達拉第領導下的激烈社會黨內閣，但受社會黨支持。不過，達拉第內閣漸右傾，此年9、10月間因社會黨在國會表決《慕尼黑協定》時缺席而共黨則投反對票，達拉第政府與社會黨和共產黨決裂，人民陣線同盟乃告終結。此時國際局勢已日趨險惡，第二次大戰已迫在眉睫。

二、經濟與社會

經濟重建是法國在第一次世界大戰以後亟待解決的問題。北部十省被破壞的情況尤為嚴重。由於戰爭費用的龐大以及戰後重建的需要，法國1921年的公債為1914年時之九倍。法郎的幣值在戰前對美元的匯率為5：1，到1926年時降為50：1，1928年左右穩定於25：1的匯率，這已是僅為戰前的五分之一。這使中產階級及靠固定收入維生的人大受打擊，繼之而來的經濟大恐慌帶來更大的災難。

法國本盼德國會付清所有的賠款為用於重建，但結果並未如願。法國政府祇有另籌財用以為重建，截至1925年左右法國已耗費八百億法郎於重建工作。農業在1925年已恢復戰前情況，而重建工作在1926年左右亦算完成。

法國在此時工業化的程度仍不算高，第二次世界大戰後才成功地做到工業升級的目標。法國戰後因收復亞、洛兩州，洛林的鐵礦對法國大有補益。不過，儘管法國控有薩爾的煤礦，焦炭的產量仍未足所需，尚有賴魯爾煤產的供應。法國的鋼鐵業在戰後發展甚大，奠下日後重工業發展的良好基礎。法國亦擁有歐洲最大的鐵礬石儲量，從此種礦藏中提煉鋁需要大量的電力。法國與義大利在發展水力發電方面為歐洲的先進國家。此外，亞爾薩斯的鉀礦亦為法國的自然富源。不過，法國與德國、波蘭和英國相較，其煤的儲產量均不算豐富，且不產石油。不過，法國在戰後亦有新興工業出現，大企業與製造業出現了一些重量級的公司，如雪鐵龍 (Citreon)、雷諾 (Renault)、柯蒂 (Coty) 等等。工商業者頗受政府照顧，他們在 1919 年組成法國生產總會 (Confédération Générale de la Production Française, or General Confederation of French Production)，成為勢力龐大的壓力集團，他們並且採取反對工會的立場，與勞工組織相對立。法國也在戰後大力發展紡織業（特別是在亞爾薩斯地區），成為世界第三大棉紡業的國家，絲織業在法國是有傳統的工業。不過，大致言之，法國在此時的工商企業，仍以中小型為主。

農業一直是法國經濟中重要的一環，而且農民對法國政治亦有相當大的影響力量。不過，一如其他國家的情形，法國人口有向都市集中的現象。在一次大戰之前，法國從事農業生產的人口約佔勞動人口的 45%，至 1931 年降為 31%，平均單位（每公頃）產量的產量不高。但因機械與人工肥料的應用，使法國農業生產仍然保持相當高的水準。法國農夫雖仍靠土地為生，其生活方式則已都市化。此時法國仍為小農地主制的國家，約有 25% 的土地係掌握在所有土地在二英畝以下的地主之手，47% 的土地係所有土地在二英畝與二十五英畝者之手，僅有 2% 的地係由所有土地在一百二十五英畝以上的地主所控制。不過，農業的恢復較慢，一直到 1920 年代之末，才達到戰前的生產水準。

自從大戰爆發以後，純粹的自由經濟有其不足應付時艱的弱點。法國政府亦一如他國政府，介入了經濟活動的領域。緊接停戰之後，法國便建立了每日八小時工作與每週四十八小時工作制，此適用於工、礦、商各業。不過法國的社會立法仍較新收回的亞、洛兩州為落後，故有再進一步的運動。1928 年立法禁止婦女與兒童在夜間工作，同年的「社會保險計畫」包括了老年、疾病、傷殘、死亡等，生產嬰兒亦有補助，全部社會保險在1930年開始實施。法國因為勞工缺乏，故失業情形不嚴重。事實上，法國工人頗為短缺，因而一方面限制向美國移民，一方面進口勞工（特別自義大利、波蘭和北非）達三百萬人以上，到1932年以後，因為勞工短缺情況改善，法國開始限制外籍勞工進口。

在法國，郵政、電訊與電話屬公營事業。1921年政府已控有兩個主要的鐵路系統，1937年復規定全國鐵路併於一個國家系統。政府亦頗為鼓勵合作事業，如消費合作社與合作金庫等。

法國勞工的工資，由於通貨膨脹和其他各種因素，在1919年時低於1914年水準的15%–20%。很多工人加入總工會和法國基督教工人聯盟(CFTC)，以爭取較好的工作條件。1919年，總工會發動一連串的罷工，1920年5月更發生全面性的罷工。1930年，工資才提昇到超過戰前的水準。

人口方面，前也已經提及，降低到引起憂慮的程度。儘管法國政府採取各種鼓勵生育的措施，儘管死亡率已大幅下降，法國人口仍舊不能增加。1935年至1940年代初期，出生率在死亡率之下，負成長的情況相當嚴重。這種情形，可以參看1901年和1931年的兩個法國人口金字塔，說明其性別與年齡分布的概況。

法國婦女地位，一直有待提昇。第一次世界大戰時期，法國婦女投身生產事業，顯示出她們的工作能力。1921年時，她們佔全國工作人口的40%，1939年時大學中已有三分之一的學生是女生，這與1913年時她們僅佔大學人口的十分之一，已大不相同。1936年布魯穆的「人民陣線」內閣且有三位女性部長。她們的生活方式也有所改變，不再一定要穿長裙，也可以在公共場所吸煙。不過，法國婦女在此時期並未能獲得投票權。事實上，這要到1946年的《第四共和憲法》才使婦女得到參政的投票權。

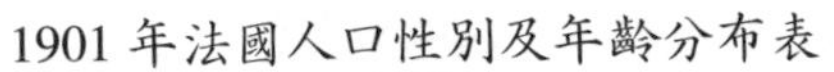

1901年法國人口性別及年齡分布表

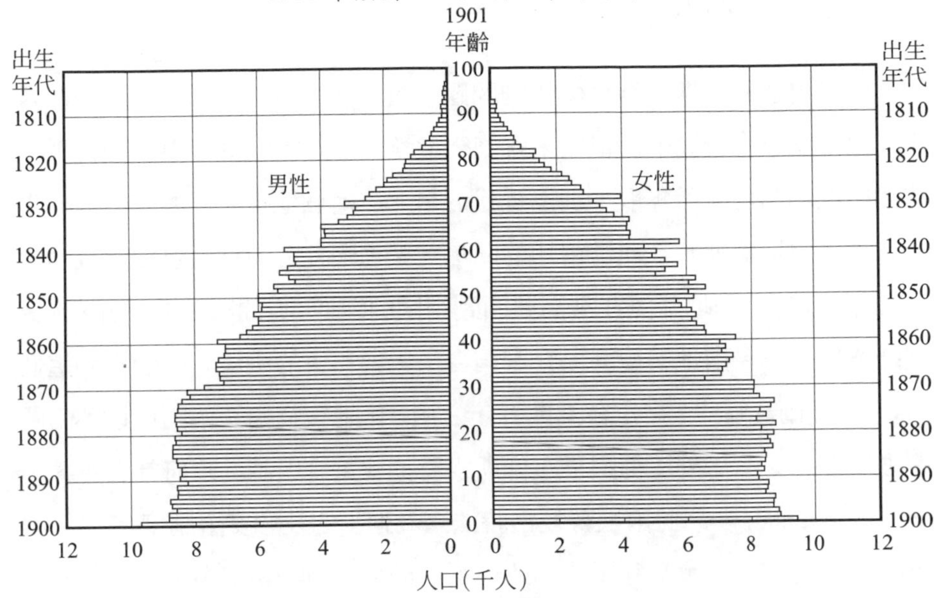

1931年法國人口性別及年齡分布表

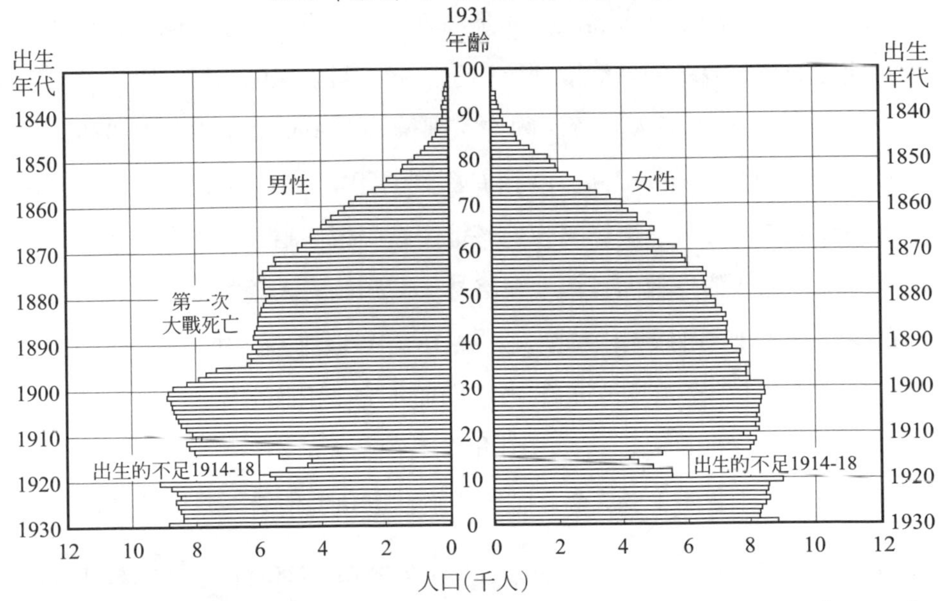

資料來源：G. de Bertier de Sauvigny & David H. Pinkney，蔡百銓譯，《法國史》(*History of France*)(臺北：五南，民78)，頁268–69。

三、亞、洛問題

法國的亞爾薩斯和洛林兩州的問題，是典型的領土分割與復合的悲喜劇。這兩個地區自從中世紀以來就飽經滄桑。不過，1870 年普、法戰爭中法國戰敗而為德國所奪取，則為近代的事。這兩個地區在德國統治近五十年以後，已與德國有了非常密切的關係，與德國社會的整合也相當成功。法國原來以為，兩地應該非常高興回到祖國的懷抱，但問題並非如此單純。就經濟層面言，兩地與德國已緊密結合，巴黎和會的決策者也顧慮到這個事實，《凡爾賽條約》規定在為期五年之內，兩地貨物輸入德國可以不受關稅限制的約束。另外，德國早在俾斯麥時期就實施所謂「政府社會主義」(state socialism)，因此兩地有較當時法國為進步的社會安全制度，工人要求繼續享有這些社會福利，法國政府祇好同意，但法國工業家卻不贊成。此一問題一直到 1928 年法國有了較為廣泛的社會保險之後，方告解決。

另外，在政治制度方面，法國是高度中央集權的國家，兩地在德國統治時期反而享有較多的自治權利，這也是雙方難以適應的另一點。

語言方面，很多人對於法國作家都德 (Alphonse Daudet, 1840–97) 的《最後一課》(*La dernière classe*) 留有深刻的印象，認為亞、洛二地的人民多操法語而普、法戰爭後德國強迫該地學童學習德語。事實上，在此二區域內說法語的人佔少數而且集中在洛林，說德語的人較多。有許多人，特別是中上層人士，可以用兩種語文。在 1870 年以前，法國政府未作過語文普查，1919 年以後法國所公布的數字則並不完全正確可靠。法國學者大體上接受德國所公布的數字，在 1910 年左右德語人口為一百六十三萬多人，法語人口為二十萬四千餘人[15]。戰後由於法國仇德情緒甚濃，故法國政府

[15] A. Meillet, *Les Langues dans l'Europe nouvelle* (Paris, 1928), pp. 370–78; Paul Levy, "La langue française en Alsace et en Lorraine," *Le Française moderne* (1933) 1: 144–59; (1934) 2: 130–53, as quoted in Black & Helmreich, op. cit., p. 265.

在亞、洛兩地以法語代替德語為公務及初級教育用語，說德語的法官、公務員及教師被解職。洛林的鐵路工人乃於 1919 年首先發動罷工以為抗議，法國當局為安撫民情曾略有讓步，並酌量起用當地人任職。儘管教育人員、教會和民眾一再要求，學校內祇准教授極少量的德文。德國語文被看作是一種外國語文，祇有教會可以在某些情形下使用德語。在斯特拉斯堡 (Strasbourg) 大學，即是講授德國語言及文學，也必須用法文進行。

在宗教方面，亞、洛兩州的居民絕大多數（約佔四分之三）為天主教徒。天主教辦了許多學校（其他的新教及猶太教也興學），也就是教會控制了初級教育。這在法國，自 1905 年政教分離以後，教會已失去對教育的影響力。在教會與政府的關係方面，法國早已分開，但在亞、洛兩州，德國並未廢除拿破崙一世在 1801 年與教廷所訂的條約 (*Concordat of 1801*)，教士仍由政府支薪。但在法國已廢止了這種辦法。這種情形自然會發生若干困難，尤其是 1924 年後左翼聯盟得勢，赫禮歐內閣決定在亞、洛地區推行政、教分離以後，問題尤為嚴重。因為如此做便是要取消 1801 年的協約和將教育自教會手中奪走。此時法國正值財政困難和多事之秋，理應暫緩執行此種政策，但法國政府卻毅然執行。

在地方政制方面，亞、洛兩州在併入德國後，其地位為帝國直轄地 (Reichsland)，在初期雖曾受相當嚴厲的管制，後來則逐漸放鬆，到 1911 年時德國且准許自治並成立地方議會。兩地人民有相當強烈的自治觀念，認為地方政務可以自理，亦有私人熱心公益，但法國式的慣例則為中央集權，兩地人民在回歸法國後，頗不慣於一切聽命巴黎的中央集權辦法。兩地乃有自治運動，尤其是 1924 至 1926 年間左翼政府欲併兩地宗教與教育系統與法國其他地方合一時，自治運動乃大為興起。1928 年時有十五位自治運動的領袖人物被捕，其他多人逃亡。人民為抗議法國政府之手法，乃選舉出三名被告為出席代議院的代表。共產黨為作難政府乃聯合天主教黨派支持自治運動。後來因為此後的法國歷次政府均表示願尊重當地的習俗、語言和信仰，自治運動始寢。此外，在經濟大恐慌的威脅之下，亦使兩地人民必須珍視他們與法國的經濟聯繫。後來德國納粹當政，亞、洛地區的人民對德國有好印象的人日少，法國政府亦致力改善對亞、洛兩地的態度，問題始漸告解決。

四、宗　教

法國為一信奉天主教人民佔絕大多數的國家，新教徒不過僅有一百萬人左右，不過這一百萬人在政治上所發生的影響力遠超過其數字。此因許多法國人僅是名義上的天主教徒，這在男人方面尤然。法國女人當中虔誠的天主徒較多，這對於女人參政（投票）權運動有頗為不利的影響。即是以素來主張擴大婦女權利自命的左派政黨，亦反對予婦女投票權。他們認為，婦女在獲得投票權後會依據教士的指示投票，教會就會影響政治。

教廷與第三共和曾有長期不友好的紀錄，蓋教會因支持保王黨分子和其他保守主義人物被視為與共和敵對。極端右翼分子在《法蘭西行動報》(*L'Action Française*) 所表示的意見常獲教會支持，自然使其他黨派對教會不抱好感。法蘭西行動派領袖即《法蘭西行動報》主編馬拉 (Charles Maurras, 1868–1952)，雖為自由思想家，鼓吹天主教信仰為法國所不可或缺並攻擊第三共和的民主制度為腐敗與墮落者，而表現了保王黨和民族主義的色彩。1914 年教皇曾將馬拉一些小說列入禁書目錄 (the Index)，但未予公布。戰後法國政府在民族集團派 (National Bloc) 當政時期 (1920–24) 採取和緩的政策，與教廷關係漸好轉，1920 年聖女貞德 (Joan of Arc) 的祝聖典禮，法國政府亦派員參加。1921 年，法國政府與教廷互派使節。1924 年法國政府又與教廷達成有關監管教會財產的協議，解決了自從 1905 年政教分離以來在這方面的爭端。此後巨型建築物及大座堂由法國政府保管，小型建築物（地方教堂）則由各地主教同信會 (Diocesan Associations) 來負責。1924 年大選，左派政黨執政後，他們不僅要在亞、洛地區實行政教分離的法規，且要撤回駐教廷的外交代表，此舉受到一百多萬人的抗議，政府祇好維持與教廷的外交關係。

五、法蘭西帝國

法國的法蘭西帝國也是一個大的殖民帝國，第一次世界大戰以後，法國不僅恢復了它在 1911 年割讓德國的赤道非洲，並且獲得了原屬德國的一些殖民地，如喀麥隆 (the Cameroons) 與多哥蘭 (Togoland)，此外法國也在分割土耳其帝國的屬地中，獲得了敘利亞和黎巴嫩的託管權。

一般說來，法國人與英國人不同的，是不太發展類似「居留殖民地」的殖民地，阿爾及利亞為一例外。大致上，在各殖民地除了統治與企業階層外，以土著民族為主。法國對殖民地曾有各種不同型態的殖民政府，不過並不推行自治。在殖民地雖有議會性質的組織，實皆在統治階層控制之下。即是在有投票權的地區，因為選舉實被操縱，故亦殊少實際的意義。前述法國的老殖民地向在法國國會中有代表權，部分阿爾及利亞地區更組為法式行省。但在實際上，由於對投票資格的種種限制，所選出的議員代表海外的法國人而非當地土著人口。即使如此，他們的票數甚少，亦不足與法國本土所選出的議員相對抗。不過，法國很重視殖民地，法國人習於稱其國家的人口不僅祇為四千萬人左右，而有一億一千餘萬人。殖民地人口為法國國防的最重要資源之一，法國也頗能擴張其殖民地軍隊，塞內加爾籍的軍隊或來自其他殖民地的軍隊有時且駐防法國本土。

法國最重視的海外屬地為阿爾及利亞、突尼斯、印度支那、馬達加斯加、哥德洛普、馬提尼克、圭亞那和留尼旺島 (Réunion)。在這些殖民地，法國實行一種「同化的」關稅政策，並且在這些地區對外來進口貨品徵收與法國同樣的稅率，而法國與這些地區之間的貿易則採自由貿易的方式。這些殖民地銷向法國本土的貨物不受配額的限制，但外國貨物輸入這些殖民地則受進口配額的限制。這些措施均係配合法國的需要和利益而定的。

此種政策自然對殖民地的經濟發展極為不利。法國對西非 (West Africa)、新喀利多尼亞 (New Caledonia)、索馬利蘭、聖庇爾、密啟崙等地採行優惠稅率的辦法。這些地區各有其不同的稅率，但法國和其他法國殖民地則享有優惠關稅，其優惠率通常是減收對其國家或地區進口貨物的 10%。

儘管第一次大戰後法帝國面臨若干問題，諸如阿拉伯民族主義因受大戰刺激而更為興盛，不僅在敘利亞為法國平添麻煩，而且在突尼斯、阿爾及利亞與摩洛哥亦多生事端；印度支那半島方面，自中國發生辛亥革命之後，民族主義的起事亦屢仆屢起。在敘利亞與黎巴嫩，法國在穩定其控制力之前須駐守九萬人的軍隊。黎巴嫩雖在 1926 年宣布為共和國，敘利亞在 1930 年亦繼之宣布為共和國，二地仍在法國控制之下，而且二地仍為法國的託管地。突尼斯則為法國保護領，名義上雖由突尼斯首領 (Bey of Tunis) 所統治，實則法籍顧問掌握一切。至於北阿爾及利亞，係分為三個法式行省，在治理上為法國的一部分而且選派代表出席法國國會。不過這裡仍有許多殖民統治的特徵，而非真正的法國領土之一部。至於南阿爾及利亞的四個地區，則為不折不扣的殖民地。

法國在兩次大戰之間，仍為全球第二大殖民帝國，控有五百萬平方哩左右的土地。1931 年在巴黎舉行的殖民博覽會 (Colonial Exposition) 顯示出這種盛況。

【本節主要參考 C. E. Black & E. C. Helmreich, *Twentieth Century Europe: A History*, 4th ed. (New York: Knopf, 1972), pp. 257–74, 430–36；王曾才，《西洋現代史》，頁 192–205；有關內容亦可參看蔡百銓譯，《法國史》(臺北：五南，民 78)，頁 367–86。】

第三節　美　國

美國的民主型態與運作均有異於歐陸各國，現對其在兩次大戰之間的情況作一討論。它是典型的總統制的民主國家，總統既是國家元首，又是行政首長，他所領導下的政府也不一定必須在國會中佔多數。

美國參加第一次世界大戰，收穫大於損失。美國是以「參戰國」的名義加入戰團，並未受到盟約盟國的約束，而戰爭大大地刺激了美國的工業、農業等各方面的生產力，使它不僅是政治大國，也是經濟強權。在第一次世界大戰之後的美國，已經是國際上的重要力量，但是美國人民對於巴黎和會的幻滅，使美國又曾回到孤立主義，但是在現代世界中，孤立已屬不可能⓰。另外，在經濟方面，戰後美國在「回歸常態」的呼聲下，以及共和黨當政，曾經恢復了若干自由經濟的做法，但在經濟大恐慌爆發以後，民主黨的羅斯福乘時與潮上臺，他所標榜的「新政」，便是政府干預經濟事務的體制。

一、政治發展

戰後美國的民主制度繼獲推展，1920 年 8 月《憲法第十九條修正條款》正式授予婦女投票權。1933 年 2 月的《第二十條修正條款》又規定國會議員（參、眾議員）應於選出後的 1 月 3 日就職，國會亦每年在該日期召開，總統及副總統則在選舉後的 1 月 20 日就職。

美國在政治運作上繼續保持兩黨制度。本來，自從 1912 年的總統大選，民主黨就是執政黨，威爾遜 (Woodrow Wilson, 1856–1924) 曾經連任兩次總統，但是因為巴黎和會和國際聯盟問題引起爭議，在國會中佔多數的

⓰ Wallace K. Ferguson & Geoffrey Bruun, *A Survey of European Civilization*, 4th ed. (1969), p. 797.

共和黨採取抵制的手段。1919年2月威爾遜自巴黎返美時，共和黨籍參議院領袖和外交委員會主席洛奇 (Henry Cabot Lodge, 1850–1924) 約同三十九名參議員向他遞交條陳 (round-robin)⑰。他們主張在簽訂和約之後再商討國際聯盟的成立問題，並對國際聯盟的約章有所不滿。當時威爾遜如能對共和黨人作一些讓步，也許可以得到參議院三分之二的多數以批准《凡爾賽條約》，或者如能得重要的共和黨領袖的合作而達成兩黨政策，但均不幸未能如願，再加上一些美國人不願再捲入歐洲的漩渦，於是參議院兩度拒絕批准《凡爾賽條約》(1919年11月與1920年3月)。1920年的大選，共和黨總統候選人哈定（Warren G. Harding, 1865–1923，任期為1921–23）以「回歸常態」為口號而獲勝。此後共和黨連續贏得總統大選，於是柯立芝（John Calvin Coolidge, 1872–1933，任期為1923–29）和胡佛（Herbert Hoover, 1874–1964，任期為1929–33）相繼擔任總統。直到1932年的大選，民主黨的佛蘭克林・羅斯福 (Franklin Delano Roosevelt, 1882–1945) 始獲勝，他並在1933年至1945年間連續擔任總統，民主黨又獨領風騷。

哈定政府組成後的第一年 (1921)，適逢美國經濟衰退，失業數字高達四百七十五萬，此係因緊縮信貸，國內市場不景氣和出口減少所導致。同時，農業開始走下坡，直迄經濟大恐慌時仍未見改善。此年6月，國會通過《預算及會計法規》(*Budget and Accounting Act*)，成立預算局 (Bureau of the Budget)，總統每年須就政府財政及會計情形向國會提出報告。此期另一事為三K黨 (K.K.K.: Ku Klux Klan)⑱的猖狂，該黨在1922年時黨徒達五百萬人之多，分布在南部及北部各地，尤以德州、奧克拉荷馬州、印地安那州、奧勒岡及緬因州為甚。他們以白人至上，反天主教、反猶太和倡

---

⑰ 所謂 round-robin 為一種各人簽名成圓形使之不分先後的函件。

⑱ 原始的三K黨於1866年在田納西州創立，反對共和黨的內戰後重建政策和倡論「白人至上」，在1869至1871年間消散。1915年成立的三K黨實為另一秘密會社。

導鄉土主義為務，常採取非法乃至極端的手段，到 1930 年左右後衰落，算是一股逆流。

共和黨當政時期亦限制外國移民移入，1921 年至 1924 年國會通過一些限制外國人民移入美國的法律。這些限制移民的法律顯示出美國的孤立主義幾已無所不在。事實上，除了少數例外，三百年來，美國的港口幾乎是對所有的人開放的。誠如哈德林 (Oscar Handlin) 在其《離鄉背井》(*The Uprooted*) 中所言：「移入者締造了美國的歷史」 (the immigrants were American history)。美國的都市與工業便是由來自各地的移民胼手胝足地創造出來的，而自由與平等之所以能倡行於美國即因不斷地有新的勞動者湧入，限制移民之後美國的發展自會有異於往昔。美國的歷史一向是改革與保守（反動）互為循環，自十九與二十世紀之交以後本為改革的時期，現在在禁酒法規與婦女獲投票權之後而有限制移民的法規，當為另一保守時期的肇始⓳。

二、經濟狀況

美國自從南北戰爭 (1861–65) 以後，經濟成長的迅速，可以說是舉世無儔。美國在第一次世界大戰中，不僅本土未受攻擊，其死亡人數不過五萬三千人左右，但美國經濟拜大戰之賜，有了很大的發展。1920 年共和黨贏得總統大選以後，他們控制美國政權一直到 1933 年。共和黨的經濟政策，在此時期傾向於自由放任，於是造成「企業的新崇拜」(a new cult of enterprise)。柯立芝總統一如哈定，不主張政府干預經濟事務，他崇拜財富和控有財富的人，美國作家懷特 (William Allen White, 1868–1944) 曾經形容他對財富的態度是「真摯地，誠信地，可怕地瘋狂」(sincerely, genuinely, terribly crazy)。美國商人、作家，也是政客的巴頓 (Bruce

⓳ John W. Caughey & Ernest R. May, *A History of the United States* (Chicago: Rand, 1964), p. 483.

Barton, 1886–1967) 在他 1925 年出版的暢銷書《無名小卒》(*The Man Nobody Knows*) 中，竟然說耶穌創立了現代商業，因為祂由下層社會中挑選了十二個人，將他們組織起來，進而征服了世界。而在 1929 年美國全年的廣告費達到十億七千八百萬元，相當於全部教育的總支出[20]。柯立芝政府曾有「商業政府」(business government) 之稱，採取支持工商業的態度，此時的美國為「富豪的樂園」(millionaire's paradise)[21]。

於是，大企業 (big business) 的聲勢又告壯大。本來自十九世紀後期，由於工商業的高度成長，在美國興起了一種新的「財富貴族」(an aristocracy of money)，他們以其驚人的財力有主宰社會之勢，且有威脅到美國民主政治的可能。尤有進者，1880 年至 1905 年間，托辣斯 (trusts) 在美國風起雲湧，較著者如 1882 年洛克斐勒家族的標準石油公司 (Standard Oil Corporation)。這類托辣斯以壟斷生產與分配為能事，被認為威脅到自由競爭的原則而對消費者和「小人物」(little man) 不利。於是乃有管制大企業之舉，先是 1887 年有《州際商業條例》(*Interstate Commerce Act*) 以達成聯邦政府控有鐵路，繼之 1890 年有《石門反托辣斯法》的制訂。在迪奧多・羅斯福總統任期時間 (1901–09)，他從事管制大企業及維護「小人物」的利益甚力。他的繼任者塔虎脫（William Howard Taft，任期為 1909–13）就改變了步調，大企業逐漸不受很嚴的管制，他贊成提高關稅以「保護」美國工業。1913 年的大選，共和黨失敗，民主黨的威爾遜出任總統，威爾遜又恢復管制托辣斯、降低關稅、改革銀行作業，放寬勞工限制和以科學改良農業。於是威爾遜政府展開改革計畫，1914 年又有《克萊頓反托辣斯

---

[20] *The New Cambridge Modern History*, Vol. XII, "The Shifting Balance of World Forces, 1898–1945" (Cambridge Univ. Press, 1968), pp. 40–41.

[21] John M. Blum & others, *The National Experience: A History of the United States*, 3rd ed. (New York, 1973), pp. 589–90; R. W. Harris, *An Introduction to the Twentieth Century* (London: Blandford, 1966), p. 343.

法》(*the Clayton Antitrust Act*)。但第一次世界大戰爆發以及 1917 年美國參戰，轉移了美國人民的注意力，戰爭結束之後威爾遜對締訂和約之事又全力以赴。及至共和黨在 1920、1924 和 1928 年的大選中連續獲勝，主導政局。美國在外交政策、內政和經濟政策方面均一改舊風。

1919 年至 1929 年十年間，大體上是「繁榮的十年」(a decade of prosperity)。美國的工業產量幾乎增加了兩倍。電力供應了 70% 工業的動力。新的合金、合成纖維、化學原料，以及「食品工業」開始發達。汽車工業的發展，使美國成為「汽車王國」。本來在二十世紀之始，汽車工業已在美國奠下基礎。不過要到 1908 年以後因亨利福特 (Henry Ford, 1863–1947) 發展出裝配線技術 (assembly-line techniques) 方為大進。他一直希望有朝一日能製造可為大眾代步的廉價汽車。後來他的 T 型汽車，亦即「廉價汽車」(the tin-lizzie)，終實現此一夢想。此種車輛輕巧合用，且當時售價在四百美元以下，到 1919 年前後二年年產七十萬輛。進入 1920 年代以後，福特公司乃執汽車工業的牛耳，1923 年時生產一百七十萬輛，而其最大競爭者則僅產八十萬輛。但後因不求改進和推出新貨品，至 1927 年始生產 A 型車，但福特公司則逐漸喪失執牛耳的絕對優勢。於是通用汽車公司 (General Motors) 與克里斯勒 (the Chrysler Corporation) 與福特公司鼎足而三。此外尚有其他的汽車公司，到 1929 年時，美國的汽車年產量已高達二千六百一十五萬輛之多。

汽車改變了人的生活方式和居住環境。建築業、鋼鐵業、塑膠業，以及公路興建均繼之以起。此外，石油工業也應運而生。石油工業方面有標準石油公司、貝殼一聯合石油公司（Shell-Union Company，英、荷經營）與海灣石油公司 (Gulf Oil Corporation) 等二十家大公司的資產在 1920 年代末期高達六十億美元之鉅。在鋼鐵工業方面，1919 至 1929 年間，鋼產量增長了 60%，但亦集中在美國鋼鐵公司 (United States Steel Corporation) 與另外四個公司之手，其中美國鋼鐵公司佔了全國製鋼量的 40%。此外，電力也集中在幾個大企業之手，如聯合公司集團 (United Corporation Group) 等等。即使在零售業方面，亦有集中的現象，許多零售商被較大的資本家所收購而形成連鎖商店。1920 年代的繁榮也是大企業的繁榮[22]。

在此期間，美國本身的工商業固日趨發達，但對於外國貨物的輸入則採取排拒的態度。1921 年 5 月有《緊急關稅條例》(*Emergency Tariff Act*)，提高農產品、毛織品及糖的稅率，禁止德國染料入口，至於美國不生產的物品則予以管制進口（需要執照）。1922 年 9 月的《福德奈—麥孔伯關稅法規》(*Fordney-McCumber Tariff Act*) 把關稅更是大幅提高，其理論為使外國與美國的生產成本相等。1930 年 6 月的《史莫德—霍萊關稅法》(*The Smoot-Hawley Tariff Act*) 在一千餘經濟學者的抗議聲中終由胡佛總統所簽署。在此法規下，美國關稅之高為前所未見。對原料進口的徵稅，有許多項目較諸 1922 年的稅率又提高了 50% 至 100%，這引起其他國家的報復，至 1931 年底已有二十五國左右對美國採取報復措施。

在經濟繁榮的年代，美國有相當多的人數（包括所謂「小人物」在內）共霑繁榮的餘潤。重視企業利益的共和黨政府對於工會採取較為嚴厲的態度，但工會組織仍在加強，美國勞工聯盟 (AFL: American Federation of Labor) 的會員人數由 1917 年時的二百三十七萬增至 1919 年的三百二十六萬。但一般說來，來自工會的壓力不大。不過，資方卻大體瞭解良好的「工業關係」甚有助於生產，因而頗注意提高員工的福利。許多公司對員工提供住宿與娛樂的方便，予以購買公司股票的機會。同時，在此時期平均工資也由每週的二十四元美金 (1922) 增至二十八元五角美金 (1929)。由於此時期物價仍相當穩定，多增加的四元五角頗有其意義。在另一方面，雖然工資平均增長了許多，由於裝配線技術的應用、電力的普及和其他發明，卻使生產成本降低。在工業生產方面，平均人工時的效用提高了 32% 左右而工資則僅增加了 8% 左右。

[22] John W. Caughey & Ernest R. May, op. cit., pp. 499–502.

但是，並不是全體美國人都獲得利益，美國農人的情況則甚為不利，1920 年代農業一直不景氣，蓋因戰時擴張過速而戰後其他地區的農業漸復甦，於是美國農人乃陷於大筆抵押貸款待還和生產過剩及市場縮小的窘境之中。美國農民在全國總收入的比例大減，由 1920 年的 15% 降至 1932 年的 7%。美國政府所採取的保護關稅政策對農民亦發生雙重的不利，他一方面要花費較多的代價來購買工業製品，另一方面則因受別國抵制美國的保護政策而難以銷售農產品。美國農業與其工業不同，無法完全依賴國內市場而生存，此時美國農產品又受到加拿大、蘇聯、阿根廷、澳洲的競爭而益發不利。美國共和黨政府雖亦救助農民，如貸款予農民並鼓勵組成農業合作社等，終收效不著。最易奏效的辦法當為《麥克納瑞－霍根法案》(*The McNary-Haugen Bill*) 所建議者，即由政府收購剩餘農產品，用以提高國內市場價格，使農民以在國內市場所獲利潤來補助在世界市場低價售出的損失。此一法案雖兩度為國會所通過（1927 年與 1928 年），柯立芝總統則反對該法案而拒絕簽署。及至 1929 年 3 月胡佛擔任總統後，美國政府始擬用新的計畫來補助農人，但不旋踵而經濟大恐慌爆發。

1920 年代美國經濟固然呈現了空前的繁榮，許多人醉心追求迅速致富，以致股票市場的投機風氣日盛，股票投機者用極少的現金，透過信貸作業便進入股票市場。股票自 1924 年就不斷地攀高，由於大多數的人將資金投入股票市場，購買新產品的能力下降；工商業因而萎縮。在此情形下，股票的價值也應跟著下降。但是，在某些大戶股票商人的操縱之下，股票的價值反而不斷攀高，他們也知道，如果股票繼續挺升，人們就會繼續購買，他們手頭掌握的股票也才有價值。沒有人理會經濟學家的忠告，也沒有人注意經濟發展的實況。整個美國充滿了驕傲與自信。1929 年胡佛總統在就職演說中仍舊大言炎炎地說：「我對我們國家的未來毫無疑懼。它是光明而有希望。」但是，投機和信用膨脹終將有其惡果，1929 年 10 月 23 日紐約股票市場忽而發生人人爭相將所持股票脫手之事，於是股市一瀉千里，股票價值大跌，而且直至 1933 年不斷下跌而幾乎不曾間斷。結果股市崩潰、銀行倒閉、工廠關門、失業數字劇增。此即所謂經濟大恐慌，持續了數年之久，以工業生產而論，如果以 1929 年為一百，則 1932 年僅為五十四。失業人數在 1932 年高達一千三百五十萬人至一千六百萬人左右，為全國總勞動力的三分之一。國民所得亦由 1929 年的七百美元降為 1933 年的四百美元。

此種大的經濟衰退不僅局限於美國，而且影響到歐洲和其他地區。兩個世紀以來美國人一直認為自己創造了無儔的文明，要珍惜之以避免為歐洲所染污，但經濟大恐慌則恰巧相反，它開始於美國而傳播至他處。歐洲各國在 1920 年代艷羨於美國的健全，1930 年代則恐怕受到美國的感染[23]。在美國本身，更是成千成萬的人陷於毀滅與貧窮，以致幽默家羅吉士 (Will Rogers) 曾有警語：「你須排隊才能找到跳下去的窗子。」[24]於此可見一斑。

三、生活與社會

兩次大戰之間的美國，以 1929 年為分水嶺。1920 年代的繁榮使美國人充滿信心與驕傲。這是一個爵士音樂的時代 (Jazz Age)、短裙的時代和性誘惑的時代。這也是小說家費茲哲拉 (Francis Scott Key Fitzgerald, 1896–1940) 在其《大亨小傳》(*The Great Gatsby*) 所描繪的時代。

生活方面趨於舒適與便利，由於汽車工業的發達和分期付款辦法的流行，在 1929 年左右全美已賣出的車輛達二千二百五十萬輛，平均每兩個家庭有車一輛，其中有三分之二係用分期付款的辦法（通常首期為車價的三

---

[23] William E. Leuchenburg, “The Great Depression,” in C. Vann Woodward, ed., *A Comparative Approach to American History* (Voice of America, 1968), p. 325.

[24] R. W. Harris, op. cit., p. 344 引，原文作：“You had to stand in line to get a window to jump out of.”

分之一或四分之一）買入。又因為行的方便，人的居住型態也發生變化。都市在迅速發展成長的時候，其四周郊區也隨著發展。房地產業者為中產階級和中上階級，在市郊大量建築都鐸王朝式的房子，同時也都附設車庫。而銀行也以較低的利息及抵押貸款的方式，贊助了興旺的建築業。於是底特律 (Detroit)、克里夫蘭 (Cleveland) 和洛杉磯的郊區，在這段時間裡，快速地蔓延，達五至十倍之多。在新興的郊區社區中，中產階級自己建立警衛系統、消防隊、給水設施；為了遠離都市的擁擠和罪惡、污穢，他們投入寧靜的郊區生活。

此時期理想的住宅是建築在市郊有五、六個房間的磚造或灰泥的房子，其價格在六千至一萬美元左右。至於一般住宅則多為用木料建成，價格在三千美元左右。住宅內也力求方便，如電器、暖氣、廚廁等多數家庭均已具備。在食物方面，水準也相當地提高。本來直迄二十世紀的前十年，祇有住在南部與西南部溫和地帶的人在冬天才有蔬菜與水果可食，以致多人患維他命缺乏症。現在則因貨運暢通而舉國皆有此口福，零售商亦出售新鮮的牛奶、奶油、牛油與各種高品質的罐頭食品，於是冬季一日三餐均吃肉類、馬鈴薯與麵包的情況，成為過去。

再者，在 1900 年以前，許多家庭的子女（十之八九）在完成第八級學業後便須外出工作，現在則有 50% 的學童完成中學教育，十分之一可受大專教育。學校所教授的課程也有所改變，不僅是加上了職業教育的課程，舊的課程也用新法教學 。 在哲學家杜威 (John Dewey, 1859–1952) 的影響下，許多教師不再重視事實、數字和文法的記誦，而著重教導學生如何相處與獨立思考。這就是杜威所主張的「進步教育」(progressive education)。新式的集中管理的學校，收受來自不同背景的男女學生，下課之後並不立即回家，仍留學校一段時間從事運動，參加音樂會和嬉戲。在週末，更有郊遊、野餐、舞蹈等活動。

娛樂業的興起，特別是電影業的發達，是這個時期另一個顯著的社會現象。電影的製作方法在 1889 年由愛迪生發展成功，不過到 1903 年左右美國人波特 (Edwin S. Porter, 1870–1941) 拍出《火車大劫案》(*The Great Train Robbery*) 後始趨流行。1915 年美國製片家葛理芬茨 (David L. Mark Griffith, 1875–1948) 拍出《立國記》(*The Birth of a Nation*)，這是一部以美國內戰為題材的製作，卻受到極大的歡迎。此後電影事業一日千里。

美國社會的一般大眾，在此時期已能享有相當程度的休閒生活。工人在 1920 年代每週的工時，已經是五天半，白領階級的工作時間已是每週五天，他們通常每年還有固定的休假日。

與公共休閒的增多相關的是運動風氣的流行。棒球在美國早在內戰之前十餘年即已流行，有許多職業性的和半職業性的球隊。到 1920 年代，大規模的比賽常可吸引成千成萬的觀眾。尤其是全國幾個足球聯盟的比賽，每年有四千萬人觀賞，足球明星受到許多人狂熱的歡迎。再者，大學足球賽亦頗受歡迎，特別是羅特吉爾 (Rutgers) 對普林斯敦，哈佛對耶魯以及哈佛、康乃爾、芝加哥各大學間的比賽。1921 年時，全美每年至少有二百萬人觀賞大學足球賽，1929 年時更躍為至少有四百萬人。此外，拳擊和籃球亦有其相當多的愛護者。同時，高爾夫球在美國也不再是富豪者專享的遊戲，1930 年前後據估計全美有二百萬人玩高爾夫球，與玩網球的人數相彷彿。另外，溜冰、滑雪等運動亦逐漸流行㉕。

四、新　政

經濟大恐慌的困境，以及胡佛共和黨政府的不足有為，使美國人民覺得必須改弦更張。1932 年的大選，民主黨推出佛蘭克林・羅斯福為候選人，與共和黨的胡佛相競選，兩黨皆主張削減政府開支以達成平衡預算，但羅斯福以「新政」(New Deal) 和幫助「在經濟金字塔底層被遺忘的人」

㉕ 此一有關社會與生活部分，主要根據 John W. Caughey and E. R. May, op. cit., pp. 502–16.

(forgotten man at the bottom of the economic pyramid) 相號召，胡佛則攻擊其主張過於激烈。大選結果，在選民票方面，共和黨獲一千五百六十七萬一千八百四十一張選票（較諸 1928 年約略少了五百七十萬選票），民主黨得二千二百八十二萬多張選票。但在選舉人團的計票中羅斯福獲四百七十二票而胡佛僅得五十九票，因此羅斯福的勝利是壓倒性的。

羅斯福在 1933 年 3 月 4 日就職，他在就職演說中說：「容我申明我堅決的信念，我們所要恐懼的唯一事情，就是恐懼本身。」(Let me assert my firm belief, that the only thing we have to fear is fear itself.) 他指出「國家要求行動，而且現在就要行動」(This Nation asks for action, and action now)。他為了應付時艱，召集國會特別會期，即所謂「百日」會期（the "Hundred Days" session of congress，1933 年 3 月 9 日至 6 月 16 日）。

羅斯福「行動」的結果，便是實施其新政。所謂「新政」，係泛指羅斯福在 1933 年至 1939 年間所作的社會與經濟改革。第一期新政 (1933–35) 重點在救濟及復興經濟；第二期新政 (1935–39) 則以社會安全為主。新政曾被若干保守人士評為「革命」，其實此為誇張之論。事實上，新政的立法均曾經國會通過，雖然其中有一些曾為最高法院判決為違憲，絕大部分則為最高法院所可同意的。第一次大戰以來，要求政府策劃與監督經濟已成為一種風尚。至於新政所規定的社會福利，則在維多利亞和愛德華時代的英國以及俾斯麥時代的德國就已實行。美國的社會福利，一直較歐洲國家落後。

佛蘭克林・羅斯福

第一期新政中的主要財政措施有：(1)通過《緊急銀行救濟條例》(*Emergency Banking Relief Act*，1933 年 3 月)，擴大羅斯福政府對金融管制的政策，並授權財政部收回所有的黃金；⑵《經濟法規》（*Economy Act*，1933 年 3 月），目的在平衡預算；⑶《資源維護團造林救濟法規》（*The Civilian Conservation Corps Reforestation Relief Act*，1933 年 3 月），成立資源維護團 (Civilian Conservation Corps, 1933–41)，用再造森林計畫解決了二百萬人的就業問題；⑷《聯邦緊急救濟法規》（*Federal Emergency Relief Act*，1933 年 5 月），設立聯邦緊急救濟總署 (Federal Emergency Relief Administration) 以從其事；⑸《農業調節條例》(*Agricultural Adjustment Act*)，其目的為恢復繁榮而以 1909 至 1914 年間農民購買力為準而制訂日用品平價，亦規定可由政府補助自願限產的農人，同時建立農業調節局 (Agricultural Adjustment Administration)；⑹設立田納西流域管理局 (TVA: Tennessee Valley Authority)，在田納西河上修建水壩、電力工廠，使得沿河七州，即田納西、北卡羅林納、肯塔基、維吉尼亞、密西西比、喬治亞和阿拉巴馬受益甚大（1933 年 5 月，從事防洪、電力等多目標的開發）；⑺成立就業總署（CWA: Civil Works Administration，1933 年 11 月），在政府公共計畫中安排了四百萬人的就業機會；⑻《黃金儲備法規》（*Gold Reserve Act*，1934 年 1 月），美國在 1933 年 4 月即廢除金本位制，現在則正式規定黃金不得作為交易媒介，並授權總統依照含金量來規定美元價值以控制美元的貶值；《白銀收購條例》（*Silver Purchase Act*，1934 年 6 月）將白銀國有化。

羅斯福總統訪問資源維護團（1933 年紐約熊山公園）

第二期新政則以予工人社會安定和保障小農利益為重點。這主要包括：(1)《社會安全條例》(*Social Security Act*，1935 年 8 月)，由雇主和員工共同負擔，建立了失業和傷殘保險以及老年恤金的制度；(2)《公共事業經營條例》(*Public Utility Holding Company Act*，1935 年 8 月)，使煤氣及電力等公用事業受聯邦管制；(3)《財稅或財富稅條例》(*Revenue Act or Wealth-Tax Act*，1935 年 8 月)，其目的在運用聯邦的徵稅權以防止財富與經濟力量的過分集中，加重每年收入超過五萬美元以上者的累進附加所得稅；(4)《班克海－瓊斯農莊租佃條例》(*Bankhead-Jones Farm Tenant Act*，1937 年 7 月)，提供四十年低息貸款使佃農們可以購買農莊；(5)《瓦格納－史泰格國民住宅條例》(*Wagner-Steagall National Housing Act*，1937 年 9 月)，設立美國房屋署 (USHA, or The U. S. Housing Authority)，供應六十年低息貸款予地方政府，使之消除貧民窟；(6)《工資工時法》(*Wages and Hours Law*, or *Fair Labor Standard Act*，1938 年 6 月)，建立每週工作四十小時制並規定最低工資。

這些新政立法曾遭受到工業界的反對，也曾引起羅斯福政府與最高法院的爭執。緣因最高法院曾杯葛新政立法，如 1935 年宣布國家復興總署 (National Recovery Administration) 和 1936 年判決《農業調節條例》為違憲。羅斯福在 1936 年又贏得第二次大選之後頗想「整頓」最高法院，1937 年 2 月他向國會提出特別咨文，建議在法官年屆七十而仍未退休的話，則總統可以有權委任另外的法官至各級聯邦法院執行職權。他的用意在對付最高法院，如果已年滿七十的法官不退休，他即擬將法官人數增至十五名㉖，此一建議在國會內外均頗遭非議。最後經辯論數月，終未能通過，即是參議院中若干民主黨籍的議員亦持反對論調，此表示國會及人民均不願見行政權過於膨脹以影響到三權制衡。不過，新政仍使美國政治制度發生若干變化，總統及聯邦政府的權力趨於擴大，聯邦雇用人員由 1932

㉖ 最高法院在 1789 年時有六名法官，1869 年增為九名。

年的五十八萬三千人增至 1940 年的超過一百萬人。

新政的目的之一為將大企業，如銀行業、大公司組織、公用事業、交通運輸與投資公司等，置於較嚴密的聯邦政府管制之下。另一目的則為保障工人、農人、小店主和一般人的利益。它救濟和復員了一千萬失業者，《社會安全條例》使各州政府在聯邦贊助下對於需要救濟的年滿六十五歲居民每月得津貼十五美元，對失業者亦有救濟。這些救濟措施，聯邦付出的貸款和對各州政府之補助，使聯邦債務大增，由 1932 年的二百億美元增加為 1939 年的近乎四百億美元。政府對大公司的盈利、個人所得、奢侈品和娛樂大量抽稅，表示出新政不僅要管制大企業，而且要用稅收為手段以重新分配財富。總之，新政改變了美國社會，原來的社會財富分配結構為金字塔（少數非常富有而絕大多數人窮困）一變而為鑽石式（中層最寬而兩極端最小）。

五、對外關係

美國因為對巴黎和會與歐洲權力政治的失望，再加上不願再陷入戰爭的泥沼，於是又回到孤立主義。但是，美國已經是一個世界級的強國，而整個地球也早已緊密結合到不容許任何一個人群社會孤立。美國想重新走孤立主義的路線，無論其為一種願望，或是一種國策，均屬不可能。另外，美國既已成為太平洋國家，對於遠東問題不能掉以輕心。再者，一次大戰結束後英、美兩國成為世界兩個最強大的海軍國家，日本則為第三海軍國，看來三國之間的海軍競賽有難免之勢。基於這些原因，哈定政府乃於 1921 年 11 月至 1922 年 2 月召開華盛頓會議 (Washington Conference)。被邀請與會的國家有英國、法國、義大利、比利時、荷蘭、中國、日本與葡萄牙，俄國雖亦在遠東有甚大的利益，此時則因美國未承認蘇聯而未受到邀請。會議的結果簽訂以下諸條約：⑴《四國太平洋條約》（美、英、法、日，1921 年 12 月 13 日），互相保證各國在太平洋島嶼的權利，並同意在利益受到威脅時彼此磋商，《英日同盟》宣告終結；⑵《中日山東條約》(1922年2月4日)，日本把膠州歸還中國；⑶《九國公約》(1922年2月6日)，保證維持中國的領土完整與行政獨立，重申「門戶開放」的原則；⑷《海軍軍備條約》(*the Naval Armaments Treaty*，1922年2月6日)，規定十年內不建造主力艦，所謂主力艦則界定為超過一萬噸和備有八吋以上口徑大砲之軍艦，同時決定英、美、日、法、義五國主力艦的比率為5：5：3：1.67：1.67，亦即英、美各為五十二萬五千噸，日本為三十一萬五千噸，法、義各為十七萬五千噸。

美國對於歐洲事務則盡量採取不介入的態度。這當然有其限度，凡與美國利益有切身關係者如戰債、賠款或牽扯到其他美國財經利害者，美國仍作某種程度的參與。例如，1922年11月美國派觀察員出席洛桑會議。又因為石油已成為工業的主要能源，美國對當時在英國控制下蘊藏大量石油的中東，也是非常關注。1928年8月美國簽署了《巴黎非戰公約》，但參議院在批准該公約(1929年1月)時，特別宣稱該公約不得有礙美國自衛權、不得違反門羅主義和美國並無責任採取行動制裁侵略國家。1931年9月18日，日本發動「九一八事變」佔領中國東北並建立偽「滿洲國」。此為對《九國公約》的嚴重破壞，美國胡佛政府的國務卿史汀生 (Henry Lewis Stimson, 1867–1950) 雖於1932年1月7日以通牒致送中國與日本，說明美國政府遵守《巴黎非戰公約》，反對以戰爭作為執行國家政策的工具，不承認違反此公約所造成的任何情勢、條約或協定，是為「史汀生主義」(the Stimson Doctrine)。1932年1月28日日本進攻上海，國際聯盟採取史汀生主義。但是美國卻不願採取較為積極的行動來阻止日本，尤其是因為英國亦不願有所行動後為然。此時的美國正陷於經濟大恐慌的怒潮之中，孤立主義的氣氛更濃，而且在頭一年 (1930) 的倫敦海軍會議 (London Naval Conference) 中，美、英兩國同意日本在建造巡洋艦方面三國比率可以是10：10：6，美國且再度重申1922年《華盛頓海軍條約》的保證，即不在太平洋擴展海軍基地和不會加強在關島的力量和阿留申群島設防。本來，美、英海軍散處各海洋，日本的海軍則集中遠東已有極大的優勢，現在日本更覺可以無所顧忌了。

在巴黎和會之後，許多美國人即相信美國參加第一次大戰為一大錯誤。1930 年代以後因國際風雲日亟，尤其自 1933 年後莫索里尼與希特勒盛勢凌人，使戰爭又將有不免之勢。美國人重新檢討 1917 年的情勢，認為係被「誘拐」下，由協約國宣傳和為國內軍火製造商和銀行家的利益而使美國下水者。於是國會乃調查美國參加第一次大戰的真正原因，1934 年由參議員聶宜 (Gerald P. Nye) 主持的委員會就銀行業與軍火製造業的利益導致美國參戰的情形進行調查，但是並沒發現足夠的證據。

1935 至 1939 年間，為了避免再度捲入戰爭，美國國會通過了一連串的《中立法規》(*Neutrality Acts*)。此期間內，1935 年 8 月通過的第一個《中立法規》，禁止運送物資至交戰國家，並禁止美國公民搭乘交戰國的船隻旅行。1936 年 2 月再加修正，禁止貸款給予交戰國家。1937 年 1 月及 5 月，再度修正，使之包括發生內戰的國家（有鑑於西班牙內戰的情形），禁止軍火運銷至交戰國，在美國採購的物品必須在離美前以現款 (cash) 付清價款，且不得用美國船隻運輸。1939 年 11 月再加修正，嚴格規定交戰國在美國獲准採購的物資必須要「現購自運」(cash and carry)，不過，此時取消武器禁售，但必須「現購自運」。此種立法，至 1941 年 3 月始因《租借法規》(*Lend-Lease Act*) 而開禁，且准許運往英國和對其他軸心國交戰的國家可延至戰後付款。

另一方面，美國對拉丁美洲的經營則未稍懈。1921 年 4 月，參議院批准了《哥倫比亞條約》，美國付予哥倫比亞二千五百萬美元以補償其損失巴拿馬。1930 年 3 月，國務院公布克拉克（J. Reuben Clark，曾任美國副國務卿）所作《門羅主義備忘錄》(*Clark Memorandum on the Monroe Doctrine*)。其主要論點為：門羅主義為單方面的；它並非僅僅適用於美洲國家之間的關係；它係指美國對歐洲而言，並非美國對拉丁美洲而言；美國恃此主義以保護拉丁美洲各國免受歐洲列強之侵略；迪奧多・羅斯福推論 (the Roosevelt Corollary to Monroe Doctrine) 並非為門羅主義之一部。1933 年 3 月，羅斯福保證對拉丁美洲採取「睦鄰政策」(Good Neighbor Policy)，美國漸放棄「金元外交」(Dollar Diplomacy)，如 1934 年與古巴所訂條約取消《普雷特修正案》(*the Platt Amendment*) 和撤退駐海地之軍隊，1939 年批准巴拿馬可在運河區獲較公平商業利益之協定。再者，舉行泛美會議以對抗歐洲法西斯主義之擴張，如 1933 年蒙特維多會議 (the Montevideo Conference) 申言反對外力干預內政，1938 年的利馬會議宣布《利馬宣言》(*Declaration of Lima*) 力言美國有決心抵抗外國干預。此種情形與美國對其他地區之冷漠相較，十足地說明美國視西半球為其後門，絕不會掉以輕心。

1939 年情況又變，羅斯福要求國會批准五億五千二百萬美元之國防費用，羅斯福對歐洲民主國家漸表同情，准許法國在美採購飛機。德國併捷克後，美國政府不予承認並對德國入口加稅。不過國會仍拒絕修改《中立法規》，至歐洲發生戰爭美國宣布中立。

第四節　加拿大

加拿大是歐美民主國家中最年輕的國家，而且幅員甚廣，面積三百八十五萬一千七百八十七平方哩（或九百九十七萬六千一百二十八平方公里)，略大於美國而與歐洲相彷彿，且為富於資源與自然美的國家。

一、加拿大自治領的形成

加拿大原為印地安人和愛斯基摩人居住的地方。西元十一世紀時，維京人 (the Vikings) 自冰島和格陵蘭 (Greenland) 抵達加拿大東岸。十六世紀後隨著地理大發現和「歐洲的擴張」，法國和英國展開在加拿大的角逐。在「七年戰爭」（Seven Years' War, 1756–63，對英、法殖民爭霸而言，稱為法印戰爭或 The French and Indian War） 之後， 英國擊敗法國而控有加拿大。由於加拿大最先係由法國大量殖民並開發，後來又成為英國殖民地，因而成為英、法兩國文化與語言一直並存的國家。

魁北克 (Quebec) 為法國所開發的地區， 它係稱 「新法蘭西」 (New France)。英國佔領後，把法裔移民均視為英國臣屬，並且接受英國法律的管轄，此為他們所憎恨。1774 年英國國會通過《魁北克條例》(*the Quebec Act*)，其主要內容為：准許在法庭內採用法國民法、確保法國天主教徒的宗教自由，以及擴張加拿大的邊界至俄亥俄河 (the Ohio River) 和密西西比河 (the Mississippi River)。但是，英國國會認為當地法裔人口既不瞭解，也不尊重英國制度，故未給予代議性的議會。不過，在美國獨立戰爭後，約有四萬至六萬效忠英國的人（即所謂 Loyalists） 離開美國，移居到魁北克西南部，以及後來的大西洋沿岸各省 (the Atlantic Provinces)。

英國在 1791 年將魁北克分兩部， 大湖 (Great Lakes) 附近的地帶和聖勞倫斯河 (Saint Lawrence River) 上游地區，這些主要為英國人居住的地區稱為上加拿大或安大略 (Upper Canada or Ontario)，而主要為法國人居住的聖勞倫斯河下游地區則稱為下加拿大或魁北克 (Lower Canada or Quebec)，並為兩地區（省）分別設立民選的議會。另外沿大西洋尚有諾瓦・斯古夏 (Nova Scotia) 、 紐布倫斯威克 (New Brunswick) 、 愛德華親王島 (Prince Edward Island) 均為單獨的殖民地。這些殖民地均有倫敦任命的總督和總督所委任的立法會議 (Legislative Council) 和民選的議會 (elected assembly) 。但是，這種制度運作並不良好，英人與法人互有猜忌，而總督與民選的議會也有衝突 。 1837 年和 1838 年 ， 巴比諾 (Louis Joseph Papineau, 1786–1871) 和馬肯茲 (William Lyon Mackenzie, 1795–1861) 分別在下加拿大和上加拿大叛亂，後雖敉平，終為未解決的問題。1838 年英國政府派杜蘭勛

爵 (John George Lambton, Lord Durham, 1792–1840) 為欽差大臣 (Lord High Commissioner) 和英屬北美各地區之總督 (governor-general)。

杜蘭勛爵擔任總督後，於 1838 年即倦勤辭職，但他以「欽差大臣」的身分對英屬北美的考察卻使他在 1839 年提出一份《英屬北美事務報告》(*Report on the Affairs of British North America*)，此為一重要文獻。杜蘭勛爵在此報告中提出兩個原則，此二原則即為後來大英國協自治領制度的基石，故加拿大後來成為第一個自治領。此二原則分別為合併上、下加拿大，以及設立「責任政府」(responsible government)。倫敦政府接納了合併建議，國會於 1840 年通過了《聯合條例》(*Act of Union*)，將上、下加拿大合為一體，但對「責任政府」則予擱置。但是，合併後的加拿大（此後整個地區稱「加拿大」）運作亦不良好，此因兩部分在一個共同議會中享有同等的代表權，而西加拿大（Canada West，原上加拿大）在 1850 年後人口多於東加拿大（Canada East，原下加拿大），而要求較多的代表權，未成功。但又因雙方均享平等代表權而雙方又不合作，常使議會陷於停頓。

另一方面，英國政府亦自 1840 年後漸漸限制總督的權力，他們認為加拿大如此靠近美國，恐不能長久保持。1847 年後杜蘭勛爵之婿額爾金勛爵 (James Bruce, Lord Elgin, 1811–63) 出任加拿大總督。他開始用議會中多數黨領袖組成政府，於是責任政府的原則逐漸獲承認。而加拿大東西兩部又因有共同的經濟利益而不願分開，於是組成聯邦式的結構，有共同的中央政府卻各自掌理地方事務，乃成為解決方案。同時，他們也希望把大西洋各省，即諾瓦・斯古夏、紐布倫斯威克、愛德華親王島亦包括在內。上述沿海各省本已有意建立自己的聯邦，紐芬蘭亦有意參加，他們派出代表於 1864 年 9 月在愛德華親王島的夏綠蒂城 (Charlottetown) 集合。但聯合後的加拿大要求他們同意把所有的英屬北美殖民地聯為一體。於是，1864 年 10 月各殖民地代表在魁北克市集會，決定成立加拿大自治領 (Dominion of Canada)。紐芬蘭與愛德華親王島拒絕參加自治領，而紐布倫斯威克與諾瓦・斯古夏在拖延近兩年後決定參加。1867 年，英國國會以他們的決議為基礎，制訂為《英屬北美條例》(*British North America Act*)，而此後上加拿大成為安大略省，下加拿大成為魁北克省，加拿大為聯邦制。所以，參加魁北克會議的代表被稱為「聯邦之父」(Fathers of Confederation)。

二、加拿大的發展

加拿大的首府（都）決定建立在安大略的渥太華 (Ottawa)。在體制上，《英屬北美條例》肯定了責任政府的原則，但因係聯邦性的結構，乃採取中央政府與各省政府分權的做法。所有凡是未經授予各省政府的權力，概屬中央政府的權力。加拿大的總督 (governor-general)，由英國內閣決定人選後，再藉英王名義指派，他是自治領名義上的元首。權力握於自治領內閣，內閣總理名義上是總督所任命，但實際上向議會的下院負責。立法權操於兩院制的議會 (Parliament)，其上院或參議院 (Senate) 的成員由總督任命，為終身職；下院 (House of Commons) 則為民選，兩院平等，但下院對財稅法案有優先權。至於各省，亦採取責任政府的原則，每省有副督

加拿大「聯邦之父」(R. Harris 繪)

(lieutenant-governor) 一人，由自治領內閣任命，係名義上的首長，而實際權力則由向各省議會負責的省內閣行使，各省議會除魁北克省以外，均為一院制。在司法方面，最高為加拿大最高法院 (the Supreme Court of Canada)、加拿大聯邦法院 (the Federal Court of Canada)，以及各省法院 (Provincial Courts)。

加拿大的成長非常迅速，可與美國相比美。1867 年時僅有四省，即魁北克、安大略、諾瓦・斯古夏、紐布倫斯威克。當時在整個英屬北美有三百五十萬人口，僅有十萬人左右居住在大湖 (Great Lakes) 以西，而居住在東邊的人口也以農民佔絕大多數。所有北邊的土地屬於經營皮草的哈德遜灣公司 (Hudson Bay Company)。另外，在太平洋沿岸尚有兩個殖民地，即溫哥華島（Vancouver Island，1849 年建立），以及英屬哥倫比亞（British Columbia，1858 年建立）。二者在 1866 年合併。加拿大政府在 1870 年與哈德遜灣公司和英國人協議，建立曼尼托巴省 (Manitoba)，是為第五個省。1871 年，在加拿大政府同意興建鐵路把東部聯結一起後，英屬哥倫比亞（包括溫哥華島）成為第六個省。此時加拿大已成為兩洋（從大西洋到太平洋）的國家，而加拿大太平洋鐵路 (Canadian Pacific Railway) 亦於 1885 年竣工。在東邊，愛德華親王島決定加入，而於 1873 年成為第七省。1905 年，從哈德遜灣公司的土地中，又建立了亞伯達 (Alberta) 和薩克其萬 (Saskatchewan) 兩省，加拿大有了九省，而哈德遜灣公司所餘其他土地亦分別併入魁北克、安大略和曼尼托巴。最後紐芬蘭於 1949 年成為加拿大的第

加拿大的渥太華

加拿大小麥豐收情形

十省。加拿大的十個省至此確定。同時,自十九世紀後半葉以後,加拿大的工商業亦日趨發達,其礦藏及森林資源亦多開發,加拿大成為美國鎳、石綿、鈷和木漿的主要供應者。

第一次世界大戰爆發後,加拿大與英國並肩作戰。戰後加入巴黎和會,並且成為國際聯盟的會員國。1931 年,英國國會通過《威斯敏特法規》(*Statute of Westminster*),加拿大已為獨立國家。不過,一直到 1949 年,加拿大才有權自己修訂自己的憲法,以及加拿大最高法院才是一切上訴案的最後審判所而不必再送倫敦的樞密院 (Privy Council)。

但是,在另一方面,加拿大在國家邁向統一成熟的道路上一直有困難。加拿大人口沒有同質性 (homogeneity),在西部開放後,許多歐洲移民如魯特尼亞人 (the Ruthenians)、俄國人、波蘭人、北歐人和日爾曼人大量移入加拿大的草原省 (Prairie Provinces,即曼尼托巴、薩克其萬和亞伯達等省),1903 年至 1914 年間有大約二百七十萬移民湧入加拿大。但是,加拿大最大的民族問題仍是英裔人口和法裔人口的問題。法裔人口一直恐怕受到英裔人口的主宰,並且在 1954 年以前一直保持高度的生育率,而每當加拿大有重大決策時便會發生緊張與對抗。譬如 1899 年當加拿大決定派志願軍參加南非的波耳戰爭時,以及在 1917 年為第一次世界大戰是否實行徵兵時,雙方亦有嚴重糾爭,法裔人口反對徵兵[27]。

[27] 本節主要參考 Edward McNall Burns & others, *World Civilizations*, 6th ed. (New York: Norton, 1982), Vol. II, pp. 1189–92; *The World Book Encyclopedia* (Chicago, 1979), Vol. 3, pp. 103–22; *New Illustrated Columbia Encyclopedia* (New York, 1982), Vol. 4, pp. 1124–30.

第五節　政治領域中的左與右

在論及政治和經濟問題時，我們常常談到左與右，或者左派與右派。這大致上是由於意識型態上的堅持而化為行動的現象。意識型態 (Ideology) 一詞，所涉及的範圍甚廣，而有不同的內涵㉘。有的學者認為：「意識型態是一個信念體系，這個信念體系為某一個社會或集合體（如政黨、種族、階級等等）所選擇的社會體制做說明與辯護。這種體制可能是現存的，也可能是擬議中的構想。意識型態同時為這種體制的維持或達成，提供過程、制度，以及計畫等等的策略」㉙。約略言之，意識型態是介於抽象的政治、社會哲學和政黨及壓力集團的實際行動之間的東西，而且它是二者之間的聯繫㉚。

在意識型態的政治立場上，把不同的主張或行動，劃分為「左」和「右」，已經是舉世皆然的慣例。但是，眾所周知，這一種「定位」的做法，卻是出自一種非常偶然的發展。緣因 1789 年法國革命以後，在當時的國會，也就是國民會議中，貴族和傾向保守的人士坐在議長的右邊，批評政府和不滿現況的議員們坐在議長的左邊，中庸穩健的人坐在中間。「左」和「右」的壁壘，便是這麼樣無意中形成而又流行於世的。

長久以來，在西方國家，左右之爭曾經是自由主義與保守主義之爭。主張賡續變化的自由主義與倡導維持現況的保守主義之間的對抗，構成了

㉘ George Lichtheim, “The Concept of Ideology,” *History and Theory*, No. 4 (1965), pp. 164–95.

㉙ Herbert Waltzer, “Political Ideology: Belief and Action in Politics,” in Reo M. Christenson and others, *Ideology and Modern Politics* (New York: Harper & Row, 1975), Chapter I.

㉚ H. S. Hughes, *Contemporary Europe: A History*, 5th ed. (New Jersey: Prentice-Hall, 1981), p. 11.

政治、經濟和社會的歷史。這種情形，一直到晚近，因為法西斯主義和社會主義及共產主義的興起，始有所改變。自由主義和保守主義，不僅各自均是一個錯綜複雜的觀念叢，而且也是兩種不同的治世主張。兩者的內涵與外伸，均隨著時代與環境的變遷，而有所遞嬗。

近代的自由主義源於十七和十八世紀的「思想革命時代」，而十八世紀或啟蒙時代的思潮尤為早期自由主義的主要內容。在相信和崇尚理性的基礎上，自由主義企圖整合人類社會的各種思想的、政治的、經濟的、宗教的關係。它的基本原則是人類的精神自由，擯拒任何不合理的干預。英國革命、美國革命和法國革命所揭櫫的理想為其具體表現。自由主義雖以倡導個人自由為鵠的，但也相信人有理性，因而有能力認清問題和解決問題，終可導致人類社會有系統的改進。在政治上，自由主義堅持政府的威權源自「被治理者的同意」，人有一些不可讓渡的自然權利，而政府的主要職責便是保障公民的這些自然權利。因此，自由主義者在追求社會正義的要求下，力主建立憲法、法制和分權制衡等來防範政府侵奪人民的權利。但是，誠如影響最大的自由主義的政治哲學家洛克 (John Locke, 1632–1704) 所說的，「沒有政府會允許絕對的自由」，自由主義者所努力以赴的，是在國家範圍內求取最大的自由。不過，早期古典的自由主義者雖然崇尚憲政，卻並不主張每個公民都有參政權，他們曾嘗試著將投票權限於中產階級，後來因為工業革命造成大量的工人階級出現，而且他們爭取參政，成為不可抵擋的洪流，自由主義者在十九世紀末期始改變原來的立場，主張成年公民都有投票權。

在經濟範疇內，自由主義者原標榜經濟自由主義，這是亞當・斯密和曼徹斯特學派的中心學說。亞當・斯密 (Adam Smith, 1723–90) 反對政府用政治力量干涉經濟事務。他認為每個個人都是自己的經濟事務的最佳裁判者，自由競爭和致富的慾望可以造成社會整體財富的增加，個人容或是自私的，而且常常不顧共同的利益，但是他們共同的活動終將導致社會共同的經濟福祉的提昇，其情況一如有一隻「看不見的手」在操作一樣。這種思想在十九世紀經過曼徹斯特學派的發揚，乃有了一度極為強而有力的論點：第一是經濟活動祇受自然律的支配，不可用人為的力量加以限制；第二是經濟的個人主義，也就是人人應遵循著開明的自利的原則來尋求個人的福祉，個人福祉總和的增多，就是社會整體福祉的增多；第三是自由放任，政府所為應限於維持公共秩序、保護人民生命財產的安全、監督契約的履行等等；第四是倡導自由競爭和自由貿易。在如此這般的情形下，所以自由主義者認為「治理最少的政府是最好的政府」。這些論點曾經發揮過很大的功能與貢獻。但是在工業高度發達和經濟高度成長以後，貧富懸殊和各種社會問題叢生，社會主義乃至共產主義於是不滿，再加上已經成為工業社會主體的工人階級反對此種主張，顯示出歷史現實的改變，於是自由主義在十九世紀末和二十世紀以後，乃主張社會改革，為了公共利益應管制經濟事務，同時也要建立社會安全制度，一反過去的經濟自由主義的說法，而鼓吹福利國家制度，於是主張最低工資、累進稅率、失業保險、老年卹金、健康保險等等。這些主張雖看似與社會主義不謀而合，倡自由主義並不贊同社會主義者所要建立的集體所有制下的完全平等的做法，因而採取反共的態度，也就是說社會主義或共產主義便較自由主義更左了。

必須說明的，自由主義原有各種不同的型態。這是因為，自由主義者堅持個人自由，而「自由」是一個不易界定的字眼。有的自由主義者認為自由是個人的事，政府扮演的角色愈小愈好，此種主張的極端是無政府主義；有的自由主義者相信自由與政府有關，而政府是促進個人自由的工具，這種想法的變形是社會主義。在這兩端之間的，是形形色色的自由主義。無論在任何時代，還是任何國家，不管冠以何種形容詞，如「新」或「紐」自由主義 (New Liberalism or Neo-Liberalism)，其基本內涵相去並不太遠，雖然有時像是涇渭分明。

在美國，自由主義的發展與歐陸稍有不同。在美國，沒有根深柢固的保守性的「建制」，如王室、貴族或國家教會之類的東西，而《美國憲法》制訂於自由主義昂揚的時代，其奮鬥的歷程沒有在歐陸那麼艱苦。現代美國的自由主義者除了主張增進福利國家和建立更寬容的社會之外，倡導種族整合、男女平權和消滅貧窮。1980 年代，由於新保守主義得勢，保守性的共和黨雷根政府兩度主政，「自由主義者」或「自由派」不再像過去那麼意氣風發，又因為他們非常關切社會福利，被刻劃成「行善者」和「浪費者」的形象。

代表右派政治觀念與做法的，是保守主義。近代的保守主義亦源自英國，其主倡者為柏克 (Edmund Burke, 1729–97)。他雖曾從政，但位不過國會議員與郵政總長之流，但卻為保守主義之父，其影響遠及英國以外。柏克是法國革命的批判者，他在有生之日雖未及見法國革命與拿破崙時代的結束，但因有鑑於法國革命所引起的動亂，卻攻擊法國革命不遺餘力。他所著的《法國革命的省思》(*Reflections on the French Revolution*, 1790)，反對變遷，也不相信理性，他所重視的是人類的經驗，也就是多代累積的智慧。他震撼於法國革命的激烈，認為革命分子在棄絕不同時代的人群社會所凝聚的智慧，他尊重人類歷代艱苦締造的政治與社會制度，相信歷史有其連續性，每一時代均為綿延不絕的連鎖之中的一個環節，每一時代的人均為文化遺產的保管者而非所有者，無權任意毀棄。他雖承認變遷有時有其必要，但應審慎為之，「舊建制的有益部分」仍應保留，而這種變遷須經憲政程序且為各階級所接受。他激烈地反對革命分子在抽象的邏輯名目下，用暴力來決定一切，對於這些「觀念論者」、「理論家」、「形上家」或「玄想者」的行徑，大不謂然。不過，「保守主義者」一詞則是法國人沙特布里昂 (François Rene de Chateaubriand, 1768–1848) 在 1830 年倡導，並在巴黎辦報以此為名而逐漸流行的。

保守主義重視傳統，尊崇建制，特別是時代悠久的建制（如教會、家庭、私人財產等），認為歷史為引導朝向智慧與完善的指針。保守主義者傾向於把國家社會看做一個複雜的有機體，包含了許許多多的互為關連的因素，而且各自均有其貢獻，此一複雜的有機體演進很慢，非經長期的錯誤嘗試歷程不為功。因此，他們主張維持或保守既存的秩序和價值觀。他們相信政治或政府的目的，在謀全民社會的共同福祉，但卻懷疑可以完全用政治的手段來達成，他們認為很多政治問題係屬道德問題，覺得僅靠立法不一定能改變人的態度，對理性與教育的功能抱著相當保留的態度。保守主義者也堅持權利是經由努力贏得的，不是授與的，人與人不應有完全的政治與經濟的平等，也力主私有財產與自由有其相關性，廢除了私有財產，也就消滅了自由。

一般而言，保守主義者反對變遷，主張持續。任何政治上的、經濟上的和社會上的各種改變，不應由抽象的、不受約束的是與非的標準來衡量，而應由如何把不必要的和不健全的副作用減至最小程度為依歸。保守主義者非常重視理論與實際的分別，因為一個在理論上勢在必行的主張，在實際運作上，都可能是不切實際而又危險的。這也是保守主義者看重先例和傳統的原因。保守主義者在十九世紀之初原極反對法國革命的思想，而法國革命係受自由主義的鼓舞，因而反對自由主義的政治主張。同時又由於他們多代表土地貴族和地主，以及國家教會的利益，與代表工商界和非國家教會利益的自由主義者不同，因而也不贊成經濟上的自由放任。但保守主義者並非全都死硬頑固，有時也能洞見癥結而著先鞭，如十九世紀後期英國狄斯雷理 (Benjamin Disraeli, 1804–81) 擴大人民投票（參政）權，以及法國皇帝拿破崙三世（Napoleon III, 1808–73，在位時期為 1852–70），以及德國「鐵血宰相」俾斯麥 (Otto von Bismarck, 1815–98) 採取成男普選制度，都是明顯的例子，但他們的動機都是為遠程的照顧了保守主義的利益。到十九世紀之末和二十世紀之初以後，也是因為歷史現實的變化，尤其是原有自由主義懷抱的工商業者與專門職業分子，在達成目標之後心態轉移，使保守主義的陣營不再限制於土地貴族和國家教會的成分，而使之趨於贊成普及投票權和經濟自由，但是卻反對擴大，也不主張取消福利國家制度。因此，保守主義也有其遼闊的空間，它既非反動守舊，亦非極端右傾，如法西斯主義，更非社會主義。同樣的，無論在它之前冠以何種形容詞，均不足以改變其主要立場。而且，保守代表對原狀的滿足，對既有價值體系的肯定，認為值得「保」和值得「守」，才去「保」和才去「守」。

在美國，早期的保守主義者是聯邦派的亞當斯、漢彌爾頓、麥迪生等人。降至今日，仍有強大的保守主義力量。他們的基本主張，在經濟方面，主張經濟自由，相信自由市場和自由競爭，反對計畫經濟，不贊成擴大福利國家體制；在政治方面，表現堅決反共的態度；在社會方面，力主振興教會和強化道德。

綜上所述，自由主義和保守主義不再完全可以代表左、右。在左邊，有較自由主義更左的東西；在右邊，也有較保守主義更右的事物。不過，左與右本來就是相對的，而不是絕對的。證諸法國革命史的本身，即可發現左右之間的關係是一種互相移動的關係，而且是隨著時勢與主張流轉的。今天的左派會是明天的右派，明天的左派會是後天的右派。別的不說，狄更斯的《雙城記》有非常傳神的描繪，就某一意義言，即使是共產黨也是右翼的，也就是保守的黨，因為它在得勢前以倡「革命」為務，得勢後卻力主維持現況，雖然仍然以「革命」為標榜，卻是反對別人「革」他們的「命」。

在政治文化高度成熟的國家，祇有標榜穩健的自由主義或開明的保守主義，才能得到人民的信任。盛行兩黨制度的英國與美國（在兩國政黨均不止兩個，但祇有兩個可以發揮決定性的功能），人民在政治、經濟、社會、文教等方面雖有爭議，但有共同的價值取向（亦即對「大是大非」有一致的看法），大多數的人遵守法律並趨向於溫和中庸，採取兩極端（極左和極右）立場者僅佔極少數，人民所要選擇的，是中間偏左，還是中間偏右的問題。太左和太右都不會得到大眾的認同。

第六章
災難的噩夢：極權政治的興起

第一次世界大戰爆發於西方文化達到巔峰，而為世界其他地區所艷羨和模仿的時候。它造成了許多人對西方文化感到失望與幻滅。大戰之後，經過一段苦難時期，也曾呈現樂觀的景象。尤其是在 1925 至 1929 年期間，經濟的繁榮和國際秩序的良好發展，均予人以信心。

1929 年，由美國紐約股票市場的崩盤，導致了世界性的金融危機和經濟危機的產生，於是銀行關門、工廠倒閉、失業率高居不下，成為全球的普遍現象。國計與民生息息相關，經濟危機促成了政治危機，資本主義制度與民主政治的弱點也充分地暴露出來。為了應付經濟崩潰與社會混亂的困境，各國採取了不同的辦法。在「信任危機」的衝擊下，有些國家採取了法西斯主義，於是極右型的極權政治乃告出現，它們與自從俄國共產革命後所締造的極左型的極權政治並立對峙，乃至相激相盪。英國、法國、美國等具有深厚的民主基礎的國家，也在經濟大恐慌的肆虐下陷於內外交困的局面。

經濟大恐慌成為世界歷史發展的分水嶺，它帶來了苦難與侵略，最後把世界推向另一次慘絕人寰的大戰。

第一節　經濟大恐慌

1929 年秋天，由於紐約股票市場的連續「無量下跌」，造成了一場鉅大的經濟災難。這場經濟大恐慌，在當時似乎是突如其來，而事後檢討則為無可避免和勢所必至的。它首先拖垮了美國的經濟，繼之是歐洲和世界其他地區的經濟。

自從工業革命和資本主義制度建立以來，曾經不斷地發生經濟危機，而景氣 (boom) 和衰退 (recession) 成為一種週期性的循環。不過，1929 至 1932 年間的大衰退，其規模之大，情況的嚴重，以及造成的影響之大，均屬空前所未有，故有「經濟大恐慌」(the Great Depression) 之稱。經濟大恐慌是持續的購買和銷售的下降，工商業者無法找到雇主。於是，貨物堆積，工商行號裁減員額或關門大吉，而失業者眾，使購買力再加下降，銷售額益發萎縮，乃有更多的工商業者倒閉，銀行無法收回貸出去的款項。於是，銀行倒閉，而儲戶喪失存款。最後造成工商業破產，專門職業人士失去客戶，以及大量的失業。這種經濟性的災難會影響到政治和社會，以及其他層面，而使世界陷入深淵。

一、第一次世界大戰後的世界經濟

第一次世界大戰以前的國際繁榮，是建立在自由的世界市場上，貨物、金錢和勞力，均可自由地朝向需求最大，也就是生產效益最大的地區流動。此種流動，容或有時並不完全自由，因為有的時候，有的國家會採取保護關稅的措施。不過，大致言之，在 1914 年以前，貿易障礙尚未嚴重到可以阻礙國際經濟自然流動的程度。此種國際經濟在第一次世界大戰爆發後，不再能繼續維持。德、奧、匈等國因受封鎖而無法取得資源的供應，乃被迫尋求自給自足。再加上交戰國的經費多係借貸而來，造成通貨膨脹和物價高漲。1917 年以後的俄國退出世界經濟。戰爭使各交戰國集中生產軍用物資，使一些在恢復和平以後，便不再有大用的工業部門過於發展，有礙正常經濟的運作。中立國，特別像參戰前的美國，擴張生產以應交戰國所需，此遠超過正常世界市場的需求。因此，第一次世界大戰使交戰國和中立國的經濟均喪失平衡。在此情況下，戰後世界經濟難以恢復正常。戰後世界經濟所面臨的一個迫切問題，便是黃金儲備與「強勢貨幣」(hard currencies) 的分布不勻，「強勢貨幣」指美元、英鎊、瑞士及法國法郎等。戰時採購使歐洲黃金大量流向美國，使美國在 1920 年代擁有世界黃金儲量的 40%。另一方面，戰後新獨立的國家儲備貧乏，以致其貨幣無法在國際金融市場立足。德國由於背負著非常沉重的賠款，亦失去黃金儲備。再加上共產革命後的俄國否認外債，影響到許多國際貸款均採短期方式，美國如此，戰時中立的國家如瑞士、瑞典、荷蘭等均如此，於是這些國家資金過剩，而他國則嚴重不足。凡此種種，造成「可兌換的通貨」(convertible currency) 的匱乏，而此種「可兌換的通貨」又是國際貿易所必需，此種情況妨害國際貿易的發展。儘管資本豐富的國家，特別是美國、英國、法國等，也用貸款或投資的方式來幫助資本匱乏的國家，但終不濟事❶。

除了資金，特別是「可兌換的通貨」匱乏以外，另一個影響戰後國際貿易的因素是貿易障礙的增加。美國為了保護其擴張過速的工業，在 1922 年通過很嚴的關稅法規，使貧窮的國家更難取得黃金及美元。此外，大帝國的解體，造成新而獨立的國家的出現，而這些國家立即建立起他們自己的關稅系統。舉例言之，奧匈帝國容或有許多缺點，但卻能把多瑙河盆地 (the Danube Basin) 區域結為一個經濟體或關稅區，而帝國解體後匈牙利和捷克所徵收的關稅便超過了奧匈帝國時代關稅的 50%。大致言之，歐洲各國的國界線長度，在 1920 年以後是 1914 年以後的二倍❷。

黃金和「可兌換通貨」的匱乏，再加上關稅障礙的增多，產生了一種惡性循環：每個國家為了爭取黃金或強勢貨幣便追求最優惠的貿易平衡，亦即盡量增加出口和減少進口。各國均競相採取同樣的措施，於是世界經

---

❶ Richard Pipes, *Modern Europe* (Homewood, Illinois: The Dorsey Press, 1981), pp. 187–88.

❷ Ibid., pp. 188–89; H. Stuart Hughes, *Contemporary Europe: A History*, 5th ed. (Englewood Cliffs, New Jersey: Prentice-Hall, 1981), pp. 124–25.

濟便逐漸地走向「自足」(autarky)，世界便不再是一個公開的市場❸。

不過，在 1925 年以後，曾呈現了相當程度的繁榮，生產量上昇，1929 年時生產力超過了 1913 年時的 10%，而新的生產方法，如裝配線的推出，新的管理及經濟技巧亦迭有發展。同時，國際政治也安定而合作，似乎給人樂觀的景象，也就是在這個時期（1920 年代中期）歐洲人再度感覺到「平安的陽光」(the full sunshine of peace)❹。

但是，資本主義的經濟體制為一種極端微妙而互相連鎖的建構，美國與歐洲在 1920 年代的繁榮，其基礎則甚脆弱。

第一是國際金融市場的不健全：前已談及黃金和強勢貨幣分布的不均，以及關稅障礙的增多。另外，戰債和賠款所造成的各國政府間債務 (inter-governmental debts) 的問題，尤其增加國際收支的困難。在戰前，資本輸出可由投資者及銀行自由選擇和自由行動，現在因為戰債和賠款的收支有其一定的權利和義務關係，便不能自由選擇和自由行動，成為一種定向的流動。賠款及戰債的支付，係由美國向德國提供資金，使其能重建經濟並支付賠款，獲得賠款的國家再用以支付所欠美國的戰債。此種有類「美金旅行」的資金循環方式，如有一個環節發生問題，便會造成混亂。而且，在支付債務時，債務國必須將其所持資金轉變為債權國的貨幣，故無論是償付賠款或償付戰債，均須爭取外匯，而爭取外匯又非進行國際貿易不為功。美國是最大的市場，美國卻因自身工業生產擴張而不待外求，且於 1922 年和 1930 年屢次由國會通過保護關稅的法案，築起貿易障礙。

另就國際經濟和金融市場結構而言，已經發生變化：本來，在第一次世界大戰以前，國際金融的金本位制度係由英國所主導，而英國之所以能夠主導，係因能有巨額的經常收支盈餘，並用這些盈餘對外進行投資。但

---

❸ Pipes, op. cit., p. 189.

❹ Robert Graves & Alan Hodge, *The Long Week-End: A Social History of Great Britain, 1918–39* (London, 1940), p. 113.

1923年時的歐洲（注意各國國界線在1914年的狀態）

是，在第一次世界大戰以後，英國在工業生產力、資本輸出均遠遜於美國，英國雖於 1925 年照戰前的金平價 （每英兩黃金折合三英鎊十七先令十個半便士）恢復了金本位，但因為英國的經濟力已非戰前可比，英鎊在如此金平價下，超值了大約 10%，結果對外輸出困難，尤為已陷困境的英國經濟雪上加霜。這使英鎊在英國無力配合的情況下，又成為國際貿易的主要媒介貨幣。而在事實上，美國經濟力已執世界牛耳，紐約的華爾街取代了倫敦城 (City of London) 成為世界金融中心。在此情況下，美國成為「世界的銀行家」(banker of the world)。再者，美國在 1920 年代對外貸款，在基本性質上，與戰前英國（原主要的資本輸出國）不同。戰前英國和其他歐洲國家的對外投資多用於開發中國家的生產設備及運輸系統（如鐵路、公路、港口），而強化了這些國家或地區的生產、運輸及出口能力，美國此時期的貸款則多用於歐洲市政，如住宅、公園等，雖然提高了生活品質，卻無助於生產功能的加強❺。

第三，1920 年代的經濟繁榮主要依賴美國：美國在 1920 年代時期，以佔世界人口 3% 的人口，卻掌握了世界 46% 的工業生產，同時又產 70% 的世界石油和 40% 的世界煤產，美國資本流入歐洲，是解決國際債務的主要依據。美國經濟繁榮，在此時期建立在兩大工業之上，即汽車業及建築業。汽車工業的發達帶動了其他工業，如石油業、鋼鐵業和塑膠業。此外，汽車普及了，便要求交通運輸和道路的改良，汽車也使人民活動空間加大，人在城市工作，卻居住在市郊，這種居住型態的改變，使建築業得以勃興。另外，旅遊業和娛樂業也日盛，成為億萬美元的大企業。美國人民改變了對金錢的態度，奢靡成風。此一時期美國經濟繁榮，究其根底，主要係靠信用膨脹 (credit inflation) 來維持， 美國聯邦儲備理事會 (Federal Reserve Board) 採取信用膨脹的政策，造成虛胖的經濟。而且，在此期內，美國工

---

❺ William R. Keylor, *The Twentieth-Century World: An International History* (New York: Oxford University Press, 1984), pp. 103–04.

業生產雖有增加，工資的增長卻遠在利潤與紅利之下，以致大眾的購買力無法提昇。這個時候雖已發展出購物可以分期付款（此亦為信用膨脹）的辦法，亦未能發生很大的作用。於是，生產過剩乃在所不免。事實上，到1920年代末期，美國實質部門的景氣已有下降的情況。但是股票市場卻甚為景氣，股息和紅利亦甚優厚，於是游資大量流入股市，股價乃居高不下。不過，這祇是投機的熱潮所造成的。尤其是1926至1929年間，由於信用膨脹和股票市場的過分擴張，許多人賺了大錢（其實僅為一種紙面上的財富）。1928年紐約華爾街股票市場的平均價格上漲了25%，1929年時又上漲了35%。這種巨幅上漲是不自然的，並非由於生產的增加或世界貿易的擴張，因為在1926至1929年間，工業生產和就業數字並未有顯著的增長。

二、經濟大恐慌

1929年10月24日「黑色星期四」(Black Thursday)，紐約股票市場發生「崩盤」(crash)，超過一千六百萬股的股票在驚恐中拋售，道瓊工業指數 (Dow-Jones Industrial Index) 在三週後下降了一半以上。更嚴重的，是股市持續下跌，到1932年6月跌到最低點時，股票跌到僅有1929年9月時的15.2%。在1929到1932年間，美國工業生產及全國收入 (National Income) 減少了一半，而真正的國民生產毛額 (real G. N. P.) 減少了三分之一，失業率接近25%。全美有三分之一的銀行關門，批發價降

「凍結的資產」：墨西哥畫家 Diego Rivera 筆下的經濟大恐慌時的紐約

了32%。1929至1933年間，美國投資者對外國長期貸款減少了68%，而其後數年更陷於完全停頓。1934至1939年間，為美國人對所握有的外國資產的清算期❻。股市的持續下滑，1929至1932年期間，三年內道瓊指數由381降至42。

危機由金融財政影響到工商發展，最後使整體經濟受其害。而且，它不再僅限於美國，乃影響到歐洲，再進一步影響到全世界。自從1929年紐約股市「崩盤」後，美國即不再向外輸出資本。事實上，在1928年美國資金便從德國撤退，而投資於紐約的股市投機，這影響到歐洲各國，因為歐洲經濟在第一次世界大戰以後端賴美國貸款。1929年紐約股市「崩盤」後，由於許多美國投資人被「套牢」，乃急速自德國和歐洲其他地區抽回資金，以應急需。這使歐洲蒙受損害，而在歐洲各國，在1929年以前已漸呈不景氣狀態，買賣均趨於衰退，先是農產品和煤，繼之擴及其他商品和層面。1929年以後，由於國際銀行業和貨幣危機，乃更形困難。凡此種種，亦可看出歐洲對美國在經濟上依賴之深。

在羅斯福的「新政」下，等候救濟的隊伍

❻ Ibid., p. 133.

這對中歐國家特別不利，因為這些國家依賴美國資本輸入以平衡預算和財政收支，然後再進行工業生產和擴大對外貿易，再償付外債。美國資本撤退，自然造成困難（僅 1931 年頭七個月，美、英投資者即自德國撤走二十億馬克），再加上在歐洲的外國人所持有的黃金亦大量流向美國（1931 年至 1938 年間，美國銀行接受了大約價值六十六億美元的黃金）。同時，美國對外的購買力（進口能力）亦告衰退。1929 年時輸入美國的貨值為四十四億六千三百萬美元，1932 年時降為十三億四千三百萬美元，而美國農業和工業利益團體又力促國會通過保護關稅的法案，1930 年的《哈萊一史摩特關稅法》(*The Hawley-Smoot Tariff Act*) 提高保護項目進口稅平均 59%，對於許多國家造成很大的打擊❼。

歐洲經濟結構中此時最弱的環節是中歐的奧、德等國。奧地利首先倒下。此因東歐農產品價格已長期下挫，再加上奧匈帝國崩解後關稅及貿易障礙增多。投資者與投機者亟欲將資本撤出奧地利，以免受損。1931 年 5 月 11 日，維也納最大的銀行，即信託銀行 (Kreditanstalt, or Credit-Anstalt) 停止支付，於是觸發了歐洲的國際金融危機。德國的銀行與奧國關係密切，於是受到影響。1931 年 7 月初，德國政府的週報表顯示出外匯與黃金儲備數量的下降，而持有馬克的德國人和他國人急於將馬克脫手，造成馬克的極大壓力。美國總統胡佛（Herbert Hoover, 1874–1964，在職時期 1929–33）在 7 月 6 日所宣布的《外債暫停支付辦法》，未能發生作用。此年 8 月，德國被迫宣布「凍結」外國信貸，即德國拒絕對持有馬克的他國人民兌換外幣❽。

英國經濟本為歐洲各國中較為健全者。此時正值工黨第二任內閣期間（1929 年 6 月至 1931 年 8 月），首相麥克唐納及財相斯諾登 (Philip

---

❼ Ibid., p. 134–35.

❽ Robert O. Paxton, *Europe in the Twentieth Century* (New York: Harcourt Brace Jovanovich, Inc., 1975), pp. 314–15.

Snowden, 1864–1937) 均屬改良主義者，不主張集中權力。此外，此時的工黨雖然執政，並未能控制國會中的絕對多數，而需要自由黨的支持[9]。另外，英國原對德國及中歐國家的重建投資甚多，德、奧經濟惡化自然對英國產生不良影響。美國停止輸出資本和減少進口貨物亦使英國蒙受不利。1930 年 7 月左右，英國失業人數已達兩百萬，12 月增至二百五十萬。1931 年 7 月，英國倫敦銀行危機惡化，乃有減少失業救濟金的支付以平衡預算之議。當英格蘭銀行 (Bank of England) 企圖在紐約和巴黎國際金融市場借貸以消除英鎊壓力（因投機者擠兌黃金、外匯所造成）時，美國投資公司摩根公司 (J. P. Morgan and Company) 便要求英國工黨政府減少支出，否則不願借款。摩根公司的答覆（8 月 23 日），為麥克唐納和斯諾登所接受，他們打算縮減 10% 的救濟金。但是，此舉違反工黨的基本立場，於是被指為「變節者」(traitor)，內閣閣員中差不多有一半人辭職。8 月 24 日，麥克唐納內閣辭職。但是，麥克唐納、斯諾登以及原工黨內閣部分成員，與保守黨和自由黨合

英國失業工人遊行

英國失業礦工在威根 (Wigan) 職介所尋求工作機會

[9] 此時在英國國會中，工黨佔二百八十七席，保守黨佔二百六十一席，自由黨佔五十九席。

組全國聯合政府 (National Coalition Government)，而此一全國聯合政府在10月間的大選中獲得壓倒性的勝利。此一聯合政府執政數年之久 (1931–35)，為一非黨派的個人聯合，仍以麥克唐納為首相。全國聯合政府縮減失業救濟金10%，中央政府員工薪水亦減10%。不過，此項節約措施收效不大，投機者繼續大量拋售英鎊（此所謂 flight from the pound），到1931年9月下旬，在兩個月之內，英國已經流失了二億英鎊左右的黃金。1931年9月21日，英國政府決定「擺脫金本位」(go off the gold standard)，不再以英鎊兌換黃金，並將英鎊貶值25%，由每鎊兌換四點八六美元降為三點四九美元❿。

法國在起初所受的衝擊不大，在經濟大恐慌的頭兩年，巴黎成為從德、英銀行體系撤出的黃金集中地。但是，在1931年以後，情況趨於惡化，1932年尤為嚴重。即使到了1938年，法國生產仍未能回到1929年的水準。不過，法國的法郎並未受到投機者的攻擊，官方所公布的失業數字也未曾超過六十萬。此一統計數字並不完全正確，因為它沒有反映出許多法國人在家庭農場或小農場未能充分工作的情形。

經濟大恐慌所造成的影響之鉅，為空前所未有。在經濟大恐慌最嚴重的1932年，每四個英國人中有一個領失業救濟金；每五個德國人中有二個失業，失業者更超過六百萬人；在美國，失業人數超過一千二百萬人。全世界的失業人口超過三千萬人。1929至1932年間，美國的工業生產下降了47%，德國的工業生產下降了44%。全世界主要工業國，除了蘇聯以外，工業生產平均下降27%。1932年7月的世界工業產量低於1929年6月的38%。貿易方面，各國為了保護自己的黃金和外匯儲備，多採與個別國家經過安排的進出口措施，幾乎回到了以物易物的情況。1929至1932年期間，世界貿易數字由六百八十六億美元降為二百六十六億美元⓫。

---

❿ Robert Paxton, op. cit., pp. 320–21; H. Stuart Hughes, op. cit., pp. 211–18.

⓫ Pipes, op. cit., pp. 189–90.

各國政府對於此種惡劣的經濟形勢有三種反應：第一是採取較為激烈的措施來控制金融與匯率，提高關稅以限制外國貨物入口，亦即用個別的方式來保障自身的經濟；第二為組成區域性的集團，如北歐國家的「奧斯陸集團」(the Oslo Group)，東歐國家的農業集團，英國協集團等；第三便是希望達成廣泛的集體行動，如 1932 年 7 月結束賠款的《洛桑協約》(*the Lausanne Convention*) 和 1933 年 6 月在倫敦舉行的世界經濟會議 (the World Economic Conference) 等⓬。

三、經濟大恐慌的影響

經濟大恐慌所發生的破壞之大不亞於一場大的戰爭，它使世界經濟崩潰和原行的經濟制度不能維持下去。大致言之，它所發生的影響有下列三點：

第一為經濟自由主義的終結：經過此次大恐慌之後，益信自由競爭與自由市場的資本主義制度暴露出很大的弱點，經濟不僅是在戰時需要管制，即在平時亦不能放任。本來在 1919 年之後，各國（包括素主自由貿易的英國在內）均有保護關稅與政府在經濟活動中採取較為積極的態度的呼聲。現在各國政府則介入了經濟活動，所採方法有：緊縮銀根、限制信貸、控制物價與工資、管制私人企業或逕予之國有化、貶值通貨、控制交易與供應、津貼重要企業、設法再吸收失業者或予以救濟等等。很少人再高談經濟活動僅受自然律指導的論調，對於俄國式的計畫經濟也有了較新的看法。現在私有財產的絕對權利與契約自由均告動搖，社會有權利介入已為大眾所公認。政府乃出面訂定租金、工資、物價、仲裁勞資爭端。經濟大恐慌也使傳統的經濟學不足以解釋所發生的經濟現象。經濟學家對於失業的原因一向解釋為生產過剩，並認為市場本身具有一種自然調節的功能，可以導致失業問題的解決。1936 年，英國經濟學家凱恩斯出版《就業、利息與

⓬ David Thomson, *Europe since Napoleon*, 2nd ed. (New York: Knopf, 1965), pp. 645–46.

貨幣通論》(*General Theory of Employment, Interest, and Money*)，認為失業的原因不在生產過剩，而係需求不足。需求可以藉增加貨幣供應，進行公共工程以刺激生產，以及平均社會財富等等方法來提昇。此種理論自然也強化了前述政府干預的情況。

第二為經濟民族主義的興起：在經濟大恐慌之前，各國均贊成自由貿易（儘管有時做不到），經濟大恐慌之後，各國則希望盡量做到自給自足，保護自己國家的經濟資源以免受到不穩定的國際市場的損傷。在對外貿易上，各國要爭取的是貿易平衡，1931 年英國放棄金本位並貶值英鎊，其目的即在恢復英國的輸出，二十餘國繼之，此後許多國家採取管制外匯和不准自由兌匯的辦法。在此情形下，國際貿易亦由多邊趨於雙邊，從前某一國如欲從國外進口某種貨品或裝置，可以在國際市場上依據所需貨品或裝置之品質與售價作出決定，現在則不然，蓋僅可在可購買本國出品的國家中選擇，而不計其物價與品質。

保護關稅政策在各國亦大行其道，各國放棄了自由貿易的理想，1930 年美國的《史莫德－霍萊關稅法》(*The Smoot-Hawley Tariff Act*) 使美國關稅大幅提高，遭致各國採取報復措施而各國乃有難以克服的關稅壁壘。英國奉行自由貿易政策已有百年之久，第一次大戰時雖有若干限制，大體上仍為自由貿易國家。1932 年英國通過《進口關稅條例》(*Imports Duties Act*)，把所有進口貨品均普遍徵稅 10%，某些貨品且可徵稅高至 $33\frac{1}{3}\%$。1932 年 7 月至 8 月，英國並召開渥太華帝國經濟會議 (Ottawa Imperial Economic Conference)，8 月達成《渥太華協定》(*Ottawa Agreements*)，擬將整個大英國協組成為一個自成體系和一致對外的經濟集團。此議雖未能成功，但可看出英國已不能堅持自由貿易的原則。保護關稅之外，又有數量限制的配額辦法，以求進一步地限制輸入。同時，各國進出口商人均須申請執照方得營業，以便一國可以統籌其對外貿易。

在此情形下，世界貿易乃大受影響。歐洲各國在 1936 年前後大致已恢

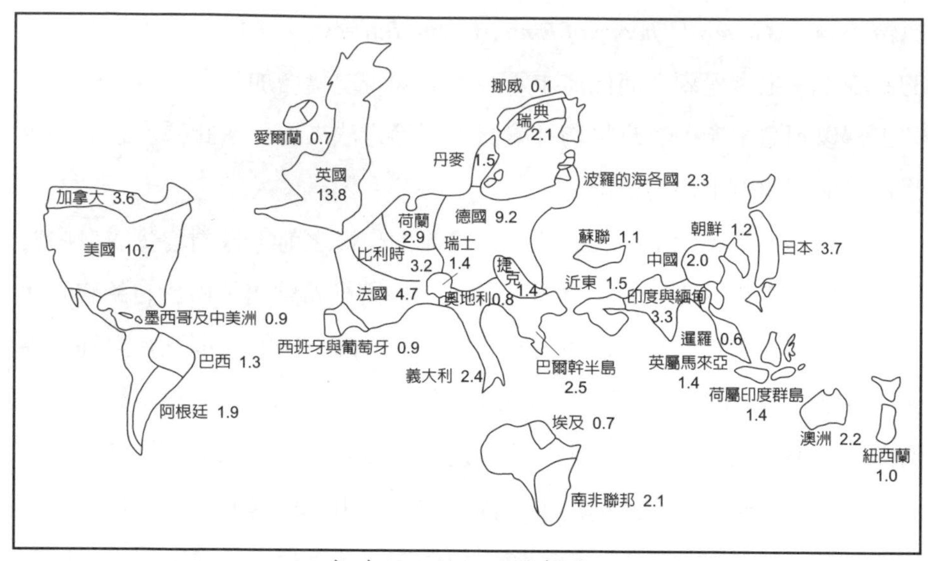

1938 年時各國所佔世界貿易比例圖

復正常，但世界貿易則直迄第二次大戰前夕尚未及 1929 年時的一半。世界經濟因大恐慌而崩解為互相競爭的各國經濟體制，這種情形當然早已存在，至此更烈。各國政府均採取經濟的民族主義，為自己的人民建立「經濟的安全島」(island of economic safety)⓭。

國際間亦有透過協調和會議以求解決問題之企圖。1932 年的洛桑會議（6 月至 7 月）擬謀解決德國賠款與戰債問題，此會議所達協定雖未為各國所批准，實等於結束了德國的賠款。至於戰債，除英國等在會議後仍償付若干「象徵性的付款」外，法國則乾脆拒絕，祇有芬蘭清償了所欠的戰債。總計美國共借出戰債一百餘億美元，總共計收回三十億美元（其中英國約歸還二十億，法國約歸還五億元）。1933 年 6 月至 7 月，在國際聯盟主持下在倫敦舉行世界經濟會議 (World Economic Conference)，有六十餘國參加，包括美國與蘇聯在內。此會議的目的在尋求降低關稅和縮減其他

⓭ R. R. Palmer & Joel Colton, *A History of the Modern World*, 4th ed. (New York: Knopf, 1971), p. 844.

限制，以及恢復穩定的國際金融制度，美國拒絕將戰債問題列於議程，於是會議亦未談及賠款問題。至於穩定各國通貨匯率方面，因美國甫於會前放棄金本位（1933 年 4 月）而反對甚力，故此會議實並無任何成就。

第三是經濟大恐慌所發生的政治影響：經濟大恐慌亦導致「信任危機」(Crisis of Confidence)[14]，各國不再相信正常的體制可以適應如此嚴重的經濟危機。在英國，國會也給予全國聯合政府所謂「醫生的授權」(doctor's mandate) 以解救英國脫離經濟的凶險，政府一方面運用樞密院令 (orders in council)，一方面運用《進口關稅條例》的授權，大大地改變了英國的關稅傳統，致使自由黨在 1932 年 9 月退出內閣，又由於工黨支持者亦不多，全國聯合政府實質上為保守黨政府，由聶維爾・張伯倫 (Neville Chamberlain) 擔任財相。在法國，政府亦得到緊急授權以控制工資、物價和租金。美國的新政，亦屬政府權力的擴大。大體上，在具有深厚的議會政治傳統的歐洲國家如英、法和西北歐諸國家，並未認為有犧牲民主政治以換取經濟安定的必要。在這些國家，各企業在原則上未受政府控制，政府採取行動係因公共政策或政治壓力認為需要時始為之。但在議會政治傳統不夠深厚或因一次大戰使其政治與經濟的穩定性遭受嚴重破壞的國家，如德國、義大利和一些東歐國家，民主制度便完全崩潰。另外，經濟大恐慌亦使左翼聲勢較前為興起，蓋此顯示資本主義制度的弱點，予人一種似是而非的印象，以為蘇俄式的計畫經濟亦有其可取之處。於是左翼勢力（社會黨）在歐洲各國如德國、法國、義大利和東歐國家均頗有聲勢，共產黨亦在第三國際的指揮下進行「人民陣線」的戰略，而且也大有收穫。

史家湯恩比稱 1931 年為「可怕的一年」(annus terribilis)。此年因陷入經濟困境，因而有大量失業、飢餓、國際金融交易的崩潰，以及大金融機構的破產，但同時亦有其他的政治性的災變，如國家社會黨興起於德國，以及日本兼併中國的東北。日本的行動，至少部分與經濟絕望有關，後來

[14] David Thomson, op. cit., p. 646.

被視為秩序遭到破壞的開端，而最後導致第二次世界大戰的爆發。從西方的觀點看，處於最後的資本制度的危機的困境，史達林的第一個五年計畫看來不無一線希望。但是，事實上，俄國正在清算有土地的農民，有數以百萬計的人喪生⑮。

第二節　極權政治興起的背景及其特徵

極權政治或極權主義 (totalitarianism) 有極左和極右的兩種型態。1917 年共產革命以後，在俄國所建立的極權政治屬於極左的型態，它在俄國鞏固下來以後，一直企圖向外發展，在經濟大恐慌發生後，一度有很大的聲勢，第二次世界大戰期間和戰後，也曾經大肆擴張。法西斯主義（包括納粹主義，Fascism and Naziism）則為極權政治的極右的型態，係在第一次世界大戰以後興起並帶給世界極大的災禍。

一、法西斯主義興起的背景

法西斯主義集結了群眾運動、民族主義、反社會主義和反自由主義的價值體系於一爐。在第一次世界大戰以前，西方並無鼓吹極權主義的政黨存在。

群眾政治原肇端於左翼的政治勢力，十九世紀時期中產階級和下層中產階級的價值觀係肯定自由主義的原則，他們相信參政權的擴張和公共教育的普及，有其正面的意義。1890 年代以後，勞動階級和下層中產階級對於社會主義的政黨產生了信心，而社會主義分子在選舉中的成功，使恩格斯 (Friedrich Engels, 1820–95) 在 1895 年時認為社會主義者將會「征服中產階層的多數，小資產階級和小農戶，並深植決定性的力量。」(We shall

⑮ Roland N. Stromberg, *Europe in the Twentieth Century* (Englewood Cliffs, N. J.: Prentice-Hall, 1980), p. 201.

conquer the greater part of the middle strata of society, petty bourgeois and small peasants, and grow into the decisive power of the land.)⑯

不過，十九世紀中葉後，有些具有前瞻眼光的保守主義分子也接受了群眾政治。其中較為著名的有法蘭西帝國皇帝拿破崙三世和德國首相俾斯麥。他們率先採行了成男普選制度 (universal manhood suffrage)，用意在於集結農民的保守思想來平衡中產階級的自由主義力量。另一方面，羅馬教會面對更為反對教會的社會主義分子也與自由主義分子和好。在教宗庇護九世（Pius IX, 1792–1878，在位時期為 1846–78）的時代，羅馬教廷最大的敵人原為法國第三共和及統一後的義大利王國，此因法國第三共和在 1880 年代奪走了教會主控的公共教育，以及義大利王國在 1870 年佔領了教廷國的土地。1890 年代，教宗李奧十三世（Leo XIII，在位時期 1878–1903）乃傾向於接納法國第三共和。他的繼任者教宗庇護十世（Pius X, 1835–1914，在位時期為 1903–14）更進一步，在 1904 年訓令義大利天主教徒，可以為了阻擋社會黨候選人的當選而投票。此為自從 1870 年以來，天主教會第一次准許教友參與投票。1905 年，法國經過政教分離的爭論以後，教會問題不再是困擾的難題。這些發展，與社會主義力量的興起，不無關係。十九世紀之末，許多保守主義分子均傾向於爭取群眾的支持⑰。

同時，在十九世紀之末，自由主義對於歐洲中產階級和下層中產階級喪失吸引力量。在政治方面，由於成男普選制度的實施，各國社會黨在選舉中大有斬獲。舉例言之，1893 年的選舉，法國國會中社會黨的席次由十二席增為四十一席；1887 年的選舉，德國社會民主黨所獲的選票為七十六萬三千一百二十八，但至 1903 年即躍增至三百零一萬七百七十一，亦即由總選票的 10.1% 增為 31.7%。在此情形下，有些中產階級人士便對議會民

---

⑯ Friedrich Engel's Introduction to Karl Marx, *The Class Struggles in France, 1848–1850* (New York, 1964).

⑰ Robert O. Paxton, *Europe in the Twentieth Century* (New York, 1975), p. 211.

主喪失信心。

在經濟方面，許多中產階級人士處於日益龐大的有組織的資本家與日益龐大的有組織的勞工之間，對於自由放任和自由市場的經濟也覺得並無好感。下層中產階級係由小有產者、個別的店東及工匠所構成，他們藉著辛勤的經營來爭取經濟獨立，並且逐步向社會上層階級爬升。但自十九世紀晚期以後，小型商店遭受到連鎖商店和大型百貨公司的威脅，而工匠則無法與工業生產相競爭。同時，這些小工商業者的困境和苦楚，是既存的政黨，無論其為馬克斯主義的，或自由主義的，所不能代表的。

馬克斯主義者在工業和商業中，反對私有財產，而且認為繼續推動工業化，是實現社會主義社會的預備工作；自由主義者則仍然主張在經濟事務中，政府不可干預。於是，他們便尋求一種「中道」(middle way) 或「第三途徑」(third way)。他們認為，祇有一種新的立場或主張，可以保護他們免於大企業和大工會的傷害。法國法蘭西行動派 (Action Française) 的領袖馬拉 (Charles Maurras, 1868–1952) 在二十世紀初年便企圖走此種路線，他曾經攻擊連鎖經營的乳酪業以保護小雜貨店的生計⓲。

在下層中產階級遭受威脅而趨於萎縮的同時，第一次世界大戰以前，便已看到另一個社會階級的興起，此即依賴薪水為主要收入的下層中產階級，他們也是不滿於既有的秩序。馬克斯曾經預測，隨著工業化的推展，無產階級（工人）會日益增多。但是，此一預測，並未實現，因為在北歐和西歐在 1890 年代以後，工廠工人在總人口中所佔比例到三分之一左右便未再增長。固然，工業工人的絕對數字是增多了，但是相對於下層中產階級的增多，他們的相對數字卻下降了。這些增多的下層中產階級便是經濟中第三部門 (tertiary sector of economy) 裡邊的工作人員 ，這些人員也通稱白領階級 (white-collar class)，他們所從事的是服務業，包括文書工作者、銷售及分配部門的工作人員，還有公教人員。他們雖然一如工人，係靠薪

⓲ Ibid., pp. 211–12.

資為生計，但是他們卻不願與工人階級認同，而表現出中產階級的風貌和價值觀。他們原來是支持民主政治的，但當民主政治不能保障他們的安全與福祉時便會另有想法。這一階級，在第一次世界大戰以後，由於通貨膨脹以及其他的經濟和社會變遷，而走上「無產階級化」(proletarianization)，而使其生活水準反而不如勞工階級時，尤為不滿，而容易接受法西斯分子的訴求[19]。

在思想方面，自由主義亦趨衰竭。十九世紀之末，王室、貴族和教會均已不足威脅自由主義的力量。但是，中產階級對於人類社會的進步和理性的普及性卻喪失了信心。事實上，生物科學和演進哲學，心理分析，乃至視覺藝術 (visual arts) 均助長此一趨勢。有時，向自由主義價值挑戰者的本身，如義大利未來畫家馬瑞尼提 (Emilio Filippo Tommaso Marinetti, 1876–1944) 便直接參與了義大利的法西斯運動。許多人感到危機和凶險，悲觀絕望中而又有激烈的民族主義的情緒。第一次大戰及其影響使許多人對西方文化的前途感到悲觀，戰後流行的著作之一為德國歷史哲學家史賓格勒 (Oswald Spengler, 1880–1936) 所著《西方之衰落》(*Der Untergang des Abendlandes*, or *The Decline of the West*)，該書出版於 1918 至 1922 年，其英譯本問世於 1926 至 1928 年。史賓格勒對於歷史發展持循環論，他認為每一文明均歷經春、夏、秋、冬的階段，二十世紀不僅不是民主、進步與和平的時代，且為暴虐、帝國主義與戰爭的時代。他強調種族，並把普魯士主義與社會主義認同，開國家社會主義得勢之先河，他的論調是神秘而悲觀的[20]。有人既不再相信理性的和自由主義的行為準則，而又把民族（國

[19] Ibid., pp. 212–13; H. Stuart Hughes, *Contemporary Europe: A History*, 5th ed. (New Jersey, 1981), pp. 138–41; David Thomson, *Europe since Napoleon* (New York, 1965), pp. 660–61.

[20] David Thomson, *Europe since Napoleon*, 2nd ed. (New York: Knopf, 1965), pp. 660–61.

家）的恥辱與個人的恥辱結為一體，這便是心理學家所說的「投射」(projection)，弗洛姆 (Erich Fromm) 指出：「老中產階級的成員不再以其本身的經濟的和社會的命運為念；而念念不忘於民族（國家）的命運。」義大利人所縈懷的，是羅馬帝國的光影；馬拉所關注的，是法蘭西第三共和的衰落；日爾曼人則怵驚於斯拉夫和猶太人的聲勢。他們追逐狂熱而畸形的民族主義㉑。

法西斯主義的另一根苗是工團主義 (syndicalism)。這是一種流行於歐洲南部的革命性的工會運動。工團主義者主張行動的基本單位是工團（辛迪卡，syndicate），此為由工廠或農村所組成的。當總罷工的「大日子」(great day) 來臨時，各個工團便奪取各工廠和農村的控制權，廢除國家或政府，自此便由工人自治，除了工團以外，不再有任何其他的組織。工團主義常被視為左翼的思想，但他們有很多人並不喜歡社會主義。義大利法西斯運動中，不乏此種分子，他們以國家工團主義或國家社會主義相號召㉒。

如上所述，法西斯主義的各種成因，早在 1914 年以前便已存在。第一次世界大戰一方面造成了很多經濟和社會的問題，另一方面也加速了舊體制的各種支撐力量的削弱，而使其易於發展。另一個誘因，是 1917 年共產革命，以及共產主義不斷有向外擴張的傾向。面對左翼勢力的威脅，極右分子乃欲起而捍衛他們所珍惜的秩序與價值。它是一種「對抗革命的革命」(revolution against revolution)㉓。當然，另一個誘因也非常重要，那就是經濟大恐慌。如果沒有經濟大恐慌，法西斯主義和共產主義均會失去很多聲勢。

總之，戰後經濟與社會的混亂，特別是經濟大恐慌與左翼勢力的囂張，

㉑ Paxton, op. cit., pp. 213–14; Hughes, op. cit., pp. 140–41; Erich Fromm, *Escape from Freedom* (New York, 1941), p. 216.

㉒ Paxton, op. cit., p. 333。

㉓ Ibid., p. 190.

使許多人覺得秩序、財產與地位受到威脅，也使許多人對於議會民主的政治制度與私有企業的資本主義制度喪失信心。代議的民主制度在歐洲早已受到攻擊，此種政體在戰後對於若干政治、社會與經濟問題之處理不夠理想與緩不濟急，誠然令人不滿。於是左、右兩翼的力量均有躍躍欲試之意，面對左翼勢力的威脅，極右翼的力量乃欲起而捍衛和建立他們所珍惜的秩序與價值。因此，法西斯勢力的興起有兩個共同的因素：恐懼來自左翼的「革命」與世界經濟大恐慌。在這兩種力量的衝擊下，祇有具有深厚的民主政治傳統和本身的政治與經濟富有彈性的國家，始能抵抗得住。我們應知，任何一個政治運動的成功與否，不僅要看其自身的政治願望有無說服力量以及其力量與決心，而且也要看其反對者的態度如何。當時歐洲對於反抗共產奪權是有其足夠的決心的，但對法西斯主義的反對則並無如此堅決[24]。

法西斯主義究屬左或右，曾經引起過一些討論。法西斯分子反資本主義和反資產階級的論調，成員穿著制服，以及其領袖表現平等精神（一方面又搞「個人崇拜」），凡此種種，使其有左派勢力的感覺。但是，在另一方面，法西斯主義者均極力反對馬克斯主義，亦對社會黨和左翼天主教黨派不懷好感。而且，法西斯主義者亦非絕對反對資本主義。他們所訴求的，是陷於資本企業大行號與工會夾攻的中產階級的心聲；他們鼓吹銀行國有化，是因為要解除中產階級所負的債務，所謂「打破資本利息的枷鎖」(to break the capital-interest yoke，《納粹二十一綱領》中的第十一項)，在此他們所需要的，是容易獲取的信託和低利貸款，而非社會主義。他們雖提出托辣斯國有化 (nationalization of the trusts)，是因為要保護小有產者來對抗它們的競爭，而非廢除財產。他們號召有組織的經濟亦係要解散獨立的工會，而非在於取消自由企業。他們實際上，是要保護中產階級，而非要無

---

[24] Andreas Dorpalen, *Europe in the Twentieth Century* (New York, 1968), pp. 92–95; Eugen Weber, *A Modern History of Europe* (New York, 1971), pp. 880–87.

產階級當政。而且，在他們得到政權以後，無論是義大利法西斯黨人，還是德國納粹黨人，均不曾實行社會主義的政策，他們所說的社會主義也另有所指。另外，以年齡層而論，法西斯分子也有許多年輕人參與。他們的領袖也多早年即已有成，譬如莫索里尼 (Benito Mussolini) 在 1912 年顯露頭角時年二十九歲，希特勒 (Adolf Hitler) 成為納粹黨領袖時年三十一歲。再以階級成分而言，法西斯分子也包括各種階層，有反對社會黨的工團主義分子、不喜老一代的年輕的資產階級分子、退役軍人、小店東、小工商業者，以及憎惡現代大眾文化的知識分子等等。他們也強調團結，反對階級對立。總而言之，法西斯主義是右派的勢力，不過是新右派 (new right)，乃至是極右派㉕。

二、極權政治的共同特徵

前已言及，法西斯主義是極右型的極權主義，共產主義是極左型的極權主義，而且蘇聯（特別是史達林時期）是第一個典型的極權國家。

極權政治一詞源自莫索里尼用「極權體制」(totalitario) 來形容他在 1920 年代在義大利建立的法西斯國家體制，其特點為：「人人皆在國家之中，無人在國家之外，誰都不反對國家」(all within the state, none outside the state, none against the state)。「極權政治」或「極權主義」一詞則在第二次世界大戰前夕，始漸出現，而與「一黨專政」(single-party government) 幾為同義字。首先收錄「極權的」(totalitarian) 一詞的，是《牛津英語字典補篇》(*Oxford English Dictionary, Supplement*, 1933)，而 1930 年至 1935 年所出版的《社會科學百科全書》(*The Encyclopedia of the Social Sciences*) 尚未收錄「極權主義」一詞。就最廣義的說法而言，極權政治是指「強大的中央統治，藉強制與鎮制的手段，企圖控制和指引個人生活的所有層面。」(strong central rule that attempts to control and direct all aspects of individual

---

㉕ Paxton, op. cit., pp. 209–15.

life through coercion and repression.) 一般講來，極權政治與其他體制不同的地方是：具有好戰性的和救世主張的意識型態 (militant, messianic ideology)；群眾動員；對人民社會生活予以全面控制（消除如教會、政黨、工會等介於個人與國家之間的「中間組織」）；有系統地使用恐怖手段以強制鎮服人民㉖。菲烈希 (Carl J. Friedrich) 曾標舉極權政治的主要的「症候群」(syndrome)：單一的，群眾的政黨，由一個富有政治魅力的領袖所控制；官方的意識型態，不准其他的異說存在；黨控制經濟、大眾傳播和武裝力量；經由警察控制，有系統地使用恐怖手段㉗。

在此情況下，極權政治似乎要有高科技的發展相配合。但是，莫爾 (Barrington Moore) 指出，在工業化以前亦曾有極權政治，他並認為企圖竭盡所能來控制人民生活的統治型態，均屬此類。他也指出，極權政治有「集權的」(centralized) 和「分權的」或「大眾的」(decentralized or popular) 之別。在他看來，印度的孔雀王朝 (Maurya dynasty, c. 321–185 B.C.)，中國的秦朝 (221–206 B.C.)，以及非洲祖魯族 (Zulu) 酋長沙卡 (Chief Shaka) 所建立的統治型態 (c. 1816–28) 均屬此類。至於卡爾文 (John Calvin, 1509–64) 在日內瓦所建立的體制，則兼具集權的與大眾的兩種因素。不過，這兩種情況，均使用文官制度、偵察及威脅、恐怖和思想控制為手段。至於希特勒統治下的納粹德國 (Nazi Germany, 1933–45)，以及史達林統治下的蘇聯 (1924–53) 則為分權的和大眾的極權政治，其國家權力的行使係因人民支持政治領袖㉘。不過，莫爾之說也有可以商榷之處，因為納粹德國和史達林時

㉖ *The New Encyclopedia Britannica: Micropedia Ready Reference* (1987), Vol. 11, pp. 863–64; *International Encyclopedia of the Social Sciences* (New York, 1968), pp. 106–12; Charles Krauthammer, "What Happened to Totalitarianism?", *Time* (Nov. 10, 1986).

㉗ Carl J. Friedrich & Zbigniew K. Brzezinski, *Totalitarian Dictatorship and Autocracy* (Harvard University Press, 1956).

代的蘇聯，人民支持國家遂行權力的程度和性質，均有待更進一步的檢視。

極權政治有其共同的特徵。而且，極權政治與以前的獨裁政權並不相同，因為獨裁政體固為歷史上的古老現象，但被認為是緊急狀態下的權宜之計，是臨時性的，是一種政府的理論；第一次大戰後新興起的極權政權則不然，蓋此種政權固藉緊急狀態而興起，但不再認為是暫且權宜之計，而聲言為社會與文明的恆常型態，它不再僅為一種政治理論，而且亦為生活與人性的理論。

具體言之，極權政治的特徵有：

第一是群眾政治運動：無論是極右的或極左的極權政治，均從動員群眾著手。這一方面是對於在其之前的民主運動和社會運動的延續；另一方面，在其控制全局以後，則又挾其已經獲得的國家力量，對民主運動和社會運動予以消除。而且，在他們統治期間，也一直強迫人民參與各種黨或

1936年納粹在紐倫堡所舉辦的群眾集會

㉘ Barrington Moore, Jr., *Political Power and Social Theory: Six Studies* (Harvard University Press, 1958).

政府策劃的活動，此即所謂「強迫的參與」(forced participation)。以投票而言，在民主國家，其投票率多常介於 40%–80%，但在納粹德國和蘇聯，則多高達接近 100%。共產國家更是經常有各式各樣的「運動」或「革命」。這種大規模的群眾集會、運動或革命，除了顯示其動員力量之外，尚有鎮懾反側的作用。

第二個是具有鮮明而強烈的目標感：無論極右或極左的極權政治，均以創造完美的社會相號召，此即塔勒蒙 (J. L. Talmon) 所說的「政治的彌賽亞」(political Messiah)。它們之中，有的強調種族，有的強調階級，認為在種族或階級問題解決以後，便可實現完美的社會。同時，為了達成目標，對於塑造人民的意識型態採取非常積極的態度，在此一點上，極權政治亦爭取「共識」(consensus)，因而宣傳機構成為政府的主要部門。宣傳固然自古有之，現則變為「全面的」而且完全由政府所壟斷。從前對書籍與報刊的控制檢查皆為消極性的，祇是禁止討論某些特殊的題目、事件或人物，現在檢查制度有了積極的功能，它製造輿論，改寫歷史和供應思想。政府對於各種資料控制之嚴密，使人民無法有獨立的消息來源，也無法檢驗證實官方的意見是否正確，極權國家的人民乃喪失了運用推理的能力。

極權政治也講「民主」與「自由」，所謂「極權的民主」相信個人的自由與集體（黨或國家）的目標是相合的；極權政治也講個人的利益與福祉，但卻否認個人在集體之外，可以有獨立的存在。個人在集體或整體中是沒有地位的[29]。他們的社會觀，是社會有機論 (organic theory of society) 的鼓吹，此論謂社會（或民族、國家）為一有機體，各個個人不過是其中的單一細胞，並無獨立存在的能力（馬克斯理論亦謂個人應絕對服從其階級，與此相類）。此說擯斥個人有「自由」或「理性」之說，祇有群體觀念始為正確的觀念，甚至科學亦屬特殊社會的產物，因而有不同於其他的「納粹科學」(Nazi science) 和符合唯物主義的「蘇維埃科學」(Soviet science)。這

[29] J. L. Talmon, *The Origins of Totalitarian Democracy* (London: Secker, 1952).

種意識型態完全否認人類社會的多元性與差異性，認為集體的成員沒有也不應該有自己的意志與生命。對於個人或意見的價值，完全從對「國家」、「社會」、「組織」是否有用來加以衡量。

第三是對全體人民生活的每一層面：無論是思想的，體能的，有形的，無形的，均設法建立有效而嚴密的控制系統。莫索里尼對於法西斯主義下的極權體制，原有所詮釋：「法西斯主義的國家觀點是無所不包，任何人類或精神的價值都不能夠脫離國家存在，更不用說還會具有價值。為此，我們可以瞭解法西斯主義是極權主義，而法西斯國家——亦即一個綜合體，與包含所有價值的一個單位——解釋、發展與賦予整個民族生機。」[30]

第四是黨的組織，而且黨是極權體制的中心樞紐：黨在極權國家與其在其他國家的涵義亦截然不同，它不再是具有相類的意見或利益的人所組成的政體團體，它是國家的本質，它無所不在，也無所不控。用莫索里尼的話說，它是「政權的毛細管組織」(the capillary organization of the regime)，遍布於政治體的各部，一如微血管遍布生命體各處。黨不僅負起政府的責任，它就是政府。黨員的資格並不是對任何人開放的，它有其嚴格的標準，而黨員也是特權分子。極權主義的黨，其領袖（無論其為Vozhd, Duce，或 Führer），無論其是否同時為國家元首，均為無限的和不受法律拘束的。試看1942年，德國國會對希特勒的「授權」：

> 統領 (Der Führer) 的地位……永遠必須……不受既存法律的限制——他的地位是國家的統領，軍隊的最高統帥，政府的首長和行政權和司法權的握有者，以及黨的領袖……他促使每一個德國人……善盡職守，這可以用他認為適當的任何方式，而且，如果違反應盡的職守，他也可以用任何他視為適當的方式加以處罰[31]。

---

[30] *Enciclopedia Italiana* (1932), Vol. 14.

[31] Richard Pipes, op. cit., p. 185.

在制裁「不良」分子方面，它們都有秘密警察和集中營。

極權政治一旦建立，證諸以往的歷史，除非在戰爭中完全潰敗而被摧毀外，很難經由內部力量把它推翻。不過，1989 年至 1990 年頃的歷史發展，似乎使此種看法有所修正。

第三節　法西斯義大利

法西斯主義興起的背景，以及極權政治的特徵，已見前述。極權政治雖在俄國革命後即在蘇聯建立了極左的極權政治的型態；經濟大恐慌以後，極右型的極權政治才大起於歐洲和其他地區。不過，義大利則是在經濟大恐慌以前，就已建立了法西斯政治體制。此因義大利在 1920 年代，即已政治脫序、社會混亂，以及經濟解體之故。

一、第一次大戰後的義大利

義大利原抱著極大的希望與野心，不惜與舊有的盟友翻臉，投入第一次世界大戰。義大利加入英、法等國集團作戰的目的，除了想振興國威以外，最大的目的是擴張領土。

義大利雖獲得特倫提諾 (the Trentino)、提洛爾 (the Tyrol) 南端、伊斯特里亞半島及的港，但未能在非洲得到土地，亦未能得到達爾馬西亞北部以及此區內義大利人佔多數的阜姆 (Fiume) 港。這使義大利民族主義分子極為不滿，在作家鄧南遮 (Gabriele D'Annunzio, 1863–1938) 號召下組成一支包括民族主義分子、退役軍人與冒險者的志願軍，他們於 1919 年 9 月攻佔阜姆。鄧南遮在阜姆所採用的若干政治設計、符誌與他所表現的意識型態，日後多為法西斯黨所採用。義大利於 1920 年 11 月與南斯拉夫訂立《拉巴洛條約》(*Treaty of Rapallo*)，承認阜姆為自由市。

在政治上，義大利在第一次世界大戰以後，由於一個新的，並且具有左翼色彩的天主教人民黨 (Popular Catholic Party) 的興起，以及義大利社會黨 (PSI: Italian Socialist Party) 的日益茁壯，使政局更形不穩。另一方面，經濟與社會方面的騷亂，更是沒有休止。

二、法西斯勢力的興起

義大利法西斯運動的領導者是莫索里尼 (Benito Mussolini, 1883–1945)，他於 1883 年 7 月 29 日出生於位於羅馬東北方的羅馬涅地區 (Romagna region) 的弗勒省 (Forli Province) 的普瑞達皮歐 (Predappio) 村。羅馬涅是一個常有騷動的地區。莫索里尼之父為一鐵匠，他常常以他出身寒微而自豪為「人民的人」(man of the people)。事實上，他也沒有像他所說的那麼寒微，其父除為鐵匠外，尚是兼職的社會黨記者，母親亦為小學教師。他原為一個工團主義者 (syndicalist)，服膺法國工團主義者索里爾 (Georges Sorel, 1847–1922) 的崇尚「行動」的說法，亦對德國哲學家尼采 (Friedrich Nietzsche, 1844–1900) 的「意志」說深信不疑。1912 年 12 月當議會中的社會黨議員支持義大利政府在利比亞的帝國主義行動（征服利比亞）而被攻擊時，工團主義派控制了社會黨，而莫索里尼被任命為該黨機關報《前進！》(*Avanti!*) 的主編，並於 1913 年當選米蘭市議員。但在 1914 年第一次世界大戰爆發後，他因力主加入英、法、俄等國參戰，以收回「未被贖回的義大利」(Italia irredenta, or unredeemed Italy) 而成為一個「民族工團主義者」(national syndicalist)，因而被社會黨開除黨籍。他辦了一個新報來鼓吹參戰，此即《義大利人民報》(*Il Popolo d'Italia*)，曾得法國資助。不過，法國資助的金錢，可能係事後的報酬，而非傳聞中的賄賂[32]。

戰爭結束後，莫索里尼為退休軍人中的一員，與其他退伍軍人一樣不

---

[32] R. O. Paxton, *Europe in the Twentieth Century* (New York: Harcourt, 1975), pp. 192–93.

滿現實。他曾經參與前線工作，而且也曾因榴彈砲走火受傷，他常戲劇性的計算其「四十四處傷痕」(forty-four wounds)，他的《義大利人民報》成為退役軍人的喉舌。莫索里尼倡言義大利是一個「普羅（無產）國家」(proletarian nation)，應該奪取富國的殖民地，他也認為可以集結退役軍人的力量，來從事既左而又富有民族主義色彩的運動。1919 年 3 月，他在《義大利人民報》著論說：

> 1789 年的資產階級革命——集革命與戰爭於一爐的運動——開啟了資產階級掌握世界的門戶，……現在的革命，其本身也是戰爭，看來是開啟了群眾控制未來的門戶，這些群眾已經從戰壕的血腥和死亡中學習了很多㉝。

莫索里尼的第一個法西斯組織 (fasci)㉞，建立於 1919 年 3 月 23 日，地點在米蘭，參與的「同志」有一百四十五人。其中有些人是舊的工團主義分子，他們贊成莫索里尼在戰前的懷抱，另外一派人便是有沙文主義傾向和主張直接行動，如從前的突擊隊 (arditi or commandos)。至於法西斯組織的宗旨，則係出自主張參戰的工團主義分子安布瑞 (Alceste De Ambris) 所擬訂，混合了民族主義、社會激進主義 (social radicalism)，以及強烈主張掃除戰前的一些不受重視的機構。它要求取得義大利「應有的」戰利品，即自阿爾卑斯山地區至達爾馬西亞沿岸 (the Dalmatian coast) 的所謂「未贖回的義大利」地區。它也主張成立制憲大會，給予婦女投票權，廢除參議

㉝ *Il popolo d'Italia*, March 1919, quoted in Christopher Seton-Watson, *Italy from Liberalism to Fascism, 1870–1925* (London, 1967), p. 517.

㉞ Fascists or Fasgisti 係由 Fascio 而來，Fascio 或 Fasces 在拉丁語中為「一束」(bundle)，在政治上則指緊密結合的一幫。它原指一束樺樹枝或榆樹枝，用紅帶子綁在一起，有一個斧頭的鋒面露在外邊。此在羅馬共和及帝國時代，長官、總督或皇帝出巡時，由扈從拿著在前邊開道，用以象徵權威。

院 (Senate)，徵收資本稅，工業界實施八小時工作日，工人在工廠中擁有股份，充公教會財產，以及農民分配土地等等。他們也攻擊義大利社會黨（1914 年此黨開除莫索里尼黨籍），莫索里尼亦攻擊義大利社會黨在戰爭目標上軟弱，認為是對義大利士兵的出賣，以爭取退役軍人的支持。此外，他們也展開行動，1919 年 1 月 11 日莫索里尼和馬瑞尼提去破壞社會黨在米蘭拉斯卡拉歌劇院 (La Scala Opera House) 的集會，此年 4 月馬瑞尼提率眾搗毀社會黨《前進！》報的編輯部，莫索里尼也支持工人的罷工和訴求。直迄 1919 年，法西斯主義究竟屬於左，或是屬於右，仍不清楚。但是，法西斯主義混合了激烈主義與民族主義的訴求卻並不成功。1919 年 11 月他競選米蘭選區的國會議席，以反自由主義和反社會主義為號召，並且攻擊大企業，在二十七萬張選票中所得不到五千張，而且在 1919 年年底時，其法西斯組織的成員仍保持活動狀態的，不足一千人[35]。

但是，1919 年至 1920 年頃，義大利的經濟與社會情況趨於嚴重，到了內戰邊緣。工人佔領工廠，農民搶奪土地，社會極端不安。法西斯分子穿著黑衫制服在街頭上攻擊激烈分子的組織和報紙，聲稱他們可以把國家從共產主義和無政府主義的混亂中拯救出來，而且莫索里尼也說服工業家和地主以金錢支援他的組織和活動。特別是在 1920 年 8 月和 9 月間，在經濟和社會秩序混亂之外，又加上義大利在領土要求上受挫，更為壯大。儘管莫索里尼否認法西斯分子已成為「資本主義的看家狗」(watchdogs of capitalism)，但是往日的經濟上有激烈主張的人和具有革命熱忱的工團分子多被淘汰，即使是馬瑞尼提也不保。此後法西斯成為右派的組織，而且在 1920 年以後成員日益增加。但直迄 1921 年年底，法西斯分子仍沒有嚴密的黨組織，他們認為法西斯主義是「行動主義」(doctrine of action)，應不受組織的局限。1921 年 11 月，莫索里尼決定組織黨，此即國家法西斯黨 (Partito Nazionale Fascista)，此時黨員人數約為三十萬人[36]。

---

[35] Paxton, op. cit., pp. 194–95.

第一次世界大戰以後的義大利政局，由於立場傾左的天主教民主黨的興起，以及義大利社會黨的日益壯大，而使中間立場的自由與民主黨派處境日益困難。1919 年 11 月舉行的戰後第一次大選，社會黨獲 32% 的選票，已成為國會中握有席次最多者。自由黨的吉奧里提 (Giovanni Giolitti, 1842–1928) 是屢任總理的政治人物，他認為假以時日後，法西斯分子會逐漸喪失其戰鬥性而可以成為合作的伙伴，他有意拉攏法西斯分子和民族主義派與自己的自由黨合作。1921 年 5 月，義大利舉行戰後的第二次大選，在五百三十五個國會席次中，吉奧里提的民族派集團 (National Bloc) 獲一百零五席，法西斯分子獲三十五席。另外，社會黨獲一百二十三席，但拒絕參與資產階級的內閣，天主教民主黨獲一百零八席。由於天主教民主黨的領袖史圖佐 (Luigi Sturzo, 1871–1959) 和其黨人主張社會改革，如土地重新分配等，此使他們無法與吉奧里提共事；此外，儘管他們富有社會主義精神，卻因政教關係上的立場，而無法與反教會的左派合作。吉奧里提原以縱橫捭闔為能事，終於無法布施，而於 1921 年 6 月以七十八歲的高齡而去職。此後有十四個月之間，政府危機始終因無法組成可以控制國會多數的政府而無法打開，而 1922 年 8 月以後，祇能由看守政府來暫時應付。

另一方面，法西斯組織的攻擊隊 (Squadristi) 的活動，已使義大利在 1922 年時成為高度混亂的狀態。在義大利東北部，當地的法西斯領袖，他們沿襲衣索比亞封建酋長的稱號，自稱「拉斯」(ras)，在保守分子和軍人的幫助下，以暴力控制城鎮，驅逐社會黨或共產黨人的市長和市議會。此年夏天，在東北部和北部到中部一帶，一直蔓延。1922 年之秋，法西斯分子已經成為義大利北部很多地方的事實上的 (de facto) 統治者[37]。另外，總罷工的威脅亦如影隨形。

法西斯分子在莫索里尼的鼓動下，乃有「進向羅馬」(March on Rome)

[36] Richard Pipes, *Modern Europe* (Homewood, Illinois: Dorsey Press, 1981), pp. 175–76.

[37] Paxton, op. cit., pp. 196–97.

莫索里尼向群眾演講

以奪取政權之議。1922 年 10 月，法西斯大會 (Fascist Congress) 在那不勒斯 (Naples) 舉行，此為法西斯運動第一次較大規模的滲入義大利南部。莫索里尼對大約四萬法西斯分子演講說，「政府應該交由我們來運作，否則我們將進向羅馬而取得對政府的控制。」群眾乃一起大喊：「羅馬！羅馬！羅馬！」(Roma! Roma! Roma!) 後來決定在 10 月 27 日分成四個縱隊，由四位法西斯領袖 (Quadrumviri)[38]率領並指揮。不過，法西斯分子取得政權，並非是因為「進向羅馬」的結果。莫索里尼在 10 月 30 日出任首相，是在他自米蘭抵達羅馬，並由義大利國王維克多・伊曼紐三世（Victor Emmanuel III, 1869–1947，在位時期 1900–46）任命，一切都符合憲政程序的。「進向羅馬」祇是一種威脅，而非一場政變。當時義大利首相法可達 (Luigi Facta, 1861–1930) 曾經請求國王宣布戒嚴，但國王在王后的影響下，又聽聞其堂兄阿斯塔公爵 (Duke of Aoasta) 可能在法西斯分子的支持下覬覦王位，乃在 10 月 29 日晨拒絕簽署戒嚴詔令，並直接與等待在米蘭的莫索里尼聯絡，莫索里尼搭夜車於翌日早晨抵達羅馬而受命組閣的。至於法西斯隊伍則人數不多，且遭雨淋，是一群擔心軍方態度的烏合之眾，是在聞悉莫索里尼拜相之後才進入羅馬的。莫索里尼在覲見義大利國王的穿著也顯示出一種曖昧，他穿著法西斯制服的黑衫和褲子，但也混合了象徵資產階級的短綁襪 (white spats)。他向國王說，「陛下，請原諒我的穿著，我是從戰場過來的。」[39]

莫索里尼何以能夠在 1922 年 10 月取得義大利政權？原因之一在於當

[38] 分別是 Italo Balbo, Michele Bianchi, Emilio De Bono，以及 Cesare De Vecchi。

[39] Laura Fermi, *Mussolini* (Chicago, 1961), p. 204; Paxton, op. cit., pp. 197–98.

時沒有別的抉擇。當時如果要抵擋法西斯得勢，那衹有天主教民主黨和社會黨能夠化除彼此在宗教問題上的歧見而攜手合作。但這在當時無法做到。另外，如果國王能夠乾綱獨斷，同意戒嚴，也可能使法西斯分子不能得逞。但是，國王卻不作此圖，而直接與莫索里尼聯絡，授以組閣之命。當時，義大利各政治勢力及各階層，在反對左翼勢力，尤其是共黨勢力是一致的，但對於法西斯勢力則無此決心。總之，莫索里尼是在憲法程序，在合法的情況下出面組織政府的。但是，莫索里尼先是在1921年至1922年頃，使政府無法正常運作，如果不用強力，無法排除法西斯分子在義大利北部和中部的控制，衹有莫索里尼可以收拾局面。而且，莫索里尼有效地運用了反對社會主義的力量，工業家、地方、軍官和警察均不惜一切代價反對社會主義。總之，莫索里尼是用合法的方式取得政權，在他擔任政府首長以後，再來破壞民主體制。他以反共和反無政府為號召，而其真正敵人則為民主政府，他處心積慮而有技巧地利用民主體制的弱點，而在民主體制的內部破壞民主體制[40]。

莫索里尼的神態

兒童團的閱兵式

[40] Paxton, op. cit., pp. 199; Pipes, op. cit., p. 177.

三、法西斯統治

莫索里尼所組成的新內閣，是一個法西斯分子與中間立場的政治勢力和右派政治勢力的聯合內閣。在十四名部長中，法西斯黨人固然僅佔了四名，但皆為關鍵性的位置。莫索里尼自身，除了是首相以外，另兼內政部長（在歐洲國家多控制警察）和外交部長。法西斯分子也掌握了司法部、財政部和解放領土部。內閣中甚至還延攬了兩位具有改革傾向的社會民主黨人。但法西斯分子不以此為滿足，他們叫囂著要進行「二次革命」(second revolution)。但是，莫索里尼在執政以後，尚無立即有何激烈的行動。他經常穿著黑色禮服出現於公眾場所，對內和對外均尚和平相處。對外關係方面，除了 1923 年 8 月的古佛事件 (Corfu Affair)，曾以兵威展現實力以外，亦無其他令人不安之處。古佛事件係因一位義大利將軍和他人在視察希臘與阿爾巴尼亞邊界而在希臘疆土內為人暗殺，莫索里尼一度砲轟希臘的古佛島，直迄希臘道歉並賠償後始告結束。在其他方面，義大利的對外政策尚能表現節制，特別是在 1924 年 1 月用和平的方式，與南斯拉夫訂約解決有關阜姆 (Fiume) 的爭執，最為顯著[41]。

內政方面，主要的變革是 1923 年由法西斯黨議員阿西波 (Giacomo Acerbo) 所提出來的《阿西波選舉法》(*Acerbo Election Law*)，該法規定在選舉中，如有一黨獲票最多並超過總選票的 25% 時，可以獲得代議院（國會下議院）三分之二的席次，其他各黨則依照比例代表的原則分配其餘的議席。此一選舉法後來在二百三十五票對一百三十九票的表決情況下通過，反對者多為社會黨和共產黨籍的議員，其時法西斯黨籍的議員僅有三十五席。這種情形，顯示出義大利中間黨派和右翼黨派寧願維護秩序而不把民主放在第一優先地位的傾向。根據此選舉法，在 1924 年 4 月舉行選舉，法西斯黨人所提出的「國家候選人名單」(National List) 獲得了 63% 的多數，

---

[41] Paxton, op. cit., p. 200.

雖在選舉中法西斯黨人和民兵用強裹脅之事時有所聞，仍被認為是義大利選民對新政權的信任投票，莫索里尼的聯盟在五百三十五總席位中獲三百七十五席，而其中法西斯黨人則有二百七十五席。至此，法西斯黨握有國會的足夠的多數，而莫索里尼也走上專制之路，此年 6 月發生的馬諦奧狄事件 (the Matteotti Incident) 為一關鍵性的發展。按馬諦奧狄 (Giacomo Matteotti, 1885–1924) 為穩健社會主義（改革社會黨）的領袖與代議院議員，他反對法西斯黨的手法，並曾著《法西斯黨真相》(*The Fasciti Exposed*) 揭露甚多法西斯黨人的非法暴行，並在國會中攻擊法西斯黨要求歸還義大利人自由。法西斯黨人乃視馬諦奧狄為眼中釘，後來他被綁架失蹤，在國會附近的小巷中發現了他的屍體。此一謀殺案件因牽扯到法西斯黨人與安全警察，而震撼義大利人心。代議院中絕大多數的非法西斯黨議員有一百五十人乃退出國會而相聚於阿芬廷山 (Aventine Hill)，誓言在未證實政府與該謀殺案無關連之前不回國會。此為莫索里尼當政以來所遭遇到的最大危機，但他拒絕讓步並大捕反對分子送往利巴里群島 (Lipari Islands) 的集中營中監禁，1926 年莫索里尼宣布退出代議院的議員一概喪失其資格（在 1925 年 1 月 3 日，莫索里尼已宣布其個人對馬諦奧狄案負責）。

1925 至 1926 年間，他頒布了一連串的命令，把義大利由君主立憲國家轉變為一獨裁專制的國家，而他是最高的「統裁」(Duce)。除了法西斯黨以外，其他的政黨一律解散，在 1890 年即已廢除的死刑又告恢復，對於出版和地方政府也多所控制。義大利的《憲法》為 1848 年的《基本法》(*Statuto of 1848*)，其中並無修憲的規定，莫索里尼仍讓其存在。國王在形式上也繼續存在，莫索里尼僅向他負責，部會首長亦由國王任命；如果莫索里尼的職位出缺，國王即根據法西斯最高會議 (Fascist Grand Council) 所提出的名單予以任命繼任者。此一法西斯最高會議由三十個左右的成員所組成，以莫索里尼為主席，不僅是法西斯黨的最高機構，而且也是統治義大利的最高機構。1928 年 3 月，頒布的新的《選舉法》，廢除了普選制度，規定投票權限於年滿二十一歲以上的男子並繳納稅或工會捐 (union or syndicate dues) 一百里拉以上者。於是選民數字由近乎一千萬降為三百萬，同時規定代議院議席為四百名，由各界各組織提出一千名人選，最後由法西斯最高會議核定四百名所謂「議員提名人」(deputies designate)，選民就此四百名投票予以全體接受或不接受。

法西斯黨為權力之源，它另有組織、編制和財政系統。黨的最高領袖是「統裁」，亦即莫索里尼，其中央黨部有秘書長來綜理財務與行政工作，最重要的決策機構則為法西斯最高委員會，此由重要黨務官員、重要政府官員、兩院議長、王家學術院院長以及其他由莫索里尼任命（三年一任）的人員組成，全體成員在三十名左右。另有一個全國委員會 (National Council)，係由各省黨部書記與其他黨內領袖所組成，人數約在一百二十名左右，並非決策機構。地方黨務組織則由省級而下直至最基層的「法西斯戰鬥團」(Fasci di Combattimento)。此外，黨內又有特務組織，即「國家安全自衛隊」（the Volunteer Militia for National Safety，1923 年 1 月正式成立）。黨壟斷一切的資源和政治權力。在正式黨的組織以外，另外亦有一些外圍組織，並將兒童、少年和青年組織起來，1926 年更規定凡非出身此類組織者不得為黨員，不過並未嚴格執行。譬如兒童團 (Figli della Lupa, or Roman Wolf's Sons)，係由六歲至八歲男孩組成；少年團 (Balilla)，係由八至十四歲男孩組成；青年團 (Young Fascists)，係由十八歲至二十一歲青年組成。此外，亦有吸收女性兒童參加的組織。

法西斯體制的另一特點為建立組合國家 (corporate state)。法西斯運動在最初時曾受大工業家的猜疑，其組成分子多為退役軍人和下層中產階級，其資助者則以義大利北部和中部的地主階級為主。其後，工業界有鑑於莫索里尼將繼續掌權，在互利的條件下，工業界乃與新政權日趨合作。1925 年秋天，雙方在羅馬的維多尼宮 (Palazzo Vidoni) 簽署協議，規範了法西斯黨與義大利工業界的關係。為了爭取義大利工業界對法西斯政權的支持，義大利工業家聯合會 (Federation of Italian Industrialists) 取得了半官方的自治地位，後來農、商業雇主也取得類似的地位，但勞工和職業組織則未能獲得如此優惠的地位，它們則為法西斯領導下的組織，而黨代表有很高的威權[42]。

在建立組合國家方面，莫索里尼不贊成以階級、地域、宗教或民族淵源來劃分政治組織，他認為組合的利益最為重要，所謂「組合」是指活動於某一共同經濟領域的全體公民，如工業、農業、運輸業之類，這要比屬於同一階層、宗教或民族集團更具有實際的意義。於是全義大利人民分組十三個工團組織（辛迪卡，Syndicates, or Syndical Organizations），包括各式行業。此種工團組織取代了舊的工會，與雇主代表簽訂集體合同，所訂立的工作條件與工資，該工業在該地區所有工人要共同遵守。政府令雇主承認此類組織為唯一合法的勞工代表，並保證禁止罷工和一切糾紛用仲裁解決。此後又歷經若干演變，至 1934 年「組合國家」始具有了最後的統一的型態。此年將全義大利的經濟活動分為二十二個範疇，每一範疇設立一個「組合」(corporation)，每一「組合」理事會中包括勞、資雙方的代表，而實則由政府決定工資、售價和工業政策，在此二十二個「組合」之上具有全國組合理事會 (National Council of Corporations) 以負責統籌義大利的經濟。不過一切大權均集中於「組合部」(Ministry of Corporations) 之手，該部由莫索里尼自兼部長。最後到 1938 年，久已廢弱無力的代議院更自動決議廢除自身，而把權力交付給代表各「組合」與法西斯黨的法西斯組合議院 (Chamber of Fasces and Corporations)。現在，議會政治可以說是完全消失，即使是在名義上也不再存在。

法西斯統治在維持社會秩序方面有其成效。在當權之前，法西斯黨人即組成攻擊隊 (Squadristi) 以對付左派分子、工會及罷工者。當政之後，

---

[42] H. Stuart Hughes, *Contemporary Europe: A History*, 5th ed. (New Jersey, 1981), p. 232.

1922 年 12 月，莫索里尼自國會取得為限一年的獨裁權力以恢復國內的社會秩序，國內不再有騷亂，罷工絕跡，工廠歸還雇主，文官亦充滿活力與信心。對於義大利的黑社會組織如黑手黨 (the Mafia) 及克莫拉黨 (the Camorra) 均嚴加取締（大事捕捉及重刑）。對於文化出版，亦嚴加管制與檢查，「法西斯主義之斧」(Axe of Fascism) 無所不至。

宗教方面，自義大利統一建國以來，羅馬教廷即與義大利政府關係不睦並拒絕接受義大利政府 1871 年所提的《教廷保障法》(*Law of Papal Guarantees*)。不過在義大利並無嚴格的政教分離，政府仍付薪教士，教會學校繼續存在和公立學校內仍有宗教課程。教皇於 1868 年禁止天主教徒參與國會投票，1905 年後因鑑社會主義勢力龐大而稍放鬆，不過直迄 1919 年始完全解禁。但是教廷與義大利政府之間的關係終未改善。第一次大戰後教廷頗致力於與各國訂約以改進教會地位，如 1922 年與拉脫維亞、1925 年與波蘭、1927 年與立陶宛、1928 年與捷克、1929 年與義、葡、羅馬尼亞、1933 年與德國和 1935 年與南斯拉夫等是。在這些協約中，大致肯定教廷對主教的任命權、保障宗教教育與教會可有其社會行動的政策，同時教廷亦同意約束教士的政治活動。

在宗教方面，法西斯政權的最大成就是解決了義大利政教衝突的問題，使二者關係走上正常化。1929 年 2 月 11 日，莫索里尼與教廷國務卿加斯巴里樞機主教 (Pietro Gasparri, 1852–1934) 簽訂《拉特蘭協定》(*the Lateran Agreements* or *Accords*)，此為莫索里尼代表義大利國王維克多・伊曼紐三世和加斯巴里代表教宗庇護十二世所簽訂者。這些協定的內容並且併入教廷與義大利政府所簽訂的條約 (concordat) 之中，其有效期間自 1929 年開始，並經 1948 年義大利《憲法》所接受，至 1985 年始有所修訂。主要內容為：聖彼得教堂 (St. Peter's Cathedral) 和梵諦岡城 (Vatican City) 享有獨立主權的地位；羅馬是「天主教世界的中心和朝聖地」(centre of the Catholic world and place of pilgrimage)；各主教宣誓效忠義大利國家並為說

《拉特蘭協定》的簽訂（左起第四人為加斯巴里）

義大利語之義大利人民；承認天主教為國教，教會財產免稅；承認天主教婚禮為有效，婚姻無效 (nullity case) 由教會法庭掌理；准許教會在初級和中等學校教授宗教課程等等。此種安排使政府與教會雙方皆蒙其利，教皇亦不復為「梵諦岡之囚」，1929 年 7 月 25 日羅馬人民自 1871 年以來首次看到教皇走出梵諦岡。不過教廷與義大利政府的關係並未從此不再有摩擦，雙方不久即為天主教青年團契 (Azione Cattolica) 的活動而有所爭議。

此外，義大利與德國結盟之後又執行迫害猶太人的種族政策，1938 年 7 月至 11 月間，頒布若干反猶法律，不准義、猶通婚和限制猶太人的財產。事實上，義大利境內不過有猶太人七萬左右而且完全義大利化，此舉並無多大意義，不過執行並不徹底，因而猶太人在義大利所處情況較其同胞在德國、匈牙利和羅馬尼亞為優。不過義大利政府此舉卻受教廷譴責，蓋教廷認為這些法律不無有違 1929 年協約之處，尤其是不准義、猶通婚有礙教會的婚姻權。不過大致上，教廷與義大利政府仍能相安無事。教廷在西班牙內戰期間且公然支持義大利政府，此與西班牙共和的宗教政策亦不無關連。總之，此種安排使雙方大致滿意。直迄 1985 年，始因社會變遷，而有 1985 年的條約 (*Concordat of 1985*)，規定天主教不再為義大利的國教，同時教會團體的免稅也有所約制。

總之，法西斯義大利是一個對內壓制和對外擴張的極權體制。

第四節　納粹德國

莫索里尼雖然雄心萬丈，並且是法西斯運動的先驅，但是他在建立極權體制方面，卻並不完全成功。法西斯義大利之中，天主教仍有相當的力量，王室也繼續存在，司法也未遭太嚴重的破壞（除政治案件外，政治干預不多，法官不得被免職等保障仍存在）。但在德國，情形就不同了，納粹德國是相當徹底的極權統治。

一、威瑪共和

在 1933 年納粹在德國建立極權統治以前，德國曾經歷經十多年但卻不成功的民主政治，此即威瑪共和 (Weimar Republic) 的時期。

德國在第一次世界大戰失敗和帝制崩潰以後，乃選出制憲的國民大會 (National Assembly) 來決定國體和政府組織。國民大會於 1919 年 2 月 6 日集會於德國文化中心的威瑪 (Weimar)。威瑪是歌德 (Johann Wolfgang von Goethe, 1749–1832) 和席勒 (Johann Christoph Friedrich von Schiller, 1759–1805) 等大師曾經生活過的地方，與柏林的政治壓力環境完全不同。而且，《憲法》是由法學家普勞斯 (Hugo Preuss, 1860–1925) 所草擬，社會學家韋伯 (Max Weber, 1864–1920) 亦參與其事，有很高的理想，制憲代表亦多肯定民主。具有自由色彩的史家邁尼克 (Friedrich Meinecke, 1862–1954) 便表示了殷切的期盼，他希望藉此「文化人」(Kulturmenschen, or men of culture) 可以超越「權力人」(Machtmenschen, or men of power)[43]。

制憲工作於 7 月 31 日完成。由於在四百二十一席的代表總額中，社會民主黨 (Social Democrats) 佔了最多的席位——38.5%，再加上友黨中央黨

[43] F. Meinecke, *The German Catastrophe*, trans. Sidney Fay (Cambridge, Mass., 1950), pp. 27–29.

（Catholic Center Party，即基督教民主黨，Christian Democrats），以及民主黨（Democrats，中產階級為主的自由主義政黨），佔了大多數。他們所制訂的《憲法》，習慣上稱為《威瑪憲法》(*Weimar Constitution*)。其主要內容為：德國為聯邦型的議會民主共和國，具有強大的行政權；全國事務（外交、國防、關稅、稅收）由中央政府負責，各邦事務則由各邦自己掌理；總統由普選產生，任期七年，有權任免總理；立法權由兩院制的國會來行使，眾議院 (Reichstag) 代表全民，參議院 (Reichsrat) 代表各邦；選舉採取比例代表制，並予婦女參政權，在重大問題上可採公民投票的方式；眾院可以三分之二以上的多數推翻參院的決議；總理向眾院負責。另外，《憲法》第四十八條，規定總統有緊急處分權，在緊急狀態下，可以採取必要的措施以恢復公共秩序，包括中止《憲法》所保障的自由人權在內。司法保障審判獨立。

威瑪共和一直受到來自左右兩翼的攻擊。來自左翼的最危險的敵人是德國共產黨。德共源自社會民主黨中最激烈的一支，他們的目標是在德國建立蘇維埃式的政府 。 其領袖為李伯克耐德 (Karl Liebknecht, 1871–1919) 和號稱「紅羅剎」(Red Rosa) 的盧森堡 (Rosa Luxemburg, 1870–1919)。他們自稱其組織為「史巴達克斯」(Spartacus)[44]，其黨眾因稱史巴達克斯派 (the Spartacists)。他們在 1918 年便欲起事，如該年 11 月 9 日李伯克耐德曾一度在被兵工委員會 (Soldiers' and Workers' Councils) 控制的皇宮的窗口宣布成立社會主義共和國。1919 年 1 月，他們在柏林正式起事，後來又在其他地方如 1919 年 4 月在慕尼黑宣布成立巴伐利亞蘇維埃共和國 (Soviet Republic of Bavaria)。

為了對抗德共的威脅，威瑪共和常常需要右翼分子的支持。但是，右翼分子對於威瑪共和同樣地抱著敵對的態度。這些右翼分子包括軍官團、

---

[44] 史巴達克斯 (Spartacus) 為死於西元前 71 年之羅馬奴隸和格鬥（競技）士，為色雷斯人，曾領導西元前 73 至 71 年的奴隸之亂，死於亂中。

貴族、企業領袖、民族主義分子和復辟主義分子。德國投降後，帝國軍官團 (Imperial Officer Corps) 仍保持無恙。另外，在德軍解散後，自行默默地組織起來，並且以維持秩序為職志的自由軍官團 (Freikorps, or Free Corps) 亦為一股龐大而對民主並不友善的力量。史巴達克斯之亂，雖然在名義上是由臨時政府社會民主黨籍的國防部長諾斯克 (Gustav Noske, 1868–1946) 平定的，但實際上則是自由軍官團負責戰鬥的，而且李伯克耐德和盧森堡也是他們在移轉監獄時所趁機謀殺的。

威瑪共和在維持秩序方面，常常需要軍方和自由軍官團，4 月間慕尼黑的共黨起事，也是自由軍官團用血腥的手法撲滅的。自由軍官團的勢力也尾大不掉，共和政府欲加取締也有心無力。譬如，1920 年 5 月，共和政府欲解散自由軍官團時，曾發生「卡普之亂」(Kapp Putsch)，幾乎動搖了共和的基礎。緣因共和政府欲解散自由軍官團的某些單位，其中有一個曾經參與清洗 (clean-up) 1919 年 5 月慕尼黑事件的艾哈特旅 (the Erhardt Brigade) 便開進柏林，並以顯明的萬字旗號 (卐) 作為標誌。當時反共和的軍人如呂特維茲 (General Walther von Lüttwitz) 和政客卡普 (Wolfgang Kapp, 1858–1922) 曾企圖利用此旅來顛覆共和政府。當時德軍總司令賽克特 (Hans von Seeckt, 1866–1936) 以避免軍中分裂和軍方「中立」為由，拒絕下令軍隊對該旅採取行動。共和政府一度撤離柏林，但卡普企圖另組政府亦因常任文官拒絕執行其命令和工人展開大規模罷工而使經濟癱瘓。經過四天的危機，卡普屈服，共和政府始能恢復治權㊺。

另外，《威瑪憲法》在選舉上採取比例代表制，亦有助於多黨政治的形成，而使政局不易穩定。

威瑪共和在對外關係上亦有甚大的困難。1923 年法國和比利時進兵魯爾事件造成嚴重的通貨膨脹，1921 年春天時一美元兌換六十五馬克，1923

㊺ Robert O. Paxton, *Europe in the Twentieth Century* (New York, 1975), pp. 148–50, 202.

坐困錢城：除了錢之外別無他物

年 9 月馬克貶值到要九百萬才能兌到一美元，1923 年 11 月時更要四兆二千億 (4.2 trillion) 才能兌一美元。一千億馬克本來可以買下整個的萊茵地區，現在很難買到一片麵包。在德國，有很多印鈔票的工廠日夜加班印刷鈔票，而馬克則成為廢紙。隨著嚴重的通貨膨脹而來的，是儲蓄、投資、債券（有價證券）和貸款均告落空，而中產階級也就隨之破產，而走右派的政治活動[46]。

1923 年秋天，威瑪共和遭到多事之秋。該年 10 月共產黨起事於漢堡，而 11 月右派分子又在希特勒和魯道夫的領導下企圖推翻秩序。兩地的動亂後來均被平定，但危機一直存在。後來，在 1924 年以後，情況漸趨穩定，威瑪共和處在較為平靜的情況。但是，在德國，不同於英國和法國，民主的議會政治尚未生根，未能獲得舉國絕大多數人的接受，而德國也有一些龐大的軍事與經濟組織不在國會的監督之下，自由民主的價值也未能演變成功為歷史性的統治力量。威瑪共和之所以能夠建立，端賴社會民主黨、民主黨和中央黨（基督教民主黨）的聯合支持，此三黨結成所謂的「威瑪聯合」(Weimar Coalition)，這三個黨掌握威瑪制憲席次的三分之二左右。

制憲的國民大會也在結束制憲後延長為第一屆國會，社會民主黨的艾伯特（Friedrich Ebert, 1871–1925，任期 1919–25）被舉為第一任總統。但在 1920 年 6 月舉行第一次國會選舉時，此三黨結成的「威瑪聯合」獲票率已降至 40% 左右。三黨中的任一黨均無法支撐大局。社會民主黨號稱馬克

[46] Roland N. Stromberg, *Europe in the Twentieth Century* (New Jersey, 1980), p. 151.

艾伯特在《威瑪憲法》五週年檢閱警察（1924 年 8 月）

斯主義的政黨，但因鎮壓 1918 年和 1919 年的革命而沾染上工人的血漬。民主黨祇是一群環繞在普勞斯 (Hugo Preuss) 左右的自由主義的知識分子，而中央黨係以天主教徒為主，既非階級性的政黨，也非意識型態性的政黨。此一「聯合」雖在 1928 年的大選中接近獲得多數，但事實上自從 1920 年 6 月的大選後便不再能掌握共和。而且，自從 1920 年以後，歷屆的政府均須爭取中間立場或右派立場的政黨支持始能組成可以控制國會多數的政府。新成立的人民黨 (People's Party)，係由前民族自由黨 (National Liberals) 為基幹而組成的，在黨魁斯特萊斯曼 (Gustav Stresemann, 1878–1929) 的領導下，在 1920 年的大選中獲得 15% 的選票，常可與「威瑪聯合」合作。另外，德意志民族人民黨 (DNVP, or German National People's Party)，此為民族主義分子和復辟主義分子的重組，有時亦予支持[47]。

魯爾危機後，幸賴斯特萊斯曼的領導，才使威瑪共和度過難關。斯特萊斯曼並非完全無條件地共和主義者，他被時人稱為「理智上的而非情感上的共和主義者」(Vernunftrepublikaner, or a republican of the mind not of the heart)。在 1923 年 8 月的危機中，斯特萊斯曼能夠結合左翼和右翼的力量來挽救威瑪共和。他所領導下的人民黨加入「威瑪聯合」而組成「大聯盟」

[47] Paxton, op. cit., pp. 255–56.

(Great Coalition)，此一使他主政的「大聯盟」雖然為時不久（1923 年 8 月至 11 月），但卻非常重要。首先，他穩定了德國的貨幣，發行一種新馬克 (Rettenmark)，以一新馬克兌換一兆（一萬億）舊馬克的比率，此時德國並無大量的黃金與外匯來做準備金，新馬克是以全國的土地和工商業為抵押的，其能成功，真是「奇蹟」(miracle of the Rettenmark)。此馬克直到經濟大恐慌時始喪失穩定。另外，他討平了共黨在薩克森尼 (Saxony) 和色林吉亞 (Thuringia) 的奪權，以及希特勒在慕尼黑的起事。他以「實踐」(fulfillment) 和「協和」(conciliation) 為對外關係的基本態度，對促進德國的國際關係亦大有助益。尚須說明的是，此時德軍總司令賽克特（任期 1920–26），一方面善用《凡爾賽條約》所限制的德軍不得超過十萬人的約束，而使這些人成為千錘百煉的未來軍官；另一方面，如果威瑪共和有助於國家統一和軍事統一時，也予以支持。凡此種種，均有助於威瑪共和的穩定[48]。

1924 年後，威瑪共和雖有起色，但根本問題仍未解決，而德國人民對民主共和的政體並不全力支持，尤為嚴重問題。這種情況，在 1925 年的總統選舉時，表現得很清楚。該年艾伯特死，舉行總統選舉，結果 48.1% 的選票投給興登堡，6.2% 的選票投給共產黨候選人，而社會民主黨、中央黨和其他支持共和的政黨所推出的候選人僅獲 45.2% 的選票。結果，興登堡當選，而興登堡為一復辟主義（主張君主政體）的軍人。他的當選，是因為共產黨不願與「威瑪聯合」的政黨聯手。興登堡是一個沒有政治經驗的軍人，他與日後的納粹之所以當政，不無關係，雖然他本人並不贊成納粹[49]。1929 年，斯特萊斯曼的死，尤為不幸。

---

[48] Ibid., pp. 259–60.

[49] Richard Pipes, *Modern Europe* (Homewood, Ill., 1981), p. 171.

二、納粹奪權

希特勒 (Adolf Hitler, 1889–1945)，父為奧地利人，母為巴伐利亞人。他在 1889 年誕生在奧地利小城布勞諾 (Braunau)，其父為奧地利與德國邊境的海關官員，因此在階級成分上不若莫索里尼那麼「普羅」。他的父母年齡相差懸殊，他出生時父年五十二，母年二十八。他的父親於他誕生後不久即退休，住在奧地利的林茲 (Linz)，希特勒在小學時成績尚可，參加教堂唱詩班，並有意將來做教士，但到中學後成績變壞，除了體育和美術成績優異和史地差強人意以外，其他功課均不堪聞問。他一直想當畫家，母親怕他將來餓飯而反對，其父亦因希望他做官員而期期以為不可。1903 年其父死，兩年後希特勒在十六歲時退學。1907 年後移居維也納，雖先後對繪畫與建築有興趣，但卻無法進入維也納藝術學院 (Vienna Academy of Fine Arts) 就讀。他在維也納沒有職業，沒有收入，過著流浪者的生活，住在廉價的旅舍公寓內，靠打零工和販賣所繪的風景畫，無法溫飽。

第一次世界大戰時的興登堡（左一），中間為威廉一世，右為魯道夫

作為一個飽受挫折的人，他對維也納資產階級的文化與社會有很大的反感，同時對於掌握財經和在文化上領導風騷的猶太人非常不滿。他一直夢想一朝獲得權力，用以報復他所受的屈辱。他非常崇愛一度擔任維也納市長的魯艾格 (Karl Lueger)，因為其人以日爾曼民族主義、反猶太（閃族）主義 (anti-Semitism) 和反資本主義 (anti-capitalism) 為訴求，而獲得選票。他也觀察到奧地利社會民主黨

人 (Austrian Social Democrats) 所發動的群眾集會和演講煽動。他知道惟有靠控制群眾，才能實現其野心。他的一些思想與十九和二十世紀之交的奧地利人的流行思潮有關：社會達爾文主義、種族主義，以及反議會主義。另外，他自青年時代起，便暴躁易怒，而又有高度的自信，顯示一種歇斯底里的人格[50]。

第一次世界大戰爆發前兩年 (1912)，他從「父之國」移民到「母之國」，定居於巴伐利亞的慕尼黑。戰時曾經應徵入伍，在西線作戰，擔任傳令兵，後來位不過伍長，一度腿部受過傷。但他曾經獲頒鐵十字勛章 (Iron Cross)。1918 年，戰爭結束時，他在醫院中住院醫療因受瓦斯毒害而一度喪失視力的眼睛，他「看見」一些異象，認為是天將降大任的預兆。後來他參加駐紮在慕尼黑的德軍第二軍政治部工作。當時德國軍方為防止顛覆，加強政治教育，希特勒擔任政戰工作。1920 年，他奉命滲入一個鎖匠在慕尼黑組織的德意志勞工黨 (German Workers' Party)，該黨為一標榜混合了社會主義與民族主義為意識型態的黨，他的黨證字號為五五五號。他後來脫離軍職，專門致力於該黨的發展，並且為之更改黨名為國家社會主義德意志勞工黨 (National Socialist German Workers' Party, or NSDAP: Nationalsozialistische Deutsche Arbeiterpartei)，簡稱「納粹」(Nazi)。在希特勒的領導下，該黨採取新的發展方向，買下一個報紙，即《人民觀察報》(*Völkischer Beobachter* or *People's Observer*)。該黨黨旗以紅色為底，再將倒寫的黑萬字（black swastika，即卐）置於白圈中而成。此即日爾曼帝國之黑、白、紅三色旗，不過故意如此安排以示另建帝國之「宏」圖。希特勒頗有煽動的演說才能，而攻擊《凡爾賽條約》與猶太人又是最引人注意的題目。1921 年 7 月，希特勒已完成控制該黨。他是納粹黨的「統領」（Führer，可與莫索里尼的「統裁」相較），他創立的褐衫 (Brown Shirts) 突擊隊（Storm Troops, or Sturmabteilungen, SA，可與法西斯的「黑衫隊」相

[50] Ibid., p. 200.

較），戴著卐字臂章[51]。

截至此時，納粹黨不過是許多此類組織中的一個，其成員主要以小工匠、退役軍人、下層中產階級，以及因為東疆領土變更而轉移來的德國人。他們之中，絕大多數人都是在正常的時代和正常的社會中無法立足的人。莫克爾 (Peter Merkl) 研究五百八十一個早期的納粹分子，寫成《卐字旗下的政治暴力》(*Political Violence Under the Swastika*) 一書，發現「貧窮的童年及在城市中求上進所受的挫折」 (a childhood of poverty and frustrated upward mobility in the city)，是絕大多數納粹人物的社會背景。納粹意識型態中有一個很顯著的因素，即平等的，反貴族的，準民主的精神，這種情操是他們手足同志或種族同志 (Volksgenossen or racial comrades) 之間所共享的。他們原是「小人物」(little men)。納粹主義運動曾被稱為「輸家的反叛」(a revolt of the losers)。赫登 (Konrad Heiden) 稱納粹分子為「武裝的知識分子」 (armed intellectuals)，湯姆士・曼 (Thomas Mann) 以 「逃學者」(truants from school) 來形容他們[52]。

納粹黨的政綱，原是 1920 年 2 月所採取的《二十五點》(*Twenty-Five Points*)，其時該黨仍為以藝師和小工匠為主所組成的黨。它混合了民族主義、排閃（反猶太）主義和反資本主義的思想。其主要內容是：廢除《凡爾賽條約》、德國與奧國合併組成大德意志、取消猶太人公民權並不准其服公職。至於反資本主義的部分，其主要精神不是在反對私有財產或號召社會主義革命，而為小人物對債主的埋怨，主張充公不勞而獲的收入，沒收戰爭（國難）財，托辣斯國有化，以及管制大企業。它也主張把大的百貨公司「社會公有」(Communize)，以便讓小生意人有營業之處。另外，它也主張土地改革，反對土地投機。這《二十五點》主要是下層中產階級對經濟與社會改革的願望，係在希特勒主宰該黨以前制訂的。後來希特勒也

[51] Paxton, op. cit., pp. 202–03.

[52] Stromberg, op. cit., pp. 208–09.

沒有執行此種社會主義的政策。

即使是在早期，納粹所著重的，是群眾動員，以燈火、制服、旗號為主。納粹的第一次正式起事在 1923 年，該年法國佔領魯爾，共黨企圖在薩克森尼和色林吉亞奪權，威瑪共和甚不穩定。11 月 8 日，希特勒聯同魯道夫（他認為他在軍中有號召力），糾眾闖入一個慕尼黑的啤酒廳 (Bürgerbräukeller)，他們劫持了正在該處集會的巴伐利亞邦行政首長 (general commissioner, or governor) 凱爾 (Gastav von Kahr, 1862–1934) 和其他高級軍警官員，並強迫他們保證支持希特勒的民族革命。凱爾等人雖在獲得自由後立即否認其支持，但納粹黨人隆穆 (Ernst Röhm or Roehm, 1887–1934) 及其所率領的突擊隊 (SA) 一度佔領過巴伐利亞陸軍部，翌日，希特勒也領納粹黨人在別的政府部門前示威，他認為魯道夫足可使軍方合作。但是，軍警當局仍然支持政府，警察開火，結果有十六名納粹黨人和三名警察被殺。希特勒被捕，他利用審判為其個人的反共立場辯護，判刑不重，刑期為五年，但九個月即獲開釋 (1924)。他在獄中寫成《我的奮鬥》(*Mein Kampf*) 一書，於 1925 年出版，後來成為納粹運動的聖經[53]。

1924 年以後，是一段安定與繁榮的歲月，納粹黨趨於衰落。1928 年的大選，納粹黨僅獲得投票數的 2.8%，取得眾院席位的 2.5%。本來，在「啤酒廳」之亂以後，政府已將納粹黨列為非法組織，希特勒在出獄後說服政府取消禁制，並且著手改造其黨。他加強並擴大黨的基礎，並在工會、工商和農業界發展吸收，他也另組一支訓練精良及士氣更為高昂的穿黑衫的精衛隊 (elite guards, or SS: Schtzstaffel)，此與突擊隊 (SA) 在本質上是武裝的「流氓」，不可同日而語。同時，希特勒與其主要幫手，如宣傳家戈培爾 (Paul Joseph Goebbels, 1897–1945)、二號人物戈林 (Hermann Goering, 1893–1946)，秘書及副手赫斯 (Rudolf Hess, 1894–1987)，情治首腦希姆萊

[53] Paxton, op. cit., pp. 204–06; H. Stuart Hughes, *Contemporary Europe: A History*, 5th ed. (New Jersey, 1981), p. 236.

1930 年時，失業德國人在柏林排隊受食情形

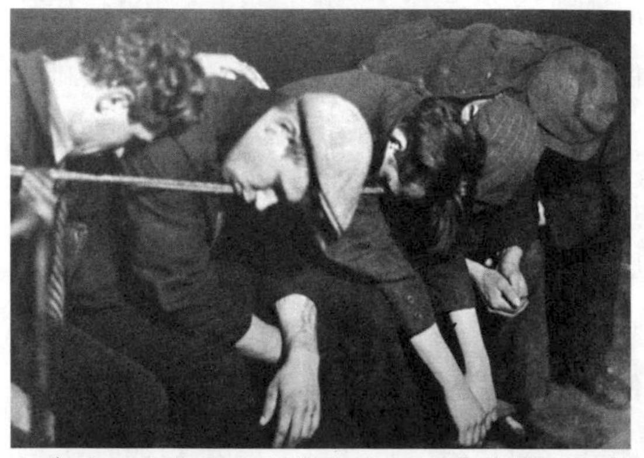
失業德國人無地亦無錢住宿，此為漢堡一家廉價旅舍提供在「繩」上小「睡」的收費服務

（Heinrich Himmler, 1900–45，自 1929 年後即為 SS 領袖和 1936 年後掌管「蓋世太保」，並為屠殺猶太人的執行者），以及理論家羅森堡 (Alfred Rosenberg, 1893–1946) 等，均自此後奠下永久的夥伴關係。

納粹何以能夠興起？此與經濟大恐慌有密切的關係。經濟大恐慌帶來經濟破產、大量失業、農民及小工商業者無以為生。在 1929 至 1932 年間，德國出口縮減了三分之二，至 1932 年時有六百萬人失業。德國工人一如 1920 年代時的德國中產階級（通貨膨脹時），使他們脫離民主社會黨而走向極端。此外，農民亦受英帝國地區農產傾銷之苦，而極為不滿。再加上絕望的小工商業者，基層公教人員，以及不滿的民族主義分子和保守主義。

威瑪共和本來就是在戰敗中誕生和在內爭中孕育出來的。即使是在經濟大恐慌的衝擊惡化以前，由於政況不穩和多黨制及比例代議制等，內閣均為期甚短，如施德曼（Philipp Scheidemann，社會民主黨）的內閣在職時期為 1919 年 2 月 13 日至同年 6 月 19 日，鮑爾（Gustav Bauer，社會民主黨）的內閣是自 1919 年 6 月 19 日至同年 10 月 3 日；他所領導下的次屆內閣，也僅自 1919 年 10 月 3 日至 1920 年 3 月 26 日；繆勒（Hermann Müller，社會民主黨）的內閣的執政時期是自 1920 年 3 月 27 日至 1920 年

6 月 8 日。繼之而來的是幾次中央黨（基督教民主黨）的內閣，如法倫巴赫 (Konstantin Fehrenbach) 內閣是 1920 年 6 月 20 日至 1921 年 5 月 4 日，渥斯 (Joseph Wirth) 內閣是自 1921 年 5 月 9 日至同年 10 月 23 日；渥斯所組成的下一個內閣是自 1921 年 10 月 26 日至 1922 年 11 月 14 日；古諾（Wilhelm Cuno，亦中央黨）是自 1922 年 11 月 22 日至 1923 年 8 月 12 日；再接下去就是赫赫有名的人民黨的斯特萊斯曼 (Gustav Stresemann) 的兩次組閣，一次是自 1923 年 8 月 13 日至同年 10 月 3 日，一次是自 1923 年 10 月 6 日至 11 月 23 日。再接下去，在 1923 年 11 月 30 日至 1928 年 6 月 28 日，是中央黨的馬克斯 (Wilhelm Marx)、路德 (Hans Luther)，曾各兩次組閣後，馬克斯在 1926 年 5 月 18 日至 1928 年 6 月 28 日又曾組閣兩次。在以上歷屆內閣中，祇有中央黨的渥斯、古諾，以及馬克斯的第四次組閣（1927 年 2 月 1 日至 1928 年 6 月 28 日），社會民主黨繆勒的第二次組閣（1928 年 6 月 28 日至 1930 年 3 月 29 日），內閣壽命超過一年。

事實上，自從繆勒內閣在 1930 年 3 月底不再能獲得國會多數支持後，政況便極端不穩，雖曾有多次選舉，一直無法產生受國會多數支持的政府。至此，德國似已無法打破政治僵局。一個辦法是實行軍事獨裁，但是《凡爾賽條約》規定下的德軍實力不足擔當此任，興登堡在 1932 年總統選舉時擊敗希特勒獲壓倒性勝利，亦有很高的聲望，對德國人也有父親形象，但年事已高（1847 年出生），不足有為。另一解決方式，便是兩黨制度可以使人民把對執政黨的怨氣發洩投票給反對黨，一如 1932 年美國人不滿執政的共和黨而投票支持民主黨，使佛蘭克林・羅斯福在總統選舉中大勝，但此在多黨制的德國行不通，因為在德國所有穩健中性黨派一直在聯合當政，沒有明顯的可以隨時接管政府的反對黨[54]。

《威瑪憲法》第四十八條規定，總統可以在緊急狀態時逕以命令治國。於是，在 1930 年 3 月繆勒內閣倒閣至 1933 年 1 月希特勒組閣以前，興登

[54] Stromberg, op. cit., pp. 210–11.

堡用直接任命的方式來產生德國的內閣總理。在此期內，各政治人物也用各種手段來贏得他的歡心。另一方面，德國也不斷地舉行大選，以期穩定政局。但在選舉中，極左和極右的政黨日漸得勢。在國會（眾議院）中，共黨 (KPD) 和納粹 (NSDAP) 及民族黨 (DNP) 投票反對每一個政府，而可能組成政府的潛在夥伴（主要有社會民主黨、中央黨或基督教民主黨、民主黨）加在一起，有時也可能在國會中超過些許半數席位，但他們之間又無法達成協議。1930 年 9 月 14 日的國會選舉中，可以看出選民「極化」(polarized) 的程度：納粹席位由十二席增為一百零七席，而德共席位亦由五十四席增為七十七席。這種情況一直持續到 1932 年的選舉，納粹獲得二百三十席並取代社會民主黨成為國會（眾院）中最大的黨。

兩個得益最多的極端政黨，一為共黨，一為納粹。德共此時主要的敵人是社會民主黨，他們並不在乎右派政黨的得票，甚至不反對希特勒。他們的立場也為蘇聯的史達林所支持。納粹勢力的興起之速，以及其成員意志的堅決（自 1930 年後其國會議員穿著制服），均為有目共睹。1928 至 1932 年間，他們獲得一千一百萬選民的支持，國會席位增加了十三倍。1932 年 7 月的選舉，納粹在任一選區的得票率均不少於 20%。希特勒乃向興登堡要求組閣；但為興登堡所拒，興登堡認為希特勒最多可以擔任郵政部長，而希特勒則志在總理。另一方面，德國的保守主義分子，民族主義分子則認為可以與希特勒合作。巴本 (Baron Franz von Papen) 是一個與軍方和興登堡均有關係的天主教貴族，屬中央黨，他就持此觀念。繼之，1932 年 11 月 6 日的選舉，納粹喪失了二百萬選票，得票百分比由 37% 降為 33%。但是，共黨在此次選舉中則大有斬獲，此使保守主義分子和民族主義分子同感震撼。胡根堡 (Alfred Hugenberg, 1865–1951) 為德意志民族人民黨 (German National People's Party, or DNVP) 的領袖，他是民族主義者，亦認必要時可與納粹聯合。本來，在 1932 年 11 月選舉後，興登堡任命（以《憲法》第四十八條為依據）民族主義分子史萊克 (General Kurt von Schleicher, 1882–1934) 組閣，此一內閣甚為短命，存在不足兩個月（1932 年 12 月 2 日至翌年 1 月 28 日）。至此，希特勒、巴本與胡根堡聯合，他們可以掌握國會。1933 年 1 月 30 日，興登堡接見希特勒，但命其為總理[55]。

至此，威瑪共和已告崩潰[56]。希特勒所組成的內閣，開始時本為納粹與民族主義分子和保守主義分子的聯合內閣。這個內閣不是靠總統支持的內閣，興登堡之所以任命希特勒組閣，是因為巴本、胡根堡等人說服興登堡認為他能獲眾議院多數支持。在十一名閣員中，納粹祇佔三名。我們現在尚可在戰後鹵獲的德國檔卷中，看到希特勒在就職日（1933 年 1 月 30 日）下午主持第一次內閣會議的紀錄，仍以爭取眾議院的多數支持為主要目的，其時主要目標在希望得到中央黨的合作，內閣並為該黨保留司法部長一席。戈林（時任不管部務閣員）且就其與中央黨領袖卡斯 (Monsignor Ludwig Kaas) 交涉的情形提出報告，希特勒建議如談判失敗即須解散眾議院重行大選。翌日希特勒與卡斯會晤，他故意使談判僵持，並就卡斯提交僅作為談判基礎的建議書大作文章，向內閣同僚宣稱無法達成協議。他一方面主張立即解散眾議院，一方面向同僚矢言忠勤。於是在巴本建議下，興登堡同意再簽署命令解散議會，當中央黨向總統提出抗議，指出希特勒

---

[55] Paxton, op. cit., pp. 347–50; Stromberg, op. cit., pp. 210–13.

[56] 關於威瑪共和的起與落，可參看 Gordon A. Craig, *From Bismarck to Adenauer: Aspects of German Statecraft* (New York: Harper & Row, 1965); William Halperin, *Germany Tried Democracy: A Political History of the Reich from 1918–1933* (New York: Norton, 1965); J. W. Hiden, *Germany and Europe, 1919–1939* (New York: Longman, 1977); J. W. Hiden, *The Weimar Republic* (London: Longman Group, 1974); Richard N. Hunt, *German Social Democracy 1918–1933* (Yale University Press, 1964); A. J. Nicholls, *Weimar and the Rise of Hitler* (New York: St. Martin's, 1979); Louis S. Snyder, *The Weimar Republic* (Canada: Nostrand, 1966); A. J. P. Taylor, *The Course of German History* (New York: Capricorn Books, 1962).

希特勒（右）與興登堡 (1934)

故意就談判的初步條件大作文章並延誤事機時，一切均已太遲，因為大選的日期已定。戈林並於 2 月 20 日召集德國主要工業家舉行會議，並以對付共產威脅來爭取支持。因而，戈林在 1933 至 1934 年頃對於納粹奪權所作的貢獻可以說最大[57]。

希特勒表現了「議會政治家」的「風範」，他要求再舉行大選。大選於 1933 年 3 月 5 日舉行，希特勒先營造共黨威脅的氣氛，並要人相信祇有他和納粹可以對付共黨。1933 年 2 月 23 日，國會 (Reichstag) 發生火災，現在很少人相信是納粹黨人雇用智障的荷共黨員梵・德・盧比 (Marinus van der Lubbe) 縱火，但納粹卻大大利用此事[58]。於是政府展開逮捕，並於 2 月 28 日頒中止保障個人自由的命令。選舉時，納粹黨人及突擊隊 (SA) 不無威嚇、裹脅之事，但納粹黨人獲 44% 選票（一說 43.7%，一千七百萬票），掌握二百八十八席，並未得到多數。不過，納粹黨聯合胡根堡的民族主義派則控有了 51.9% 的選票。

希特勒在 1933 年 3 月大選後，致力於摧毀公民的政治權利。他奪取國會的立法權，但此屬修改《憲法》，需要三分之二的國會議員同意。納粹的

---

[57] Alan Bullock, *Hitler: A Study in Tyranny*, rev. ed. (New York: Harper, 1962), pp. 253–311.

[58] Arnold J. Pomeranz 所譯 Fritz Tobias 原著 *The Reichstag Fire* (New York, 1963) 認為 van der Lubbe 並自出自己意縱火燒國會，此一說法後來也有調查支持此說，見 Hans Mommsen, "The Reichstag Fire and Its Political Consequences," in Hajo Holborn, ed., *Republic to Reich: The Making of the Nazi Revolution* (New York, 1972).

盟友是民族派，又說服中央黨議員，再加上逮捕共黨議員，取得了所需的多數。3月23日至24日，國會通過《授權法》(*Enabling Act*)，授權政府有為期四年（至1937年4月1日）的立法權（後來變為永久）。此後希特勒可以頒布法律，即使是與《憲法》相違反的法律，亦不需要國會的同意。

1934年8月2日興登堡總統死，在先一日希特勒通過法規併總統與總理職權於一身，8月19日的公民投票中，竟獲德國選民90%（一說88%）的同意，三千八百萬人投贊成票，祇有四百二十五萬人反對。於是希特勒有了總統與總理的權力，不過他喜歡的稱號仍是「統領」(Der Führer)[59]。

三、第三帝國

納粹黨人喜稱他們所建立的國家為「第三帝國」(Third Reich)，而此一「帝國」肇建於1933年。他們認為，第一帝國為神聖羅馬帝國(962–1806)，第二帝國為俾斯麥所創造的帝國(1871–1918)。他們認為拿破崙控制德意志時期(1806–15)、德意志同盟時期(1815–71)和威瑪共和時期(1919–33)均為德意志歷史上的屈辱的時期，予以排除不計。在這個「帝國」內，國家社會勞工黨（國社黨）為權力之源，所謂「國家的」(national)係由其拉丁語源「出生」(nasci)而來，因此是生物學上或種族上的意義，指一個國家(nation)由出自共同血統的民族所構成；所謂「社會的」(Socialist, or Sozialistische)係源自字根「社會」(soci)，指有共同血統的人所組成的人群社會，與馬克斯主義並無關連。納粹黨人為民族主義者，另外他們也設法吸引工人並強調每個人均應為國家工作，他們主張建立極權國家。而這一切是建立在「血與土」(Blut und Boden, or Blood and Soil)的概念之上，一切權力皆由上而下來運作[60]。

---

[59] Führer一詞舊譯「元首」，此處因其集黨、政大權於一身，譯為「統領」。

[60] C. E. Black & E. C. Helmreich, *Twentieth Century Europe: A History*, 4th ed. (New York: Knopf, 1972), pp. 450–51.

希特勒控制德國的手法被稱為「型範」(Gleichschaltung, or bringing into line, or Coordination)。他逐步地把各機構和各種享有自治傳統的組織，如軍方、教會、文官組織納入控制。他從未正式廢除《威瑪憲法》，但卻造成極重大的變遷。他先是消除政黨，各政黨或被取締（如共黨和社會黨），或者被勸服「自行」解散（如中央黨、民族黨等），至 1933 年 7 月 14 日以後，祇有納粹是合法的惟一的政黨。希特勒對納粹黨也加緊了控制，他強化精衛隊 (SS) 的地位，並使之滲透和控制黨與政府的各個機構。但是，納粹黨中原有的突擊隊 (SA) 在奪取政權方面有很大的功勞，此時有大約二百萬人之眾，他們之中有人對於社會主義（反資本主義）的理念頗為執著，而鼓吹「二次革命」，希特勒卻在 1934 年公開宣布德國在一千年內都不再需要革命。此外，他需要資本家、工業家來重整軍備。事實上，希特勒在當權前夕，在 1933 年 1 月 4 日，便在科隆銀行家施魯德 (Curt von Schroeder) 的家中，與萊茵・魯爾 (Rhine-Ruhr) 的工業家達成合作，他們答應幫助納粹當政，納粹讓工業界可以放手去做的協議。為了消除黨內反側力量，1934 年 6 月 30 日，即所謂「長刀之夜」(night of long knives)，他下令屠殺（以陰謀造反為名）黨內的不聽命的領導分子，有一百人左右被殺，其中包括突擊隊領袖隆穆 (Ernst Röhm)。此舉實際上是清除了納粹黨內較激進的社會主義翼。希特勒嚴密地控制了黨，黨的外圍組織為希特勒青年團 (Hitler Youth) 和德意志女青年聯盟 (the League of German Maidens)，更不在話下[61]。

在行政系統，德國屬聯邦型的國家，各邦享有自治權，此為俾斯麥所不敢改變的情況。希特勒則以任命的省長 (Statthalter) 來取代選舉產生的各邦政府，並且廢除代表各邦的參議院 (Reichsrat)，使德國在此時期變成了中央集權的單一型的國家，十七邦或「土地」均喪失了原有的面貌。文官制度，他也加強了控制。外交官本來有其自身的傳統，但當外長牛拉特

[61] Hughes, op. cit., p. 237.

(Baron Konstantin von Neurath, 1873–1956)在1938年2月年滿六十五歲時，他以納粹死黨李賓特洛普(Joachim von Ribbentrop, 1893–1946)來取代，此後也控制了外交人員。司法方面有很大的改變，德國司法制度完全修正，納粹當政後不再有分權制度，法律的傳統觀念亦變而改以國家與納粹政權的利益為一切判決的準則。司法部長佛蘭克(Hans Frank)曾在1936年的法學會議中宣稱：「對於國家社會主義而言並無司法獨立，在每當要作出判決時就自問，『如果統領處於我的情況將作何決定？你就有了堅強的鐵據。』」[62]對於法官的判決，納粹可以推翻。此外，希特勒還握有司法任命權，而且在司法體制之外，又有秘密警察「蓋世太保」(Gestapo, or Geheime Staatspolizei)，此為具有生殺予奪之權的政治警察，可以逮捕及射殺任何反對希特勒者，無視法律，為所欲為。1934年5月又成立「人民法庭」(People's Court)以審理叛逆罪，而叛逆則未有明確界定。集中營內，關滿了不經審訊的被捕者。

希特勒（中）(1933)

德國軍方一向有光榮而自立的傳統。希特勒在1938年重整軍備的工作大致完成時，決定取得對國防軍(Reichswehr)的控制權。此年發生傅理茨事件(the Fritsch Affair)，按傅理茨(Baron Werner von Fritsch, 1880–1939)為參謀總長，現以被指控患同性戀而被免職，希特勒藉此奪得了在軍令系統的指揮權。至於軍政系統，國防部長布魯堡(Werner von Blomberg, 1878–1946)亦因私生活不檢點（經查其第二任妻子曾為風塵女子）而被免職。此後，希特勒控制了軍權[63]。

[62] R. W. Harris, *An Historical Introduction to the Twentieth Century* (London, 1966), p. 88引。

希特勒明瞭控制教會的重要性。他在兒童時期曾加入教堂唱詩班，後來卻甚為反對教會，認為基督教是「猶太詐騙」(Jewish Swindle)。天主教因為有國際背景，而且也比較統一，比較難以對付。1933 年夏天，納粹政權與教廷簽訂條約 (concordat)，限制教會活動應不超出宗教與慈善範圍，在任命主教方面，納粹政權亦有影響力。希特勒的主要目標則為剝奪天主教會的教育權和青年組織，到 1937 年，天主教會在教育方面的影響力幾乎全被除去：天主教辦的學校幾乎全部關門，未關門的也岌岌可危。教宗庇護十一世 (Pius XI) 曾發表《憂心如焚》(*Mit brennender Sorge,* or *With Burning Sorrow*) 的通諭來譴責納粹的種族主義和神化國家 (deification of the state)，此為教廷對法西斯主義的嚴厲指責。不過，由於在第二次世界大戰期間，庇護十一世的繼任者庇護十二世 (Pius XII) 採取比較彈性的立場，沒有爆發嚴重的衝突。至於新教，在德國主要為路德派，且宗支不同，希特勒原想組成統一的教會，但受到抵抗。不過，他仍然組成德意志福音教會 (German Evangelical Church)，反對分子如牧師聶穆勒 (Martin Niemöller) 等八百多人被送往集中營[64]。

希特勒的政績則頗為可觀，特別是在經濟成就。德國在 1932 年時本來是受經濟大恐慌打擊最大的國家，失業人數高達六百萬，但到 1936 年後德國反而要進口外國勞工，以應付人力缺乏的情況。政府的公共開支大為增加，由於《凡爾賽條約》禁止德國重整軍備，早期大工程為一條四線道的高速公路網 (autobahnen)。至 1935 年公然整軍後，軍事開支增至 1938 年預算的 60%，約為國民生產毛額的 21%。德國在 1936 年時並參照蘇聯計畫經濟，提出四年經濟發展計畫，其目的在自給 (autarky)。同時，針對原料如橡膠、棉花、羊毛不足，乃發展合成產品。1938 年左右，德國的經濟奇蹟已為世人所羨慕。德國達到了充分就業、成長和穩定。

---

[63] Stromberg, op. cit., pp. 230–59.

[64] Hughes, op. cit., pp. 242–43.

希特勒的成就贏得相當普遍的尊敬。英國的邱吉爾在 1935 年讚美希特勒的「勇氣與活力」(courage and vital strength)，遲至 1938 年時他還說，「如果我們在戰爭中是戰敗國，我真希望我們能有一位希特勒來引導我們回到在國際社會中的應有的地位。」(If we had been defeated in war, I would hope we might find a Hitler to lead us back to our rightful position among the nations.)[65]

納粹維持其統治聲威的方法，除了嚴密控制人民生活的各個層面，以及情治系統和集中營的威脅以外，還有群眾運動和宣傳。在群眾運動方面，利用民族主義為號召，並且煽動人民反共與排猶。他們有他們的制服（SA 為褐色，SS 為黑色），也有他們的旗幟 (卐)，有他們特殊的敬禮方式，更善於用視聽效果（尤其在夜間），他們也有他們的口號，「一個民族，一個國家，一個統領！」(Ein Volk, Ein Reich, Ein Führer!) 以及「萬福勝利！」(Sieg-Heil! or Victory-Hail!) 每年一度在紐倫堡 (Nürnberg, or Nuremberg) 的黨大會，是非常壯觀的場面。在宣傳方面，戈培爾負責宣傳部，完全控制大眾傳播媒體（報紙、廣播、電影等），來向人民灌輸官方的意識型態，來促進對「統領」的愛與對猶太人的恨。

全德意志在收音機中傾聽統領

排猶主義或反閃主義 (anti-Semitism) 最能突顯納粹的種族主義色彩。本來以種族作為歷史決定因素的論調並非創始於納粹，種族主義是由來已久的事。但是，德國本身並無嚴重的猶太「問題」，在德境猶太人口不到六十萬，不及其全人口的 1%。在德國，猶裔

[65] 轉引自 Stromberg, op. cit., p. 228.

人口多已同化進入德國文化，他們居住的地方也不在隔離的地區，也沒有像法國和英國一類的社會上對猶太人的仇視。德國猶太人口之中，不乏在各行業中甚有成就者，如製片家雷哈德 (Max Reinhardt, 1873–1943) 和大科學家愛因斯坦 (Albert Einstein, 1879–1955) 等等，均為世人所熟知。

納粹的排猶，固有一般的背景，但與希特勒個人的因素有相當大的關係。希特勒童年在奧國小城林茲 (Linz) 度過，1908 年十九歲時轉往維也納。他對猶太人的一些病態性的仇恨便是在此時期養成的。希特勒的種族主義，是奧地利日爾曼人而非德意志日爾曼人的特色。它萌芽於第一次世界大戰以前的多民族的哈布斯堡帝國，其地有許多斯拉夫民族和其他民族，而日爾曼人與之相較則屬少數。在奧國時，泛日爾曼運動者舒尼爾 (Georg Ritter von Schoenerer) 成為希特勒青年時期的偶像，此人是先用卐符號的人，希特勒所掛懷的「主宰種族」(Herrenvolk, or master race) 受劣等民族威脅的神話也是在此一時期形成。除此之外，再加上猶太人控制財經，以及他們傾向於效忠自己的民族，違反民族大義等，也是希特勒所憎恨的。

就意識型態的構造而言，高於個人的團體，在共黨為階級，在納粹為種族。共黨要打倒的（當然是在馬克斯主義者的領導下）是資產階級；納粹要消滅的，是亞利安人 (the Aryan) 的敵人，是一種低劣的種族，是「各民族的毒害者」(poisoner of all peoples)。二者的「原型」均類似《聖經・啟示錄》所描述的景象，當敵人或巴比倫巨獸 (Great Beast of Babylon) 在血腥的戰鬥中受戮之時，「天國」便告降臨。總之，共黨是對付階級敵人，納粹是要消滅種族敵人。排猶思想在納粹主義中一直佔著非常特別的地位，而一直未變。希特勒及其親信者，認為猶太人是魔鬼，是吸血者，是亞利安純正血統的破壞者，是最低級的亞人 (submen)。而且，對希特勒而言，國際猶太人可以作為代罪羔羊的象徵，此一象徵可以把許多在邏輯上沒有關連但為希特勒所痛恨的事物連在一起，而可發動數以百萬計的人來共同痛恨。這包括剝削性的資本主義制度、金融投機、政治腐化、不忠於國家、馬克斯主義的顛覆、傳統社會的衰敗、粗俗的大眾文化，這些東西均可歸罪於猶太人。猶太人毀壞了小商人，糟蹋了德國女子，組織了革命，以及污染了德國文化，他使工人過於勞苦，製作了壞電影，創造了醜惡的商業文化，為俄國作間諜，把德國在對外關係上出賣給華爾街的資本家，以及與法國人串謀。他實在是一個壞蛋，罪在不赦[66]。

納粹政權對猶太人的迫害，在 1935 年 9 月和 11 月，把納粹排猶思想的要旨融入他所頒發的一連串的法律之中。這些法律就是《紐倫堡法規》(*Nürnberg or Nuremberg Laws*)。這些法規的要點是：1935 年 9 月 15 日的《公民法》(*The Reich Citizenship Law*) 規定德國公民為日爾曼人或與日爾曼人有家族血統關係者。同年同月同日頒布的《保護日爾曼血統與榮譽法》(*The Law for the Protection of German Blood and Honor*) 規定不准猶太人與日爾曼公民或與日爾曼公民有血緣關係者結婚，此類婚姻無效；禁止猶太人與日爾曼公民或與日爾曼公民有血緣關係者有婚外關係。1935 年 11 月 14 日所頒《補充命令》(*Supplementary Decree*) 規定：猶太人不得為公民，不得投票和擔任公職；凡在血統上有兩個祖父母（包括外祖父母）為猶太人者即為猶太人；凡信奉猶太教者即為猶太人；凡與猶太人結婚者即為猶太人；凡屬猶太人的婚生子女者即為猶太人；凡與猶太人婚外關係所生者即為猶太人[67]。猶太人亦不得出版著作、從事影劇、教書、在銀行工作、演奏

納粹迫害猶太人

[66] Ibid., pp. 215–16, 230, 232–33.

[67] *Reichgesetzblatt* (1935), No. 100, 引自 Richard L. Greaves & others, *Civilizations of the World: The Human Adventure* (New York: Harper & Row, 1990), p. 914.

音樂、出售圖書古董及領取失業救濟等。在第一次大戰中為德國捐軀的猶太人亦從文獻中被除名。

希特勒在 1939 年宣布，一旦大戰爆發，他將消滅歐洲所有的猶太人。但他也曾考慮將歐洲猶太人移往馬達加斯加 (Madagascar)。1941 年，他在征俄以後，決定屠殺或毀滅歐洲的猶太人（估計為數約一千一百萬人）。1941 年下半年，希特勒在進攻俄國以後，控有歐洲的絕大部分。1942 年 1 月，在柏林近郊的溫色 (Wannsee) 舉行會議，決定「最後解決方案」(Final Solution)。此一將猶太人集體謀殺的計畫，結合了工業科技、行政作業程序、精確計算、複雜的輸送辦法，再加上對於人類副產品的充分利用。納粹建立了一些集中營或滅絕營 (extermination camps)，其中有奧斯維茲（Auschwitz, or Oswiecim，位於西里西亞，在現波蘭南部）、梅丹奈克 (Maidanek)、特里布林克 (Treblinka)、貝爾茲克（Belzec，以上均在現波蘭境內）等處，而以奧斯維茲最為著名。

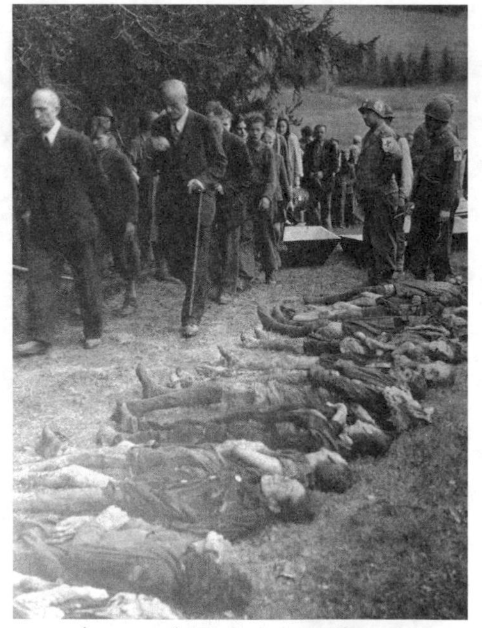

1945 年 4 月美軍強迫德國平民看三百哩競走後，死在道旁的猶太婦女屍體，許多德國人認為此係聯軍為宣傳所製造的景象

納粹精衛隊 (SS) 至各地遞解猶太人，把他們分成兩類：凡是四肢健全的男女送往各生產中心，壓榨其勞力，工作至死，當他們衰竭和疾病時則送往滅絕營；另一類不能工作者則逕送滅絕營。在滅絕營中騙說入浴，將猶太人送入瓦斯室，經十至二十分鐘的掙扎與尖叫後，即告死寂。然後將已死猶太人的衣物、金牙、貴重物品，乃至頭髮均另有用途或變賣牟利。在奧斯

維茲每天可以處死一萬人（一說六千人），在此處約有二百五十萬猶太人被處置（1947 年波蘭政府命在此處建博物館，以誌納粹暴行）。在俄國境內，則在森林或山澗地帶，將猶太人直接用機關槍射殺；在大城市則挖溝使猶太人魚貫射殺，即在基輔一地，有一天即屠殺了三萬猶太人。在此情形下，大約有為數六百萬的猶太人被屠殺（其中有四分之一為兒童）。1943 年 6 月 30 日，德國宣布歐洲已「免於猶禍」(judenrein, or free of Jews)。不過，到底究有多少猶太人被屠殺，是一個不易解決的問題。有的地區，遞解猶太人的工作並未完全徹底進行，羅馬尼亞和匈牙利等地尤甚，羅馬尼亞甚至有時收取每一猶人約一千三百美元而使之逃生。另外，除了六百萬猶太人以外，尚有四百五十萬人左右的吉普賽人、波蘭人、捷克人和俄國人被消滅。

第五節　法西斯主義的傳播：歐洲其他國家與日本

法西斯主義及其體制在 1930 年代曾對世界發生極為重大的影響，這種「右翼的激烈主義」(Radicalism of the Right) 也在世界各地傳播，成為除了極左的共產主義及其體制以外，威脅民主政治的另一種力量。本節對此問題擬作簡短的討論。

一、歐洲其他國家

法西斯主義及其體制的傳播有三個不同的階段。第一個階段，是第一次世界大戰後的混亂，促使其在義大利成功，但在德國則失敗。第二個階段，是經濟大恐慌為最大的助因，使之得勢於中歐，即德國等國，它之所以能夠擴張，在於它似乎有能力解決內政、經濟與社會問題。奧地利和葡萄牙在 1933 年，西班牙在內戰 (1936–39)，拉脫維亞和保加利亞在 1934

年，波蘭在 1935 年，希臘在 1936 年，羅馬尼亞在 1938 年紛紛成為法西斯國家。上述國家中，有的國家因為教會和教士擁有很大的影響力，法西斯政治力量與之相結合，而成為所謂「教士的組合國家」(the clerical-corporative state)，此以奧地利、葡萄牙和西班牙最著[68]。另外，法西斯主義在拉丁美洲也曾流行，似乎也有這種色彩。

這些國家被「法西斯化」的經過，以及法西斯政權在這些國家的措施，在此為節省篇幅，不予敘述。不過，要指出的是，法西斯化的程度在這些國家有個別性的差異。在掌權的時間方面，有的隨戰爭的敗亡而崩潰（如德國與義大利）。有的則為期甚長，因為沒有涉及第二次世界大戰，故葡萄牙的薩拉茲 (Antonio de Oliveira Salazar, 1889–1970) 政權至 1969 年始結束，而西班牙的佛朗哥（Francisco Franco, 1892–1975，號稱「首領」，Caudillo）更是持續到 1975 年。

法西斯運動在 1930 年代在法國和英國也曾有人嘗試。在法國，退伍軍人出身的魯克 (Colonel Franqois de la Rocque) 所組織的「火十字架」(Croix de Feu) 號稱有一百萬群眾。另外，前法共青年運動者杜里歐 (Jacques Doriot) 的法蘭西人民黨 (Parti Populaire Franqois) 也曾發起運動。不過，未能成氣候。

在英國，也有納粹運動。它的領袖人物是莫斯萊 (Sir Oswald Mosley)，1930 年 5 月退出工黨，1931 年 2 月他組成新黨 (New Party)，雖然投入選舉等政治活動，並不成功。1932 年新黨轉變為英國法西斯聯盟 (BUF: British Union of Fascists)，它採取街頭暴力的方式，亦有反猶太色彩。1936 年保守黨政府制訂《公共秩序法》(*Public Order Act*)，取締其集會與遊行。

法西斯運動在比利時、荷蘭，以及北歐的挪威也曾有過活動[69]。

法西斯運動的第三個擴張階段，是在第二次世界大戰進行時期，軸心

[68] H. Stuart Hughes, *Contemporary Europe*, 5th ed. (New Jersey, 1981), pp. 243–45.

[69] Robert O. Paxton, *Europe in the Twentieth Century* (New York, 1975), pp. 363–70.

國軍事勢力把它引進其他國家。

二、日　本

日本在1931至1936年間變成法西斯國家，且因此對於世局投下很大的變數。

明治維新奠定了日本現代化的基礎，同時也激發了人民要求民主憲政的努力。而且自從1871年（明治4年）日本開始有了政黨的組織。此年，自由黨（崇尚法國式急進民權思想，以士族、商業資本階級和農民為基礎，領導人為總理坂垣退助）成立。翌年（1872，明治5年）又有立憲改進黨（主張英國式漸進主義，以地主、農業資本階級、都市知識分子為基礎，領導人為總理大限重信），以及立憲帝政黨（倡國家主義，以神官、僧侶、親政府學者為主，領導人物有福地源一郎及丸山作黨樂等），兩政黨成立。除以上三大政黨外，尚有一些小黨，但政黨運作並不成功，1894年（明治27年）各黨相繼解散。但是，人民結社及民主要求仍在持續，故1889年明治天皇終於頒布《大日本帝國憲法》。此一憲法為欽定憲法，並將宣戰、媾和、締約等權置於國會權限以外。

1890年辦理國會眾議院選舉，規定年滿二十五歲並年納直接國稅十五元以上的男子始有選舉權，被選舉權更須年滿三十歲，當時全國人口有三千九百三十八萬餘人（北海道、小笠原、沖繩未計），但有選舉權者僅有四十五萬餘人，佔全人口的1.14%。選舉後，在野人士於1891至1896年間，漸形成坂垣退助領導下的「立憲自由黨」（亦稱「彌生俱樂部」），和大限重信領導下的「進步黨」。此後較著者，有1900年（明治33年）伊藤博文與西園寺公望等組成之「立憲政友會」（「政友會」），以及親政府派人士於1916年（大正5年）組成之「憲政會」，以加藤高明為總裁，重要人物有若槻禮次郎及濱口雄幸等。另外，後來又有一些具有社會主義色彩的政黨，以及共產黨（1921年，大正10年「曉民共產黨」成立）[70]。

在大正時代及昭和初期，政黨政治一度亦甚樂觀，有「憲政常道」之稱。不過，政黨政治的基礎未穩。另一方面，民治亦未生根，民眾參與政治的力量不夠。1890 年第一次國會選舉時，人民參政權受限的程度，已如前述。即以 1925 年（大正 14 年）第五十屆國會所通過的《普選法案》，使選民數字增至一千四百一十五萬人（依 1924 年 12 月統計），二十五歲以上的男子亦僅每百人中約有二十五人享有選舉權而已。同時，是年尚通過《治安維持法》，以限制民主自由的運動[71]。再加上軍方藐視政府，從事對外擴張的軍國主義行動。

經濟大恐慌 1929 年在美國爆發，旋即影響到日本。政府緊縮財政支出，不但無法恢復經濟景氣，反而導致生產過剩，輸出減退，中小企業首先受到重創，至 1930 年（昭和 5 年）時關門的公司已有八百二十二家，減縮資本者亦有三百一十一家，失業人數約在三百萬左右，農村方面，繭價（生絲）和米價大跌，在穀賤傷農的情況下，形成前所未有的「豐年饑饉」。於是勞資糾紛，以及佃農和地主爭議不斷。大資本家為解除恐慌，組成卡特爾 (Cartel)，實施生產協定，縮短工作時間，又組成托辣斯 (Trust)，一面維護利益，一面加強其對產業界的支配體制[72]。

於是，軍人勢力抬頭，他們結合右翼分子倡導「昭和維新運動」或「國家革新運動」。少壯軍人多來自農村或中小工商業界，他們深受經濟大恐慌之苦，乃組織秘密團體，以圖「改造」國家。本來，日本軍人一向不准政治結社，明治天皇曾有禁敕（1882 年 1 月 4 日詔敕），又《日本陸海軍刑法》第二十五條亦有明文規定。但 1930 年 9 月，日本少壯軍官組成「櫻會」，其目的即在「改造國家」。此外，他們也組織「血盟團」和「皇道

---

[70] 陳水逢，《戰前日本政黨史》（臺北：中央文物供應社，民 75）。

[71] 陳水逢，《日本近代史》（臺北：商務印書館，民 77），頁 153。

[72] 陳水逢，《戰前日本政黨史》，頁 269–70；林明德，《日本史》（臺北：三民書局，民 78，再版），頁 349–50。

會」，一直陰謀暴力奪取政權。1931 年以「櫻會」分子為主並取得軍部（參謀次長二宮治重、參謀本部第二長建川美次、軍務局長小磯國昭）的支持，擬於此年 3 月及 10 月發動政變，建立以荒木貞夫中將為首的軍部內閣，俱因事洩而失敗。此年日本軍方亦不顧政府與天皇立場發動「九一八事變」，內閣形同傀儡，且須免事變之責。此年 12 月犬養毅出任首相，翌年 (1932) 發生「一二八」淞滬事件，犬養力圖恢復中、日間的和平，未果。是年 5 月 15 日發生「五一五事件」，日本少壯軍人一隊青年軍官由一海軍中尉率領白天侵入首相官邸，槍殺犬養首相。

「五一五事件」後，海軍大將齋藤實出組「舉國一致內閣」，自此之後，日本政治由政黨政府轉入軍國主義政治，其後的廣田弘毅、近衛文麿、林銑十郎、平沼騏一郎、阿部信行、米內光政先後組閣，但均受制於軍方。1936 年的「二二六事件」，皇道派的陸軍少壯軍官，動員一千四百名士兵，包圍首相官邸等，殺死內大臣齋藤實、藏相高橋是清、教育總監渡邊錠太郎，殺傷侍從長鈴木貫太郎。雖經過三天即被敉平，但使日本的政治更形惡質化。1937 年 7 月 7 日，在近衛文麿內閣期內，發生「七七事變」。此年 9 月，日本實施國民精神總動員運動，宣傳「八紘一宇」（世界一家之意，以天皇為中心征服世界的口號）和「舉國一致」精神。翌年 3 月，通過《國家總動員法》。依據此法，政府可以不經議會同意，動員國內一切人力、物力資源，為戰時體制的支柱，為軍部獨裁提供法律基礎。此與納粹德國的《授權法》、法西斯義大利的《國家動員法》如出一轍。經濟方面，亦頒布《電力國家管理法》、《臨時資金調整法》等，推行經濟統制措施。1931 年以前，日本軍人原有反對「財閥」的色彩，此後則與三井、三菱及其他大企業合作。到 1940 年（昭和 15 年），日本紀念「神武開國二千六百年」時，日本早已成為法西斯國家，全國彌漫著「新體制運動」。1941 年 10 月，解散所有政黨，成立一國一黨和聲稱代表全民的「大政翼贊會」，此已與德國和義大利為同樣的模式了[73]。

對外方面，除對中國肆行侵略外，1936 年 11 月與德國簽訂《防共協定》，翌年 11 月義大利加入，「三國軸心」已告形成。1940 年 9 月又與德國簽訂《軍事同盟條約》，其走上「不歸路」已甚明顯了。

圖片出處：14、47、262、314: ©Bettmann/CORBIS; 123、173: ©Hulton-Deutsch Collection/CORBIS; 93 左 : ©CORBIS; 230 左 : ©Paul A. Souders/CORBIS.

---

[73] 林明德，前揭書，頁 350–67；陳水逢，前揭書，頁 159–60。

伊朗史——創造世界局勢的國家

曾是「世界中心」的伊朗，如今卻轉變成負面印象的代名詞，以西方為主體的觀點淹沒了伊朗的聲音。本書嘗試站在伊朗的角度，重新思考那些我們習以為常的觀念與說法，深入介紹伊朗的歷史、文化、政治發展。伊朗的發展史，值得所有關心國際變化的讀者深入閱讀。

奧地利史——藍色多瑙國度的興衰與重生

奧地利有著令世人屏息的絕美風光，音樂、藝術上更有登峰造極的傲人成就。這個位處「歐洲心臟」的國家，與德意志世界有著千絲萬縷的糾葛，其波瀾壯闊的歷史發展，造就了奧地利的璀璨與滄桑。讓我們嘗一口香甜濃郁的巧克力，聽一曲氣勢磅礡的交響樂，在阿爾卑斯山環繞的絕色美景中，神遊奧地利的古往今來。

土耳其史——歐亞十字路口上的國家

在伊斯蘭色彩的揮灑下，土耳其總有一種東方式的神秘感；強盛的國力創造出充滿活力的燦爛文明，特殊的位置則為她帶來多舛的境遇。且看她如何在內憂外患下，蛻變新生，迎向新時代的來臨。

波蘭史——譜寫悲壯樂章的民族

十八世紀後期波蘭被強鄰三度瓜分，波蘭之所以能復國，正顯示波蘭文化自強不息的生命力。二十世紀「團結工會」推動波蘭和平改革，又為東歐國家民主化揭開序幕。波蘭的發展與歐洲歷史緊密相連，欲了解歐洲，應先對波蘭有所認識。

以色列史——改變西亞局勢的國家

猶太民族歷經了兩千多年的漫長流散，終於在1948年宣布建立自己的國家以色列。為什麼猶太人會將巴勒斯坦視為記憶中永存的歷史家園？以色列與阿拉伯諸國的關係又是如何受到美國、蘇聯等強權的翻弄干預？以色列人與原本住在巴勒斯坦的阿拉伯人，究竟有無可能達成真正的和解共生？

約旦史——一脈相承的王國

位處於非、亞交通要道上的約旦，先後經歷多個政權更替，近代更成為以色列及阿拉伯地區衝突的前沿地帶。本書將介紹約旦地區的滄桑巨變，並一窺二十世紀初建立的約旦王國，如何在四代國王的帶領下，在混亂的中東情勢中求生存的傳奇經歷。

秘魯史——太陽的子民

提起秘魯，便令人不得不想起神祕的古印加帝國。曾有人說，印加帝國是外星人的傑作，您相信嗎？本書將為您揭開印加帝國的奧祕，及祕魯從古至今豐富的文化內涵及歷史變遷。

埃及史——神祕與驚奇的古國

溫和的尼羅河為埃及帶來豐沛的水源，孕育出埃及璀璨的上古文明。近代以來，埃及為對抗外來勢力的侵略，建立起民族獨立國家，並致力於現代化。本書以通俗易懂的文字描述埃及歷史文明的演進、主流文化與特色，帶你一探埃及的過去和現在。

越南史——堅毅不屈的半島之龍

龍是越南祖先的形象化身，代表美好、神聖的意義。這些特質彷彿也存在越南人民的靈魂中，使其永不屈服於強權與失敗，總能一次又一次的挺過難關，期盼就像是潛伏大地的龍，終有飛昇入天的一日。

澳大利亞史——古大陸・新國度

懸於大洋中的古澳大利亞大陸，長年與世隔絕，有著豐富的奇特物種、壯闊的山河土地。自十七世紀伊始，遙遠彼端的歐洲人、相去不遠的亞洲人，逐步至此建立家園，打造出如南十字星般耀眼的嶄新國度。

國家圖書館出版品預行編目資料

世界現代史(上)／王曾才著.——四版一刷.——臺北市：三民，2020
冊； 公分

ISBN 978-957-14-6889-1（上冊：平裝）
ISBN 978-957-14-6654-5（下冊：平裝）
1. 世界史 2. 現代史

712.8 109011077

世界現代史（上）

作　者｜王曾才
發行人｜劉振強
出版者｜三民書局股份有限公司
地　址｜臺北市復興北路 386 號（復北門市）
臺北市重慶南路一段 61 號（重南門市）
電　話｜(02)25006600
網　址｜三民網路書店 https://www.sanmin.com.tw

出版日期｜初版一刷 1991 年 8 月
四版一刷 2020 年 8 月
書籍編號｜S710020
ISBN｜978-957-14-6889-1